別冊 金融・商事判例

企業不祥事判例にみる役員の責任

監修：龍岡資晃・小出　篤
編集：神谷隆一・齋藤　実
　　　鈴木雄介・中根敏勝
　　　渡辺　久

経済法令研究会

はしがき

　コンプライアンス経営ということがいわれて久しいが、未だに企業不祥事が世間を騒がすことは珍しくはない。むしろ、コンプライアンス経営に対する顧客・社会・市場の意識が高くなったが故に、「企業不祥事」は企業経営にとって一層大きなリスクとなってきているともいえよう。

　特に、企業経営者にとっては、会社の不祥事について個人として責任を問われるというリスクが、実務上も大変な関心事となっている。そこで、本誌では、司法の場で企業不祥事による会社役員（取締役・監査役）の個人的責任が問われた事例について、気鋭の弁護士による研究をまとめ、公表することとした。企業不祥事のリスクを正確に判断し、それへの適切な対応体制をとっておくために、実務的観点からの先例研究は極めて重要であると思われたからである。

　とりわけ、本誌では、経営者の民事責任のみならず、刑事責任についても取り上げた点が大きな特徴である。役員賠償責任保険などでカバーすることもできない経営者の刑事責任は、ある意味では民事責任以上に経営者にとっては大きなサンクションとなっているが、企業不祥事に伴う役員個人の刑事責任についてのまとまった研究は必ずしも多くなかった。刑事責任に関する諸研究については、学習院大学法科大学院で刑事法を担当されている龍岡資晃教授（元福岡高裁長官）による監修を受けている。

　本誌に掲載された諸研究のベースとなったのは、比較的若手である弁護士を中心とした自主勉強会である。若手とはいっても、企業などにおける実務経験などを有した弁護士や法科大学院出身の弁護士など、幅広いバックグラウンドを有した弁護士が集まり、議論は非常に実りの多いものとなった。本誌は、法科大学院教育の1つの幸福な副産物ということもできるかもしれない。

　本誌における研究は、役員の責任に関する法解釈にとどまらず、個々の事例における不祥事類型に関する実務的な動向にも及んでいる。そういった意味で、本誌掲載の諸研究は伝統的な判例評釈のスタイルとは異なる部分も多いが、実務にとってはより意義深いものとなったと考えている。

　研究会の開催にあたっては、毎回、桃尾・松尾・難波法律事務所に、立派な会議室を快く利用させていただき、刑事法部会関係では、学習院大学法科大学院にもお世話になった。また、本誌の出版にあたっては、（株）経済法令研究会・地切修氏に大変にご尽力いただいた。心より感謝申し上げる。

2012年2月

監修者を代表して　小出　篤

◆別冊 金融・商事判例◆

企業不祥事判例にみる役員の責任

目　次

民　事　編

企業不祥事と会社役員の民事責任―民事編掲載判例の概観 …… 学習院大学法学部教授　小出　　篤・2

1　架空売上計上による有価証券報告書の不実記載によって株主が損害を被ったことにつき、会社代表者にリスク管理体制構築義務違反はないとされた事例―日本システム技術事件（最判平成21・7・9金融・商事判例1330号55頁）……………………………………………………………弁護士　渡辺　　久・5

2　食品衛生法違反及びそれを放置したことによる善管注意義務違反行為が商法266条1項5号の法令違反に当たるとして株主代表訴訟が提起された事例―ダスキン株主代表訴訟事件（判決①（甲事件）：大阪高判平成19・1・18判例時報1973号135頁、判決②（乙事件）：大阪高判平成18・6・9判例時報1979号115頁）…………………………………………………………弁護士　加藤　伸樹・15

3　牛肉偽装事件に関し取締役に監視義務違反・内部統制システム構築義務違反があるとして株主代表訴訟が提起された事例（東京地判平成17・2・10判例時報1887号135頁）／業績悪化による株式の無価値化について株主から取締役に対して不法行為に基づく損害賠償請求がなされた事例（東京高判平成17・1・18金融・商事判例1209号10頁）……………………………弁護士　脇田未菜子・25

4　暴力団関係会社に株を売却するとの強迫に対して巨額の金員の交付を提案又は同意したことが取締役の忠実義務・善管注意義務に反するとして株主代表訴訟が提起された事例―蛇の目ミシン事件（最判平成18・4・10民集60巻4号1273頁）……………………………………………弁護士　松尾　剛行・32

5　贈賄行為を行った取締役に対して株主代表訴訟が提起された事例―間組事件（東京地判平成6・12・22金融・商事判例968号40頁）…………………………………………………弁護士　村岡賢太郎・42

6　従業員が無断で行った会社から第三者への利益供与につき、一部の元取締役の監督義務違反が認められた事例―旧三菱石油株主代表訴訟控訴審判決（東京高判平成14・4・25金融・商事判例1149号35頁）………………………………………………………………………………弁護士　浦山　慎介・51

7　従業員が水増し発注等を行いそれに関して会社が追徴課税されたことについて代表取締役の指導監督責任が否定された事例―東京電力株主代表訴訟第一審判決（東京地判平成11・3・4判例タイムズ1017号215頁【控訴】）………………………………………………………弁護士　浦山　慎介・59

8 違法カルテルへの関与について取締役等の善管注意義務違反・法令遵守体制構築義務違反があったとして株主代表訴訟が提起された事例—三菱商事事件（東京地判平成 16・5・20 判例時報 1871 号 125 頁） ………………………………………………………………………… 弁護士　鹿倉　将史・66

9 関税法・外為法違反について取締役に善管注意義務・忠実義務違反があったとして株主代表訴訟が提起された事例—日本航空電子工業事件（東京地判平成 8・6・20 判例時報 1572 号 27 頁） ………………………………………………………………………… 弁護士　木下　雅之・75

10 外国債券の販売における従業員の説明義務違反について取締役の任務懈怠による損害賠償責任が認められた事例（東京地判平成 15・2・27 判例時報 1832 号 155 頁）… 医師・弁護士　鈴木　雄介・85

11 孫会社に生じた損害について親会社の取締役の責任を追及する株主代表訴訟が提起された事例—野村證券事件（東京地判平成 13・1・25 金融・商事判例 1141 号 57 頁）…… 弁護士　皆川　克正・95

12 顧客に対して損失補填したことが取締役の義務に反するとして株主代表訴訟が提起された事例—野村證券事件（最判平成 12・7・7 民集 54 巻 6 号 1767 頁）……………… 弁護士　杉本　亘雄・103

13 従業員によるインサイダー取引を防止できなかった取締役らの善管注意義務違反の有無（東京地判平成 21・10・22 判例タイムズ 1318 号 199 頁）
……………………学習院大学法科大学院法務研究所非常勤講師・弁護士　神谷　隆一・111

14 住宅供給公社の職員による巨額横領事件について役職員らの責任が一部認められた事例—青森県住宅供給公社事件（青森地判平成 18・2・28 判例タイムズ 1251 号 221 頁）
………………………………………………………………………… 弁護士　佐々木英乃・121

15 牛乳再利用禁止に反して食中毒事件を起こし会社が解散に追い込まれたのは代表取締役に任務懈怠があったためであるとして従業員による損害賠償が提起された事例—JT 乳業事件（名古屋高金沢支判平成 17・5・18 判例時報 1998 号 130 頁）—取締役の内部統制システム構築義務を中心に—
………………………………………………………………………… 弁護士　松井　雅典・129

16 従業員による名誉毀損行為について出版社の代表取締役に権利侵害防止のための内部体制構築義務違反による責任が認められた事例（東京地判平成 21・2・4 判例時報 2033 号 2 頁）
………………………………………………………………………… 弁護士　山田　晴子・138

17 仮処分命令に反して会場使用を拒否したこと等につきホテルの取締役らに対して損害賠償請求等がなされた事例—プリンスホテル事件（東京地判平成 21・7・28 判例時報 2051 号 3 頁、東京高判平成 22・11・25 判例時報 2107 号 116 頁：確定）………………… 弁護士　竹村　朋子・147

18 総会屋への利益供与について取締役の善管注意義務・忠実義務違反及び内部統制システム構築義務違反が認められた事例—神戸製鋼所株主代表訴訟事件（神戸地裁平成 14・4・5 和解・商事法務 1626 号 52 頁、高橋清一『企業対象暴力と企業不祥事』201 頁以下）……… 弁護士　加藤　洋美・157

刑事編

企業不祥事刑事裁判例評釈について……………………………………学習院大学法科大学院教授　龍岡　資晃・166

1　融資業務に係わる銀行取締役の責任―北海道拓殖銀行事件（最決平成21・11・9刑集63巻9号1117頁）………………………………………………………………………UBS銀行法務部　赤間　英一・168

2　回収不能と知りつつ融資を実行した銀行役員に対して特別背任罪における第三者図利目的が認定された事例―平和相互銀行事件（最決平成10・11・25刑集52巻8号570頁）
…………………………………………………………………………………弁護士　渡辺　久・177

3　「公正なる会計慣行」の意義―長銀粉飾決算刑事事件（最判平成20・7・18刑集62巻7号2101頁、金融・商事判例1306号37頁）……………………………………弁護士　加藤　伸樹・184

4　風説の流布によって価格が上昇した株式を売却した者から「犯罪行為によって得た財産」として没収・追徴をする対象となる株式売却代金の範囲―ジャパンメディアネットワーク事件（東京地判平成20・9・17判例タイムズ1286号331頁）………………………………弁護士　澁谷　展由・194

5　投資家に誤解を生じさせる目的で仮装取引・馴合取引を行った事例―大阪証券取引所仮装・馴合取引事件（最判平成19・7・12判例タイムズ1250号82頁）……………弁護士　松井　雅典・205

6　銀行頭取による信用保証協会に対する背任罪の成否―北國銀行事件（最判平成16・9・10刑集58巻6号524頁）……………………………………………………………弁護士　土平　英俊・215

7　組織的犯罪処罰法13条2項、16条1項ただし書にいう「犯罪被害財産」の意義―五菱会ヤミ金融事件（東京高判平成17・11・17判例タイムズ1212号310頁）
……………………………………………………弁護士・國學院大學法科大學院兼任講師　齋藤　実・225

【監修】

龍岡　資晃　（学習院大学法科大学院教授）

小出　篤　（学習院大学法学部教授）

【編集】　（五十音順）

神谷　隆一　（弁護士・学習院大学法科大学院法務研究所非常勤講師）

齋藤　実　（弁護士・渋谷パブリック法律事務所・國學院大學法科大学院兼任講師）

鈴木　雄介　（医師・弁護士・鈴木・村岡法律事務所）

中根　敏勝　（弁護士・麻生総合法律事務所）

渡辺　久　（弁護士・安井・好川・渡辺法律事務所）

【執筆】　（五十音順）

赤間　英一　（UBS銀行法務部）

浦山　慎介　（弁護士・北原法律事務所）

加藤　伸樹　（弁護士・小岩井・桜木・櫻井法律特許事務所）

加藤　洋美　（弁護士・日比谷法律事務所）

神谷　隆一　（弁護士・学習院大学法科大学院法務研究所非常勤講師）

木下　雅之　（弁護士・弁護士法人東町法律事務所）

齋藤　実　（弁護士・渋谷パブリック法律事務所・國學院大學法科大学院兼任講師）

佐々木英乃　（弁護士・飯沼総合法律事務所）

鹿倉　将史　（弁護士）

澁谷　展由　（弁護士・中島経営法律事務所）

杉本　亘雄　（弁護士・桃尾・松尾・難波法律事務所）

鈴木　雄介　（医師・弁護士・鈴木法律事務所）

竹村　朋子　（弁護士・桃尾・松尾・難波法律事務所）

土平　英俊　（弁護士・東京みらい法律事務所）

松井　雅典　（弁護士・あさひ法律事務所）

松尾　剛行　（弁護士・桃尾・松尾・難波法律事務所）

皆川　克正　（弁護士・皆川恵比寿法律事務所）

村岡賢太郎　（弁護士・鈴木・村岡法律事務所）

山田　晴子　（弁護士・荒木・西畑法律事務所）

脇田未菜子　（弁護士・桃尾・松尾・難波法律事務所）

渡辺　久　（弁護士・安井・好川・渡辺法律事務所）

民事編

【民事編】

企業不祥事と会社役員の民事責任──民事編掲載判例の概観

学習院大学法学部教授　小出　篤

1　はじめに

　民事編では、企業不祥事に伴い会社の役員等（取締役・監査役）が個人として民事責任を追及されることとなった事例を集めている。本稿では、本編で取り上げた判例をいくつかのパターンから分類し、概観する。

2　企業不祥事と役員の民事責任

(1)　「企業不祥事」とは何か

　「企業不祥事」とは、企業活動において遵守すべき法令・ルールへの違反行為を指す。会社（あるいはその従業員）はその活動において、一般私法（民法）、刑事法、業法、税法、労働法、外国の法令、上場会社であれば金融商品取引法など、様々な法令の規整を受ける。もっとも、会社は法人として企業活動の主体となっているのであるから、企業活動、すなわち会社の行為においてこれらの法令への違反行為があった場合、法的サンクション（民事責任、刑事責任、業法上のサンクション）を受けるのは一義的には会社（あるいはその従業員）自身である。

　しかしながら、本編で取り上げた事例のように、企業不祥事によってその会社の役員個人の民事責任が問われるケースがある。これらの事例は、誰に対する役員の責任が問われているかによって、会社に対する責任が問われた事例と、（会社以外の）第三者に対する責任が問われた事例との2つに分けられる。

(2)　会社に対する責任

　役員等は、その任務を怠ったときは、会社に対しこれによって生じた損害を賠償する責任を負う（会社法423条1項）。2事件、3事件（第1事件）、4事件、5事件、6事件、7事件、8事件、9事件、11事件、12事件、13事件、18事件（和解事例）はこの責任が問われた事例である。いずれも、株主代表訴訟の形で株主を原告、役員等を被告として会社に対する損害賠償責任が追及されている。このほか、14事件は株式会社の事例ではなく、住宅供給公社が従業員の横領についてその役員の監視義務・内部統制システム構築義務違反に基づく公社に対する責任を追及した事例であるが、参考事例として本編で取り上げた。

①　任務懈怠

　企業不祥事についてなぜ役員等が任務を怠った（任務懈怠がある）といえるか。まず、役員自身が企業不祥事を主導している、あるいは監視を怠っていたケースについては、法令違反行為（なお、会社法以外の法令に違反する行為が役員の責任につながるかについて、特に平成17年会社法以前は議論があった。12事件参照）、あるいは監視義務違反として任務懈怠があるといえる（上記事件ではほぼ全てこのような主張がなされている）。

　もっとも、特に大企業では担当者レベルの不祥事について役員が直接監視することは期待できず、したがって監視義務違反を問うことは難しい。そこで、大和銀行事件（大阪地判平成12・9・20金融・商事判例1721号3頁）以後、取締役には「内部統制システム構築義務」「法令遵守体制構築義務」があり、それは取締役の善管注意義務・忠実義務の内容をなすものとの判断が判例上定着している（会社法においては大会社について内部統制体制についての決議を取締役（会）がすることが明文上も求められている。会社法348条4項・362条5項）。2事件、3事件、8事件などが、この内部統制システム構築義務違反の主張がなされた事例である（なお、このほか1事件は、会社法350条により代表取締役のリスク管理体制構築義務違反についての会社の責任が問われた事例であり、その意味では本編の対象である会社役員個人の民事責任が問わ

れた事例ではないが、最高裁としてはじめて役員のリスク管理体制構築義務違反について判断がなされた事例として、役員個人の責任を考える上でも参考となり得るため、本編において取り上げることとした）。これにより、不祥事を防止し、あるいは早期是正を図るシステムを構築していなかったことを役員の義務違反と構成し、責任を追及することが可能となった。他方で、「整備すべきリスク管理体制の内容は、リスクが現実化して惹起する様々な事件事故の経験の蓄積とリスク管理に関する研究の進展により、充実していくもの」であり、不祥事発生後の責任追及の「時点で求められているリスク管理体制の水準をもって……判断基準とすることは相当でない」し、「どのような内容のリスク管理体制を整備すべきかは経営判断の問題であり、……取締役に、広い裁量が与えられている」（以上、前掲大和銀行事件）とされる。後知恵によって役員にリスク管理体制構築義務違反の責任を課すことはないというのが、判例の立場であるといえる。

その意味で、業種、時代、不祥事の内容によって、構築すべきリスク管理体制は異なっていくことになる。本編が、法的論点としては類似している事例を複数集めたのは、なるべく様々な業種の多様な不祥事に関する実例を示すことが、実務上構築すべきリスク管理体制の参考となるであろうという考え方によるものである。他方で、これらの事例において役員がリスク管理体制構築義務を果たしたと一応認められたリスク管理体制は、あくまでその時点での水準のものに過ぎないことにも留意が必要である。実際にそのリスク管理体制をくぐり抜けて企業不祥事が生じてしまったことが明らかになった現時点では、これらの事例においてとられていた（それに役員の義務違反があるとは認められなかった）リスク管理体制ではおそらくは不十分なものということになろう。詳細は、それぞれの事案についての「実務対応」の項目を参照されたい。

なお、11事件は、孫会社の企業不祥事について親会社の役員の責任が追及された事例である。結論として責任を否定しているが、グループ経営の中で、子会社・孫会社についても企業不祥事について親会社役員の個人責任が追及される可能性が論じられており、実務上参考になると思われる（会社法上取締役（会）が決定することが求められている内部統制体制は、子会社などの企業集団全体についてのものである。会社法施行規則98条1項5号・100条1項5号）。

② 損害

企業不祥事において、役員の任務懈怠と相当因果関係のある損害としていかなるものが考えられるか。

まず、企業不祥事そのものが会社に経済的負担を生ぜしめるものであることがある。たとえば、4事件、18事件、贈賄行為（5事件）、不当なリベートの支払（6事件）などが、会社の損害として主張されている。

また、(1)でみたとおり、企業不祥事によって法的サンクションを受けるのは会社自身であるが、その結果として会社には経済的損失が生ずることがある。例えば、会社は被害者に対して民事的な損害賠償を支払うこととなったり、刑事責任としての罰金や行政法上の課徴金等（例えば、7事件では追徴課税、8事件では米国におけるカルテルによる罰金、9事件では関税法・外為法違反による罰金が会社により支払われている。また、12事件では子会社が米国におけるSEC規則違反による課徴金を支払っている）を支払うこととなったりすることがある。更に、このような直接的な経済的負担のみならず、その後始末のための経済的支出（例えば、2事件では食品衛生法違反の肉まんの販売の回収等のために支出がなされている）や、企業のレピュテーションの低下などによる売上減少やレピュテーション回復のための支出（2事件、3事件などでそのような主張がされている）も、会社の損害となり得る。

なお、あくまでその行為の時期における水準での内部統制システム構築義務違反の有無が問われることなどから、実際に役員の責任が認められた事例は多くはないが、責任が認められるとその損害額はしばしば個人の責任としては極めて多額なものになりがちである（前掲大和銀行事件、2事件、4事件参照）。その実質的妥当性についても議論が必要であろう。

(3) 対第三者責任

3事件（第2事件）、10事件、15事件、16事件、

17事件は、企業不祥事について会社以外の第三者に対する役員個人の責任が追及された事例である。このうち、3事件（第2事件）は、株主がいわゆる間接損害（企業不祥事によって会社に損失が生じ、その結果として株式が無価値となった）について取締役に対して不法行為に基づく損害賠償請求を行った事例である。間接損害については株主は株主代表訴訟によって会社に対する役員の責任を追及すれば損害回復が図れるため、会社法429条による責任追及はできないとするのが通説であり、3事件（第2事件）も同様の立場をとっているといえる。

そのほかの事件は、株主以外の第三者が役員個人の責任を追及した事例であり、会社法429条及び不法行為に基づく損害賠償請求がされている。特に、15事件、16事件は内部統制システム構築義務違反が主張されており、これが対第三者責任を発生させる可能性について論じられており興味深い事例といえる。

3　本編で取り上げなかった「企業不祥事」

ところで、本編では、近年極めて注目を集めている「企業不祥事」の例である、金融商品取引法上の開示規制違反に関する事例は取り上げなかった。金融商品取引法21条・22条・24条の4などは、有価証券届出書・有価証券報告書等について虚偽記載がある場合の提出会社の役員の責任を定めているが、これら金融商品取引法上の民事責任については虚偽記載の意義や損害額等、論点の多いところであって、本編では十分に扱うことができないため、他に譲ることとした。

また、企業不祥事を会社の法令違反行為と定義するのであれば、本来は経営判断のミスについての会社役員の責任が争われた事例も「企業不祥事」といえるはずである。なぜなら、それらの事例では、役員の善管注意義務・忠実義務（会社法355条・330条、民法644条）という会社法違反行為が争われているとも評価できるからである。しかしながら、これらの事例についても、経営判断原則等、別の論点と関係するところであり、本編では取り扱わなかった（なお、財テク投資のミスについて、内部統制構築義務違反があった等として役員個人の会社に対する損害賠償責任が追及された事例と

してヤクルト事件（東京高判平成20・5・21金融・商事判例1293号12頁、最判平成22・12・3資料版商事法務323号11頁で上告棄却・不受理）参照。同事件では、財テクを主導した副社長の民事責任は認められたが、それ以外の役員の内部統制構築義務違反等を理由とする民事責任は認められなかった）。

＜参考文献＞
・野村修也「内部統制システム」江頭憲治郎・岩原紳作・神作裕之・藤田友敬編『会社法判例百選［第2版］』112頁
・南健悟「企業不祥事と取締役の民事責任(1)──法令遵守体制構築義務を中心に」北大法学論集61巻3号1頁

1 架空売上計上による有価証券報告書の不実記載によって株主が損害を被ったことにつき、会社代表者にリスク管理体制構築義務違反はないとされた事例—日本システム技術事件

（最判平成21・7・9金融・商事判例1330号55頁）

弁護士　渡辺　久

I 事案の概要

1　Y社（被告、控訴人、上告人）はソフトウェアの開発及び販売等を業とする株式会社であり、平成15年2月に東京証券取引所第2部に上場した。Aは、設立以来のY社の代表取締役である。X（原告、被控訴人、被上告人）は、平成16年9月13日及び翌14日、証券会社を通じてY社の株式を1株1215円で取得した。

2　Y社の事業は、ソフトウェアの受託開発等を行うソフトウェア事業と大学等に既製品のソフトウェアを販売するパッケージ事業に大別され、C事業部がパッケージ事業部内にあった。パッケージ事業の商品は、販売会社に販売され、更にエンドユーザーに販売されていた。

3　販売担当のC事業部には、事業部長が部長を兼務する営業部、注文書や検収書を確認するBM課、納品したソフトウェアの稼働を確認するCR部が設置されていた。

4　C事業部の担当者が商品を販売した以降の事務手続の流れは以下のとおりであった。

①　販売会社が注文書を担当者に交付し、担当者は当該注文書をBM課に送付し、同課は受注処理を行った上、担当者を通じて販売会社に検収を依頼する。CR部の担当者が販売会社の担当者及びエンドユーザーとともに納品されたソフトウェアの検収を行う。

②　BM課は、販売会社から検収書を受領した上、売上処理を行い、財務部に報告する。財務部は、BM課から受領した注文書、検収書等を確認し、売上げを計上する。

5　Y社の職務分掌規定では、財務部は資金調達及び債権債務の管理等とされ、C事業部は営業活動、営業事務（受注管理事務、債権管理事務及び売掛金の管理等）とされていた。

6　Bは、平成12年4月にC事業部長に就任後、高い業績を達成し続けて自らの立場を維持するため、平成12年9月以降、部下に対し、後日正規の注文を獲得できる可能性の高い案件について、正式な受注がない段階で注文書を偽造し、架空売上げを計上する扱いを指示した。しかしながら、Bは、次第に可能性の低い案件についても手を付けざるを得なくなっていった。

7　本件不正行為の概要は以下のとおりであった。

①　営業担当者は偽造印を使用して注文書を偽造し、BM課に送付した。

②　BM課は偽造に気づかずに売上処理を行い、検収依頼書を営業担当者に交付した。

③　当該検収依頼書は販売会社に交付されず、営業担当者によって検収済みのように偽造され、BM課に返送された。

④　CR部によるシステム稼働の確認もされなかったが、B及び営業担当者らは納品及び稼働確認されたかのような資料を作成した。

⑤　BM課では検収書の偽造に気づかず売上処理を行い、財務部に報告した。財務部は偽造された注文書及び検収書に基づき売上計上した。

⑥　Y社においては、売掛金債権について入金があった場合、銀行からの入金通知及び取引先からの支払通知が財務部に届くことになっていたが、財務部が直接売掛金債権と入金との照合を行うことはなく、事業部から個別の案件ごとに消込明細情報の提供を受けて照合がなされていた。

Bは、架空売上げの売掛金債権のうち、2年を超えても未回収のものが目立ち始めると、BM課の担当者に対して、正規案件の入金を、回収が遅

延している架空の売掛金債権に対する入金として消込みを行うよう指示し、ＢＭ課は、当該指示どおりに消込明細情報を財務部に提供した。

⑦　財務部は、回収予定日を過ぎた債権につき、Ｃ事業部から売掛金滞留残高報告書を提出させていたが、Ｂらは、回収遅延の理由として、大学におけるシステム稼働の延期、大学における予算獲得の失敗及び大学は単年度予算主義であるため支払が期末に集中する傾向が強いことなどを挙げていた。

財務部は、これらの理由が合理的であると考え、また、販売会社との間で過去に紛争が生じたことがなく、売掛金残高確認書も受領していると認識していたことから、売掛金債権の存在に特に疑念を抱かず、直接販売会社に照会等をすることはしなかった。

⑧　財務部は毎年９月の中間期末時点で、Ｙ社の監査法人は毎年３月の期末時点で、売掛金残高確認書を販売会社に郵送し確認の上返送を求めていた。しかし、営業担当者はＢの指示により、言葉巧みに販売会社から売掛金残高確認書を回収し、販売会社の偽造印の使用などにより偽造した売掛金残高確認書を財務部及び監査法人に送付していた。そのため、財務部及び監査法人は、架空売上げによる債権を正常債権と認識し、監査法人は、平成１６年３月期までのＹ社の財務諸表等につき適正であるとの意見を表明していた。

８　平成１６年１２月頃本件不正行為が発覚し、Ｙ社は平成１７年２月１０日、複数年度にわたりＢが不正行為を行っていたこと、それによりパッケージ事業については売上高に影響が生じ、多額の損失計上を余儀なくされるが、Ｙ社グループの売上高の８０％を占めるソフトウェア事業については影響がないことなどを公表し、平成１７年３月期の業績予想を修正した。東証は、平成１７年２月１０日、Ｙ社の株式を監理ポストに割り当てた。これらの事実が新聞報道された後、Ｙ社の株価は大幅に下落した。

９　Ｘは、Ｙ社の株価急落により、平成１７年２月１８日、Ｙ社株式全てを１株５１０円で売却した。

10　上記の通りＹの有価証券報告書に不実の記載がされ、その後その事実が公表されてＹの株価が下落したことについて、Ｙの代表取締役に従業員のリスク管理体制を構築すべき義務に違反した過失があり、その結果、Ｘが損害を被ったと主張して、ＸがＹに対し会社法３５０条に基づき損害賠償を請求したのが本件である。第一審（東京地判平成１９・１１・２６金融・商事判例１３２１号４３頁）はＸの主張を一部認容した（Ｙが控訴）。第二審（東京高判平成２０・６・１９金融・商事判例１３２１号４２頁）はＹの控訴を棄却したため、Ｙが上告。

Ⅱ　判決要旨

破棄自判、請求棄却。

１　Ｙ社は職務分掌規定を定めて事業部門と財務部門を分離し、Ｃ事業部について営業部とは別に注文書や検収書を確認するＢＭ課及びソフトの稼働を確認するＣＲ部を設置し、これらのチェックを経て財務部に売上報告がされる体制を整え、監査法人及び財務部が、それぞれ定期的に販売会社あてに売掛金残高確認書を郵送し、その返送を受けて売掛金残高を確認していたのであるから、通常想定される架空売上げの計上等の不正行為等を防止し得る程度の管理体制を整えていたといえる。

２　本件不正行為は、Ｃ事業部長が部下と共謀して販売会社の偽造印を用いて注文書等を偽造し、ＢＭ課の担当者を欺いて財務部に架空の売上報告をさせたもので、営業担当者が言葉巧みに販売会社の担当者を欺いて、監査法人及び財務部から販売会社あてに郵送された売掛金残高確認書を未開封のまま回収し、偽造印を押印した同確認書を監査法人又は財務部に送付し、Ｙ社の売掛金額と販売会社の買掛金額とが一致するように巧妙に偽装するという、通常、容易に想定し難い方法によるものであった。また、本件以前に同様の方法による不正行為があったなど、Ａにおいて本件不正行為の発生を予見すべきであったという特別の事情もない。

３　更に、前記事実関係によれば、売掛金債権の回収遅延につきＢらが挙げていた理由は合理的なもので、販売会社との間で過去に紛争が生じたことがなく、監査法人もＹ社の財務諸表につき適正であるとの意見を表明していたというのであるから、財務部が、Ｂらによる巧妙な偽装工作の結

果、販売会社から適正な売掛金残高確認書を受領しているものと認識し、直接販売会社に売掛金債権の存在等を確認しなかったとしても、財務部におけるリスク管理体制が機能していなかったということはできない。

4 以上によれば、AにBらによる本件不正行為を防止するためのリスク管理体制を構築すべき義務に違反した過失はない。

Ⅲ 分析・検討

1 はじめに

本判決は、代表取締役の内部統制システム構築義務に関し、最高裁がはじめて判断した事件である。

会社法施行前（平成18年4月30日以前）においては、取締役の職責として、いわゆる内部統制システムを整備する責任の有無及び構築すべき内部統制システムの内容が議論されていたが、大和銀行株主代表訴訟事件判決（大阪地判平成12・9・20金融・商事判例1101号3頁（以下、「大和銀行事件判決」という））において、取締役の善管注意義務として、内部統制システムの構築義務が正面から認められた。

同判決を発端として、新会社法においては、いわゆる内部統制システム（ただし、後述のとおり、会社法上内部統制システムという用語は用いられていない）の整備について、大会社に関し、取締役設置会社の場合は取締役会が、取締役会非設置会社の場合は取締役の過半数をもって決定することが明文化された（会社法348条3項4号）。しかし、会社法は、内部統制システムについて、その整備を求めてはいるが、どの程度のシステムを構築すればよいのかについては、明文化されておらず、解釈に委ねられている。

2 経営判断の原則

(1) 大和銀行事件判決は、「どのような内容のリスク管理体制を整備すべきかは経営判断の問題であり、会社経営の専門家である取締役に、広い裁量が与えられている」と判示し、取締役が構築すべき内部統制システムの内容について「経営判断の問題」とした。

経営判断の原則（business judgment Rule）とは、米国において生成・発展した判例法理であり、米国においても、その意義や要件について一致を見ていないが、①経営判断の対象に利害関係を有しないこと、②経営判断の対象に関して、その状況の下で適切であると合理的に（reasonably）信ずる程度に知っていたこと、③経営判断が会社の最善の利益に合致すると相当に（rationally）に信じたこととの要件を満たすときは、誠実に経営判断をした取締役又は役員は、その義務を履行したものとする考え方であるとされ、一定の要件の下に裁判所の審査を排除する法理として機能するとされている（吉原和志「取締役の注意義務と経営判断原則」別冊ジュリスト180号123頁）。取締役に経営判断の原則を認めるか否かは、会社経営につきもののリスクを、実際に会社経営を担当する取締役に負わせるのが合理的か、それとも、会社の所有者たる株主に負わせるのが合理的かの問題に帰着する。

株主は、会社経営に必要な資本（リスクマネー）を負担しており、取締役はその委任を受けて会社を経営していることからすれば、経営判断に関するリスクは、そもそも株主が負うべきであって、取締役は、基本的には、自ら下した経営判断に責任を負う必要はないとの考え方も成り立ち得る（カーティス・J・ミルハウプト編『米国会社法』66・67頁）。

更に、米国においては、わが国に比べ、取締役は、株主から、より短期間での企業価値の増大を絶えず求められ、そのプレッシャーの中で結果を求められる経営を強いられているといわれるが、そのような環境も、経営に関する取締役の裁量を大幅に認める経営判断の原則が受け入れられやすい素地となったと考えられる。

(2) わが国においては、東京地裁平成5年9月16日判決（判例タイムズ827号39頁）が、「実際に行われた取締役の経営判断そのものを対象として、その前提となった事実の認識について不注意な誤りがなかった、また、その事実に基づく意思決定の過程が通常の企業人として著しく不合理なものではなかったかどうかという観点から審査を行うべきであり、その結果前提となった事実認識

に不注意な誤りがあり、又は意思決定の過程が著しく不合理であったと認められる場合には、取締役の経営判断は許容される裁量の範囲を逸脱したものとなり、取締役の善管注意義務又は忠実義務に反するものとなる。」と判示したのを嚆矢として、現在において、取締役の善管注意義務違反の有無に対する判断に際し、このような判断基準がほぼ定着しており、①経営判断の前提となる事実認識の過程（情報収集とその分析・検討）における不注意な誤りに起因する不合理さの有無、②事実認識に基づく意思決定の推論過程及び内容の著しい不合理さの存否の２点が裁判所による審査の対象となっているとされている（東京地裁裁判所商事研究会編『類型別会社訴訟〔第二版〕Ⅰ』241・242頁）。

一方、学説においては、わが国では、裁判所は取締役に広い裁量を認めつつ、それぞれの事案に即して、詳しい事実認定を踏まえ、当該経営判断の手続ばかりでなく内容についても審査を加えている等の点で、米国におけるそれとは別物であるとする見解もある（カーティス・Ｊ・ミルハウプト編・前掲ほか）。また、わが国の裁判例においては、思想としての経営判断原則はこれまで存在していたことはなく、ただ単に裁判所における訴訟活動の展開のされ方によって、たまたま発生してきたものに過ぎないとする見解もある（森田果「わが国に経営判断原則は存在していたのか」商事法務1858号4頁）。

いずれにせよ、わが国においても、取締役の業務執行の場面において、取締役の善管注意義務違反の有無が問題となった場合、取締役に裁量が認められる場面が多いことには変わりはないと思われる。

3　内部統制システム構築義務と経営判断原則

(1)　いかなる内容の内部統制システムを構築すべきかについて、大和銀行事件判決は、経営判断の問題であると判示し、それ以降のダスキン株主代表訴訟事件（大阪高判平成18・6・9判例時報1979号115頁）及びヤクルト株主代表訴訟事件（東京高判平成20・5・21判例タイムズ1281号274頁）等の各判決も基本的にこの考え方を踏襲しており、実務や学説においても、この考え方に同調する論調が多い（江頭憲治郎『株式会社法〔第3版〕』377頁ほか）。

これに対し、「冒険的な『内部統制システム』の構築を奨励する必要がない」ことを根拠とし、「内部統制システム構築義務それ自体に経営判断原則を及ぼすのは妥当でない。」とし、「構築すべき最低水準のシステムを前提とした上で、それを越えてどこまで充実させるかという点に経営者の裁量が働くと考えるべき」とする見解もある（野村修也「取締役の監督義務と内部統制体制」別冊ジュリスト180号124頁）。

(2)　会社法においては、「内部統制システム」という用語は用いられておらず、会社法上その大綱について決定が求められているのは、「取締役の職務の執行が法令及び定款に適合することを確保するための体制その他株式会社の業務の適正を確保するために必要なものとして法務省令で定める体制の整備」（会社法348条3項4号）であり、具体的な体制については、会社法施行規則100条1項が、㋐取締役の職務の執行に係る情報の保存及び管理に関する体制、㋑損失の危険の管理に関する規程その他の体制、㋒取締役の職務の執行が効率的に行われることを確保するための体制、㋓取締役の使用人の職務の執行が法令及び定款に適合することを確保するための体制、㋔当該株式会社並びにその親会社及び子会社から成る企業集団における業務の適正を確保するための体制と規定している。

会社法上整備が求められる体制を内部統制システムと称するとして（注1）、その内容は、上記の㋐ないし㋔のとおり様々であるが、これらの体制は、会社がその経営に際して直面する会社内外に存在する各種のリスクに対処するための仕組みであり、広く「リスク管理体制」ということができる（注2）。

会社が直面する様々なリスクをその性質に応じて整理すると、大きく、①事業機会に関連するリスクと、②事業活動遂行に関連するリスクに分けられる（経済産業省リスク管理・内部統制に関する研究会「リスク新時代の内部統制　リスクマネジメントと一体となって機能する内部統制の指針」（平成15年6月））。

①としては、例えば、新事業分野に進出する際

のリスクや設備投資の実行に係るリスク等が挙げられる。②としては、法令違反等のコンプライアンスに関するリスク、財務報告に関するリスク、商品の品質に関するリスク、情報システムに関するリスク、事務手続に関するリスク等が挙げられる。

①のリスクは、いわば利益を獲得するために不可避なものとして生じるリスクであり、このリスクへの対処は、どれだけの利益を獲得するためにどれだけのリスクを請け負うかという会社の経営方針、経営戦略にかかわる問題である。例えば、新規事業に進出する場合、成功すれば100億円の利益を獲得できるが、この確率は10％で、失敗すれば10億円の損失を被るという場合、このような新規事業に進出するか否かという問題である。このような新規事業に進出するか否かは、会社の規模や資金力等の経営資源の有無、会社が直面している経営環境、その分野におけるその会社の強みや弱み等様々な要因を総合的に考慮して判断されるものであり、まさしく経営判断の問題である。上記事例のようなハイリスク・ハイリターンの事業についても、判断に際しての情報収集とこれに基づく判断過程に不合理な点がなければ、仮にこの決断の後、新規事業に失敗し、リスクが顕在化して損害が発生したとしても、失敗の原因をこの決断を下した取締役に責任を負わせるべきではなかろう（注3）。そして、①のリスクに対処するための内部統制システムの内容が、①のリスクに対処するための会社の経営方針に基づいて決定されるのであれば、①のリスクに対処するための内部統制システムの内容をどのようなものにするかという判断もまた、経営判断の問題ということになろう。

これに対し、②のリスクは、その対価としての利益は存在しない。すなわち、法令を遵守しないことによって利益が得られるということはなく、法令を遵守することそれ自体が、会社経営上当然に求められる事項である。そうすると、例えば、法令を遵守しないとの経営判断はあり得ないから、②のリスクに対処するための会社の経営方針は経営判断の問題ではないことになる。もっとも、②のリスクに対処するための内部統制システムの構築には費用がかかるし、役職員の法令違反行為等を完全に撲滅するための内部統制システムの構築はおよそ不可能であるから、費用対効果をも考慮に入れて、法令違反行為等の防止を合理的に保証できる程度の内部統制システムの構築が求められることになる。費用対効果を考慮する必要があるのであれば、法令違反行為等の防止を合理的に保証できる程度の内部統制システムの内容についても、経営判断の問題とする余地もあるとも考えられる。しかしながら、少なくとも、法令違反行為等を最低限防止し得る内部統制システムの内容は、構築時点までに実際に発生した法令違反行為の種類や態様に基づく知見や経験及びこれらに基づく防止策の研究成果等によって自ずから決まるのではないかと考えられる。

そうすると、②のリスクに対処するために最低限求められる内部統制システムの内容については、経営判断の原則は適用されず必要最低限の内容を超える内部統制システムを構築する場合にのみ、取締役の裁量が認められるというべきであろう。

会社法が整備を要請する上記㋐ないし㋔の体制のうち、㋐及び㋓は、上記①のリスクに対処するための体制であり、㋑、㋒及び㋔は上記②のリスクに対処するための体制といえる。以上のような考え方からすると、㋐及び㋓の体制の内容に際しては、経営判断の原則は適用されるが、㋑、㋒及び㋔の体制の内容については経営判断の原則は適用されにくいことになろう（注4）。

4 本判決の意義

(1) 本判決は、代表取締役に内部統制システム構築義務違反があるか否かを判断するに際し、①通常想定される不正行為を防止し得る体制を構築していたか否か、②本件不正行為の発生を予見すべきであったという特別の事情があったか否かという2段階の枠組みを示した。

その上で、本事件においては、ア．職務分掌規定等を定めて事業部門と財務部門を分掌し、イ．C事業部について、営業部とは別にBM課とCR部を設置し、それらのチェックを経て財務部に報告する体制を整え、ウ．監査法人と契約し、同法人及び財務部から定期的に販売会社に対し郵送により売掛金の残高確認を行っていたとの事実関係

から、通常想定される不正行為を防止し得る体制を構築していたこと、また、本件不正行為は、事業部長が部下数名と共謀し、印鑑を偽造するなど通常容易に想定し難い方法により行われていたこと及び本件不正行為の発生を予見すべきであったという特別の事情もなく、更に、売掛金残高の増加している事実についての事業部長の説明にも合理性があったとして、代表取締役に内部統制システム構築義務違反はないと結論付けた。

本判決が、大和銀行事件以来の下級審での考え方を是認し、構築すべき内部統制システムの内容に対し経営判断原則が適用されるとの判断を示したと捉える見解が多いが（王子田誠「会社代表者のリスク管理体制構築義務と有価証券報告書の不実記載による会社の責任」金融・商事判例1353号10頁、川島いずみ「判批」判例セレクト2009〔Ⅱ〕（法学教室354号別冊付録）20頁ほか）、本判決の判示をみる限り、経営判断原則を適用したか否かについては明確ではないと思われる。

むしろ、本判決が、「前記事実関係によれば」と、あくまでも事例判断であるとの前置きをした後、上記のような２段階の判断枠組みを提示していることを考慮すれば、本判決は、本事件に限ってとの限定付きとはいえ、経営判断の原則は適用されないと判示したと整理することも十分に可能であるように思われる。

本判決が判示する「通常想定される架空売上げの計上等の不正行為を防止し得る程度の管理体制」のうち、「通常想定される架空売上げの計上等の不正行為」については、会社の規模、事業の内容及びそれまでの他社の事例等から、自社に発生する可能性のある不正行為の種類や態様はある程度明らかになると考えられるし、「防止し得る程度の管理体制」についても、同様に、最低限必要とされる体制の内容は、ある程度決まってくると考えられ、そうであれば、この点についての取締役に裁量を認める余地は限られると考えられるからである。

いずれにせよ、内部統制システム構築義務違反の有無の判断に対し経営判断原則が適用されるか否かが明確となるには、今後の判例を待つ必要があろう。

(2) 雪印食品株主代表訴訟事件判決（東京地判平成17・2・10判例時報1887号135頁）は、取締役に対し内部統制システム構築義務違反を追及する訴訟においては、構築すべき内部統制システムの内容とその程度については、原告に立証責任があると判示した。

内部統制システム構築義務違反の有無の判断に際し本判決が示した上記２段階の判断枠組みによれば、取締役の責任を追及する原告は、通常想定される不正行為を防止し得る程度の体制の内容及び当該会社が構築している内部統制システムがこの内容を満たしていなかったことを主張・立証することになる。

どの程度の体制が整備されていれば通常想定される不正行為を防止し得る程度の体制といえるかについては、いまだ明確でなく、具体的なイメージを得るには今後の裁判例の集積を待つよりほかはないが、原告としては、後記Ⅳを踏まえ、不正行為の発生事例に基づき不正行為の種類と態様を調査・分析し、対象企業にはどのような不正行為が発生する可能性があるかを示した上で、各種法制度・ガイドライン等に基づく内部統制システム構築の際の考え方を踏まえ、更に、同業種の上場企業等が有価証券報告書等において開示している内部管理体制の内容等を加味した上で、対象企業が構築すべき内部統制システムの内容を主張・立証していくことになろう。いまだ抽象的とはいえ、本判決において構築すべき内部統制システムの構築が明示された点において、原告の主張・立証活動は、従来と比較し容易になったのではないかと思われる。

(3) 次に、本事件において、「通常想定される不正行為を防止し得る体制」が構築されていたと判示した本判決の判断は正当であろうか。

本事件において、Y社が、B元事業部長による架空売上げの計上を許してしまったポイントとしては、裁判所の事実認定によれば、大きく分けて、B元事業部長による架空売上げを事前に阻止できなかったことと架空売上げの計上を約４年間という長きにわたって見抜けなかったことの２点あると考えられる。

前者の問題点においては、①注文書や検収書の形式面の確認を担当するＢＭ課が注文書及び検収書の偽造を見抜けなかったこと、及び②ソフトの

稼働確認をするＣＲ部による稼働確認が行われていなかったにもかかわらず、Ｂ元事業部長が納品及び稼働確認がされたかのような資料を作成していたことを見抜けなかったこと、の２点が重要である。

また、後者の問題点においては、③財務部が売掛金残高確認書の偽造を見抜けなかったこと、④財務部が、長期未回収の債権について、Ｂ元事業部長の釈明に疑念も持たなかったこと、及び⑤架空売上の売掛金債権のうち、２年を超えても未回収のものが目立ち始めると、Ｂ元事情部長は、ＢＭ課の担当者に対して、正規案件の入金を回収が遅延している架空の売掛金に対する入金として消込みを行うように指示し、ＢＭ課は、当該指示どおりに消込明細情報を財務部に提供していたことの３点が重要である。

①及び③については、注文書、検収書及び売掛金残高確認書（以下、「注文書等」という）に押印すべき印影を予め販売先から提出を受けた上で、当該印影と注文書等に押印された印影とを常時照合する体制が構築されていれば、注文書等の偽造を見抜けたはずである。これは、構築すべき内部統制システムの内容の問題というよりも、構築された内部統制システムの運用に係る問題である。大和銀行事件においては、財務省証券の残高確認に際し、証券の現物を確認しなかったことに重大な欠陥があるとして、担当取締役がその責任を問われた。

証券の現物の確認は実在性の確認の問題であるが、印影の照合も、実在性の確認と同様の問題である。本事件が銀行等の金融機関（以下、「銀行等」という）で発生していれば、内部統制システムの運用に重大な欠陥があると認められた可能性がある。なぜなら、銀行等においては、少なくとも、預金払戻請求書や金銭消費貸借契約証書等預金払戻しや融資の実行等により顧客に対し資金を交付する際に顧客から提出を受ける書類については、予め当該顧客から印影を届け出てもらった上で、担当者が印鑑照合を行い、印影の真正をチェックすることが通常行われているからである。しかしながら、Ｙ社は、上場会社とはいえ、システム開発・販売等を主力事業とする事業会社であり、そのような業種においては、顧客との間でミスの許されない資金のやり取りを頻繁に行う銀行とは異なって、顧客から予め印影の届け出を受けて、それを照合することが通常行われていたとはいえないから、Ｙ社に対し、注文書等に押印された印影を照合する体制まで求めるのは、少なくとも、本事件発生時点においては、少々酷であろう。

⑤については、財務部の牽制機能が十分ではなかったことに起因するものである。また、業績を担う営業担当部に対する管理が甘かったという企業風土（統制環境）に問題があったともいい得るかもしれない。

②及び④については、事業部のトップ自身が不正行為を行ったことに起因するものである。

事業部のトップ自身による不正行為を防止できなかった点については、売上関係証憑のチェックを担当するＢＭ課が同じ事業部内に設置され、しかも、組織上の位置づけは、部よりも格下である課であった点が問題である。

このような体制においては、事業部のトップの行為をチェックするのは、その直属の部下である課長が行うことになる。サラリーマン社会においては、通常、部下に対しその直属の上司に対するチェック機能を求めることは事実上不可能であろう。これは、構築された内部統制システムにおいて、会社の規模、事業の内容等に応じた、適正な牽制機能が確保されていたかの問題であり、内部統制システムの内容の問題と位置づけられる。

取締役は、善管注意義務の一環として、従業員が不正行為を行わないように監視する義務を負うが、規模の大きな会社になれば、取締役が、個々の従業員を監視することは事実上不可能となるため、従業員の不正行為の防止を合理的に保証し得る程度の内部統制システムが必要とされるのである。このように、内部統制システム構築義務の原点に戻って考えれば、牽制機能を担当する部署は、組織上、牽制される部署より格下に位置づけられてはならないはずである。Ｙ社には、確かに職務分掌規定が存在し、営業部門と財務部門とが組織上分離されてはいたが、Ｃ事業部に広範な権限を委ね過ぎており、適正な牽制機能を欠いていた。これが、Ｂ元事業部長の暴走を招き、その不正行為を事前に見抜くことができなかったばかりか、事後的にも発見が遅れてしまうこととなった

最大の原因と思われる。

　以上の点からすれば、構築されていた内部統制システムには、看過できない欠陥が存在していたといわざるを得ない。

　この点、第一審判決は、ＣＲ部とＢＭ課がＣ事業部に直属していたことが、事業部長による不正行為を可能にした要因であったと認定し、このような組織上の欠陥を放置したとして、代表取締役の内部統制システム構築義務違反を認め、控訴審も第一審の判断を支持した。本件不正行為の発生当時を基準として考えても、実務的な見地からすれば、下級審の判断が正当であったのではないか。

　本判決は、その意図は不明であるが、第一審、控訴審とも認定した「Ｂが、架空売上げの売掛金債権のうち、２年を超えても未回収のものが目立ち始めると、ＢＭ課の担当者に対して、正規案件の入金を、回収が遅延している架空の売掛金債権に対する入金として消込みを行うよう指示し、ＢＭ課に、消込明細情報を財務部に提供するように指示していた」との事実を判示していない。

　売掛金回収の有無に対するチェックという、架空売上計上を発見するいわば最後のチャンスにおいて、牽制機能の不備が露呈してしまったことも、Ｂの犯罪行為が長期間にわたって発見されなかった大きな原因の１つである。

　最高裁は、Ｙ社における以上のような牽制機能の不備を過少評価したのではないか（注５）。

Ⅳ　実務対応

　大和銀行事件判決は、求められる内部統制システムの内容に関し、現時点における知見ではなく、不正行為発生時の知見を判断基準とするとしつつ、「整備すべきリスク管理体制の内容は、事件事故の経験の蓄積とリスク管理に関する研究の進展により充実していくものである。」と指摘した。

　本判決において、求められる内部統制システムの内容は「通常想定される不正行為を防止し得る体制」であることが示されたが、求められる内部統制システムの内容に関する現時点における知見の水準は、本事件の発生当時に比べ、格段に向上している。

　また、事業の国際化、規制緩和の進展及び環境問題等の新たな社会的規制の登場等会社を取り巻くリスクは一層多種多様となっている。

　以上を踏まえると、取締役は、今後、以下の１ないし３を参考として、自社を取り巻くリスク要因を特定し、その発生可能性と自社の経営に対する影響度合いを分析した上で、コスト対効果の観点をも踏まえ、メリハリの利いた内部統制システムの構築・見直しを行う必要があると考えられる。

１　会社不祥事の発生状況の調査・分析

　本事件以降も、会社不祥事の発生は後を絶っておらず、いかなる種類や態様の不祥事が発生しているかについては、刊行されている各種文献等が紹介するところである。

　証券取引等監視委員会は、有価証券報告書等の虚偽記載及びインサイダー取引等金融商品取引法に基づき課徴金の対象となる事例を、そのホームページにおいて、「金融商品取引法における課徴金事例集」（以下、「本事例集」という）として公表している。これにより、不正な会計操作の類型や態様及びインサイダー取引の内容を知ることができる（注６）。取締役は、内部統制システムの構築及び点検に際し、以上の資料を参考として、いかなる種類・態様の不祥事が発生しているのかを調査・分析した上で、これを防止するためには最低限どのような体制が必要となるかを検討する必要がある（注７）。

２　会社不祥事を巡る研究、法制度等の整備状況の調査・分析

　(1)　内部統制システムの充実に向けた調査研究は急速に進展しており、関連する各種法制度等も急速に整備されている。

　会社法上、監査役・監査役会・監査委員会（以下、「監査役等」という）が内部統制システムの整備状況に係る事項の相当性を判断するが（会社法施行規則129条５号ほか）、監査役等による内部統制システムの監査に関しては、日本監査役協会が、平成19年４月12日、監査役設置会社について「内部統制システムに係る監査の実施基準」

（以下、「本監査役実施基準」という）、同20年2月4日、委員会設置会社について「内部統制システムに係る監査委員会監査の実施基準」（以下、「本監査委員会実施基準」という）を制定し公表している。本監査役実施基準及び本監査委員会実施基準は、大会社を対象とし、主として上場会社を念頭において策定されたものであるが、その他の会社の取締役が内部統制システムを構築し、見直しを検討する際にも参考となる（浜口厚子ほか『内部統制—会社法と金融商品取引法』61・62頁）。

（2）　金融商品取引法は、平成20年4月1日以降に開始する事業年度から、上場会社に対し、「当該会社の属する企業集団及び当該会社に係る財務計算に関する書類その他の情報の適正性を確保するために必要なものとして内閣府令で定める体制」（いわゆる財務報告に係る内部統制）について経営者が評価した内部統制報告書の提出を義務づけたが、企業会計審議会が、その評価の際の指針として、平成19年2月15日、「財務報告に係る内部統制の評価及び監査に関する実施基準」（以下、「本財務報告実施基準」という）を公表した。

本財務報告実施基準は、上場会社を対象とし、かつ財務報告に係る内部統制システムに限定した内容ではあるが、その考え方については、上場会社以外の会社の取締役が、財務報告に係る内部統制システム以外の内部統制システムを構築し、見直しを検討する際にも、参考となるものである（注8）。

（3）　金融機関については、金融庁が預金等受け入れ金融機関を対象とした金融検査マニュアルを公表しており、その中で、経営管理態勢に対する確認検査用チェックリストが示されている。このように、官公庁等が、内部統制システムの内容について、業界として満たすべき水準をガイドライン等によって示している場合は、内部統制システムの構築・見直しに際し、これを参考とする必要があろう（注9）。

3　他社における内部統制システムの整備状況との比較・分析

平成15年における企業内容等の開示に関する内閣府令（以下、「開示府令」という）の改正により、有価証券届出書・報告書の「企業情報　提出会社の状況」中に「コーポレートガバナンスの状況」という項目が設けられ、提出会社は会社の機関の内容、内部統制の整備の状況、リスク管理体制の整備の状況等を記載することができるようになった。

内部統制システムの構築・見直しに際しては、このような他社の整備状況をも参考にする必要があろう（注10）。

(注1)　(社)日本監査役協会が定めた監査役監査基準は、会社法施行規則に規定される①ないし⑤の体制に、監査役監査の実効性を確保するための体制を加えたものを内部統制システムと定義している（21条）。

(注2)　大和銀行事件判決においても「リスク管理体制（いわゆる内部統制システム）」との用語が用いられている。

(注3)　もっとも、日本サイライズ事件判決（東京地判平成5・9・21金融・商事判例931号19頁）が「株式会社の取締役は、会社に対し、会社の資力及び規模に応じて会社を存亡の危機に陥れいれないように経営を行うべき善管注意義務を負っているのであり、新規事業については、会社の規模、事業の性質、営業利益の額などに照らし、その新規事業によって回復が困難ないし不可能なほどの損失を出す危険性があり、かつ、その危険性を予見することが可能である場合には、その新規事業をあえて行うことを避止すべき義務を負う。」と判示している点には注意が必要である。

(注4)　青木浩子「会社法と金融商品取引に基づく内部統制システムの整備」ジュリスト増刊（「会社法の争点」）153頁は、どのような内部統制システム整備に監視義務違反が認められやすいかについて分析を加えている。

(注5)　前掲「リスク新時代の内部統制　リスクマネジメントと一体となって機能する内部統制の指針」においても、企業不祥事に多くみられる問題点として、「適切な牽制が機能していない。このため、特定の従業員が広範な権限や裁量を有している」点が指摘されている。

(注6)　本事例集で紹介されている23事例の内訳は、情報・通信業6例、建設業6例、機械業3例、卸売業2例、小売業2例、運輸倉庫業1例、電気機器業1例、サービス業1例、証券業1例となっている。

(注7)　上記の情報・通信業における6事例のうち、5件が架空売上の計上によるものであり、そのうち注文書・検収書等の証憑類の偽造によるものは3件である。

(注8)　本財務報告実施基準は、内部統制の基本的要

素として、①統制環境、②リスクの評価と対応、③統制活動、④情報と伝達、⑤モニタリング、⑥IT技術への対応を挙げ、そのうち、経営者の命令及び指示が適切に実行されることを確保するために定める方針及び手続である③の統制活動に関し、不正又は誤謬等の行為が発生するリスクを減らすために、各担当者の権限及び職責を明確にし、各担当者が権限及び職責の範囲において適切に業務を遂行していく体制を整備すること、その際、職務を複数の者の間で適切に分担又は分離させることが重要であると指摘した上、その具体例として、取引の承認、取引の記録、資産の管理に関する職責をそれぞれ別の者に担当させることにより、それぞれの担当者間で適切に相互牽制を働かせることを挙げる。また、権限及び職責の分担や職務分掌を明確に定めることは、内部統制を可視化させ、不正又は誤謬等の発生をより困難にさせる効果を持ち得るものと考えられると指摘する。

(注9) ヤクルト株主代表訴訟事件判決は、ヤクルト本社におけるデリバティブ管理体制に対する評価に際し、大蔵省が金融機関向けに策定したチェックリスト及び日銀が策定したガイドラインを参考としている。

(注10) 武井一浩「『内部統制法制』の実務的観点からの検討」商事法務1766号49頁は「自社の内部統制が他社事例に照らして相当な範囲内にあるのかどうか、横並びの比較はしておいたほうが無難なのでしょう。」と指摘する。

2 食品衛生法違反及びそれを放置したことによる善管注意義務違反行為が商法266条1項5号の法令違反に当たるとして株主代表訴訟が提起された事例―ダスキン株主代表訴訟事件

（判決①（甲事件）：大阪高判平成19・1・18判例時報1973号135頁、判決②（乙事件）：大阪高判平成18・6・9判例時報1979号115頁）

弁護士　加藤伸樹

I　事案の概要

1　本件訴訟の経緯

本件は、株式会社ダスキン（以下、「ダスキン」という）が平成12年4月から同年12月にかけて販売した「大肉まん」（以下、「本件食品」という）に食品衛生法上使用が認められていない抗酸化剤TBHQが混入した問題について、ダスキンの株主Xが、当時の役員ら（Y₁からY₁₃）に対し、Yらの食品衛生法違反又は善管注意義務違反行為が平成17年改正前商法266条1項5号の法令違反に当たるとして、合計106億2400万円の損害賠償を求める株主代表訴訟を提起したものである。訴訟は、本件食品事業の担当取締役であったY₁及びY₂に関する訴訟（甲事件）と他の役員Y₃からY₁₃に対する訴訟（乙事件）に分離された。

2　事件の概要

(1)　ダスキンの組織体制と主な役員

平成12年11月から平成13年1月当時のダスキンの組織は、5つの事業部門と管理部門（人事、総務、経理等）から成り立っており、本件食品の販売事業は、事業部門のうちフードサービス事業グループに属するミスタードーナツフランチャイズ事業本部（以下、「MDFC本部」という）が行っていた。

Y₁は専務取締役フードサービス事業グループ担当（平成11年4月～同13年6月）、Y₂は取締役MDFC本部長（同12年6月～同13年6月）、Y₃は代表取締役社長（同6年6月～同13年6月）、Y₄は専務取締役（同12年6月～13年4月）又は代表取締役（同13年4月～同14年11月）の地位にあった。その他の取締役ら（Y₅～Y₁₃）も、ダスキンの取締役又は監査役であった者である。

(2)　本件食品の製造販売とTBHQの混入

本件食品の製造は、複数の委託先により行われた。委託先の1つであるA社は、更に中国に工場を有する中国法人Bに製造委託していたところ、Bの親会社であるC社が入手した中国製のショートニングに日本国内では使用が認可されていないTBHQが含まれていたため、Bが製造した本件食品にTBHQが混入した（以下、「本件混入」という）。

平成12年5月から本件食品のテスト販売（月間40万個まで）が行われ、平成12年10月6日から本格販売が開始された。平成12年5月から12月20日頃までに販売されたTBHQが混入した本件食品は、1314万個（12月1日以降に限ると約300万個）である（以下、「本件販売」という）。

(3)　本件混入の発覚

本件食品製造事業への参入を望んでいたD社の代表者は、A社の使用する材料等を調査する中でTBHQの混入を発見し、平成12年11月30日、ダスキンの担当者に対し、D社の本件食品試食会の席上でTBHQの混入を告げ、「これは大問題だ。これが世間に知れたら社会問題に発展する」などと告げた。これを聞いたダスキンの担当者は直ちにY₂に報告するとともに事実関係の調査を指示し、平成12年12月2日、ショートニングへのTBHQの混入が確認され、Bは操業を停止した。同日、Y₂は、Y₁に対してTBHQの混入を報告した。

(4)　本件混入発覚後のY₃及びY₄による対応

平成12年12月8日、Y₁及びY₂は本件食品在庫の販売継続を決定した（以下、「本件販売継続」

という）。その後、Y₁及びY₂は、D社に対し、口止め料として、平成12年12月13日に800万円、同月15日に2500万円、平成13年1月18日に3000万円を支払った（以下、「本件支払」という）。平成12年12月29日、D社の担当者からTBHQの混入について知らされたY₄は、Y₂から事実を確認し、「本件食品にTBHQが混入していた事実はあったが、無害であることが判明したので販売し、在庫は残っておらず、既に処理済みである」との報告を受けた。しかし、Y₄はこの報告内容をY₃や取締役会に報告しなかった。平成13年2月8日、D社の担当者がY₃に対してTBHQ混入を告げた。Y₃は、Y₁及びY₂からこの点について報告を受けたが、別段の指示をせず、事実上Y₁らの措置を了承し、取締役会に報告するなどの措置をとらなかった。

(5) その他の取締役による事実の認識と対応
　平成13年7月中旬、Y₂がD社代表者から添加物に関して金を脅し取られているようだとの相談がダスキンの従業員から寄せられたことをきっかけとして、Y₂の事情聴取が行われ、Y₅～Y₁₃は経緯を認識した。平成13年9月18日に社外取締役の提案で発足したMD調査委員会は、同年11月6日、調査報告書をまとめた。その後、Y₄を中心とする新体制の役員らが調査報告書を踏まえて協議した結果、積極的に公表しない方針が決定された（以下、「本件方針」という）。同月29日、本件方針を前提として、Y₂の取締役辞任を受理するとともに、Y₁との顧問契約の解約、Y₂が借りた3000万円をダスキンが負担すること等が、取締役会で決定された。

(6) 事件の発覚
　平成14年5月15日、ダスキンは保健所による立入検査を受け、同月20日、ダスキンは事実を公表した。同月31日、ダスキンは大阪府から行政処分を受け、平成15年9月4日、Y₁、Y₂及びダスキンは食品衛生法違反の罪で罰金刑を受けた。

(7) 事件に関してダスキンが行った出捐
　ダスキンは、平成15年3月期決算で、合計105億6100万円の出捐を計上した（以下、「本件出捐」という）。その内訳は、①ミスタードーナツ加盟店営業補償（加盟店に対する平成14年5月21日から同年9月30日までの利益相当額の補償）として57億5200万円、②キャンペーン関連費用（販売活動の自粛後の売上向上のためのキャンペーン費用等）として20億1600万円、③CS組織員さん優待券及びSM・MM等特別対策費用ほか（クリーニングサービスなど他の事業に関する対策費用）として17億6300万円、④新聞掲載・信頼回復費用として6億8400万円、及び⑤飲茶メニュー変更関連費用（売上低下による賞味期限切れ商品の廃棄損等）として3億4600万円であった。

Ⅱ　判決要旨

1　甲事件

(1) 第1審判決
　甲事件の第1審判決である大阪地裁平成17年2月9日判決（判例タイムズ1174号292頁）は、Y₁及びY₂に対し、連帯して106億2400万円及び遅延損害金をダスキンに支払うことを命じ、Y₁及びY₂が控訴した。

(2) 控訴審における争点と結論
　Y₁及びY₂につき、①本件混入を防止すべき法令遵守体制構築義務違反、②本件混入認識後の本件販売継続等の措置につき食品衛生法違反及び善管注意義務違反、③口止め料に関する善管注意義務違反、④損害論が問題となった。
　①についてはYらの責任が否定されたが、②及び③についてYらの責任が認められ、Yらは、連帯して53億4350円の支払うよう命じられた。

(3) 本件混入認識後の本件販売継続等の措置について
① 食品衛生法違反
　旧商法266条1項5号の法令の意義に関する最高裁平成12年7月7日判決（民集54巻6号1767頁）を引用し「食品衛生法は食品を販売する会社であるダスキンを名あて人とし、同社がその業務を行うに際して遵守すべき規定であるから、旧商法266条1項5号の『法令』にあたる」として、Y₁及びY₂の本件販売継続等の措置について食品衛生法違反を認めた。
② 善管注意義務違反
　イ　義務の具体的内容について

A社による生産が月産400万個である本件食品に関して食品衛生法違反である本件混入が判明することは、食品を扱う大企業であるダスキンにとって極めて深刻な事態であり、ダスキンが役員らに対し、「危機管理行動チェックリスト」の作成、稟議規定、危機管理セミナーの実施を通じて、「（眼薬への異物混入につき損失覚悟で直ちに公表し回収措置をとった）参天製薬株式会社に倣った適切な危機管理を求めていたことは明らかである」から、「フードサービス事業部門の責任者で取締役であるY₁及びY₂としては、直ちに事態の深刻性を認識し、速やかに危機管理体制の正常な発動を促すべく、稟議規定に従い役員協議会に対する報告を行い、社会問題化や企業責任の追及が懸念されることから、「危機管理行動チェックリスト」に従い全社緊急対策本部の設置を提言するなどし、さらにはTBHQ混入の本件食品の販売中止回収、関係当局への通報、事実の公表、購入者に対する注意喚起、情報提供等の措置をとるなど、ダスキンの信用失墜の防止と消費者の信頼回復のために努力すべき善管注意義務があった」。

「ところが、Y₁らがとった行動は……事実の隠蔽であり、役員協議会に報告することも、危機管理体制の発動を促すこともなく、ダスキンの信用失墜の防止と消費者の信頼回復のための措置をとることもなかったものであり……ダスキンが危機的状況において役員に期待する行動規範に反することはもちろん、ダスキンの信用を著しく毀損し、消費者の信頼を失わせるもの以外の何物でもなく、ダスキンの利益に反するものであり、上記善管注意義務に反する」と判示した。

ロ　経営判断原則について

Y₁及びY₂は、TBHQが他国で使用されておりWTOでも毒性が検知されなかったこと、本件混入が微量であること等を挙げ、本件販売継続の実質的違法性は皆無か著しく低いから、経営判断の原則の適用は否定されず、経営に対する打撃を回避するために必要な期間、販売を継続することは経営判断として許容されると主張したが「食品衛生法6条違反につき実質的違法性がないことにつき自信があるのであれば、参天が行ったように、その旨公表して消費者の理解を得るべく努力するのが筋であり、Y₁及びY₂がしたように、ダスキンが被る当面の販売停止や在庫廃棄に伴う損害を回避するただそれだけの目的で、事実を隠蔽し、販売を継続することは、消費者の食の安全衛生に関する心理を無視して自社の目先の利益を優先するものにほかならず、明らかに消費者を軽視するものであり、消費者からの重大な反発を招き、ダスキンに対し、当面の損害回避によって得られる利益を遙かに超える深刻な損害をもたらすであろうことは、雪印の事例によっても、容易に想像できたものである。したがって、本件に経営判断の原則適用の余地はないものというべき」と判示した。

(4)　口止め料について

「Y₁及びY₂は、取締役として、実体のない契約を締結してダスキンに対価を支払わせるなど無用な支出をさせて損害を生じさせない善管注意義務を負い、また、違法な行為や実態があるのを認識した場合には、ダスキンの社会的信用失墜防止のために、直ちに取締役会に報告して、違法な行為や実態を是正し、適法状態を回復し、関係当局への通報、被害関係者への謝罪、損害賠償等の適切な対応策を講じるなどすべき善管注意義務があり、したがって、違法な行為や実態を隠蔽し、これを知った第三者に口止め料を支払うような、明らかに反社会的でダスキンの企業としての信頼を失墜させるような行為をしてはならない義務を負う。……Y₁及びY₂が……口止め料として6300万円を支払ったことは……ダスキンの取締役としての善管注意義務に違反することは明らか」と判示した。

(5)　損害論

①　一般論

「Y₁及びY₂の食品衛生法違反及び善管注意義務違反に係る本件混入の隠蔽及び本件販売継続により後日その発覚を経て、ダスキンは信用失墜等に伴う売上低下の事態に陥り、その信頼回復及び売上回復のために105億6100万円の出費を要した。」

「仮にY₁及びY₂が……善管注意義務に忠実に直ちに本件食品の販売を中止し、本件混入を公表するなどの適切な措置をとったとしても、本件混入そのものによって一定程度の信用の失墜ないし加盟店の売上低下は回避できず、その信用失墜

ないし売上低下による営業補償、販売自粛、信用回復及び売上回復のためのキャンペーン、新聞掲載、飲茶メニューの変更等の措置をとらざるを得ず、そのためにそれ相応の出費を要する筈のものと解するのが相当である。」

「そうだとすれば、Y₁及びY₂の上記善管注意義務違反等の本件販売継続等の行為と相当因果関係にあるダスキンの信用失墜回復関係費用等の損害額は、上記105億6100万円からY₁及びY₂が善管注意義務等を尽くした場合においてもダスキンに生じたであろう信用失墜回復関係費用等の損害額を控除した残額と認めるべきものである。」

② 当てはめ

「Y₁及びY₂が善管注意義務等を尽くした場合におけるダスキンに生じたであろう信用失墜回復関係費用等の損害額を考察するに、この点は容易に具体的な数値の算出は困難ではあるが……雪印の隠蔽体質については大きな社会的非難が巻き起こり、消費者の離反や同社の大幅な売上低下が顕著であったのに対し、参天の率先した事実公表と商品回収の措置についてはさしたる非難の声も上がらず、消費者の離反や売上低下を来した形跡もないことに加えて……本件混入の隠蔽及び本件販売継続の発覚後のマスコミ報道では、特に、ダスキンが、食品衛生法上使用が許されていない添加物を含んだ本件食品の販売を故意で継続するという食品衛生法違反行為を行った点、当該事実を指摘した業者に口止め料として6300万円を支払った点、更に当時の社長であったY₃により隠ぺいの指示がなされた点等の疑惑が大きく取り上げられ、非難の対象とされた一方で、TBHQが欧米等では十数カ国で使用が許可され、WHOでは毒性非検知とされ、本件食品に含まれている量では健康への影響はなく、日本で許可されていないのは他に良い抗酸化性の添加物が許可されているからで、仮に申請すれば許可される可能性が高い旨の報道もなされていたことなどからすると、Y₁及びY₂が善管注意義務を尽くし、いち早く販売を中止し、商品を回収し、消費者に対し事実関係を公表し、謝罪するなどの措置をとっていれば、信用失墜や売上低下は限定的なものにとどまり、加盟店への補償や信頼回復及び売上回復のためのキャンペーン等に要する出費もさほどの額に

達しなかった可能性が高いものというべきであり、上記発覚後の出費105億6100万円の半額を超えることはなかった」として、52億8050万円の損害を認定した。これに本件支払の6300万円を加えた53億4350万円が、Yらが責任を負う損害額とされた。

2　乙事件

(1) 第1審判決

大阪地裁平成16年12月22日判決（判例タイムズ1172号271頁）は、Y₄に対し、5億2955万円をダスキンに支払うことを命じた。X及びY₄が控訴した。

(2) 控訴審における争点と結論

乙事件では、①本件混入、本件販売及び本件支払を防止するリスク管理体制構築義務、②事実を公表して回収等の措置をとる義務、③損害論が争点となった。

①についてはYらの責任が否定されたが、②についてYらに責任が認められ、本件混入を知った時期や地位に応じて、Y₃は5億2805万円、Y₄は5億5805万円（ただし、連帯部分は5億2805万円）、その他の取締役らは各自2億1122万円を連帯して支払うよう命じられた。

(3) 事実を公表し回収等の措置をとる義務について

① 事実を公表する社会的責任

「食品の安全性の確保は、食品会社に課せられた最も重要で基本的な社会的な責任である。したがって、食品会社は、安全性に問題のある食品が製造、販売されないように予め万全の体制を整えると共に、万一安全性に疑問のある食品を販売したことが判明した場合には、直ちにこれを回収するなどの措置を講じて、消費者の健康に障害が生じないようにあらゆる手だてを尽くす責任がある」……「TBHQは未認可食品添加物であり、これが混入した本件食品の製造、販売は食品衛生法に違反し、人の健康を損なうおそれのある違法行為に該当する。したがって、これの混入が判明した時点で、ダスキンは直ちにその販売を中止し在庫を廃棄すると共に、その事実を消費者に公表するなどして販売済みの商品の回収に努めるべき社会的な責任があったことも明らかで……これを

怠るならば、厳しい社会的な非難を受けると共に消費者の信用を失い、経営上の困難を招来する結果となるおそれが強い。」

② Y4の善管注意義務違反

Y4が本件混入や本件販売継続の事実を知った平成12年12月29日の時点では、もはやその回収の可能性は少なかったとも考えられる。しかし、Y4は「その時点で、実際にTBHQ混入の本件食品がいつ販売され在庫が残っていないかどうかなどを正確に調査した上で販売中止や回収等の対応策の要否を検討した訳ではない。Y1及びY2は混入を知った後にも販売店の混乱等を回避するため違法に販売を継続させていたというもので、事柄の重大性の認識に全く欠けていることが明らかなのであるから、ダスキンとしてはその報告だけで販売中止の必要性や回収の可能性がないなどと速断することは許されない。また、仮に同月20日ころまでにTBHQ混入本件食品の販売が完了していたとしても、回収の可能性が全くなかったとまではいえない。」「そうすると、Y4が本件混入や本件販売継続の事実を知りながら、事実関係をさらに確認すると共に、これを直ちに社長であるY3に報告し、事実調査の上で販売中止等の措置や消費者に公表するなどして回収の手だてを尽くすことの要否などを検討しなかったことについて、取締役としての善管注意義務の懈怠があったことは明らかである。」

③ Y3の善管注意義務違反

Y3が本件混入等を知った平成13年2月8日「時点では既にTBHQ混入本件食品の販売中止や回収は現実的には問題にならなかった。」「しかし、Y3は食品販売事業をその事業の一環とするダスキンの代表取締役社長である。前年末に本件混入や、混入を知りながらあえてその販売を継続するという食品販売事業者としては極めて重大な法令違反行為が行われていた事実が判明した以上は、その実態と全貌を調査して原因を究明し再発防止のために必要な措置を講ずることはもとより、直ちに、担当者によって取られた対応策の内容を再点検して、食品衛生法違反の重大な違法行為により食品販売事業者が受けるおそれのある致命的な信用失墜と損失を回避するための措置を講じなければならない。その中で、マスコミ等への公表や、監督官庁への事後的な届出の要否等も当然検討されるべきである。」

「仮に平成13年2月の段階で、Y3が未承認添加物であるTBHQ混入を知りながら本件食品の販売を継続したということの持つ対消費者との関係における重大性を看過せずに、ダスキンのコンプライアンス部門をして事実関係を徹底的に調査し、早期に適切な対応を取っていたとしたら、その後、ダスキンが消費者やフランチャイジーからの信頼を決定的に失うという最悪の事態は、相当程度回避できたものと考えられる。そのような措置を怠り、Y1やY2が取った措置を、その違法性を知りながら了承し、隠ぺいを事実上黙認したこと、及び、公表の要否等を含め損害回避に向けた対応策を積極的に検討することを怠ったことにおいて、Y3の代表取締役社長としての善管注意義務の違反は明らかである。」

④ 本件方針の当否

本件方針は「公表した後に予想される社会的な非難の大きさにかんがみ、隠せる限りは隠そうということにしたもので、現に予想されたマスコミ等への漏洩や、その場合に受けるであろうより重大で致命的な損害の可能性や、それを回避し最小限度に止める方策等についてはきちんと検討しないままに、事態を成り行きに任せることにしたのである。それは、経営者としての自らの責任を回避して問題を先送りしたに過ぎないというしかない。」

「現代の風潮として、消費者は食品の安全性については極めて敏感であり、企業に対して厳しい安全性確保の措置を求めている。未認可添加物が混入した違法な食品を、それと知りながら継続して販売したなどということになると、その食品添加物が実際に健康被害をもたらすおそれがあるのかどうかにかかわらず、違法性を知りながら販売を継続したという事実だけで、当該食品販売会社の信頼性は大きく損なわれることになる。ましてや、その事実を隠ぺいしたなどということになると、その点について更に厳しい非難を受けることになるのは目に見えている。それに対応するには、過去になされた隠ぺいとはまさに正反対に、自ら進んで事実を公表して、既に安全対策が取られ問題が解消していることを明らかにすると

共に、隠ぺいが既に過去の問題であり克服されていることを印象づけることによって、積極的に消費者の信頼を取り戻すために行動し、新たな信頼関係を構築していく途をとるしかないと考えられる。また、マスコミの姿勢や世論が、企業の不祥事や隠ぺい体質について敏感であり、少しでも不祥事を隠ぺいするとみられるようなことがあると、しばしばそのこと自体が大々的に取り上げられ、追及がエスカレートし、それにより企業の信頼が大きく傷つく結果になることが過去の事例に照らしても明らかである。ましてや、本件のように6300万円もの不明朗な資金の提供があり、それが積極的な隠ぺい工作であると疑われているのに、さらに消極的な隠ぺいとみられる方策を重ねることは、ことが食品の安全性にかかわるだけに、企業にとっては存亡の危機をもたらす結果につながる危険性があることが、十分に予測可能であったといわなければならない。」

「Y9を除く取締役であったYらに『自ら積極的には公表しない』という方針を採用し、消費者やマスコミの反応をも視野に入れた上での積極的な損害回避の方策の検討を怠った点において、善管注意義務違反のあることは明らかである。また、監査役であったY9も、自ら上記方策の検討に参加しながら、以上のような取締役らの明らかな任務懈怠に対する監査を怠った点において、善管注意義務違反があることは明らかである。」

(4) 損害論
① 本件支払について
Y4が本件混入等の事実を知った平成12年12月29日時点で、本件支払のうち3000万円は未払いであり、Y4が直ちにY3に報告し適切な措置がとられていれば、3000万円の本件支払はなかったとして、Y4の善管注意義務違反と本件支払のうち3000万円との因果関係を認めたが、Y3及びその他の取締役らについては、因果関係なしとした。

② 本件出捐について
個々の支出の必要性や相当性について検討するに足る的確な証拠がないこと、平成12年7月のフランチャイジーとの内部紛争などフランチャイズ事業全体について存在した問題が本件出捐と無関係とは考えられないこと、適切な対応がなされた場合にどの程度の損害が回避されたか判断することは容易ではないこと、当時新聞などでの論調は、混入自体ではなく、販売を継続したことや事実の公表が遅れたことが批判の中心となっていること、国民生活センターの実態調査で早期公表の重要性が説かれていることから、「仮に積極的な事実の公表が周到な準備のもとになされた場合には、現実に生じた損害のうち相当程度のものが回避し得た可能性があったものと推認することができる。」

平成13年2月頃に公表していれば、本件支払について「触れないままで済んだ可能性」があったこと、D社の代表者及び担当者から進んで口止め料だと公表することは常識的に考えられないこと、ダスキン自身6300万円を取り戻すつもりはなく問題はそのまま収束に向かう可能性があったことから、「隠ぺいを図ったとして社会の信頼を決定的に失うことだけは、なお回避できた可能性があった。」

平成13年11月の時点で公表していれば、本件支払の公表は免れないとしても「役員個人の暴走にとどまると弁明して、ダスキン全体が消費者の信頼を決定的に失うことだけは回避できた余地がなかったとはいえ」ず、「周到な再発防止体制が予め構築され、自浄能力が認められたならば、販売等禁止の行政処分などは回避された余地がある。」

「Y3及びY4の善管注意義務違反、さらには、その後の『自ら積極的には公表しない』というあいまいで消極的な方針が、保健所の立ち入り検査後にマスコミ各社の取材を受ける形で急遽公表を迫られ、それにより上記のような大々的な疑惑報道がなされるという最悪の事態を招く結果につながったことは否定できない。したがって、Yらは、事実を知った時期及び地位などに照らしその割合を異にするとはいえ、いずれもその善管注意義務違反により損害が拡大したことに責任を負うべきである。」

もっとも、最大の要因はY1及びY2であり、早期の公表をしても信頼が著しく失墜してしまうことは避けられず、その他のY「らにできたことは、その損害の拡大を防止し信頼を回復するという2次的な対応にとどまる」こと、本件出捐は、

費目により因果関係の濃淡が様々であり、他の要因によって出捐の必要性が生じた疑いのあるものもあることから、「個別的な検討は不可能であるが、総額105億余円全体にならして因果関係の程度をいうとすれば、その割合はかなり低いとの心証を禁じがたい。」

「相当因果関係にある損害は、上記出捐額との関係ではかなり控えめにこれを算定するのが相当である」とした。その上で、Y_3は本件出捐の5％、Y_4は本件出捐の5％と本件支払中3000万円の合計、その他のYらは本件出捐の2％について、それぞれの善管注意義務違反と因果関係が認められるとした。

3 両事件のその後

判決①に対しXによる上告受理申立がなされ、判決②に対しX及びY_3からY_{13}による上告及び上告受理申立がなされたが、最高裁はいずれの申立も平成20年2月12日に退けた（注1、注2）。

Ⅲ 分析・検討

1 両判決の意義

両判決は、法律上公表が義務づけられていない場合に、消費者の健康に対する意識や隠蔽に対する社会的風潮等を根拠として公表等の措置をとる義務を認めた点、かかる義務の違反及び損害の認定を具体的な事情に則して行った点で、重要な意義を有する。

2 Y_1及びY_2について－甲事件

(1) 本件販売継続等に関する善管注意義務について

本件混入を認識したY_1及びY_2には事実の公表など信用失墜防止・信頼回復に努める義務が認められたが、その根拠は消費者の食品衛生に関する関心の高さや事実隠蔽に対する社会的な批判の厳しさから想定される事態の深刻さと、ダスキン内部の取組みや過去の事例から期待される取締役としての行動規範に求められている。かかる判断は、健康被害に関する報道や社会的風潮によく合致しており、今後も同種の事案では同様の判断がなされると思われる。

Y_1及びY_2が主張した経営判断原則の適用については、損害回避目的での事実隠蔽が消費者からの反発を招き隠蔽による利益を遥かに超える深刻な損害をもたらすことは容易に想像できたから「経営判断原則適用の余地はない」とされた。食品衛生法に反する違法行為を隠蔽してはならないという一般論ではなく、得られる利益に比して深刻な損害が起こることを理由としているから、違法行為を必ず公表すべきだという趣旨ではなく、隠蔽による損失の深刻さを考慮すればY_1らの判断は経営判断の範囲を超えていた旨を判示したと考えるべきであろう。

(2) 本件口止め料について

上記のとおり、隠蔽が善管注意義務違反とされる以上、その手段である口止め料の支払も違法となることは当然である。

(3) 損害論について

会社法423条1項に基づき責任を負う取締役は、法令・定款違反行為と相当因果関係がある会社の損害について賠償責任を負い、かかる責任の性質は債務不履行責任と解される（東京地方裁判所商事研究会編『類型別会社訴訟Ⅰ〔第二版〕』218頁）。したがって、賠償の範囲の決定にあたっては民法416条が適用されることになると思われる。

判決①は、本件販売継続等につき食品衛生法違反に加えて善管注意義務違反を認定し、Y_1及びY_2が隠蔽等を行わなかったとしても避けられないであろう本件混入そのものに伴う一定程度の信用失墜等による損害額を控除した残額（本件出捐の半額）をY_1及びY_2が責任を負う損害額とした。

他方、甲事件原審判決（大阪地判平成17・2・9判例タイムズ1174号292頁）は、本件販売継続等について食品衛生法違反を認めた上で、食品衛生法違反の事実が明るみに出れば消費者が不振、不安を抱き、その結果として、「本件出捐のような性格を有する多額の費用」負担が発生する蓋然性があった、出捐額の決定には取締役らの広い裁量が認められ、「経営判断の過程や結果が通常予測され得るところと著しく異なる等の特段の事情が認められない限り、Y_1らの行為と本件出捐と

の間の法律上の因果関係が否定されるものではない」として、本件出捐全額に対する責任を認めている。判決①に比べると、本件販売継続等について法令違反のみを認定し善管注意義務違反を認定していない点、本件混入を考慮しない点、本件出捐が行われる蓋然性に触れている点に特徴がある。

　まず、本件販売継続等の法的評価について検討する。第一審判決は法令違反のみを認定し、これを起点として本件出捐に至る因果関係を認定しているが、食品衛生法違反行為が行われても当然に深刻な信用失墜が起こるとはいえないこと、本件で社会的非難の対象となったのが隠蔽体質であることを考えると、本件出捐と因果関係を有するのは隠蔽した点であると思われる。したがって、隠蔽について善管注意義務違反を認定して因果関係を判断した判決①の方が妥当である。

　次に、本件混入に起因する損害の控除について検討する。判決①は、Y₁及びY₂が適切な措置をとっていたとしても、本件出捐のすべてを免れることはなかったという認識を前提としている。しかし、本件における社会的非難が、本件販売継続等、本件支払による隠蔽に向けられ、本件混入そのものがあまり問題視されていないことを考えると、50％を控除するという結論を導くには説明不足であろう。非難の対象となった隠蔽はY₁及びY₂がその判断で行ったものであり、この２人により多くの割合で帰責させるという判断も十分あり得ると思われる。

　最後に、民法416条との関係を検討する。甲事件第一審判決は、本件出捐のような性格の費用負担が行われる蓋然性があったことを理由に、原則として本件出捐との因果関係を認める立場をとっている。「隠蔽行為により信用が失われ、対処のために出捐が必要となり、その額は出捐当時の取締役が判断する」という因果の流れは通常生じ得るという理解を前提に、本件出捐を通常損害ととらえていると思われる。他方、この点に関する判決①の立場は判然としない。この点につき、特別損害と捉えるべきであるとする見解もあるが、甲事件第一審判決のように通常損害と捉えることも十分可能であると思われる。

3　Y₃らについて－乙事件

(1)　公表等の措置をとる義務について
① 　**食品会社の社会的責任**

　各取締役の責任判断に先立って、食品の安全性の確保が食品会社に課された最も重要で基本的な社会的な責任であり、本件混入の公表や本件食品の回収を怠れば厳しい社会的な非難を受け消費者の信用を失い、経営上の困難につながるとされている。これは、消費者の食品衛生に関する高い関心や事実隠蔽に対する社会的非難の厳しさを指摘する判決①と同様の考えを、食品会社の「社会的な責任」という用語で説明したものと思われる。近時の社会的な風潮に照らせば、妥当なものと思われる。

② 　**Y₄について**

　Y₄については、事態の認識が不十分なY₁及びY₂の報告だけで速断することは許されないとして、事実関係を確認してY₃に報告し、公表や回収等の要否を検討しなかった点に善管注意義務違反があるとされた。

　事実確認・報告義務については、損害論のうち本件支払との関係で問題とされており、Y₃への報告がなされていれば本件支払のうち3000万円について止めることができたとされている。

　措置を検討する義務については、Y₄が前提となる事実確認すら怠ったため、ほとんど論じられていないが、「事実調査のうえ」という判示から、事実を十分に調査しないで出した結論が正当化されない可能性を示しているといえよう。

③ 　**Y₃について**

　Y₃については、食品衛生法違反の事実が判明した際には調査、再発防止措置、信頼回復措置を講じなければならず、その中でマスコミ等への公表や監督官庁への届け出の要否も検討されるべきであるのに、Y₁及びY₂の行為の違法性を知りながら隠蔽を事実上黙認して損害回避に向けた対応策を積極的に検討することを怠ったことにつき、善管注意義務違反が認められたが、その理由は食品会社の代表取締役という地位にあることに求められている。

　「食品会社の」とする点は、上述の食品会社の社会的責任に基づいて公表等の義務を課す趣旨で

あろう。代表取締役としての地位は、自身が直接担当していない職務についても善管注意義務を負わせることの理由であると思われる。

④ その他の取締役らについて

その他の取締役らについては、事実が判明した場合の損害等をきちんと検討しないままに、本件方針を採用した点が任務懈怠とされた。その根拠もやはり、消費者の食品衛生に関する関心や隠蔽に対する社会的非難及びこれに伴う信用喪失が問題とされており、上述の食品会社の社会的責任に基づくものであろう。

(2) 損害論

① 本件支払について

本件支払については、本件支払のうち最後の支払の前に本件販売継続等を知ったY₄についてのみ因果関係が認められた。

② 本件出捐について

本件出捐については、平成13年2月時点、同年11月時点で公表していれば大々的な疑惑報道がなされるという最悪の事態を回避できたとして、Y₃はいずれも損害が拡大したことに責任を負うべきであるが、最大の要因はY₁及びY₂であり、Y₃らにできたことは2次的な対応にとどまること等を挙げて、因果関係の程度をいうとすればその割合はかなり低いとした。その上で、本件出捐のうちY₃及びY₄について5%、その他の取締役らについて2%との間で因果関係を認めた。

まず、Y₃とY₄の責任割合が同じである点が注目される。代表取締役だというだけで他の取締役より重い責任を課す理由とはならない、いいかえれば、普通の取締役であっても代表取締役と同じ責任を問われ得るということであろう。

次に、上記割合は、因果関係の個別的な検討が不可能であるという前提の下で認定されており、いわゆる因果関係の割合的認定（東京地裁商事研究会編・前掲221頁）によったと思われる。認定された割合が妥当か否かは、同種事案における裁判例の集積を待つ必要があるが、少なくとも、判決①（Y₁及びY₂の責任は50%）と判決②（Y₃らの責任は最大5%）との間に統一性が見られない点には疑問がある。裁判官ごとに因果関係の割合認定の基準が異なることは、当事者の予測可能性を失わせる点で妥当ではなく、裁判例の集積によりさらに精緻化される必要があろう。

Ⅳ 実務対応

1 不祥事隠蔽のリスク

一般的に不祥事の隠蔽には、信用喪失という無形の損害が伴う。喪失した信用を具体的に把握するのは困難な場合が多く、損害額及び因果関係の認定はある程度抽象的に行わざるを得ない。損害額及び因果関係の認定を過度に抽象化することは損害の填補という損害賠償の趣旨を超えるものとなるが、本稿で紹介した各判決においても巨額の賠償が認められていることを考えると、不祥事の隠蔽と評価されそうな場合には、多額の賠償責任を負うリスクも踏まえ、慎重に対応すべきであろう。以下では、具体的な対応について検討する。

2 どのような場合に公表を検討すべきか

両判決ともに、食品衛生法違反の事実を認識した後の対応がYらの責任の根拠とされている。Ⅲ－2－(1)で述べたとおり、不祥事を全て公表する必要はないが、消費者の健康に対する意識を考えれば、本件のように消費者の健康に影響のあり得る違法添加物が混入したという事案では公表しなければならないと考えるべきであろう。

では、他にどのような場合に不祥事を公表すべきであろうか。一般論としては、①購入者の身体、財産に不利益を与える場合で、かつ、②購入者を特定することが困難であるなど公表によらなければ周知できない場合には公表すべきといえるだろう。①は情報周知の必要性、②は公表という手段をとる必要性を基礎づける事情である。例えば、消費者に販売された製造物に瑕疵があり事故が生じ得る場合や、消費者に配布された電子機器にウイルスが混入している場合などが考えられる。

②の公表の必要性について、購入者を特定できる場合（例えば、購入の際に会員登録をさせた場合など）は、公表ではなく個別の通知で足りると思われるが、転売が予想される場合にはやはり公表が必要となろう。

最後に、①の周知の必要性に関して、実質的に問題がないという理由で公表等の具体的な措置を見送ることには慎重であるべきである。たとえ実質的には健康に害がない場合であっても、法令に抵触する場合や量が多ければ害が生じ得る場合には、これを隠蔽したと評価されると強い社会的非難を受けることになり、ひいては企業価値の毀損や賠償責任の負担につながることを心に留めておく必要がある。

3　過去の事例の検討

両判決とも、過去の事例（参天製薬、雪印）を考慮して不祥事に対応することを求めており、不祥事への対応策を検討する際には、過去の事例を調査することが重要である。過去の事例を調査し、これを踏まえて対応をとったという事実そのものが、役員の責任を否定する方向に働くと思われる。本件は平成12年頃の事件であるが、その後現在までに不祥事対応の事例は集積されている。過去の事例を研究し、成功例を取り入れ、失敗例の轍を踏まないようにすることが、具体的な対応を検討する上で大きな意義を有すると思われる。

(注1) 甲事件に関して、最高裁平成20年1月12日決定（平成19年(受)722号）。乙事件に関して、最高裁平成20年1月12日決定（平成18年(受)1723号【X】、平成18年(オ)1487号、平成18年(受)1720号【Y₃】、平成18年(オ)1489号、平成18年(受)1722号、平成18年(オ)1488号【Y₄～Y₁₂】、平成18年(受)1721号【Y₁₃】）。
(注2) 本件に関連する裁判例として、以下のものがある。①Xがウェブサイトにて、ダスキンの取締役会議事録（平成14年12月25日付のXによる閲覧謄写申請により開示されたもの）を掲載した件につき、ダスキン及びその従業員が名誉・プライバシーの侵害を理由として、損害賠償等を求めた事件。(55万円支払の限度で請求認容。大阪地裁平成17年3月17日判決（判例秘書ID番号06050066）、大阪高裁平成17年10月25日判決（判例秘書ID番号06020504)。第41期（平成14年4月1日～平成15年3月31日）になされたダスキンによる自己株式主等の買取価格が不当に高いとして適正価格との差額相当額の損害賠償を求めた株主代表訴訟（請求棄却した原判決を維持。大阪高判平成19・3・15判例タイムズ1239号294頁）。Xがダスキンに対し会社法852条1項に基づく弁護士報酬相当額4億を請求した事件（8000万円の限度で請求認容。大阪地判平成22・7・14判例時報2093号138頁）。

（参考文献）
・松井秀征「ダスキン株主代表訴訟事件の検討〔上〕～〔下〕」商事法務1834号4頁・1835号20頁・1836号4頁。
・北村雅史「違法行為の隠蔽による信用の失墜と取締役の賠償責任」商事法務1803号4頁。

3 牛肉偽装事件に関し取締役に監視義務違反・内部統制システム構築義務違反があるとして株主代表訴訟が提起された事例（東京地判平成17・2・10判例時報1887号135頁）／業績悪化による株式の無価値化について株主から取締役に対して不法行為に基づく損害賠償請求がなされた事例（東京高判平成17・1・18金融・商事判例1209号10頁）

弁護士　脇田未菜子

I　事案の概要

1　はじめに

本稿で紹介する2つの裁判例（東京地判平成17・2・10判例時報1887号135頁（以下、「第1事件」という）／東京高判平成17・1・18金融・商事判例1209号10頁（以下、「第2事件」という））は、いずれも、雪印食品株式会社の株主が、同社において生じた牛肉偽装事件及び親会社である雪印乳業株式会社において生じた食中毒事件という不祥事をめぐって取締役及び監査役の責任を追及した事案である。

2　第1事件の事実関係

(1)　会社の概要

①　雪印食品は、昭和25年、雪印乳業の畜産加工部門を分離して設立された会社を前身とし、昭和45年、アンデスハム株式会社を合併した。同社の事業部門は4部門に区分され、それぞれ独自に運営されていたが、その1つであるミート部門（アンデスハム株式会社を合併して以来順次拡大）は、平成4年以降赤字が続いていた。

②　上記4部門は、平成13年4月に2部門に統合され、更に、同年10月にも事業本部内で再編が行われた。（元）ミート部門は、その取り扱う事業の性質から、専門性が高く、他の部門との人事交流が乏しかったとされる。

(2)　牛肉偽装事件（以下、「本件牛肉偽装事件」という）

①　いわゆる狂牛病問題を受けて、牛肉在庫緊急保管対策事業（以下、「本件事業」という）が策定された。本件事業は、いくつかの団体が、倉庫業者が発行する在庫証明書を元に、平成13年10月7日以前（全頭検査が実施される前）にと畜解体処理された国産牛肉の一部を買い上げることを内容とする。当初は、本件事業に基づく買上げは一時的なものにとどまり、買戻しが予定されている旨が発表されていた。

②　しかし、食肉業界では、発表当時、本件事業に基づき買い上げられた牛肉は焼却処分される（買い切りになる）可能性が高いとの観測が流れており、それを前提に、安価な経産牛を買いあさって国に買い上げさせようとする業者や、不良在庫となっている本件事業の対象外の輸入牛肉を対象国産牛のように偽装して買上げの対象としている業者もいるというような「黒い噂」が広まっていた。

③　平成13年10月末から同年11月初旬にかけて、本社ミート営業調達部、関西ミートセンター及び関東ミートセンターの3か所において、ミート部門の従業員らが、輸入牛肉を国産牛肉用の箱に詰め替えた上で倉庫業者に預け入れ、国産牛肉の在庫証明書を発行させる方法により偽装工作を行った（偽装が確認された牛肉は合計2万9993kg）。

④　雪印食品は、偽装牛肉を含む合計28万9467.7kgの牛肉について、本件事業に基づく買上先である日本ハム・ソーセージ工業協同組合との間で売買契約を締結し、平成14年1月、1億9562万7390円の入金を受けた。

(3)　取締役会の開催

上記偽装工作が行われた頃の常勤取締役会は、平成13年10月26日及び同年11月27日に開催された。

(4)　雪印食品の解散

平成14年1月頃に牛肉偽装工作が公になった

後、雪印食品の業績は急激に悪化し、同年2月22日には清算を公表、同年4月30日には臨時株主総会の決議により解散した。

(5) 本件は、雪印食品の株主であるX（原告）が雪印食品の取締役・監査役であったY1～Y13（被告）に対して牛肉偽装防止のための監視義務・監査義務を怠ったとして平成17年改正前商法266条1項5号に基づき雪印食品に対して損害を賠償することを求めた株主代表訴訟である。

3　第2事件の概要

X（原告）は、雪印食品がかつて合併した会社の創業者一族で、雪印食品の大株主である。Xは、雪印食品の取締役（Y6、Y7）に加えて、同社の親会社である雪印乳業の取締役（Y2～Y5）及び雪印乳業（Y1）を被告として、民法709条に基づき、雪印食品が解散したことにより株式が無価値になったことによる損害の賠償を求めて訴えを提起した。雪印乳業に対しては、同社が雪印食品の100％親会社であることから、支配株主としての責任を問うものである。

本件の事実関係は以下のとおりである。

平成12年3月、雪印乳業大樹工場において、停電に伴う菌の増殖の結果、毒素が含まれた脱脂粉乳が製造されることとなった。平成12年6月以降、この脱脂粉乳の一部を原材料とした製品を摂取した者が下痢、嘔吐、嘔気を伴う食中毒を発症する事故（以下、「本件食中毒事故」という）が発生した。これにより、雪印ブランドの信用が低下し、雪印乳業及び雪印食品の経営状態が悪化した。

雪印乳業は、平成12年9月、本件食中毒事故の発生を受けて、企業風土の刷新、品質保証の強化及び平成14年度黒字化に向けての施策を柱とする「雪印再建計画」を策定した。

その後、平成13年10月、本件牛肉偽装事件が発生し、平成14年1月に発覚した。雪印食品は、平成14年4月30日、臨時株主総会の決議により解散した（前記2参照）。

II　判決要旨

1　第1事件

請求棄却。

(1) Xは、①役員2名が偽装工作に実質的に関与した、②取締役会に出席した役員らが、偽装工作の実行犯から報告を受けてこれを了承した、③取締役会に出席しなかった役員らは、（実行犯が偽装工作を報告したのを受けて他の役員らがこれを了承する場面に居合わせなかったこととなり）、他の役員らに対する監視義務を怠ったと主張するが、これらを認めるに足りる証拠はない。

(2) また、Xは、偽装工作の実行犯の上司に当たる丙川及び丁原が、部下に対する管理監督責任を怠ったと主張する。しかし、①偽装工作が行われたミート部門の閉鎖性、②丙川及び丁原は入社以来ミート部門の実務に自ら携わった経験はなかったことから、③ミート事業に関しては、高度な業務執行に該当しない日常一般業務事項については、丙川及び丁原に逐一報告がされたり、これに対して個別具体的な指示がされるといったことは行われていなかったこと、④本件事業は、参加すれば利益になる事業であって、丙川及び丁原という取締役らにおいて改めて参加の是非を検討する必要のないものであったこと、⑤偽装工作は平成13年10月26日頃から同年11月6日頃までの間に集中的に行われたこと、⑥本件事業のような形での牛肉緊急対策事業が行われたのがはじめてであったことからすると、丙川及び丁原が、部下がそのような違法行為を行っているあるいは行う可能性があることを認識し、これを防止する方策をとらなかったことをもって取締役としての善管注意義務に反する違法な行為であると認定することには無理がある。

(3) このほか、Xは、①役員らが買上請求及び入金を把握していなかったことが内部統制システム構築義務に違反する、②役員らが、本件事業に対する方針やミート部門の動向を報告させなかった点、③偽装工作という不祥事が報告される体制を構築しなかった点、④不祥事の発覚後に取締役全員の引責辞任といった措置を講じなかった点が

それぞれ善管注意義務に反すると主張するが、いずれも採用することができない。

2 第2事件

(1) 原審（東京地判平成16・6・8）

雪印乳業及び雪印食品の各取締役並びに雪印乳業に、X（株主）に対する不法行為の成立を認める余地はないから、その余の点について判断するまでもなく、Xの請求には理由がない。

(2) 控訴審

① Xが、雪印乳業株式会社の取締役らの過失をいう点については、本件食中毒事件が発生した後更に本件牛肉偽装事件が発生することまで予見し得たとはいえないことはもとより、雪印食品の解散は適法な株主総会の決議によるものであって、これを不法行為といえるものでないから、本件食中毒事故と、雪印食品の解散ないし株価の急激な再下落との間には相当因果関係があるとは直ちにいえない。

② 株式が上場され公開取引がなされている株式会社の業績が取締役の過失により悪化して株価が下落するなど、全株主が平等に不利益を受けた場合、株主が取締役に対しその責任を追及するためには、特段の事情のない限り、商法267条（株主代表訴訟）によらなければならず、直接民法709条に基づき訴えを提起することはできないものと解すべきである。

その理由は、(イ)この場合、会社が損害を回復すれば株主の損害も回復するという関係にあること、(ロ)仮に株主代表訴訟のほかに個々の株主に対する直接の損害賠償請求ができるとすると、取締役は、会社及び株主に対し、二重の責任を負うことになりかねず、これを避けるため、取締役が株主に対し直接その損害を賠償することにより免責されるとすると、取締役が会社に対して負う法令違反等の責任を免れるためには総株主の同意を要すると定めている商法266条5項（注：現会社法424条）と矛盾し、資本維持の原則にも反する上、(ハ)会社債権者に劣後すべき株主が債権者に先んじて会社財産を取得する結果を招くことになるほか、(ニ)株主相互間でも不平等を生ずることになることである。また、多数の株主が市場で株式を売買している公開会社においては、株価が下落しても、適時に売却することにより損失を回避ないし限定することができるから、株主に個別に取締役に対する損害賠償請求を認める必要も少ない。

もっとも、株式が公開されていない閉鎖会社においては、株式を処分することは必ずしも容易ではなく、違法行為をした取締役と支配株主が同一ないし一体であるような場合には、実質上株主代表訴訟の遂行や勝訴判決の履行が困難であるなどその救済が期待できない場合も想定し得るから、このような場合には、前記の特段の事情があるものとして、民法709条に基づく請求をすることもできると解すべきであるが、本件においてはこのような事情は認められない。

③ また、雪印食品の取締役らにおいて、株主である控訴人に対する不法行為が成立するとも認められない。

④ （雪印乳業の支配株主としての責任について）本件において、支配株主が取締役等に違法な働きかけをした結果、当該取締役等が違法な業務の執行をするなどしたとは認められない。

Ⅲ 分析・検討

1 第1事件

(1) 監視義務違反

① 本件では、取締役相互間の監視義務と、取締役の従業員に対する監視義務の両面が問題となっているが、取締役相互間の監視義務については、前提となる事実（取締役会における報告）が認められなかった結果、全て排斥された。

従業員に対する監視義務については、本判決は、事件が発生した部門の閉鎖性・独立性を強調して、実行犯の上司である取締役らが事故を防止する方策をとらなかったことをもって善管注意義務違反の違法行為であるというには無理があると結論づけている。判決からは、各実行犯の間に緊密な連携があったことまでは窺われないが、偽装工作が社内の複数箇所で発生していること、ほぼ同様の手法により短期間に実行されていることからすると、偽装工作は、ミート部門にある程度の経験を有する従業員であれば、容易に思いつき、実行することができるものであった可能性は否定

できない。主張・立証の詳細な経過は不明だが、本判決の判断には異論もあり得るところだろう。

② この点、取締役が、従業員の違法又は不適正な行為を阻止することができなかったことについて、監督義務違反が争われた事例は複数あるが（東京地判平成8・6・20金融・商事判例1000号39頁、東京地判平成11・3・4判例タイムズ1017号215頁、東京地判平成13・1・18金融・商事判例1119号43頁、東京高判平成14・4・25金融・商事判例1119号35頁等）、認容例の多くは、各取締役が、問題の行為そのものか、比較的明白な兆候を認識し得たとの認定に達している。本判決は、そうした裁判例と同様、問題の行為又はその兆候を認識することができたかを検討しつつ、結論としては、これを否定したものである。

(2) 内部統制システム構築義務違反

① 本件においては、内部統制システム構築義務違反の有無が1つの争点となった。本件は、「取締役の職務の執行が法令及び定款に適合することを確保するための体制その他株式会社の業務の適性を確保するために必要なものとして法務省令で定める体制」（いわゆる内部統制システム）の整備を義務づける現会社法が施行される以前の事案であるが、いわゆる大和銀行事件（大阪地判平成12・9・20金融・商事判例1107号3頁）以来、一定の場合には、取締役らが内部統制システム構築義務を負うことがあるという考え方は確立しており、本件でも、抽象的な義務の存否は争いになっていない。

② 本判決で整理された原告の主張と、認定事実を対照する限りでは、本件では、内部統制システム構築義務違反の有無は中心的な争点にはならなかったのではないかと推測される。

③ 本件で、取締役らの義務を、「本件事業に向けて行われる偽装工作を防止することのできる内部統制システム」の構築義務と捉えると、確かに、判示のとおり、本件事業の特殊性が関与してくるため、義務違反を肯定することは困難であろう。しかし、例えば、取締役らが構築すべきであったシステムを、「販売する食品の産地を厳格に管理することのできる内部統制システム」と考えてみると、それが法的義務であったとまでいえるかという問題は残るが、本件事業の特殊性を理由に義務違反を否定することは難しくなろう。

また、本件で行われた一連の偽装工作は、様々な行為から構成されている（偽装工作をするために在庫を動かした行為、牛肉の詰替え、帳票の偽造、売買契約の申込み等々）。このうちどの行為をターゲットとするかによって、具体的な義務の内容は変わってくると考えられる。

(3) リスクの大きさと、取締役及び監査役の義務の程度

本件牛肉偽装事件は、短期間に行われたものではあるが、結果的に雪印食品が解散するに至ったことからも推し量られるように、たった一度でも、会社に大変な損害を被らせる行為であった。こうした重大な事案に関する取締役らの義務は、通常以上に高いものになるとみる余地もあると思われるが、本件ではこの点が争点化した様子は窺われず、判断も明示されていない。

(4) 原告となる株主の要件

① 本件の原告となった株主は、平成14年3月、清算の方向性が明らかになり、既に整理ポストに配転されていた雪印食品の株式1000株（当時の株式の価格は1株当たり約3～4円）を取得したものである。

本件当時の商法267条及び現会社法847条を通じて、いわゆる株主代表訴訟を提起するためには、6か月前から引き続き株式を保有していることが求められるのみで、取締役の責任の発生の当時において、既に株主であった必要はないとされるが（上柳克郎＝鴻常夫＝竹内昭夫編集代表『新版注釈会社法(6)株式会社の機関(2)』367頁〔北沢正啓〕）、本件のような事例に接すると、違和感がないではない。

② もっとも、株主代表訴訟が適正に行われることを担保する方策は、株式保有要件のみではなく、会社に対する訴訟告知の義務化をはじめとする種々の制度が設けられている（会社法849条）ほか、担保提供の申立（同法847条7項・8項）という訴訟提起そのものを抑制する枠組みも一応設けられている。既存の枠組みの中でも不適切な訴訟提起・訴訟追行には対応し得るものと考えられるし、株式の取得時期を問題視するか否かを関係当事者の意思に委ねるという意味では、株式保有要件を加重しないことにも一定の合理性をみるこ

(5) 刑事事件

なお、本件で問題となった牛肉偽装事件は、買上事業において牛肉の買主となったハムソー協同組合に対する詐欺事件として、刑事事件にもなった。実行犯らに対する事件では、被告人らがいずれも公訴事実を認め、懲役2年執行猶予3年の刑が確定したのに対し（神戸地判平成14・11・22判例タイムズ1113号284頁）、取締役2名については、実行犯らとの共謀を認めるに足りないとして無罪が確定している（神戸地判平成16・7・13判例秘書・ＩＤ番号05950667）。

判示をみる限り、第1事件で原告が事実関係について主張したところは、主として、自白事件の資料を拠り所とするようであり、その意味で、やや無理があったことは否めないものと思われる。

2 第2事件

(1) はじめに

第2事件の特色は、主に、①民法709条に基づき、株価の下落による損害の賠償を求めた点、②親会社の取締役に対し、子会社が破綻するに至ったことの責任を問うた点の2点にある（ただし、②親会社の取締役に対して責任を問うた点については、前提となる事実が立証されず、主張は簡潔に排斥される結果となったため、以下では①について論じる）。

(2) 従来の考え方

① 株主が、取締役や監査役に対して、株価の下落により被った損害について、商法266条の3に基づき、自身に直接損害を賠償するよう求めることの是非については、かねてから議論が重ねられてきたが、多数説はこれに消極的であり、株主は、こうした損害を回復するにあたっては、商法267条（株主代表訴訟）の方法によるべきであると考えてきた。その根拠としては、(ア)会社が損害を回復すれば株主の持分も回復する、(イ)取締役が株主に賠償しても会社に対する責任が残るなら、取締役は二重の責任を負う結果になる、(ウ)株主に賠償することにより会社に対する責任もその分だけ減少するなら、責任の免除に総株主の同意が必要なこと（商法266条5項）と矛盾し、損害賠償請求権という会社財産を株主が割取する結果となることが挙げられている（上柳＝鴻＝竹内編集代表・前掲322頁〔龍田節〕等）。

② また、取締役や監査役の任務懈怠について、不法行為に基づく請求ができるかという点については、商法266条の3に基づく取締役の責任は、「客観的要件については、会社に対する義務違反があれば足りるものとしてこれを拡張し、主観的要件については、重過失を要するもの」として規定（改正）されたものであり、第三者保護の立場から特に設けられた法定の特別責任であるとされ、「取締役がその職務を行なうにつき故意または過失により直接第三者に損害を加えた場合に、一般不法行為の規定によって、その損害を賠償する義務を負うことを妨げるものではない」として（最判昭和44・11・26民集23巻11号2150号）、商法266条の3に基づく責任と民法709条に基づく責任は併存し得るものと考えられている。

(3) 本判決の意義

ここで、株主が、株価の下落による損失について、取締役等に対して、民法709条に基づいて賠償を求めた本件において、商法266条の3に基づいて請求することを否定する際に持ち出されてきたのとほぼ同様の理由を示して、民法709条に基づく責任を否定したのが本判決である。商法266条の3に基づく請求を否定した例としては、東京地判平成8・6・20金融・商事判例39頁があるが、本判決は、高裁レベルで民法709条に基づく請求の是非を判断したはじめての例となった。

(4) 不法行為責任を否定する法律構成

① 本判決は、これが、不法行為が成立しないためであるのか、その他の理由によるのかは明らかにしていないが、以下に検討するとおり、これを推測することは容易ではない。

② まず、不法行為の成立要件を充足しない場合について考えてみると、本判決が、任務懈怠の内容如何を問題としていないことからすると、問題となり得る要件は、「他人の権利又は法律上保護される利益」にほぼ絞られるが、実体法上明確な規定を有する株主権を表象する株式という財産が、これに該当しないとは考え難いところである。

③ 次に、民法709条の個別の要件は充足するものの、これを請求することはできないとの構成

を考えてみると、同条の解釈のみによってこれを達成することは困難であり、他の実体法に根拠を求める必要が出てくると考えられる。しかし、(2)②で紹介した、商法266条の3に基づく責任は、民法709条の責任と併存するものであるとの理解に立つ場合には、商法266条の3に基づく責任と民法709条に基づく責任の範囲が同一であるべき必然性はなく、商法266条の3の解釈論を根拠とすることにはやや違和感が残る。

（特別法の解釈により一般法上の責任が制約される事例としては、公務員が職務上不法行為を行った場合における個人責任の問題が想起される（国家賠償法1条2項、最判昭和30・4・19民集9巻5号534頁参照）が、国家賠償法と商法では民法との関係が異なるほか、制約の対象が異なるなど、あまり意味のない連想にとどまるか）

④ このように、本判決が、いかなる論理によって、民法709条に基づく請求を否定したのかを推論することは、容易ではなく、判示は不十分であるといわざるを得ないものと思われる。

⑤ ちなみに、実際問題として、民法709条に基づく責任の成立を肯定するとすれば、こと株価の下落による損害については、商法266条の3（現会社法429条）による責任の成否がほぼ重複することとなり、主観的要件に差が設けられていることの意味がなくなることも、民法上の責任を否定すべき1つの理由になり得ると考えられる。

すなわち、取締役の任務懈怠によって第三者が損害を被る事例では、中間に、従業員の行為が介在していることが通常であり、任務懈怠と第三者に生じた結果の間には隔たりがある。そこで、任務懈怠について故意又は重過失があれば、結果までは予見できなくとも責任を負わせようというのが会社法上の定めであり、逆に、結果まで予見できていた場合には、任務懈怠について軽過失しかなくとも、責任を負わせるのが民法上の規定であるとみれば、一定の棲み分けができていることになる。

しかし、株価の下落について考えてみると、（一定以上の規模の）不祥事が公になれば株価が下落して株主が等しく被害を受けることは、誰にでもわかることである。そうすると、任務懈怠と結果の間の隔たりが解消され、会社法上の責任と民法709条の責任は、実質的にはほぼ重複することとなる。

(5) 「特段の事情」

本判決が示した特段の事情は、過去の下級審裁判例（福岡地判昭和62・10・28判例時報1287号148頁）を意識しているといわれる。同判決は、被告とされた取締役が、本件は代表訴訟によるべきであり、個々の株主が、商法266条の3に基づき、取締役に直接損害の賠償を求めることはできないと主張したのに対し、被告が発行済株式のうち75％以上を保有しつつ、会社財産を私物化するような行為を繰り返しているところからすると、代表訴訟が提起されたとしても、被告がこれをあらゆる手段により妨害することが明らかであり、代表訴訟による救済は期待できないとするものである。

本件で特段の事情が認められないとする理由をみると、やや酷であるように思われなくもないが、控訴人が、不祥事が発覚した後も保有株式を処分した様子が一切窺われないことからすると、本判決が示した判断も、1つの考え方であるのかもしれない。

(6) おわりに

① 不祥事が発覚したことによって株主が被る損失には、会社の純資産の減少と株価の下落という2つの側面があるが、本判決を含む否定説は前者の観点を、肯定説は後者を重視しているものと思われる。

理論上、前者の観点を無視することは容易ではなく、純資産の増減という意味で考えると、株主に商法266条の3に基づく責任追及を認めた場合の不都合は民法709条に基づく請求にもそのまま妥当することとなり、本判決は結論としては妥当であると思われる。また、本判決当時に比べて、代表訴訟へのアクセスが改善された現在、株主に、個別に取締役に対する責任追及を認めるべき実質的理由は更に薄弱になっていることも、本判決を含む否定説を補強する一材料となろう。

② なお、同じ取締役の任務懈怠の中でも、有価証券報告書等の虚偽記載については、株主は、一定の条件下で、取締役らに対し、株価の下落分に相当する損害の賠償を求めることができることが金融商品取引法上明確に規定されている。この

ような事例も、上記(2)で触れた不都合と無縁ではないが、企業内容等の開示に関わる任務懈怠は、株式を取得／売却するか否かという入口と出口の意思決定に直接働きかけ、これを誤らせる行為であることから、不都合を度外視してでも請求を認めるべき局面とみられているのではないかと考えられる（「直接損害」「間接損害」という区分でみても、こうした損害は「直接損害」であると指摘される）。

③　近時、株価の下落による損失の填補を求める例は増加しているが、行為そのものの当否を直接判断して、問題はなかったとして請求が棄却される例、粉飾決算に伴う有価証券報告書の虚偽記載が問題になる事案では、旧証券取引法や金融商品取引法に基づき請求する例が多く、本件のように、民法709条に基づく請求の可否が直接争われた例は少なく、本判決は、依然として、一定の先例的価値を保っているものと思われる。

Ⅳ　実務対応

1　善管注意義務の変化

本件牛肉偽装事件は、いわゆる「食品（産地）偽装」が世に広く知られることとなった初期の事案であると思われるが、その後、複数の類似事案が発覚した現在では、例えば、同種の産地偽装事件については、予見可能性のハードルは確実に低下しており、取締役・監査役が問われる責任はより厳しいものになっていると考えられる。日々集積される事例を収集する必要性は高い。

2　組織再編の経過と内部統制

第1事件の判決は、本件牛肉偽装事件が短期間に突発的に発生したものであることに加えて、事件の発生した部門の独立性に繰り返し言及している。そして、明言はされていないものの、当該部門は、組織再編の経過で取り込まれた部門であることが窺われる。

判決では、当該部門が独立した存在となっていたこと自体の是非には言及がないが、主張・立証の如何によっては、法的責任が肯定されることも十分にあり得ると思われる。こうした側面から

も、組織再編のあり方が問われることがある。

3　並行して刑事事件が発生する事案

昨今、犯罪被害者その他の関係者による刑事記録の入手は、従来に比べると柔軟に認められるようになっている。このため、訴訟を提起しようとする株主は、刑事事件（とりわけ否認事件。第1事件にもみられるように、会社上層部は共謀共同正犯と位置付けられることから、争いになる事案は少なくないものと思われる）が進行する事案では、比較的容易に資料を収集することができる（民事訴訟法上の送付嘱託による場合のほか、犯罪被害者等の権利利益の保護を図るための刑事手続に付随する措置に関する法律3条等。株主が「被害者」に該当する類型は限られるが、皆無ではないと思われる。また、刑事事件が公判前整理手続に付された場合には、資料の内容・公表時期に差が出てくる）。いわゆる不祥事を巡る民事事件では、刑事事件の動向にも着目する必要がある。

（参考／判決当時の商法の規定）
第266条　①　左ノ場合ニ於テハ其ノ行為ヲ為シタル取締役ハ会社ニ対シ連帯シテ第一号ニ在リテハ違法ニ配当又ハ分配ノ為サレタル額、第二号ニ在リテハ供与シタル利益ノ価額、第三号ニ在リテハ未ダ弁済ナキ額、第四号及第五号ニ在リテハ会社ガ蒙リタル損害額ニ付弁済又ハ賠償ノ責ニ任ズ
　一　第二百九十条第一項ノ規定ニ違反スル利益ノ配当ニ関スル議案ヲ総会ニ提出シ又ハ第二百九十三条ノ五第三項ノ規定ニ違反スル金銭ノ分配ヲ為シタルトキ
　二　第二百九十五条第一項ノ規定ニ違反シテ財産上ノ利益ヲ供与シタルトキ
　三　他ノ取締役ニ対シ金銭ノ貸付ヲ為シタルトキ
　四　前条第一項ノ取引ヲ為シタルトキ
　五　法令又ハ定款ニ違反スル行為ヲ為シタルトキ
②　第一項ノ取締役ノ責任ハ総株主ノ同意アルニ非ザレバ之ヲ免除スルコトヲ得
第266条ノ3　取締役ガ其ノ職務ヲ行フニ付悪意又ハ重大ナル過失アリタルトキハ其ノ取締役ハ第三者ニ対シテモ亦連帯シテ損害賠償ノ責ニ任ズ
第267条　六月前ヨリ引続キ株式ヲ有スル株主ハ会社ニ対シ書面ヲ以テ取締役ノ責任ヲ追及スル訴ノ提起ヲ請求スルコトヲ得

4 暴力団関係会社に株を売却するとの強迫に対して巨額の金員の交付を提案又は同意したことが取締役の忠実義務・善管注意義務に反するとして株主代表訴訟が提起された事例

—蛇の目ミシン事件（最判平成18・4・10民集60巻4号1273頁）

弁護士　松尾剛行

I　事案の概要

1　事案のポイント

蛇の目ミシン事件は、東証一部上場企業である蛇の目ミシン工業株式会社（B社（注1））が著名なグリーンメーラー（注2）であるAに食い物にされ、約1千億円以上もの損失を被った事案である。当該事案は、Aが恐喝罪で起訴されており、バブル期の経済犯罪事件として有名である（後に、Aに対する懲役7年の有罪判決が下され、確定した）。蛇の目ミシン事件最高裁判決（最判平成18・4・10民集60巻4号1273頁、以下、「本判決」という）は、同事件に関与した取締役の責任が株主代表訴訟において追及された事案に関する最高裁判決である。

提訴後、本判決を経て、差戻し審の判決が確定するまでの間、本事案は世間の耳目を集め続けた。例えば、事件に全く関与していなかった訳ではないと述べているB社元取締役Xが原告となったこと（三宅伸吾『市場と法』216頁）や、Xに対し高額の担保提供が命じられたこと（東京地決平成6・7・22金融・商事判例955号15頁。いわゆる「蛇の目基準」）、第一審判決・原判決が論理は違うもののいずれも（Aを除く）被告取締役の責任を否定したこと、本判決において最高裁が一転して被告取締役の責任を認めたこと、差戻し控訴審が約600億円及び遅延利息もの多額の損害賠償を認めたこと等である。

本判決は、様々な問題を提起する重要判決ではあるが、本稿では、本判決の「射程と教訓」をテーマに検討し、当該テーマに関係する部分以外は多くの先人の論稿（文中引用文献及び末尾参考文献参照）に譲り、大胆に検討をカットさせていただく。

2　本事案の経緯

本事案は、B社の取締役であるYらが、Aの恐喝に応じて、B社として多額の金銭等を利益供与した事案である。事実関係は極めて複雑であるが、ポイントとなる事情を挙げると、以下のとおりとなる（注3）。

・Aは自己の経営するI社等を通じてB社株を買い集め、昭和62年3月には、B社の筆頭株主となり、同年6月の総会でAはB社取締役に就任した（Aの要求により、B社側経営陣もAの取締役就任に同意した（吉川栄一「第一審判批」上智法學論集46巻1号80頁参照））。

・Yらは、Aが仕手筋として知られ、暴力団との関係も取りざたされていることに鑑み、Aの影響力を排除しようと、B社ないしB社のメインバンクのC銀行側でAの持つB社株を引き取ることを画策した。

・AはB社株の買占めのための資金をPグループ等からの借入れで賄っていたところ、Aは、Yらに対しこの返済のため、I社やB社らで新会社を作って新会社がA側の債務を肩代わりすることを求め、Yらも乗り気になった（新会社構想）。

・ところがC銀行は新会社構想に難色を示し、むしろ、Pグループ総帥Tに担保となっているB株の買取りを求めようと考えていた。このようなB社（Yら）とC銀行の間の考え方の違いが表面化したため、B社の取締役社長（Y₂）は、Tを訪れて新会社構想を説明しようとしたが、Tにまくしたてられ、何もいい出すことができなかった。

- 同日、Aは、Yらに対し、T直筆のものだと述べて、TがB社に入ってくるという内容のメモを示し、C銀行とTがB社に隠れて裏で話をしていると申し向けた。
- 翌日、Aは、Tと会って話をしたとして、要旨「TはY2からが新会社構想のことを何も聞いていない。自分は恥をかかされた、仕方がないので、Tに対し、Y2に一筆書いてもらうといって帰って来た。だから、すぐ新会社による肩代わりのことを一筆書いてくれ」として、Y2を非難するとともに、Tに見せるためとして、Y2に念書を書くよう求めた。Y2は、「貴殿所有のB社株1740万株のファイナンス或は買取につきB社が責任をもって行います」との念書（以下、「森田念書」という）を作成した。「責任をもって」の言葉は、Aの要求によって入れたものであった。
- 実際には、Aは、Tに森田念書を見せた後、これを持ち帰り、Yらに返却しなかった。
- Aは、B社株を念書とともに暴力団の関係会社U'社に売却した旨述べた。Y3が「いくら払えば取り戻せるか」と聞いたところ、Aは、キャンセルのためには300億円を用立てろと要求した。
- Yらが対応に苦慮していると、Yらに対し、「大阪からヒットマンが2人来ている」などと述べて脅迫し、Y3らはホテルに偽名で泊まる等した。
- 結局、YらはAの要求を飲み、B社の保証及び担保提供の下の迂回融資の形を取って、A（I社）に対し300億円を交付し、結局300億円を喝取された。
- その後、Aから更に債務の肩代わりを求められ、B社は関連会社を通じた債務の肩代わり及び保証等を行い、計約639億円（注4）の損失を被った。
- Aは平成2年7月に別件で逮捕された後、平成3年3月に本事案に関する恐喝罪で再逮捕され、平成12年3月31日に300億円の喝取につき東京高裁で有罪判決が下され（判例タイムズ1037号258頁）、平成15年9月29日に上告が棄却されて7年の懲役が確定した（松中学「判批」商事法務1885号51頁、なお、別件については、神崎克郎「藤田観光株事件の法的検討」商事法務1332号2頁参照）。
- 平成5年8月9日、XはA、Yら及びB社のその他の取締役に対し、代表訴訟を提起した（注5）。
- 平成13年3月29日、東京地方裁判所は、Aの責任を認めたものの、Yら及びその他の取締役の責任を否定した（第一審判決、東京地判平成13・3・29判例時報1750号40頁）。
- Xは、Yらに対する関係でのみ控訴したところ、平成15年3月27日、東京高等裁判所は、Xの控訴を棄却した（原判決、東京高判平成15・3・27金融・商事判例1172号2頁）。
- Xが上告・上告受理申立を行ったところ、最高裁は、Xの上告受理申立を容れ、平成18年4月10日、損害論等の検討のため、東京高裁に差し戻した（本判決）。
- 平成20年4月23日、差戻控訴審は、Yらに583億6039万8183円及び遅延利息の損害賠償を命じ（差戻し控訴審判決、東京高判平成20・4・23金融・商事判例1292号14頁）、平成20年10月2日最高裁はYらの上告を棄却すると共に本件を上告審として受理しない旨の決定を下したことから、差戻控訴審判決は確定した（最決平成20・10・2 TKC判例番号25450118他）。

3　争点（注6）

(1) 忠実義務違反・善管注意義務違反

原判決は、Yらには取締役として、300億円の融資の形をとった利益供与行為を行ったことについて、外形的には忠実義務違反、善管注意義務違反があったとした。しかし、株式会社の取締役が、忠実義務違反（商法254条の3（現会社法355条））、善管注意義務違反（商法254条3項（現会社法330条）、民法644条）違反として損害賠償責任を負うには、右違反行為につき取締役に故意又は過失があることを要するものとした上で、Y2が森田念書を書いたことをもって、直ちに過失があったと認めることはできない（注7）上、その後の展開については、Aの狡猾かつ暴力的な脅迫行為が主たる原因であって、このまま放置すれば、B社の優良会社としてのイメージは崩れ、多くの企業や金融機関からも相手にされなくなり、

会社そのものが崩壊すると考えたことから、そのような会社の損害を防ぐためには300億円という巨額の供与もやむを得ないとの判断を行ったものであり、当時の一般的経営者として、Yらが上記のように判断したとしても、それはまことにやむを得ないことであったとみざるを得ないとして、Yらの過失を否定した。

(2) 利益供与

原判決は、暴力団関係者Uから株式を買い戻す目的での300億円の支払が利益供与に当たるかという点につき、B社経営陣の認識としては、暴力団筋に譲渡された株式を、むしろAのもとに株式を取り戻すために利益供与をしたものであり、実際には、300億円を喝取されたものであって、商法294条の2（現会社法120条）の「株主ノ権利ノ行使ニ関シ」の要件に該当しないとした（つまり暴力団筋からAのもとに株式が戻されるだけではAの権利行使を妨げることにはならないので、利益供与には該当しないと判断した。高間佐知子「原判決判批」法學新報111巻1・2号554頁参照）。

Ⅱ 判決要旨

1 善管注意義務違反

前記事実関係によれば、Aには当初から融資金名下に交付を受けた約300億円を返済する意思がなく、Yらにおいてこれを取り戻す当てもなかったのであるから、同融資金全額の回収は困難な状況にあり、しかも、B社としては金員の交付等をする必要がなかったのであって、上記金員の交付を正当化すべき合理的な根拠がなかったことが明らかである。Yらは、Aから保有するB社株の譲渡先は暴力団の関連会社であることを示唆されたことから、暴力団関係者がB社の経営等に干渉してくることにより、会社の信用が毀損され、会社そのものが崩壊してしまうことを恐れたというのであるが、証券取引所に上場され、自由に取引されている株式について、暴力団関係者等会社にとって好ましくないと判断される者がこれを取得して株主となることを阻止することはできないのであるから、会社経営者としては、そのような株主から、株主の地位を濫用した不当な要求がされた場合には、法令に従った適切な対応をすべき義務を有するものというべきである。前記事実関係によれば、本件において、Yらは、Aの言動に対して、警察に届け出るなどの適切な対応をすることが期待できないような状況にあったということはできないから、Aの理不尽な要求に従って約300億円という巨額の金員をI社に交付することを提案し又はこれに同意したYらの行為について、やむを得なかったものとして過失を否定することは、できないというべきである。

2 利益供与

株式の譲渡は株主たる地位の移転であり、それ自体は「株主ノ権利ノ行使」とはいえないから、会社が、株式を譲渡することの対価として何人かに利益を供与しても、当然には商法294条ノ2第1項が禁止する利益供与には当たらない、しかしながら、会社からみて好ましくないと判断される株主が議決権等の株主の権利を行使することを回避する目的で、当該株主から株式を譲り受けるための対価を何人かに供与する行為は、上記規定にいう「株主ノ権利ノ行使ニ関シ」利益を供与する行為というべきである。

前記事実関係によれば、B社は、Aが保有していた大量のB社株を暴力団の関連会社に売却したというAの言を信じ、暴力団関係者がB社の大株主としてB社の経営等に干渉する事態となることを恐れ、これを回避する目的で、上記会社から株式の買戻しを受けるため、約300億円というおよそ正当化できない巨額の金員を、う回融資の形式を取ってAに供与したというのであるから、B社のした上記利益の供与は、商法294条ノ2第1項にいう「株主ノ権利ノ行使ニ関シ」されたものであるというべきである。

Ⅲ 分析・検討

1 善管注意義務について

本判決の趣旨は必ずしも明確ではないものの、善管注意義務違反が認められるには、客観的義務違反に加え、主観的要素たる故意又は過失が必要であるとの原判決の考えの枠組みを前提に、本件

においてなおＹらに過失があると認めたものと理解される（松中・前掲53頁参照。なお後藤元「判批」法学協会雑誌124巻9号191頁のように一定の立場にコミットしたものではないとの見解もある）。もっとも、本判決が会社法制定前の商法の解釈を前提としていることに加え、本事案の特殊な事情に鑑みた事例判断という性質が強い。そこで、本判決が会社法制定後の忠実義務・善管注意義務違反の判断に対して強い理論的影響力を持っているといえるかというと、疑問が残るところであろう（注8）。

むしろ、「やむを得なかった」と評価し得る場合には責任が否定されるという一般論を示した判例とみて、かかるやむを得ない場合がいかなる場合かについて実務的示唆を得るという観点から本判決を検討した方が現時点において本判決を検討する上で適切と思われる。

本事案に関し、原判決が法解釈としては幾分苦しい説示をしてまでもＹらを救ったのは、ＹらがＡの脅迫による「被害者」であるとの側面を重視したことによるだろう（宮廻美明「原判決判批」ジュリスト1309号135頁等参照）。確かに、Ａは、ＹらとＣ銀行の方針にずれが生じたのを突いて、Ｔ直筆のメモといった小道具（注9）を使い、要旨「ＴがＢ社の経営に入るのを防ぐために、新会社構想をきちんとＴに説明する必要があり、Ｔに見せるために念書が必要である」等と述べて巧妙に森田念書を喝取した。更に、Ａは、暴力団の経営介入や大阪からヒットマンが2人来ているといった脅迫的・暴力的な言辞を弄したものである。刑事事件においても、当初はＹらの特別背任も検討されたものの、検察側が本件の本質をＡによる恐喝と捉えて捜査方針を転換し、結局Ｙらは立件されなかったと指摘されている（例えば、向谷進「吉永祐介は何を考えているのか」月刊文藝春秋1993年12月号202頁）。

もっとも、Ｙらは警察や顧問弁護士への相談等を行わずに、1000億円単位の巨額の利益供与を行い、Ｂ社に多大な損害を被らせている（中元啓司「判批」北海学園大学法学研究42巻4号99頁参照）。本判決は、Ａのような株主の地位を濫用した不当な要求に対し、取締役が法令に従った適切な対応をすべき義務を有するとした上で、警察に届け出るなどの適切な対応をすることが期待できないような状況にあったとはいえない本件においては、過失がないとはいえないとしたものである。

このうち、一般論である、「株主の地位を濫用した不当な要求に対し、取締役が法令に従った適切な対応をすべき義務を有する」とした判示については、学説上これを評価する見解が多い。例えば、総会屋は程度の差はあれ何らかの（広義の）脅迫行為を行って利益供与を要求するものであり、脅迫さえされれば取締役が利益供与の「免罪符」を与えられるとすれば、むしろ総会屋による利益供与を誘発するといわれている（永井和之「原審判批」商事法務1690号12頁、藤原俊雄「判批」金融・商事判例1249号67頁、鳥飼重和「もはや憧れのポストではない判例が作り上げた『取締役の責任』の厳格化」ビジネス法務2008年7月号69頁等参照）。また、本事案に当該規範を当てはめた場合において「適切な対応をすることが期待できないような状況にあったとはいえない」とする判示についても適切である（近衛大「判批」金融・商事判例1249号22頁他多数）。すなわち、本件については、Ａを会社から早期に排除すべき反社会的勢力として、当初より弁護士や捜査機関等の助力を得ながら会社が一丸となって戦うという選択肢もあったと思われる（宮廻・前掲134頁参照。ただしこれに疑問を呈する松中前掲53頁が存在する）。しかし、Ｂ社経営陣は、（究極的には排除を念頭に置いていたとしても）当初Ａの明らかに違法とまではいい切れない（後述のように、現在では、取締役にしたことがＢ社の上場廃止事由になり得る）取締役就任要求を呑んでしまったところから、下り坂を転がり落ちるように、Ａの借金の肩代わりをする等Ｂ社の資産が食い物にされた（強請というものがエスカレートする性質であることに言及するものとして、若色敦子「取締役の義務違反と免責」熊本法学112号181頁）。このような長期間にわたるＡに対する対応の中で、弁護士への相談や捜査機関等の助力を得た形跡がない（メインバンクであるＣ銀行とは相談をしていたようであるものの（注10）、Ｂ社とＣ銀行の戦略のずれをうまくＡに突かれている）。結局、Ｙら取締役には、このような一連のプロセスに至らしめた責任（注11）が問われているのであり、当

該過程には複数の適切な対応の契機（注12）があった以上、「適切な対応をすることが期待できないような状況」はないといわざるを得ないだろう。

本判決のいう「適切な対応をすることが期待できないような状況」として取締役が免責される場合というものは、凶器を突き付けられて約束手形を切らされた場合等、かなり制限されるであろう（注13）。また、当該局面だけをみると過失がない場合でも、一連のプロセスに至らしめた過失についての責任といった考えをとれば、当該局面に至る過程における過失行為と現実に発生した損害の間に因果関係があれば、責任が認められることになる（注14）。

2 利益供与に関する「射程」—グランド東京事件

株式譲渡と利益供与の成否に関する判旨については、本判決は会社法制定前の事件であるものの、基本的に会社法制定後の会社法120条の解釈にも当てはまると解される（調査官解説493頁参照）。ここで、株式譲渡に関する利益供与も一定の場合には「株主の権利行使に関」する利益供与に該当するという限りでは、過去にこれを認めた裁判例も存在する（國際航業事件・東京地判平成7・12・27金融・商事判例992号43頁）。本判決の「射程」として特に問題となるのは、①株式譲渡行為のうち「株主の権利行使に関して」と認められるのは、「会社から見て好ましくないと判断される株主」の権利行使回避目的がある場合が唯一の場合であるか（限定解釈すべきか）、②「会社から見て好ましくない」という判断はどうなされるべきかである。

この点について参考になるのがグランド東京（以下、「グランド東京」を「本会社」という）株主代表訴訟事件（以下、「グランド東京事件」という）の控訴審判決である（東京高判平成22・3・24資料版商事法務315号333頁）。本会社が一部株主から本会社株式等を別会社によって買い取ろうとし（正確には買取「予約」であるものの、グランド東京事件控訴審判決は、本判決の規範が買取予約の事案にも当てはまることを明示している）、当該別会社が買取資金として受けた20億円の銀行融資について本会社が保証した行為が利益供与に該当するかが問題となった。本会社の株式は、会長死亡後、遺産相続等により、主に3グループに分かれて保有され、グループ間で本会社の経営を誰が担うかについて争いがあったところ、原告らのグループと、Gらのグループが共同で共有株主代表者届を送付し、Y_2のグループの意思が被相続株式に関する議決権行使において反映されない状態になった後、本会社の経営についての意思決定から排除されたY_2のグループのメンバーが別会社を設立し、主にY_2らのグループとGらのグループから本会社株式等を買い取って過半数を握ろうとしたところ、代表取締役のY_1をはじめとする本会社の経営陣は、別会社による株式買取りが適するとし、本会社の経営の安定及びGらの相続税納付資金捻出の必要性等にも鑑みて別会社に対して20億円の保証を行った経緯が認定されている。

グランド東京事件控訴審判決の判示は必ずしも明瞭ではないが、①の点について、限定解釈をとることを明らかにした上で、本会社の保証行為は利益供与に当たらないとしたものと思われる（田中亘「会社による株式の取得資金の援助と利益供与 上」商事法務1904号11頁参照）。本判決の解釈については類似の見解をとる学説もある（若色敦子「利益供与の現代的意義」熊本法学113号112頁参照）ものの、これに対しては、本判決判示の目的がなければ、およそ株式の譲受けの対価の供与、あるいはその他の方法での株式の取得資金の援助は、違法な利益供与となり得ないと判示しているわけではない（田中・前掲同頁）等と強く批判されているところである。本条の直接の立法趣旨は、会社資産の浪費の防止にあるといえるが、より広く、会社運営の公正を意図した規定であるとされており（上柳克郎＝鴻常夫＝竹内昭夫編集代表『新版注釈会社法（9）』238頁〔関俊彦〕。なお、調査官解説489頁も同書を引用する）、このような趣旨に鑑みれば、譲受人に会社にとって好ましい形で株主権を行使してもらうことを期待して譲受人に株式の取得資金を援助すること等、本判決判示の目的がない場合でも利益供与に該当し得る場合がある（本判決の事案がたまたま本判決判示の目的があったことからこのように判示されたに過ぎない）と解すべきであって、限定的な解釈をしない方が本判

決の理解として正確と思われるが（注15）、本稿執筆時点においてはグランド東京事件は上告受理申立事件が係属中であり、この点についての最高裁の判断が待たれるところである。

グランド東京事件控訴審判決は、②の点についても、「客観的」にみて会社にとって好ましくない株主をいうと判断したものとされる（田中・前掲8頁。なお、後藤・前掲175頁も同旨）。しかしながら、利益供与者からみてその者による株主権の行使が好ましくないと判断されるという主観説も有力に主張されている（田中・前掲9頁）。この点、主観面の立証には一定の困難性があるところ、客観的に好ましくないことは、主観的にも好ましくないことを推認させるといえ、両説の結論が重なる事案は多いだろう（実際、本判決の事案はどちらの説からみても同じ結論になる。田中・前掲同9頁）。もっとも、グランド東京事件は、買取りの対象となるGらのグループは原告らと一度は同調しており、利益供与者であるY1らからみて好ましくないものの、客観的にみて会社にとって好ましくないとはいえない場合であり、このような場合には、両説の対立がクリティカルになる。この点についても最高裁の判断が待たれるところである（注16）。

Ⅳ 実務対応

1 上場企業と反社会勢力

本件は、大量保有報告書制度すら存在せず、現代的な買収防衛策の議論がなされていなかった当時の時代背景が色濃く残っている（中元・前掲105頁参照。なお、上村達男「敵対株主からの買取工作と利益供与（国際航業事件）」判例タイムズ948号167頁は当時の時代背景に関し示唆的である）。現在であれば、反社会勢力による株式買集めに対しては、金融商品取引法・会社法・民事保全法・暴対法等に基づく、民・刑事の様々な対抗手段が議論されている。

ここで、本判決は、「証券取引所に上場され、自由に取引されている株式について、暴力団関係者等会社にとって好ましくないと判断される者がこれを取得して株主となることを阻止することはできない」として、上記のような、取締役が株主の地位を濫用した不当な要求に対して適切に対応をすべき義務を導くが、そもそも反社会勢力が証券市場に参入すること自体が禁止されるべきであり、少なくとも現在の証券市場においては疑問なしとはしない（久保利英明『株式会社の原点』59頁参照）。すなわち、少なくとも現在では、金融機関は反社会勢力のために口座を開設してはならないし（注17）、本件当時のB社のように、反社会勢力が上場会社の経営を握ればこれは上場廃止事由に該当し得る（注18）。

本年10月1日に東京都暴力団排除条例が施行されており、反社会勢力との決別は一層強く求められている（田中克幸他「暴力団排除条例の制定と企業の実務対応」ＮＢＬ952号28頁、水谷幸治「東京等暴排条例10月施行へ！求められる企業の反社対応」ビジネス法務2011年9月号4頁、東京弁護士会民事介入暴力対策特別委員会『暴力団排除と企業対応の実務』参照）。

現在の視点からすれば、反社会勢力が上場企業の株主になることは本来的に禁圧されるべきであるところ、本件からわかるように、反社会勢力への対応を誤れば重大な結果が発生する。そして、反社会勢力の経営支配に向けた動きが現実化した場合には、以下で素描するとおり、近年の法令・判例は、反社会勢力への毅然とした対応をバックアップしており、取締役がこれに対応するための法に基づく対応方法が存在する。専門家である弁護士等に依頼する等してこれらの対応方法を活用することで適切に対処できる場合が多い以上、取締役としては、そのような専門家に相談する等して、早め早めの対応株主による不当要求に適切に対応するべきというのが本判決の教訓といえよう（近衛・前掲23頁参照）。

具体的な対応方法の例としては、ニッポン放送事件控訴審決定（東京高決平成17・3・23金融・商事判例1214号6頁）によれば、当該買収者が濫用的買収者と認定されれば（注19）、第三者に株式や新株予約権を割り当てる買収防衛策は比較的容易に発動可能であろう（近衛・前掲23頁参照）。また、個別の株主権の行使に対しては、仮処分等で差し止めることが考えられ、現に議決権行使禁止（東京地決昭和63・6・28金融・商事判例798号

12頁)、株主総会出席禁止（京都地決平成12・6・28金融・商事判例1106号57頁）等が発動された事例もある。それ以外にも株主権の濫用を理由とした株主権の制約は広く認められるべきである。更に、当該株主が口座を開設している金融機関に対し、反社条項を発動して口座開設契約を解除するよう交渉することも考えられる。刑事的にも利益供与要求罪、暴力団対策法等様々な規定がある。その他、具体的事案に応じた様々な法的手段がある（注20）ことから、早期にこの点の専門家である弁護士等に相談をして対応することが肝要である。

なお、本判決時点において、原告株主代理人がB社の代理人となって被告取締役からの損害賠償支払を受ける等、責任追及に当たる旨の契約が締結された（平成22年10月3日付「旧経営陣に対する株主代表訴訟に関するお知らせ」）。この点は、反社会勢力との訣別を図るという、B社の強い意思を感じさせるものであると評されている（大塚和成「わが国における株主代表訴訟の現状」資料版商事法務320号7頁）。不祥事の発覚により失ったレピュテーションを回復するためには、当該不祥事の責任者の責任追及に向けて踏み込んだ姿勢を示すことも1つの有力な選択肢であり、その意味では、B社の決断は、今後の実務対応においても参考になる。もっとも、B社のリリースにて開示された、回収額がわずか1億608万667円という結果（平成22年11月5日付『「旧経営陣に対する株主代表訴訟に関するお知らせ』のその後の経過について」）は、約600億円（＋利息）という確定した債権額のわずか500分の1以下であり、このような損害回復手法としての代表訴訟の実効性の低さは、今後の検討課題を示唆しているように思われる。

2 特定グループによる株式買取行為に対する会社の援助行為

グランド東京事件では、主に利益供与が問題となっており、利益供与を離れた善管注意義務については、未だ本会社が保証を履行しておらず現実の損害が発生していない等として正面からの判断はされていない（注21）。しかし、仮に当該スキームが破たんし、銀行から本会社が保証債務の弁済を求められてその弁済を余儀なくされた場合、20億円という多額の支出が経営安定化という目的との関係で正当化されるのか等、容易ならぬ善管注意義務違反の問題が生じると思われる。この点を考えれば、グランド東京のように、特定グループによる株式の買取行為に対して会社が援助するスキームを構築することには、例え当該スキームが利益供与に該当しないとしても慎重な態度を取るべきであり、高裁判決をいわば「お墨付き」と捉えることは必ずしも適切ではないと思われる。

3 本判決の買収防衛策への影響

本判決が買収防衛策にどのような影響を与えるかも議論されている（注22）。この点、買収者の株式を第三者が譲受け、そのための資金提供等を会社が行えば、（当該買収者は客観的には会社にとって好ましい（なお、後藤・前掲176頁は、そのような主張を、防衛行為を採った取締役自身が行うことは難しいだろうと指摘する）といった議論をしない限り）本判決の判示のとおり利益供与規制に抵触するが、このような対応は一般に議論される「買収防衛策」とは方向性が異なる。一般的な買収防衛策の議論としては、昨今の経済事情から買収防衛策の必要性が低下し、議論もやや停滞気味ではあるが、ブルドックソース事件決定（最決平成19・8・7民集61巻5号2215頁）を踏まえ、買収者への金員交付がかえって会社の企業価値を毀損しないか（金員交付はいかなる要件の下で正当化されるか）、いかなる要件であれば濫用的買収者以外に対しても金員を交付しない買収防衛スキームが可能か（企業価値研究会「近時の諸環境の変化を踏まえた買収防衛策の在り方」、田中亘「ブルドックソース事件の法的検討（下）」商事法務1810号15頁参照）という辺りの議論がなされている状況と思われる（以上の議論の現状は、清水毅「敵対的防衛策　ブルドックソース事件雑考」岩原紳作ほか編『会社法施行5年理論と実務の現状と課題』146頁を参考とした）。かかる議論の状況下において、本判決の買収防衛策への影響としては、主にこのような場合の金員交付の利益供与該当性やホワイトナイトへの資金供与の利益該当性等が問題となっている。利益供与に該当するか否かの判断に際し、重視すべき点

としては、様々なアプローチがあるが、以下では、会社法手続を履践しているか否か、交付される金員が相当価格か否か、資金供与が、より大きな損失を回避するための合理的な方法か否かの3点を検討したい。

(1) 会社法手続の履践

会社法手続履践を重視する見解は、会社法は取得条項付株式（新株予約権）の当該条項に基づく取得について「財産上の利益」を供与したと評価されることはないことを前提としていると主張し、ブルドックソース事件高裁決定（東京高決平成19・7・9金融・商事判例1271号17頁）もこのような見解に親和的とする（弥永真生『会社法の実践トピックス24』250頁。後藤・前掲177頁も同旨）。もっとも、会社資産の浪費の防止や会社運営の公正といった利益供与規制の趣旨に鑑みれば、規定利益供与は実質を問題とする規制であり、会社法の求める形式要件を満たしただけで会社法120条の適用を一律に排除することは利益供与禁止の趣旨が没却される。そこで、会社法の手続は当然履践すべきものではあるけれども、それだけで一律に利益供与に当たらないとすることはできず、会社法手続の履践の有無を重要なメルクマールとすることは必ずしも適切ではないと考える（注23）。

(2) 相当価格

ここで、相当価格性を根拠として利益供与を否定する見解がある。具体的には、新株予約権の取得対価が市場価格に基づいて定められる場合には「財産上の利益」の供与があるとはいえないというものである（弥永・前掲247頁参照）。

会社法120条が株主の権利行使に関して供与することを禁止する「財産上の利益」の意義に関する議論のうち、本件に関係するのは、相当の対価を得ている場合の「財産上の利益」性である。従来は総会屋と相当の対価で取引をすることが「財産上の利益」に該当するかという問題として提起され、当該「相当の対価」には相応の利潤（マージン部分）が含まれていることから、このような利益供与が権利行使に関して行われるものである限り禁止の対象となるとするのが有力な見解である（注24）。もっとも、（反対説を取ればもちろん）有力説をとったとしても、新株予約権の取得の場合の相当対価には、上記の総会屋との取引の議論における「マージン」のようなものが観念できない。そこで、新株予約権を一定の株主のみから相当価額で取得すること自体は「財産上の利益」を供与することには当たらないとの考えが示されている（弥永・前掲247頁）。この点、ある価格が対価として相当か否かは大いに議論があるところである（注25）。もっとも、取締役の責任を追及する場合、当該スキームが違法であると主張する側に、対価としての価格の相当性がないことについて立証責任があるといえよう。したがって、買収者の新株予約権を買い上げるスキームを採用する場合、実務的には、利益供与を理由として当該スキームが無効とされる可能性を低くするためには、買取価格が相当価額であることについて専門家の意見等の合理的な根拠に基づいて確認するなどして相当性を裏づけることが有効であると思われる（もっとも、利益供与に該当しないからといって買収者が金銭等を手に入れるスキームが適切であるとはいい切れないところであることは留意が必要である）。

(3) より大きな損失を回避するための合理的な方法

ホワイトナイトに対する資金供与については上記の理論で利益供与を否定することは困難である（松原正至「判批」判例評論578号32頁参照。なお、ホワイトナイト斡旋料と本判決の関係については後藤・前掲176頁参照）。ここで、日本信販事件判決（東京地判平成17・3・3判例時報1934号144頁）は、関連会社への整理支援金支出の利益供与該当性について、当該支出は無償の給付であるから、「株主ノ権利ノ行使ニ関シテ」行われたと推定される（旧商法295条2項（現会社法120条2項））ものの、他方、当該支出は、利益供与者のより大きな損失（流動性リスクや倒産リスク）を回避するための合理的な方法であること、利益供与者の信用維持に資するものであり、利益供与者自身の利益のため行われたことから上記推定は覆されると判示しており、「より大きな損失（流動性リスクや倒産リスク）を回避するための合理的な方法」であれば、利益供与規制に該当しない可能性がある（注25）。

そもそも、ホワイトナイトへの資金供与につい

ては基本的には謙抑的な姿勢をとるべきであろうが、グリーンメーラー等による企業価値毀損行為を避けるためにやむを得ず、ホワイトナイトへ資金供与せざるを得ない場合には、当該資金供与が「より大きな損失を回避するための合理的な方法」といえるか否かを専門家と相談しながら十分に検討すべきと思われる（注27）。

（注1）以下の略語は、基本的には、『最高裁判所判例解説 民事編 平成18年度 上』473頁〔太田晃詳〕（以下、「調査官解説」という）の略語に従う。
（注2）株式を大量に取得し、高値で売り抜け又は発行会社にこれを高値で買い取らせて利益を得ようとする者、松原・前掲28頁参照。
（注3）なお、本稿では、300億円の喝取部分のみに焦点を当て、債務肩代わり・担保提供については検討を省略する関係上、その事実関係についても省略する。この点については判決本文を参照されたい。反対に、喝取部分については、本判決本文よりもやや詳し目に記載したところがある。原審・第一審判決や、刑事判決（東京高判平成12・3・31判例タイムズ1037号258頁）、佐藤章『ドキュメント金融破綻』等を参考にした。
（注4）第一審では、Xは、Yらに対し、300億円の喝取金と合わせ合計1125億円の賠償を求めていたが、第一審は損害額を939億円（300億円＋639億円）と認め、Aに対する同額の賠償を命じた。第一審はYらの責任を認めなかったので、XはYらについて939億円及び遅延利息の限度で控訴した。
（注5）なお、別の原告も同月2日に代表訴訟を提起したが、当該別の原告は訴えを取り下げ、平成9年12月18日にXの訴訟に共同訴訟参加した。第一審の一部勝訴判決後、X以外の原告は控訴しなかった（調査官解説495頁）。
（注6）なお、原審では、忠実義務違反・善管注意義務違反及び利益供与の他、利益相反行為や自己株式取得禁止違反等も問題となったが、上告受理決定においては、かかる2点の論点のみが受理され、他の論点は排除された（調査官解説495頁）。
（注7）AにPとの交渉の失敗をうまく突かれ、かつ、この問題でY₂が心労を重ね、冷静な判断ができない状況の中で、森田念書をうまく書かされた面が否定できず、Y₂として、森田念書を書いた時点で、その後の300億円の喝取といった事態を予想できたとは認められないとしたが、会社の代表者であれば森田念書を作成しかつ渡したことでそ

の後どうなるかは容易に想像がつく等と評されている（村上裕「判批」金沢法学49巻2号101頁）。
（注8）新会社法下の忠実義務・善管注意義務についての論稿としては、例えば、潮見佳男「民法からみた取締役の義務と責任」商事法務1740号32頁や吉原和志「会社法の下での取締役の対会社責任」黒沼悦郎・藤田友敬『江頭憲治郎先生還暦記念企業法の理論（上巻）』523頁等が参考になる。
（注9）佐藤・前掲155頁によると、AはTと通謀して、森田念書喝取の「小道具」としてメモを作成、利用したそうである。
（注10）このようなメインバンクとの相談を理由に取締役としての善管注意義務を尽くしていると評価する河内隆史「第一審判批」判例評論517号39頁や、そのような考えに親和的ととれる青竹正一「1審判決判批」椿寿夫ほか編『私法判例リマークス2002＜下＞』101頁もあるが、このような解釈は少数派にとどまる。むしろメインバンクの問題を指摘するものとして若色・前掲182頁以下等参照。
（注11）この点を誘拐の多い地域に進出した企業において誘拐が現実に発生した場合を例にとって論じる福島洋尚「原判決判批」月刊監査役487号55頁は注目に値する。なお、米国の判例理論である脅迫の抗弁を紹介するものとして柳明昌「判批」野村修也ほか『M＆A判例の分析と展開』136頁。
（注12）少なくとも現在の感覚としては最初の段階から相談をすべきであったといえる。また、その後森田念書を書いてしまった以降の段階であっても、弁護士に相談する等の適切な対応をしていれば、300億円の恐喝以降を避けることはできた可能性は十分にあったと思われる（なお、脅迫されて念書等を書いた後の対応の一般論を分かりやすく書いたものとして、横山雅文『プロ法律家のクレーマー対応術』118頁以下参照）。
（注13）調査官解説488頁も「違法行為に関与した者を免責する結論をもたらすものであって、安易に認められるべきではない」とするし、中村一彦「原判決判批」判例タイムズ1138号34頁）は「企業として存立していくためのやむを得ない選択」という言葉が欺瞞的だと批判する。
（注14）後藤・前掲179頁以下はこの点に関する本判決の射程を比較的詳細に検討している。
（注15）田中・前掲同旨。なお、調査官解説492頁がいう本判決が「採ったものと解される」説は株式譲渡が「態様や会社の認識によっては」利益供与に該当する場合があるという説であり、調査官解説も、本判決判示目的以外に利益供与に該当する場合があり得ることを否定していないと思われる。

(注16) なお、仮に主観説をとるにせよ、供与者が誰かの特定が難しい場合もあり、複数供与者を認めれば、供与者毎に主観が異なる場合はどうするかといった問題を生じせしめるものである（なお、田中・前掲15頁によれば、グランド東京事件では結果的にはこの問題は生じていないようである）。そこで、最高裁において主観説をとると判示される場合には、このような点についても詳細に判断されることが今後の実務の安定性という観点からは望ましいといえる。なお、この点は、無過失責任が認められる「当該利益の供与をした取締役・執行役（会社法120条4項ただし書括弧書）の意義」とも関連する重要な点である。

(注17) 日本証券業協会において平成22年7月1日から「反社会勢力との関係遮断に関する規則」が施行され、「反社会勢力ではない旨の確約」を受ける義務は、平成23年1月1日より施行された。そこで、反社会勢力が証券会社に口座を持つこと自体が規則違反・誓約違反を構成することになる。

(注18) 東京証券取引所有価証券上場規程施行規則601条の15が準用する436条の4は「上場会社が反社会的勢力の関与を受けているものとして施行規則で定める関係を有している事実が判明した場合において、その実態が当取引所の市場に対する株主及び投資者の信頼を著しく毀損したと当取引所が認めるとき」を上場廃止事由とする。

(注19) 実務上はファンド等がこれに該当するかの認定は困難であるが、例えば、反社照会結果等により、暴力団（準）構成員やいわゆる「共生者」等に該当することが認定されれば、濫用的買収者の推定が働くと考えてよいだろう。

(注20) その一部を解説したものとして、民暴実務研究会『反社会勢力からの企業防衛』があるが、約5年前の実務を反映したものであり、現時点までの制度・実務の変更を反映していない点には注意が必要である。

(注21) 本会社に損害が生じていないというグランド東京事件控訴審判決の認定が正しいのかという点も問題となるだろうが、これは、本判決の検討とは離れるので本稿では論じない。

(注22) 立法論的に会社法120条の廃止を検討するものとして、落合誠一教授を座長とするM&A法制度研究会の議論を事務局が取りまとめた資料である、飯田秀聡「M&A法制度研究会報告」4頁参照

(注23) 柳・前掲書は、買収防衛策としてのグリーンメール（高値買取り）には権利行使回避目的が内在化しており、自己株式の取得について、会社法の定める手続要件を満たしたとしても、利益供与に該当し違法と考えられるとする。なお、買取請求の文脈で（買取価額が高いだけでは利益供与の禁止の問題とはならないが）買取請求以外の株主の権利に関係してくれば当然禁止されるとする東京弁護士会会社法部『利益供与ガイドライン』（改訂版）117頁参照。

(注24) 酒巻俊雄ほか編『逐条解説会社法第2巻株式1』〔岡田昌浩〕176頁。反対説として、森本滋「違法な利益供与の範囲」月刊監査役167号（昭和57年7月号）7頁、正井章筰「株主の権利行使に関する利益供与の禁止」今井宏ほか『改正会社法の研究』586頁等。

(注25) 岩原紳作「自己株式取得規制の見直し（上）」商事法務1334号51頁は、自己株取得規制の文脈だが、対価の相当性に関し、「株式買占めが行われる時は、それこそ企業の『真実の価値』を超えた高値による、発行済み株式総数中の相当高い割合の株式の買取りとなる。これはいわゆるグリーンメラーを利するだけであって、発行会社の財務に深刻な影響を与える」と指摘する。

(注26) これを「株主の権利の行使に関」するという要件で考えるか、違法性阻却要件で考えるかは議論の蓄積が待たれるところである。

(注27) これに近い考えとしては後藤啓二「蛇の目ミシン事件に見る経営者の期待される役割」落合誠一ほか『経営判断ケースブック』195頁以下が参考になる。

（参考文献）（本文中に引用したものを除く）

本判決に関するものとしては、伊藤雄司「判批」法学教室312号6頁、太田晃詳「判批」ジュリスト1335号109頁、鳥山恭一「判批」法学セミナー619号119頁、臼杵弘宗「判批」企業法務判例ケーススタディ300【企業組織編】499頁他。

原判決に関するものとしては、別府三郎「原判決判批」鹿島法学38巻1・2号95頁、吉井敦子「原判決判批」商事法務1752号44頁、藤井正夫「原判決判批」判例タイムズ1154号167頁他。

第一審判決に関するものとしては、出口正義「第一審判批」ジュリスト1262号160頁、末永敏和「第一審判批」金融法務事情1654号71頁、南保勝美「第一審判批」法律論叢74巻6号287頁、新山雄三「第一審判批」月刊監査役449号19頁他。

なお、鈴木晃「独占手記逆転勝利蛇の目ミシン株主代表訴訟上下」週刊ダイヤモンド2009年1月10日号96頁、同1月17日94頁、山田忍三『更正小話』、蛇の目ミシン社史編纂委員会『蛇の目ミシン創業五十年史』、淺木慎一『会社法旧法令集』等も参考にした。

5 贈賄行為を行った取締役に対して株主代表訴訟が提起された事例―間組事件（東京地判平成6・12・22金融・商事判例968号40頁）

弁護士　村岡賢太郎

Ⅰ　事案の概要

1　事　実

本件は、ゼネコン汚職をめぐり間組の元取締役Yを被告として提訴された株主代表訴訟であり、いわゆる三和町長ルートに関するものである。

間組の株主である原告Xらは、市民オンブズマンの会員であり、100名余りの弁護団が結成された（法学セミナー475号53頁）。Yは、間組の元常務取締役兼東関東支店長との立場にあった者であり、平成3年6月27日から平成5年8月25日まで取締役としての地位にあった。

Yは、他の従業員と共謀の上、茨城県三和町長に対し、三和町施設の新築工事を間組が受注できるように、三和町の指名競争入札において間組を指名業者に指定し、更に工事の発注予定価格を教示するよう請託し、その謝礼として、Yが取締役に就任後の平成3年8月1日頃、三和町長に対し、間組の資金である1400万円を供与した。なお、共謀行為は、被告が取締役に就任する前に行われていた。

Xらは、平成5年10月1日、Yの行為が刑法上の贈賄罪及び政治資金規正法上の所謂ヤミ献金に該当し、平成17年改正前商法（以下、「商法」という）266条1項5号にいう法令違反行為に該当する等として、被告が間組に贈賄額と同額の損害を生じさせたとして損害賠償を求めて提訴した。

なお、Yは、Xらの提訴以前に刑事訴追されており、平成6年2月15日、三和町長への贈賄罪で懲役2年執行猶予4年の有罪判決を受け確定した。

また、Xらは、本件Yだけではなく、間組の会長職、社長職にあった者らも被告として提訴しており、訴額の合計は9900万円であった。このうち、仙台市長への贈賄の件で社長職にあった者は、平成7年9月21日、請求金額全額を会社に支払うとともに原告の請求を認諾したとのことである。また、茨城県知事への贈賄の件で会長職にあった者は、平成8年12月6日、4500万円を支払うことを認諾したとのことである（株主オンブズマンホームページ参照）。

2　争　点

(1)　本件行為が代表訴訟の対象となるか否か（Y）

Yが賄賂を供与した行為は、取締役としての行為ではなく、東関東支店長という会社の従業員の立場において会社の営業の一環としてなされたものに過ぎないから、取締役の責任追及を前提とする株主代表訴訟の対象とはならない。特に、本件贈賄行為は、Yの取締役就任前に贈賄することが決定され、Yは取締役就任前に贈賄が実行されていたものと理解していたから、本件贈賄は取締役就任前の行為というべきものである。

(2)　本件行為が商法266条1項5号の法令・定款違反行為となるか否か

① Xら

イ　Yの本件行為は、贈賄罪に該当するとともに、いわゆるヤミ献金として政治資金規正法にも違反する。

ロ　会社財産を賄賂という法律上許されていない目的のために支出したことは、法令又は定款を遵守すべき取締役の業務執行の権限の範囲外の行為である。賄賂に会社資金を支出することは、たとえ株主総会の議決があったとしても違法であり、会社に対する関係でも業務上横領罪が成立す

るものである。

ハ　代表訴訟の目的は、取締役の違法行為から生じた損害を賠償する填補的機能のみにあるのではなく、取締役の違法行為そのものを防止する抑止的機能も同様にあると解される。したがって、商法266条1項5号にいう法令には、商法210条・264条のような商法の規定のみならず、証券取引法、独占禁止法、政治資金規正法、刑法等といった他の法令の具体的な規定はもちろん、取締役の一般的な注意義務や忠実義務を定める規定をも含むものと解すべきである。被告の行為が贈賄行為である以上、善管注意義務及び忠実義務違反に当たる否かを検討するまでもなく、被告の対会社責任は免れない。

また、商法上の義務規定は、原則たる民法の公序良俗規定の制限下にあるから、善管注意義務及び忠実義務規定は、公序良俗に反する行為までをも取締役の義務とするものではないことは明らかである。とすれば、公序良俗に反することが極めて明らかな贈賄行為による会社財産の支出について、善管注意義務及び忠実義務違反を生じないとする余地はない。

②　Y

イ　取締役の業務執行の権限は、法令又は定款に定める目的の範囲内に限定されるものではなく、会社の業績向上のために役立つ賄賂や政治資金に会社財産を支出したとしても、それが営業活動の一環であるとの意識の下になされている場合は、業務執行の範囲内の行為であって、業務上横領罪も特別背任罪も成立しない。

ロ　商法266条1項5号の法令は、商法210条・264条・265条等商法上特に定められた具体的な法令だけを意味し、商法上の善管注意義務や忠実義務等を定めた一般抽象的な規定や刑法等の商法以外の一般法令は含まれない。

ハ　仮に、商法266条1項5号にいう「法令」の中に刑法上の刑罰法規あるいは善管注意義務や忠実義務を定めた規定が含まれるとしても、実質的に会社の業績向上のために役立つ賄賂のために会社財産を支出する行為は、それが会社のためにする営業活動の一環であるとの認識の下に行われ、現実に会社に利益をもたらし、業界の状況によって贈賄をしなければ会社の仕事をとれないような状況がある場合は、その行為が贈賄罪で処罰されようとも、直ちに善管注意義務や忠実義務に反するとはいえない。

(3)　本件行為により会社に損害が発生したか否か

①　Xら

イ　本件贈賄のための出費は、刑罰法規に触れ、公序良俗に違反し、取締役の権限外の行為であるから、右出費自体が損害となる。

ロ　商法266条1項5号所定の違法行為による損害額の算定にあたり損益相殺の対象となるべき利益は、当該違法行為と相当因果関係のある利益であるとともに、商法の右規定の趣旨及び当事者間の公平の観念に照らし、当該違法行為による会社の損害を直接に填補する目的ないし機能を有する利益であることを要する。また、公序良俗に反する行為によって生じた利益は、損益相殺の対象とすることはできないと解すべきである。

ハ　仮に、損益相殺できるとしても、贈賄したことにより受注した工事によっては、会社は利益を上げておらず、賄賂による会社の直接の利益は存在しない。

②　Y

イ　Yに贈賄罪が成立するからといって、賄賂を支出したことが直ちに会社に損害を発生させたことにはならない。損害の有無の判断にあたっては、違法行為に対する支出という面だけでなく、実質的にみて会社の業績向上のために役立ったかどうか、会社が現実の利益を得ているかどうか等を加味した総合的な判断が必要であり、主として会社に経済的な損失があったかどうかという純粋に経済的な面から判断すべきである。

ロ　被告は、本件贈賄行為によって三和町から工事の受注に成功し贈賄行為によって支出した額以上の利得を会社にもたらしていることは明らかであり、損益相殺すれば会社に損害は生じていない。

II　判決要旨

請求認容（確定）。

1　本件行為が代表訴訟の対象となるか否か

商法266条1項5号にいう「行為」は、それが

法令又は定款に違反する行為であることからしても、取締役の固有の権限に基づく行為に限られるものではなく、取締役の地位にある者が会社の業務に関してした行為であれば足りると解すべきである。そして、本件贈賄は、共謀行為こそYの取締役就任前に行われているものの、その共謀に基づく贈賄交付行為はYの取締役就任後に実行されたのであるから、取締役としての行為というべきであって、その責任の追及は代表訴訟の対象となる。

2 本件行為が商法266条1項5号の法令・定款違反行為となるか否か

会社がその企業活動を行うにあたって法令を遵守すべきであることはいうまでもないが、とりわけ贈賄のような反社会性の強い刑法上の犯罪を営業の手段とするようなことが、およそ許されるべきでないのは当然である。それにより会社に利益がもたらされるとか、慣習化し同業者がやっているため贈賄をしないと仕事をとれない恐れがあるといった理由で、営業活動としての贈賄行為を正当化し得るものではない。したがって、贈賄行為は、たとえ会社の業績の向上に役立ち、会社のための営業活動の一環であるとの意識の下に行われたものであったとしても、定款の目的の範囲内の行為と認める余地はなく、取締役の正当な業務執行権限を逸脱するものであり、かつ、贈賄行為を禁ずる刑法規範は、取締役が業務を執行するにあたり従うべき法規の一環をなすものとして、商法266条1項5号の「法令」に当たるというべきである。

そうすると、被告の本件贈賄行為は、それが同時に政治資金規正法に違反するかどうかにかかわらず、法令及び定款に違反する行為として、会社に対する損害賠償責任を生じさせることになる。

3 本件行為により会社に損害が生じたか否か

取締役がその任務に違反して会社の出捐により贈与を行った場合は、それだけで会社に右出捐額の損害が生じたものとしてよいと解されるが、特に贈賄の場合は公序良俗に反する行為であり、交付した賄賂は不法原因給付として返還を求めることができないものであるから、本件において賄賂として供与した1400万円が会社の損害となることは明らかである。

本件贈賄行為により三和町から工事を受注することができた結果、間組が利益を得た事実があるとしても、右利益は、工事を施工したことによる利益であって、例えば賄賂が返還された場合のように、贈賄による損害を直接に填補する目的、機能を有するものではないから、損害の原因行為との間に法律上相当な因果関係があるとはいえず、損益相殺の対象とすることはできないと解すべきである。したがって、被告は供与した賄賂相当額全額について会社に対する損害賠償義務を負う。

Ⅲ 分析・検討

1 本件行為が代表訴訟の対象となるか否か～商法267条1項「取締役ノ責任」、会社法847条「役員等……の責任」

(1) 範囲

① 学説・判例

学説上、代表訴訟によって追及し得る取締役の責任には、取締役が会社に対して負担するに至った一切の債務が含まれるとする説（全債務説）、代表訴訟によって追及し得る取締役の責任には、取締役が会社に対して負担するに至った取引上の債務も含まれるとする説（取引債務包含説）、発生原因において特に重要である取締役の会社に対する責任、すなわち、免除の困難な取締役の責任（商法266条の責任）又は免除の不可能な取締役の責任（商法280条の13などの責任）についてのみ代表訴訟が認められるとする説（限定債務説）といった見解がある（最判平成21・3・10の判決コメント・判例時報2041号140頁）。

こうした中、近時、最高裁は、商法267条1項にいう「取締役の責任」には、商法が取締役の地位に基づいて取締役に負わせている厳格な責任のほか、取締役が会社との取引によって負担することになった債務についての責任も含まれると判示した（最判平成21・3・10民集63巻3号361頁）。最高裁の立場については、取引債務包含説を採用したと推測されている（最判平成21・3・10の判決コメント・金融・商事判例1319号40頁）。

② 本判決との関係

本判決は、「取締役の固有の権限に基づく行為に限られるものではなく、取締役の地位にある者が会社の業務に関してした行為であれば足りると解すべき」としており、いずれの立場をとるものであるかは必ずしも明らかではない（手塚裕之「贈賄行為と取締役の責任に関する代表訴訟」商事法務1380号2頁）。

(2) 発生時期

Yは、取締役就任前の行為というべきと主張したところ、本判決は、「本件贈賄は、共謀行為こそYの取締役就任前に行われているものの、その共謀に基づく贈賄交付行為は被告の取締役就任後に実行された」と認定しており、本件事実関係のもとでは、発生時期が直接問題となる訳ではないものの、一応言及する。

学説上、取締役在任中に負担した責任に関しては、取締役退任後も代表訴訟の対象となる点についてはほぼ争いがないが、取締役となる以前から負担していた債務等も代表訴訟の対象となるか否かについては、限定債務説の立場からは、消極に解することとなり、全債務説の立場からも、消極に解するのが通説とされる（手塚・前掲同頁）。

(3) 使用人兼取締役である点について

Yは、取締役としての行為ではなく、東関東支店長という会社の従業員の立場において会社の営業の一環としてなされたものに過ぎないと主張したところ、本判決は、取締役としての行為というべきと認定しており、この点が直接問題となる訳ではないものの、一応言及する。

取締役は業務執行全般について監視義務を負う。自ら使用人として行う業務について、それが適法・適切なものであるかについて、取締役として善管注意義務を果たさなければならない（近藤光男「判批」商事法務1512号25頁）。このような取締役の地位に鑑みると、価値判断として取締役としての行為から区別される使用人としての行為に該当するとの認定は安易になされるべきではない（川村正幸「判批」金融・商事判例972号42頁）。

また、本件被告の行為について、使用人としての行為に当たると解すべき事情が存するとは到底考えられず、贈賄行為は、請託から賄賂の実際の供与までを一体としてみるべきであり、賄賂供与時点で取締役に就任している以上、被告の行為は取締役としての行為と見てよく、本件が代表訴訟の対象となることに疑問はない（川村・前掲同頁）。

(4) 業務執行権を有しない平取締役との点について

業務執行権を有しない平取締役については、代表取締役を通じての監視義務が論じられることが多いが、これは会社の業務執行の正常あるいは一般的な形態を念頭に置いたものであろう。平取締役自らが法令・定款違反の行為を行った場合、業務執行権限がある場合より逸脱の程度はさらに大きいことから、業務執行権限がないからといって商法266条の責任を負わないとの議論は成り立ちにくいと思われる（本判決のコメント・判例タイムズ864号286頁）。

2 本件行為が商法266条1項5号の法令・定款違反行為となるか否か

(1) 商法266条1項5号「法令」と会社法423条1項「その任務を怠ったとき」との関係

① 会社法改正前の議論

イ 学説

学説上は、「法令」の範囲に特段の限定を加えない立場（非限定説）が通説とされる一方、「会社や株主の利益を保護することを意図して立法された規定」及び「公の秩序に関する法規定」あるいは、会社財産の健全性確保を直接又は間接的に目的とする規定に限定すべきであるとの説（限定説）も有力に主張されていた（手塚裕之「判批」商事法務1572号9頁）。

ロ 本判決及びその評価

本判決は、「贈賄行為を禁ずる刑法規範は、取締役が業務を執行するに当たり従うべき法規の一環をなすものとして、商法266条1項5号の「法令」にあたる」と判示した。

Yが主張するような商法の具体的法令のみを指すとの見解では、取締役が反社会的な行為を行い、またそのような行為により会社の信用が失墜するようなことがあっても、商法の具体的な規定だけを守れば取締役の責任が否定されることとなり不当であり（近藤・前掲同頁）、贈賄行為を法令違反に該当するとする本判決は、妥当であると思

ハ　野村證券損失補填代表訴訟事件最高裁判決（最判平成12・7・7金融・商事判例1105号14頁）

本判決をはじめとして下級審において、裁判例が登場する中（注）、最高裁は、平成12年7月7日、この点についての判断を示した。

最高裁は、一般論として商法266条は、取締役の職責の重要性に鑑み、「取締役が会社に対して負うべき責任の明確化と厳格化を図るもの」であるとした上で、「取締役を名あて人とし、取締役の受任者としての義務を一般的に定める商法254条3項、商法254条の3の規定及びこれを具体化する形で取締役がその職務遂行に際して遵守すべき義務を個別的に定める規定が本規定にいう「法令」に含まれることは明らかであるが、更に、「商法その他の法令中の、会社を名あて人とし、会社がその業務を行うに際して遵守すべき全ての規定もこれに含まれるものと解するのが相当である。」とし、その理由として、「会社が法令を遵守すべきことは当然であるところ、取締役が、会社の業務執行を決定し、その執行に当たる立場にあるものであることからすれば、会社をして法令に違反させることのないようにするため、その職務遂行に際して会社を名あて人とする右の規定を遵守することもまた、取締役の会社に対する職務上の義務に属するというべき」であり、「取締役が右義務に違反し、会社をして右の規定に違反させることとなる行為をしたときには、取締役の右行為が一般規定の定める義務に違反することになるか否かを問うまでもなく、本規定にいう法令に違反する行為をしたときに該当することになるものと解すべきである。」と判示した。

② 会社法423条1項「その任務を怠ったとき」

イ　会社法改正（弥永真『リーガルマインド会社法第9版』206頁、西村ときわ法律事務所『新会社法実務相談』144頁）

商法266条1項5号は、会社に対する取締役の責任原因に関する一般規定として、「法令又ハ定款ニ違反スル行為ヲ為シタルトキ」と規定していた。これに対し、会社法423条1項は、「その任務を怠ったとき」と規定している。

任務懈怠とは、取締役がその任務に違反する場合を意味すると解されるところ、取締役は会社に対し善管注意義務を負い（会社法303条）、また忠実義務を負う（同法355条）。会社法355条は、「法令及び定款」等を「遵守し、株式会社のため忠実にその職務を行わなければならない」と規定しており、法令に違反することは任務懈怠に当たると解される。

ロ　法令の限定の要否

法令の中には、個別にサンクションを設けている規定があるところ、それに加えて、代表訴訟の対象とするのが妥当かとの点、株主が会社に対し、全ての法令を遵守することを期待しているかという点が法令の限定の要否に関係すると思われる。

この点、会社財産の健全性を確保することを直接又は間接に目的とする法令違反に限って、法令違反が直ちに任務懈怠となると解すべきとし、それ以外の法令違反は善管注意義務違反に当たる場合があると考えれば十分とする見解もある（弥永・前掲207頁、なお、法令の中には公序に関わる規定が含まれるべきとの見解も紹介されている）。

しかし、会社が法令違反を犯すと、会社の社会的信用が大きく失墜して株価の下落など株主の利益に反する結果が生じる傾向にある。このような近時の傾向からすると、株主は、会社に対して全ての法令を遵守することを期待しているといえよう。

そこで、法令については、特に限定すべきではないと思われる。なお、既述の最高裁平成12年判決は、「取締役がその職務遂行に際して会社を名あて人とする法令を遵守することも、取締役の会社に対する職務上の義務に属するというべき」ことを理由とするが、全ての法令を遵守して経営を行うことが株主の通常の合理的意思ないし期待であることに求められるべきであるとの指摘もある（神田秀樹『会社法第7版』206頁）。

(2) 商法266条1項5号「定款」と会社法423条1項「その任務を怠ったとき」との関係

① 法改正の影響

「法令」に関する議論と同様、定款違反行為は、任務懈怠に当たると解されよう。

② 本判決

贈賄行為について「定款の目的の範囲内の行為と認める余地はなく、取締役の正当な業務執行権限を逸脱する」として、定款違反をも認定した（手塚・前掲6頁）。

③ 本判決への評価

イ 「定款の目的」を比較的広く、抽象的にとらえる判例の流れからみた場合、整合性があるといえるかが一応問題となりそうである。

この点に関して、定款記載の目的遂行に必要か否かは定款の記載自体から観察して客観的、抽象的に必要であり得べきかどうかの基準によるべきとする最高裁昭和27年2月15日判決は、その根拠として第三者の取引の安全を挙げているところ、本件のような贈賄行為の場合、取引の相手方も当該行為が許されない性質のものであることを十分に認識しているのであるから、相手方保護の為に定款の目的内の行為であるとする必要はないといえる（川村・前掲42頁）。

よって、定款違反に当たるとの結論は妥当と思われる。

ロ もっとも本件では、法令違反として責任を肯定すれば十分であるのに、あえて目的の範囲外の行為として定款違反を持ち出す必要があったのかどうかは疑問であるとの指摘がある（近藤・前掲26頁）。

3 故意・過失について

(1) 本判決

商法266条1項5号については、取締役の債務不履行に基づく責任であることから、取締役が責任を負うためには、故意又は過失を要するとするのが通説・判例である。また、会社法上もこの見解に変更はないとされている。

もっとも、本件当事者は、故意・過失について特段主張しておらず、判旨も言及していない。これは、贈賄行為について有罪判決が確定しているという点から、例えば違法性に関する認識といったことは争点とならなかったのであろうと指摘されている（前掲・近藤同頁）。

(2) 関連

取締役の行為が何らかの法規に違反する違法な行為とされたとしても、何らかの法規の目的と商法266条1項5号の目的とは必ずしも一致する訳ではないことから、当然に商法266条1項5号における故意・過失の存在が認定される訳ではない。しかし、不法行為法上で、法規違反があり損害が発生したときには一般に過失があると認められると解されている。商法266条1項5号に関しても、何らかの法規に違反する虞のある行為の決定に際して、取締役側に相当な注意を用いていれば法規違反に当たることを知ることができたと認められる場合、すなわち、知ることを得べき場合には、取締役に過失があるとされるだろう。

しかし、経営上の決定や業務執行の実際においては、当該行為が違法な行為に当たるか否かが行為の時点で必ずしも明らかではないような場合、法規自体がその不合理性から一般に無視され実質的に拘束力を失っている場合、取締役が経営判断にあたり顧客関係の維持のために必要と判断するなど多様な経営に関わる要素を考慮した結果、違法な行為に当たるか否かに関して判断ミスを犯してしまったような場合、節税行為を税務署から脱法行為と指摘され、重加算税を課せられて会社がそれに応じて納税をしたような場合、取締役の経営判断を尊重するような解釈をとるべき場合も認められるのではないかとの指摘がある（川村・前掲44頁）。

4 本件行為により会社に損害が生じたか否か

(1) 損害発生の有無

① 本判決

「取締役がその任務に違反して会社の出捐により贈与を行った場合は、それだけで会社に右出捐額の損害が生じたものとしてよいと解されるが、特に贈賄の場合は公序良俗に反する行為であり、交付した賄賂は不法原因給付として返還を求めることができないものであるから、本件において賄賂として供与した1400万円が会社の損害となることは明らかである。」とした。

② 本判決の評価

1400万円は、贈賄という刑法上禁止されている行為に使用されたのであり、1400万円全額を損害と認定したことについては、異論がないと思われる。

③ 損害の内容費目

本件原告らは、早期に結審して勝訴判決を得ることにより株主代表訴訟に市民権を付与したいとの考えに立ち、被告との関係では、1400万円の贈賄罪で起訴されたことに歩調を合わせ、1400万円を損害として提訴したとのことである（辻公雄・阪口徳雄「株主代表訴訟とその社会的機能」法学セミナー475号52頁）。

したがって、請求の立て方次第では、認容される損害額が贈賄額を超えることも十分あり得たことに注意を要する。

ただし、法令には、サンクションが用意されていることもあるところ、法令が予定するサンクションに加えて株主代表訴訟による責任追及をどこまで認めることが妥当であるか検討の余地があるように思われる。

(2) 損益相殺の可否
① 損益相殺について

損益相殺については、次のように理解されている。不法行為が、被害者に損害を与えると同時に、利益を与えることもある。その場合には、損害からその利益を控除した残額のみが賠償するべき損害とされるべきと考えられている。そして、その控除すべき利益も相当因果関係の範囲内のものに限ると考えられる（我妻榮・有泉亨『コンメンタール民法補訂版総則物権債権』1302頁）。

商法266条1項5号の場面においては、取締役に対して損害賠償責任を課すという制度が、取締役の違法行為の抑止機能とともに、会社が当該行為により蒙った損害の填補機能を有していることからすると、損害賠償額の算定にあたっては、取締役の当該違法行為・義務違反行為に基づいて会社に対して生じた損害の額から、その行為と直接の因果関係に立つ利益を差し引くことができると解される。

現実に発生した利益（現実に会社にもたらされた利益額あるいは、当該行為なくしては生じたであろう損失を防止することのできたときにはその防止し得た損失額、及び、将来発生することが確実な利益）を損益相殺の対象とすることが可能であろうといわれている（川村・前掲47頁）。

② 三井鉱山事件と本判決

三井鉱山事件控訴審判決（東京高判平成元・7・3金融・商事判例826号3頁）は、「商法266条1項5号所定の違法行為による損害額の算定に当たり損益相殺の対象となるべき利益は、当該違法行為と相当因果関係のある利益であるとともに、商法の右規定の趣旨及び当事者間の衡平の観念に照らし、当該違法行為による会社の損害を直接に填補する目的ないし機能を有する利益であることを要する」旨判示し、当該事案における利益（自己株式取得により可能となったとされる合併によりもたらされた利益）は違法行為との間に相当因果関係のある利益ではなく、会社の損害を直接に填補する目的、機能を有する利益ともいえないとして、損益相殺を認めなかった。同事件の上告審判決（最判平成5・9・9民集47巻7号4814頁）は、上告人らの主張する利益は違反行為との間に相当因果関係がないから損害から控除すべきではないとした原審の判断は正当として、原審判決を維持した。他方、本判決は、直接の填補目的・機能を有する利益こそが損害との間に法律上の相当因果関係のある利益であるとして、「本件贈賄行為により三和町から工事を受注することができた結果、間組が利益を得た事実があるとしても、右利益は、工事を施工したことによる利益であって、たとえば賄賂が返還された場合のように、贈賄による損害を直接に填補する目的、機能を有するものではないから、損害の原因行為との間に法律上相当な因果関係があるとはいえず、損益相殺の対象とすることはできないと解すべきである。」旨判示した。

このように、三井鉱山事件控訴審判決では、相当因果関係と直接の填補目的・機能の双方が損益相殺の要件であるとした上で、相当因果関係、直接の填補目的、機能の双方を欠くとし、同事件の上告審判決は、相当因果関係がないとの点で原審判決を維持した。他方、本判決は、直接の填補目的・機能を有する利益こそが損害との間に法律上の相当因果関係のある利益であるとした上で、間組に利益があるとしても、それは工事を施工したことによる利益であって、贈賄による損害を直接に填補する目的、機能を有するものではないから、損害の原因行為との間に法律上相当な因果関係があるとはいえないとした（手塚・前掲商事法務1380号7頁）。

③ 本判決の評価

本判決の結論自体には、異論がないと思われる。

仮に、贈賄行為により受注ができて会社に利益が生じたとしても、そもそもこのような反社会的行為から生じた利益は公序良俗に反する利益であって、社会的存在である企業にとり許容されない、株主の利益に反するものであるから、損益相殺の対象とはなし得ないというべきであるとの見解がある（川村・前掲47頁）。この論者は、相当因果関係という観点のみならず、控除することの相当性という評価的観点が相当因果関係の中に織り込まれていると指摘している（川村・前掲46頁）。

また、前述の野村證券損失補填代表訴訟事件最高裁判決（最判平成12・7・7）における河合伸一裁判官による補足意見において「損益相殺について、取締役の行為によって会社が損害を被ったが、同時に利益をも得ている場合、原則として、その差額をもって要賠償額とするものである。商法266条が会社の蒙った損害を取締役に賠償させる制度である以上、損益相殺することは、むしろ当然のことといえる。もっとも、取締役の行為から会社に利益が生じているにしても、その行為が刑事犯罪に該当するなど、その利益をもって、損益相殺することが社会的に正当視出来ない場合はあろう。しかし、そのような場合は、会社に生じた損害をそのまま取締役に負わせても、不当に過酷なものとはいえないと考える。」とあたかも本判決を念頭に置いたかのような記述があるところ、この補足意見からも、本判決の結論を是認し得る。

いずれにしても、本判決のように相当因果関係を極めて厳格に解すると、一般に、損益相殺は、極めて限られた場面にしか認められないこととなる（近藤・前掲27頁、手塚・前掲商事法務1680号7頁）。

なお、本判決は、賄賂が返還された場合を例示して、損害を直接に填補する目的、機能を有するとして、損益相殺が認められるとするようである。しかし、賄賂が返還された場合、贈賄という違法行為の結果として得られる利益ではなく、贈賄により会社に生じた損害を受領者が（不法原因給付として返還を強制される立場にないにもかかわらず）自発的に回復するものにしか過ぎず、法律上の相当因果関係がないことになると思われ（手塚・前掲商事法務1680号同頁）、損益相殺は認められないであろう。

④　その他

取締役が会社に対して損害を被らせたと認められる場合にも、経営判断上のミスに対する取締役の救済を考慮して、当該違法行為が生み出した利益による損益相殺を積極的に認めてよいと思われるとする見解もある（川村・前掲47頁）。

5　要件相互の関係

前述の野村證券損失補填株主代表訴訟事件において、裁判所は、一貫して本件損失補填が平成3年改正以前の証券取引法には違反しないが独占禁止法19条が禁止する不公正な取引方法には該当すると解している。ただし、第一審（東京地判平成5・9・16）は、損失補填について、善管注意義務違反はなく、独占禁止法違反ではあっても大口顧客との関係が維持されたため、野村證券には損害がないとし、控訴審（東京高判平成7・9・26）は、善管注意義務違反に当たらない限り、独占禁止法19条違反は当然には商法266条1項5号の法令違反には含まれないとし、上告審（最判平成12・7・7）は、会社に適用される全ての法令規定が商法266条1項5号の「法令」に含まれるとした上で、株式会社の取締役が、法令又は定款に違反する行為をしたとして、本規定（商法266条1項5号）に該当することを理由に損害賠償責任を負うには、右違反行為につき取締役に故意又は過失があることを要すると判示して、本件損失補填が独占禁止法19条に違反するという認識を欠いたことについて過失はなかったと判示した（鳥山恭一「損失補てんをした証券会社取締役の対会社責任」法学セミナー549号108頁）。

このように、立場によって法令・定款、故意・過失、損害のどこで判断することとなるのかに影響することとなる。

6　訴訟手数料

バブル崩壊に伴う企業不祥事の表面化と社会的反響を背景として、平成5年の商法改正において、「訴訟ノ目的ノ価額ノ算定ニ付テハ財産権上

ノ請求ニアラザル請求ニ係ル訴ト看做ス」(商法267条5項)とされ、貼用印紙が8200円とされた。その施行日が本件提訴日である平成5年10月1日である。なお、その後の法改正により、訴訟手数料は、1万3000円へと引き上げられた。

原告らは、訴訟手数料が引き下げられる日に合わせて訴訟提起したようである(株主オンブズマンホームページ)。

Ⅳ 実務対応

本件は、既に贈賄罪で有罪が確定していた事案である。贈賄額をそのまま損害と認定した結論自体、異論はないと思われる。また、請求の立て方次第では、損害額が贈賄額にとどまらないことも考えられる。また、本件提訴を容易にした貼用印紙が低額に固定されたことで株主代表訴訟の提起が容易になった。更に、近年、法令遵守という概念が社会に定着し、企業不祥事に対する社会の視線が一段と厳しくなっている。

このため、取締役は、贈賄といった刑法に反する行為が許されないことは当然のこと、遵法意識を強く持ち経営することが強く求められているといえよう。

(注) 野村證券損失補填代表訴訟一審判決(東京地判平成5・9・16)、日興證券損失補填事件代表訴訟一審判決(東京地判平成9・3・13)、野村證券損失補填事件第二次代表訴訟一審判決(東京地判平成10・5・14)などが限定説の立場をとったとみられる(商事法務1572号「野村證券損失補填代表訴訟事件の最高裁判決」9頁)。

(参考文献)
・辻公雄=阪口徳雄「株主代表訴訟とその社会的機能」法学セミナー475号52頁
・手塚裕之「贈賄行為と取締役の責任に関する代表訴訟」商事法務1380号2頁
・中村一彦「贈賄行為をした取締役の会社に対する責任」判例タイムズ879号75頁
・東京地判平成8・12・22判例タイムズ864号286頁
・丸地明子「本件判批」判例タイムズ913号206頁
・川村正幸「贈賄行為と取締役の法令違反責任」判例タイムズ948号147頁
・近藤光男「贈賄行為と取締役の会社に対する責任」商事法務1512号23頁
・川村正幸「贈賄行為を行った大手建設会社の取締役に対する代表訴訟が認容された事例」金融・商事判例972号40頁
・鳥山恭一「損失補填をした証券会社取締役の対会社責任」法学セミナー549号108頁
・最判平成12・7・7判例タイムズ1046号92頁
・手塚裕之「野村證券損失補填代表訴訟事件の最高裁判決」商事法務1572号4頁
・『最高裁判所判例解説民事篇平成12年度(下)』582頁〔豊澤佳弘〕
・判例時報2041号139頁
・判例タイムズ1295号179頁
・近藤光男『取締役の損害賠償責任』
・神田秀樹『会社法第7版』
・弥永真生『リーガルマインド会社法第9版』
・我妻榮等『コンメンタール民法補訂版総則物権債権』
・西村ときわ法律事務所『新会社法実務相談』
・江頭憲治郎『株式会社法第3版』

6 従業員が無断で行った会社から第三者への利益供与につき、一部の元取締役の監督義務違反が認められた事例——旧三菱石油株主代表訴訟控訴審判決（東京高判平成14・4・25 金融・商事判例1149号35頁）

弁護士　浦山慎介

I　事案の概要

1　概　要

本件は、三菱石油株式会社（現・新日本石油株式会社、以下、「三菱石油」という）が、昭和62年12月頃から平成7年9月頃までの間に、業者間転売取引（石油元売りが系列店に卸す石油以外の石油を、系列を超えて石油業者間で売買する取引）における石油製品の取引価格の上乗せあるいはサイト差取引（「買い」と「売り」の代金決済期限に時間差を設けて金融利益を供与する手法）により、石油商Aに対して総額63億円以上の資金を違法かつ不当に供与するなどしたとして、三菱石油の株主である原告が、取締役であった被告ら（Y1〜Y5）に対し、合計90億3957万円の損害につき、取締役の任務違反による損害として三菱石油に賠償するよう求めた株主代表訴訟である。

2　事　実

石油商Aは、石油の業者間転売取引の斡旋をして仲介口銭を得ていたが、昭和54年頃から三菱石油との取引を開始した。Aは、政治家や通産官僚とも広く交際しており、通産省に関する情報を三菱石油に提供するなどしていた。

ところで、三菱石油を含む石油元売会社は、昭和62年当時、通産省の行政指導により、各社ごとにガソリン生産量枠（PQ）を定められていたところ、三菱石油の生産量枠は販売量より少なく、販売実績維持のために市場から割高なガソリンを調達しなくてはならなかったため、三菱石油はPQ規制に不満を有していた。

Aは、三菱石油の不満を知り、通産省などに探りを入れた結果、通産省は各社がPQ規制を守っているか確認することはなく、それが発覚する恐れはないと考え、三菱石油の当時需給部長であったY3に対し、「PQ違反をしてガソリン生産しても問題ない」「万一PQ違反が発覚しても何とかしてやる」などと指導した。このAの指導を受けて、Y3は、受給部門の責任者であった常務取締役Y1に相談し、Y1の承認の下で、生産量枠を超えてガソリンを生産することを決定した。これにより、昭和62年下期から昭和63年度にかけて、三菱石油は、ガソリン生産量枠を超えるガソリンを生産し、約100億円の利益を上げた。

昭和62年12月頃、Aは、三菱石油に対し、上記指導の見返りとしての報酬を要求した。Y1は、PQ違反が露見することを恐れ、また、相応の成果も挙がったことから、当時の販売部長Y2及びY3と相談の上、合計5億円（毎月2000万円の分割払）の報酬支払を行うことを決定した。ただし、この決定は正式な稟議を経ていない。

PQ違反に関するもので表に出すことができなかったため、Aへの報酬支払は石油製品の需給取引を通じて行うこととされ、Y1がY3に委ね、更にY3は、報酬支払のための需給取引の実施を需給部主査Oに委ねた。Oは、業者間転売取引を利用し（通常価格に上乗せして仲介業者に代金を支払い、その仲介業者からAに業者間転売取引の仲介口銭名目で上乗せ分を支払わせる方法）、Aに報酬を支払った。

昭和63年度末でPQ規制は廃止されたが、Aは、平成2年秋頃、三菱石油に当初の報酬5億円を支払った後も継続して報酬を支払うよう要求した。Y1は、Y2及びY3の意見を聞いた上で、PQに関するAの貢献等に対する見返りの趣旨やその後も同様にAから情報提供を受け、あるいはA

の交友関係を利用して利益を得ることを期待し、Aへの報酬支払（月額2000万円）を決定した。なお、報酬支払継続についても正式な稟議を経ていないが、Y₁は、報酬支払を当時代表取締役であったY₄に報告している。

その後、Oは需給部を離れたが、引き続きAへの報酬支払を担当した。

平成3年12月頃、バブル崩壊で資金繰りに苦しむAは、Oに対し、報酬額を年間10億円程度に増額するよう要求した。これに対し、Oは、上司に相談・報告することなく、平成4年1月から独断で報酬を増額した。増額後の報酬は、月額平均約1億円で、平成6年5月までに合計約29億円が支払われている。

平成4年5月頃、Aからの要請を受けて、Oは、需給取引を通じた報酬支払とは別に、サイト差取引を利用した金融利益の供与を開始した（三菱石油への石油販売の商流にAの個人会社を介在させ、支払サイトの差を設けることによりAに資金を滞留させた）。Oは、このサイト差取引による利益提供について上司に相談せず、無断で開始したものである。

平成6年5月、業者間転売取引において常軌を逸した多額の高値買いが発生していることを需給部担当者が発見し、需給取引によるAへの報酬支払が異常に高額になっていることが、当時輸入受給部門担当取締役Y₅の知るところになり、Y₅は直ちにY₃（当時常務取締役になっており、直後に副社長に就任した）に報告した。Y₃はOの無断報酬増額の事実を知り、Oに対して当初の2000万円に減額するよう指示し、直ちにAへの報酬は減額された。また、Y₃はY₂（当時常務取締役で、直後に社長に就任した）に、これらの経緯を報告している。しかし、Y₃は、減額指示以外に利益供与の実態を把握しようとはしなかったため、Oによりサイト差取引は継続された。

平成7年2月、Oは、Y₃にサイト差取引によりAに利益供与を行っている事実を報告した。これに対して、Y₃はサイト差取引によるAへの利益供与の継続を了承したことから、Oは引き続きサイト差取引を行った。

平成7年8月末、Aの資金繰りが破たんしたことから、報酬支払及びサイト差取引は終了した。

その後、三菱石油は、Aに対する報酬相当額約44億3000万円等の支出を必要経費として、税務申告したが、国税局はこれを認めず、平成2年3月期から平成9年3月期までの所得につき、約27億6000万円を追徴課税した。

判決文からわかる限りでは、被告らの役職は次のとおりである。

Y₁：昭和62年12月頃常務取締役（需給部担当）、平成2年秋頃取締役副社長、平成6年6月取締役を退任

Y₂：昭和62年当時販売部長、平成元年6月取締役（販売部門担当）就任、常務取締役を経て平成6年6月から代表取締役社長

Y₃：昭和62年6月需給部長就任、平成2年6月取締役就任、常務取締役を経て平成6年6月から代表取締役副社長

Y₄：昭和62年頃常務取締役、平成2年秋当時代表取締役、

Y₅：昭和63年6月需給部長就任（Y₃の後任）、平成6年5月当時需給輸入担当取締役

3　第一審判決

第一審（東京地判平成13・7・26金融・商事判例1139号42頁）は、Yらの責任について次のように判断し、Xの請求を棄却した。

(1)　Aへの報酬支払の正当性

石油業という事業内容の性質上、監督官庁である通産省との円滑な関係を維持するとともにその情報を収集することが三菱石油の利益に資することが一応認められ、情報収集能力が認められたAに対して報酬を提供することが直ちに取締役の三菱石油に対する義務違反になるとはいえない。

報酬額についても、ＰＱ違反により100億円を超える利益を会社にもたらしており、Aが提供する情報や、政界・官界にわたる広い交友関係が、三菱石油にとって利益があると判断し、月額2000万円程度の報酬を支払ったとしても、年商が1兆円程度で経常利益が1000億円に達するという規模の三菱石油においては、これをもって目的との関係で著しく均衡を失した不当な支出であるということはできない。

(2)　Oによる報酬の無断増額について

① 報酬支払の行為責任

平成4年4月から平成6年4月にかけて支払われた報酬は、月額平均約1億円にも及ぶものであり、いかに大企業の三菱石油といっても、監督官庁との情報提供や政界・官界との円滑な情報交換等の関係維持という抽象的一般的な目的を内容とするものとしては、もはや合理的な報酬額の範囲を明白に逸脱したものと評価すべきである。

しかし、取締役がこの報酬支払を知ったのは、平成6年5月にY5、Y2、Y3が知ったのが最初であって、その際には、Y3は従来の水準に戻すように指示したのであるから、その限りにおいては、取締役としての責任を一応果たしたものと評価することができ、三菱石油に対する関係でAに対して違法な報酬を支払った行為責任を負うとまではいえない。

② Oに対する監視責任

PQ違反行為は、それ自体が違法ではないとしてもそれが公になった場合には商道徳や社会的経済的な公正さの観点から三菱石油の社会的評価を著しく損なう恐れのある行為であり、情報管理の面において特定の担当者の特命事項とされたこともやむを得ない側面があり、Oの行為について綿密な管理監督をしなければならないことを疑わせるような具体的な事情がない限り、支出の実務をOに委ねていたとしても、企業の組織管理の方法として取締役の三菱石油に対する義務違反に当たる違法な方法であるとまで決めつけることはできないと考えられる。また、報酬の支払は高値での需給取引を多用しているから、とりわけAに対する支出を当初から認識していたY1、Y3及びY2については、具体的にOの行為の内容について、関係書類等を詳細に吟味したり、Oその他の関係者から事情聴取をするなどしたりすれば、Oの権限逸脱行為を早期に発見することは可能であったであろうが、具体的にOに疑いを抱くべき事情が認められない段階において、このような管理監督をしなければならなかったとまではいえないし、ほかに監視責任を問うべき具体的な事情を認めるに足りる主張立証はない。

(3) サイト差取引に関する責任

① サイト差取引の行為責任

Y3については、平成7年2月にOから報告を受け、その内容によりAに対するサイト差取引を利用した金融利益の供与が約17億円に達していることを知った上で、そのサイト差取引を同規模で維持していくことを承認した事実が認められるが、この段階では、既に与えられている金融利益を他の方法により同規模で維持することを承認したに過ぎず、しかも、サイト差取引は、介在する第三者の協力によって成り立っていることから直ちに停止することは必ずしも容易ではないと考えられるから、Y3がサイト差取引を事後的に承認し、維持させたことをもって、直ちに取締役の三菱石油に対する義務違反であるということはできない。

② Oに対する監視責任

サイト差取引は、特段高値での取引が利用されているのではなく、商流中に介在する業者のサイト差が利用されているに過ぎないから、Oが権限を逸脱して無断で、このようなサイト差取引による金融利益をAに与えていることについて、具体的に取締役がその疑いを持って監視監督することができたとまではいえないから、取締役の監視義務違反による責任を問うこともできない。

これに対して、原告は控訴した。なお、原告は、第一審では事件当時の取締役47名を被告としていたが、控訴の対象はそのうちの5名（Y1～Y5）だけである。

II 判決要旨

一部変更・請求一部認容

本判決は、Y2及びY3の責任につき以下のように述べ、平成6年6月以降、Oにサイト差取引を継続させたことについて、取締役としての善管注意義務違反を認めた。その他の点は、概ね第一審と同様の理由でYらの責任を否定している。

「月額2000万円を超える報酬をAに支払うことについて合理性がないことは、被控訴人らも認めるところであり、Y2及びY3が、Aに対して月額2000万円の報酬を支払ったうえで、これとは別にAに金融利益を与えることを決定したとすれば、取締役としての善管注意義務及び忠実義務に違反するというべきである。」

「平成6年5月以前のサイト差取引についてはY2及びY3に善管注意義務違反があったとまで

はいえないのであるが、それはOの行為について綿密な管理監督をしなければならないことを疑わせるような具体的事情が平成6年5月以前については認められないからである。しかし、平成6年6月以降については、平成6年5月にOによる無断報酬増額の事実が発覚したのであり、その際、Y₂及びY₃は、Oからの報告によって、Aからの報酬増額の要求が並々ならぬことを認識したはずであるから、報酬を大幅に減額するよう指示すれば、これに代わるものとしてAからいかなる要求が出てくるか、それに対してOが断固としてこれを拒絶することができるか、といった点についても上司として当然検討をし、その対策を講じておく義務があったというべきであり、Oの行為について綿密な管理監督をしなければならない具体的事情があったというほかない。したがって、平成6年6月以降平成7年8月末までの間、Oがそれまでにした利益供与の実態を把握しようとせず、そのため、サイト差取引によってAに利益供与をしていたことに気付かず、したがって、サイト差取引についての経営判断をせず、平成6年6月以降もOにサイト差取引による利益供与を継続させたことについて、Y₂及びY₃には善管注意義務違反があったといわざるを得ない。」

以上のように判示し、平成6年6月から平成7年8月までのサイト差取引に関する三菱石油の負担した経費1億8000万円を賠償すべき損害とし、Y₂及びY₃に対し、連帯して三菱石油に支払うよう命じた。

III 分析・検討

1 問題の所在

本件では主に、①第三者への報酬支払に関する経営判断の当否、②従業員の行為についての取締役の監視義務が問題とされているので、順に検討する。

なお、この他に、Aに提供した資金を必要経費として税務申告したものの、これが税務当局に認められず、約27億6000万円の追徴課税を受けたことについて、適正に税務申告をしなかった取締役らの責任の有無も争われたが、責任は否定されている。

2 第三者への報酬支払に関する経営判断の当否

本件では、Aに対する報酬支払が取締役としての善管注意義務違反ないし忠実義務違反に当たらないかが問題とされている。第一審判決は、ガソリン生産量枠（PQ）規制は行政指導に過ぎず、それに違反することをもって違法とはいえないとした上で、通産省との円滑な関係を維持するとともにその情報を収集することが三菱石油の利益に資する、PQ違反により三菱石油は100億円の利益を得ているから月額2000万円の報酬は目的との関係で均衡を失していない、として当初のAに対する報酬支払を正当な経営判断であるとの判断を示した。そして、本判決もこの判断を維持している。なお、第一審判決、本判決ともに、月額2000万円を超える報酬支払については、合理的な範囲を逸脱したものであると判断している。

会社が誰にどの程度の報酬を支払うかは、取締役の経営判断により決せられるものであり、取締役の裁量が広く認められるが、取締役の経営判断は会社の利益のためになされなければならない。この点、会社の利益には、長期的あるいは短期的な財産上の利益のみならず、社会的信用等の各種利益を考慮すべきものと考えられている（岩渕正紀＝棚村友博「株主代表訴訟において追及することができる取締役の責任の範囲」門口正人編『新・裁判実務大系⑾』104頁参照）。裁判例には、「当該行為をするにつき、その目的に社会的な非難可能性がないか否か」を取締役の裁量逸脱の有無を判断する上での一考慮要素としたものがある（東京地判平成10・5・14（野村證券損失補填事件）金融・商事判例1043号3頁）。

しかるに、第一審判決は、PQ違反行為について、それ自体違法ではないにしてもそれが公になった場合には商道徳や社会的経済的な公正さの観点から三菱石油の社会的評価を著しく損なう恐れのある行為であることを認めている。また、PQ規制を遵守することが当時の業界の商道徳になっていたのであり、PQ違反の取引、報酬支払の正当性は相当いかがわしい抜け駆け的行為である、といった指摘もある（吉川義春「本件判批」判

例評論 532 号 28 頁)。

そうすると、本件では、Ａに対する報酬支払について経営判断の合理性を検討するにあたり、報酬支払の目的や金額だけでなく、Ａへの報酬支払による三菱石油の社会的信用の失墜の可能性やその影響についても考慮されるべきであったといえよう(井上貴也「本件判批」金融・商事判例 1149 号 62 頁)。また、本件では、Ａに対する報酬支払の決定について正式な稟議を経ておらず、経営判断の意思決定過程を問題とする余地が残されていると思われる。

3 従業員の行為に関する監視義務

(1) 取締役の監視義務

本件では、従業員Ｏに報酬支払の実務が委ねられたが、Ｏによる不当に高額な報酬支払及びサイト差取引による利益供与について、取締役らのＯに対する監視責任の有無が争われている。

取締役会の職務には「取締役の職務の執行の監督」が含まれることから(会社法 362 条 2 項 2 号、旧商法 260 条 1 項)、取締役会を構成する各取締役は、取締役会を通じて業務執行権限を有する取締役の監督を行う義務を負っている。そして、取締役の業務執行は、通常、従業員に対する指揮命令を通じて行われるものであるから、従業員の行為も取締役の監視義務の対象となると解されている。また、業務執行権限を有する取締役は、業務執行の一環としても、指揮下にある従業員を指導監督する義務があると解されている。

ただし、取締役は、あらゆる業務執行について常に注意を払うことを求められているわけではなく、基本的には、取締役会の上程事項あるいは担当業務等を通じて具体的に違法行為を知った又は知り得る場合に、具体的にこれを防止しなければならない義務が発生すると解されている(清水真二「取締役の監視義務」商事法務 1574 号 70 頁)。したがって、従業員に対する監視義務違反の責任を追及する場合、従業員が不正行為を行うことを被告たる取締役が知っていたこと又は知るべきであったといえるだけの具体的状況を原告が主張・立証しなければならない(菅原雄二=松原昇平「株主代表訴訟における訴訟運営」門口正人編『新・裁判実務大系⑪会社訴訟・商事仮処分・商事非訟』113 頁参照)。

取締役が従業員の不正行為を知るべきであったといえる具体的状況がどのようなものであるか、不正行為を知った場合に取締役がどの程度のことをすべきかは、具体的ケースごとに、事案に則したきめ細かい判断をしていく必要がある(上柳克郎=鴻常夫=竹内昭夫編集代表『新版注釈会社法(6)株式会社の機関(2)』282 頁〔近藤光男〕)。この点、東京電力事件判決(東京地判平成 11・3・4 判例タイムズ 1017 号 215 頁)は、「取締役が従業員の業務執行について負う指導監督義務の懈怠の有無については、当該会社の業務の形態、内容及び規模、従業員の数、従業員の職務執行に対する指導監督体制などの諸事情を総合して判断する」との判断基準を示している。

本判決は、取締役が従業員による不正行為を知るべきであったといえる場合を具体的に示したものとして、同種事案において参考になるものである。

(2) 本判決の検討

① Ｏに報酬支払の実務を委ねたことの当否

業務執行の全てを代表取締役又は業務担当取締役自身が行うことは不可能であり、適宜、業務執行権限を従業員に委譲することは許される。ただし、従業員に権限を委譲することが適切合理的であることが前提である(注)。業務執行を従業員に委ねることが不適切である場合、従業員が行った不正行為について代表取締役又は業務担当取締役は責任を免れない。

第一審判決は、Ｙ₁らがＯに報酬支払を委ねたことについて、ＰＱ違反が公になると三菱石油の社会的信用が失墜する恐れがあるので、情報管理の面から特定の担当者の特命事項としたこともやむを得ないとの判断を示し、本判決もこの判断を維持している。

しかし、社会的信用を失墜させる恐れがあるＰＱ違反の指導の報酬を支払うことは、その業務内容からして、一従業員であるＯに完全に権限を委ねることが適切合理的といえるであろうか。被告らが主張するところによると、ＰＱ違反が発覚した場合には、通商産業省から種々のペナルティを課されるといわれており、例えば増産したガソリンの量の何倍かの原油の精製停止を命じられると

いうものであった。このように会社に重大な影響を与えかねないAへの報酬支払について、従業員Oに権限を委譲することの合理性については異論もあり得よう。

②　報酬の無断増額に関する監視責任

Oは、平成4年1月、Aによる報酬増額の要求に応じて、Aへの報酬を取締役らに無断で増額した。この点、第一審判決は、従前の月額2000万円を超える報酬支払は合理性がないものの、取締役である被告らには、具体的にOに疑いを抱くべき事情が認められない段階において、Oの行為の内容について、関係書類等を詳細に吟味したり、Oその他の関係者から事情聴取しなければならなかったとまではいえないとの判断を示し、被告らの監視責任を否定した。本判決もその判断を維持している。

無断増額について監視責任を否定した本判決の評価は、Aへの報酬支払の理解により変わってくるものであると思われる。すなわち、Aに対する報酬支払は正当な経営判断であることを前提に、Aへの報酬支払を日常業務と同様に捉えれば、取締役としては、Oが毎月適切に報酬支払を実行することを期待しても不自然ではなく、部下から逐次報告を求めなくとも、具体的に疑いを持つ事情がない限り綿密に監督する義務はないとの判断につながる。他方、Aへの報酬支払は、PQ違反に関するもので会社の社会的信用を失墜させる恐れがあり、日常業務とは異なる特殊なものであると捉えれば、Oが不正を行うことを疑わせる具体的事情がなくとも、逐次Oから報告を求めるなど、Oによる報酬支払を綿密に監視監督しなければならなかったとの判断が導かれよう。

ところで、前掲東京電力事件判決は、代表取締役と支店長等との間で定期的・随時に報告を受け、指示をできる体制を作ったり、定期的な考査を実施するなど、従業員を適切に監督する体制を作っていたとして、従業員に対する指導監督体制の合理性を認め、取締役の指導監督義務違反を否定している。これは、適切な指導監督体制を敷くことによってはじめて、取締役は、従業員が不正行為をしないことを信頼することが許されるということである。本件では、Y_1、Y_3の指示によりOに報酬支払を始めさせたにもかかわらず、Y_1らは、数年間Oに何ら報告を求めていない。かかるY_1らに、Oが適切に業務執行を行うことを信頼する前提があるといえるのかという点からも異論の余地があろう。

③　サイト差取引による利益供与の監視責任

平成4年5月頃から開始したサイト差取引による金融利益の供与が合理性を欠くことについては当事者間で争いがない。ただし、サイト差取引はOが上司に無断で行ったことから、YらのOに対する監視責任の有無が問題とされている。

第一審判決は、「サイト差取引は、特段高値での取引が利用されているのではなく、商流中に介在する業者のサイト差が利用されているにすぎないから、Oが権限を逸脱して無断で、このようなサイト差取引による金融利益をAに与えていることについて、具体的に取締役がその疑いを持って監視監督することができたとまではいえない」として、被告らの監視責任を否定した。

他方、本判決は、「平成6年5月に報酬の無断増額を知った時点で、Aによる要求が並々ならぬことを認識したはずであるから、報酬を大幅に減額するよう指示すれば、これに代わるものとしてAからいかなる要求が出てくるか、それに対してOが断固としてこれを拒絶することができるか、といった点についても上司として当然検討をし、その対策を講じておく義務があった」として、報酬の無断増額を知った後はOの行為を綿密に管理監督しなければならない具体的事情があったと判断し、同時期以降のサイト差取引による利益供与について、無断増額の事実を知ったY_2及びY_3の責任を認めた。

本判決については、事実認定の工夫によって取締役の責任を認めたものとして評価する論評がある（井上貴也「本件判批」金融・商事判例1149号62頁）。当初月額2000万円であった報酬が無断で月額1億円近い金額に引き上げられたことを知った取締役には、当然、報酬支払の実態を詳しく調査確認することが求められるというべきであり、Y_2・Y_3の責任を認めた本判決の結論は正当である。

ところで、平成6年5月以前のサイト差取引による利益供与について、監視責任が認められる余地はなかろうか。確かに、サイト差取引によるAへの利益供与はOが上司に無断で開始したもので

あり、被告らが指示したものではないから、これを被告らが知ることは困難とも思える。しかし、事案全体をみれば、サイト差取引はAへの利益供与の一環として行われたものであり、需給取引を通じた報酬支払と密接に関連したものである。被告らが、Aに対する報酬支払状況について、定期的に報告を受けるなど適宜にOの業務執行を監督していれば、需給取引を通じた報酬増額だけでなく、サイト差取引も判明していたはずである（Oは、サイト差取引を隠すつもりはなく、上司から尋ねられればこれに応じたと述べている）。そうすると、需給取引を通じた報酬増額について監視責任を認める見解によるとすれば、平成6年5月以前のサイト差取引による利益供与についても監視責任を問うのが論理的に一貫しているといえよう。

④ 各取締役の責任について

イ　Y2（PQ違反時の販売部長）、Y3（同需給部長）

本判決は、Y2とY3について、報酬の無断増額を知った時点で、Oを綿密に監督する義務があるとして、平成6年6月以降のサイト差取引に関する責任を認めた。

Y3は、Oの上司としてOに報酬支払を直接指示した者である。Y2も、Y3とともにY1から相談を受けるなど、当初から報酬支払に関与していた。かかるY3やY2は、Aへの報酬支払が三菱石油に重大な影響を与える可能性を考慮し、逐次Oから報告を受けるなど、適宜、Oによる報酬支払が適切に行われているかを監督すべきであり、前述のとおり、増額後の需給取引を通じた報酬支払や平成6年5月の報酬無断増額が発覚した時点より以前のサイト差取引による利益供与についても、監視責任を認める余地があるのではないか。

ロ　Y1（PQ違反時の常務取締役）

本判決は、Y1について、平成6年6月の株主総会で退任しているから、平成6年6月以降のサイト差取引についての取締役の責任を負うことはないと判断した。取締役の責任を追及するものである以上、この判断自体は正当である。

ただし、Aへの報酬の支払（更に、PQ廃止後も報酬支払を継続すること）は、当時常務取締役であったY1が、Y2及びY3の意見を聞いた上で決定したものである。また、報酬の支払方法は、Y1がY3に委ね、更にY3がOに支払実施を委ねたと認定されている。もちろん、あらゆる業務執行について、部下から報告を受けなければならないとまではいえないが、Aに対する報酬支払の影響を考慮すれば、報酬支払を指示したY1は、逐次部下から報酬支払の状況について報告を求めるべきであったとして、増額後の報酬支払について監督責任を認める余地があると思われる。

ハ　Y4（報酬支払継続決定当時の代表取締役社長）

本判決は、Y4は、Aへの利益供与について直接報告を受ける立場になく、報酬増額が発覚したことについてもY2らから報告を受けていなかったとして、平成6年5月以降のサイト差取引による利益供与の監視責任が否定された。

ところで、代表取締役社長であったY4は、Y1からPQ規制廃止後もAへの報酬支払を継続するとの報告を受けていた。Aへの報酬支払が三菱石油の社会的信用に与える影響の大きさを考慮すれば、その後Y1らから全く報告等を求めなかったとの点について監視責任を認める余地もあり得るが、Y4は、Aへの報酬支払については直接関与していないため、Oの業務執行を綿密に監視することを求めるのは困難なように思われる（吉川義春「本件判批」判例評論532号34頁は、経営陣のトップとして、直接報告を受ける立場になくとも、財務諸表等の情報を調査するなど監視義務を果たすべきであったとして、Y4の責任は免れないとする）。

ニ　Y5（平成6年5月当時の輸入受給担当取締役）

Aへの報酬支払が異常に増えていることに気づきY3に報告した輸入需給担当取締役Y5の責任について、本判決は、利益供与について報告を受ける立場になく、また、Aへの報酬額が異常に増えていることに気づいた段階で、Y3に報告して報酬は減額されているから、業務担当取締役に対する監視責任を果たしたと判示した。

Y5は、そもそも報酬支払に関与しておらず、Oを監督する立場にはない。Y5は、報酬増額について、これに気付いた時点でY3に報告し、これにより報酬が減額されている以上、取締役としての監視責任は果たしたといえ、責任が否定されたことは正当であろう。

ただし、Y₅は、Oによる年間10億円という極めて異常な報酬支払の事実を知ったのであるから、Oによる報酬支払の実態について取締役会を通じて調査を求め、全容を把握すべきと考える余地があり、監視責任を認める見解もある（吉川・前掲参照）。

V 実務対応

1 第三者に対する報酬支払について

前述のとおり、会社がどの程度の報酬を支払うかは、取締役の経営判断により決せられるものであり、取締役の裁量が広く認められるが、取締役の経営判断は会社の利益のためになされなければならない。

そうすると、第三者に対して報酬等を支出する場合には、まずは、支出目的が会社にとって利益があるものか、支出金額が会社規模や支出目的との関係で著しく均衡を失していないかを検討する必要がある。

更に、会社の利益には、長期的あるいは短期的な財産上の利益のみならず、社会的信用等の各種利益を考慮すべきものと考えられており、「当該行為をするにつき、その目的に社会的な非難可能性がないか否か」を取締役の裁量逸脱の有無の判断の上で一考慮要素となるとした裁判例があることを考慮すれば、支出目的や金額の妥当性にとどまらず、その支出が会社の社会的信用にどのような影響を与えるかといったことも含め、できる限り幅広い観点から支出の当否を検討するべきである。

2 従業員の行為に対する取締役の監視義務

前述のとおり、従業員の行為に対する取締役の監視義務違反の有無については、東京電力事件判決が、「取締役が従業員の業務執行について負う指導監督義務の懈怠の有無については、当該会社の業務の形態、内容及び規模、従業員の数、従業員の職務執行に対する指導監督体制などの諸事情を総合して判断する」との判断基準を示している。

機密プロジェクトなどでは、どうしても少数の限られた従業員に権限を集中させざるを得ず、また、情報管理上、従業員の監督が不十分になることがあり得る。本判決は、このような事案において、取締役の監視義務違反を否定した。

しかし、機密プロジェクトのなかでも、会社の内外に与える影響が大きな業務については、従業員が不正行為をした場合に、情報管理上やむを得なかったとの理由だけでは確実に監視責任を免れることはできないと考えられる。

このようなプロジェクトにおいては、前記裁判例を踏まえ、当該従業員に委ねる権限の重要性や仮に不正が行われた場合の影響等を考慮し、定期的に従業員から報告させるなどの監視体制を構築しておくことが求められよう。

（注）　東京電力事件判決は、物品購買業務に関し、職務権限規程を策定し下位者に権限委譲していることについて、会社内部の意思決定の円滑化を図るとともに、業務執行に関する事務手続を的確かつ迅速に進めるための組織運営方法として合理的なものであり、東京電力の企業体としての組織の実情等に照らせば、相当であると判示している。

7 従業員が水増し発注等を行いそれに関して会社が追徴課税されたことについて代表取締役の指導監督責任が否定された事例——東京電力株主代表訴訟第一審判決（東京地判平成11・3・4判例タイムズ1017号215頁【控訴】）

弁護士　浦山慎介

Ⅰ　事案の概要

1　経緯

平成4年4月から平成6年3月までの間、東京電力の神奈川支店及び同支店管轄内の事務所等において、物品購入に関与する複数の従業員が、自らの取引権限を濫用し、又は担当者からの不適切な発注依頼を看過して、特定の印刷会社に対して、名刺、工事用設計図又はパンフレット類の印刷物の取引に関して、架空又は水増しの発注を行い、発注先から水増しされた代金と実際の代金との差額約6000万円分の商品券等金券やワープロ等の事務機器を受け取り、経理上は発注どおりの印刷物が納入されたものとして処理していた（以下、「本件不正取引」という）。

平成7年4月、東京電力は、本件不正取引に関して、税務当局から、平成4年度及び同5年度の所得につき過少申告があったとして更正決定を受け、約3000万円を追徴課税された。

東京電力の株主である原告Ｘが、本件不正取引が行われた当時の代表取締役会長Ｙ₁と代表取締役社長Ｙ₂を被告として、代表取締役として業務監視を行うべき注意義務の懈怠があり、これにより東京電力に損害が発生したとして、東京電力に損害を賠償することを求める株主代表訴訟を提起した。

2　当事者の主張

(1)　Ｘの主張

Ｙらは、東京電力の取締役として、全社員に対して業務上の注意義務を尽くさせるべき業務監視義務等の注意義務を負うのに、これを怠り、従業員による不正行為及び不正行為による危険を管理するシステムを構築せず、また、下位の職位者への権限委譲を容易にするために職務規程を作成していたものの、その職務規程には欠陥が多く、本件不正取引を未然に防止し得なかった。

(2)　Ｙらの主張

取締役の負う善管注意義務又は忠実義務の内容は、当該会社の規模により異なるものであり、東京電力のような大規模な企業においては、代表取締役が末端部門の従業員個々の行動について指導監督することは極めて困難であるから、代表取締役の権限を店所長以下の下位の職位者に順次配分するのが一般であり、しかも、東京電力においては、委譲された権限が適正に行使されるように指導監督する体制を敷いてきたものであるから、その配分された権限の範囲内に係る事項については、代表取締役が末端部門の従業員の不法行為について具体的に知っていたとか、容易に予見することができたというような特段の事情がない限りは、当該従業員に対する業務監視等について代表取締役に善管注意義務又は忠実義務の懈怠はないものといわなければならない。そして、本件においては、右にいう特段の事情はない。

Ⅱ　判決要旨

請求棄却。

1　従業員による不正行為に対する指導監督義務

「取締役は、会社から委任を受けた者として、善良なる管理者の注意をもって事務を処理すべきであるとともに（旧商法254条3項）、会社及び全株主の信任に応えるべく会社及び全株主にとって

最も有利となるように業務の遂行に当たるべきであり（旧商法254条の3）、もちろん法令、定款及び総会の決議を遵守しなければならない（同条）。そして、取締役が会社に対して負うこれらの善管注意義務又は忠実義務として、従業員の違法・不当な行為を発見し、あるいはこれを未然に防止することなど従業員に対する指導監督についての注意義務も含まれると解すべきである。」

2 指導監督義務違反の判断基準

「取締役が従業員の業務執行について負う指導監督義務の懈怠の有無については、当該会社の業務の形態、内容及び規模、従業員の数、従業員の職務執行に対する指導監督体制などの諸事情を総合して判断するのが相当であり、もとより権限委譲の有無や会社規模のみにより一義的に決しうるものでない。」

3 指導監督義務違反の主張立証責任の所在

「なお、Xは、原告らの取締役としての義務違背について、取締役としての一般的抽象的な違反行為があれば、その責任を問うことができる旨主張し、当裁判所の釈明にもかかわらず、被告らによる善管注意義務若しくは忠実義務に違反する行為の具体的内容又は取締役としての裁量権を逸脱する具体的な事情について明らかにしない。確かに、取締役が従業員の業務執行行為について指導監督すべき義務は、それ自体包括的で一般的な性質を有するものの、右の注意義務の内容が企業規模等から一義的に決められるものではないことは、前記のとおりである。したがって、本件においては、原告の主張する限りにおいて、被告らに取締役としての義務の懈怠があるか否かについて判断せざるを得ない。」

4 東京電力における職務権限の配分及び指導監督体制の合理性

「東京電力においては、職務権限規程によって権限の配分・委譲について定め、これによって取締役の業務執行権限を下位の職位者に順次委譲しているが、それ自体会社内部の意思決定の円滑化を図るとともに、業務執行に関する事務手続を的確かつ迅速に進めるための組織運営方法として合理的なものであり、前記認定のような東京電力の企業体としての組織の実情等に照らせば、相当であるということができる。

進んで、東京電力における業務執行の権限の配分・委譲及び従業員に対する指導監督体制についてみると、前記認定事実によれば、東京電力においては、職務権限の委譲の態様、上位職位者の統括管理及び指揮監督責任の内容等について明確に定め、これらの定めによる権限の委譲、責任の配分等は組織管理の適正や業務遂行の効率の確保を図るために合理的なものとして首肯することができる。

さらに本件不正取引に係る物品の購買に関してみても、前記認定事実によれば、物品の購買契約について詳細な規程を定め、各購買手続における権限の所在及び責任を明確にし、権限の委譲についても、高度かつ専門的な知識が要求される物品及び高額の物品については権限を社長に留保し、その余の物品についてのみ権限を委譲していることを含め、いずれも合理的であり、また、実際の物品購買手続について、購入物品の性質、数量、価額、汎用性などを考慮に入れた詳細な物品購買マニュアルを作成し、さらに実際の購買手続業務を担当しているグループサブリーダーなどの職位者に業務の適正処理や管理監督の徹底を図るための研修を施し、支店や発電所における適正な業務運営を図るために、考査部門による考査を定期的に行うなど合理的かつ適切であるということができる。」

5 結論

「以上によれば、東京電力における物品の購買等に係る権限の委譲、責任の配分、従業員に対する指導監督体制、物品ごとに定められた手続は、合理的で適正さが担保されたもので、物品購買手続に関する職務規程の策定及びその実施に当たっても、格別遺漏もないということができ、物品購買手続等の内容が不十分であることを示す事実も認められず、そのほか原告から具体的な事実の主張がなく、本件証拠関係に照らしてみても、被告らに本件不正取引に関して従業員に対する指導監督につき責めを負うべき特段の事情も見当たらないから、被告らに取締役としての善管注意義務又

は忠実義務の懈怠があるということはできない。」

Ⅲ　分析・検討

1　本判決の位置づけ

(1)　従業員の不正行為に対する監督義務

本件は、従業員による不正行為について、代表取締役の監督責任が追及された事案である。

取締役会の職務には「取締役の職務の執行の監督」が含まれることから（会社法362条2項、旧商法260条1項）、取締役会を構成する各取締役は、取締役会を通じて業務執行権限を有する取締役の監督を行う義務を負っている（一般に「監視義務」と呼ばれる）。そして、取締役の業務執行は、通常、従業員に対する指揮命令を通じて行われるものであるから、従業員の行為も取締役の監視義務の対象となると解されている。

本判決も、「取締役が会社に対して負うこれらの善管注意義務又は忠実義務として、従業員の違法・不当な行為を発見し、あるいはこれを未然に防止することなど従業員に対する指導監督についての注意義務も含まれる」として、従業員に対する監視義務を肯定しているが、この点に異論はないと思われる。

なお、取締役の監視義務の対象は、取締役会の上程事項にとどまらず、業務執行一般について及ぶとされ、取締役は必要があれば取締役会を自ら招集するなどして、取締役会を通じて業務執行が適正に行われるようにする義務を負うとされている（最判昭和48・5・22民集27巻5号655頁）。ただし、基本的には、取締役会の上程事項あるいは担当業務等を通じて具体的に違法行為を知った又は知り得る場合に、具体的にこれを防止しなければならない義務が発生するものと解されている（清水真「取締役の監視義務」商事法務1574号70頁）。

(2)　監視義務と指導監督義務

業務執行権限を有する代表取締役は、従業員を使用して組織的に業務執行を行うことから、業務執行の一環として、指揮下にある従業員の違法・不正行為を未然に防止する義務を負う（以下、本稿においては、代表取締役の業務執行権限に基づき従業員を指導監督する義務のことを、他の取締役が負う「監視義務」と区別して「指導監督義務」という）。かかる代表取締役には、他の一般の取締役の場合と比べて、一層高度な注意義務を尽くすことが求められる（東京高判昭和41・11・15判例タイムズ205号152頁参照）。業務担当取締役（会社法363条1項2号参照）についても、担当部門・部署について業務執行権限を有する以上、自己の担当する部門・部署に属する従業員については、代表取締役と同様、業務執行の一環として従業員の違法・不正行為を防止する義務を負う。

他方、代表取締役や業務担当取締役以外の業務執行権限を有しない取締役は、個々の従業員を積極的に監視する義務を負っているわけではない（近藤光男『新版注釈会社法(6)』282頁）。例えば、直接関係者から不正の通報を受けたり、取締役会に事案が報告されたりした場合に、取締役会に報告するなどして不正行為を防止する措置を取る義務が発生することになる。

業務執行権限を有する代表取締役の指導監督義務とその他の取締役の監視義務とは、あまり区別されないで論じられることが多い（清水・前掲）。本判決も両者を特に区別してはいないが、本件は代表取締役2名を被告として、従業員に対する指導監督義務の懈怠の有無が問題とされており、業務執行上の指導監督義務違反が問題とされた事案である。

(3)　内部統制システム構築義務

会社の規模がある程度大きくなると、業務執行権限を有しない取締役はおろか、業務執行権限を有する代表取締役でさえも、各従業員の不正行為を具体的に知ることは困難になる。この場合、代表取締役に個々の従業員による不正行為を予見することを求めることは、不可能を強いることになる。

そこで、業務執行権限を有する代表取締役は、従業員の業務執行過程における違法な行為を有効に防止し得る管理体制（内部統制システム）の構築を行うべき義務を負い、代表取締役による指導監督体制の構築自体が他の取締役の監視義務の対象となる、という考え方が登場した（清水・前掲）。大和銀行事件判決（大阪地判平成12・9・20金融・商事判例1101号3頁）において、「会社が営む事業の規模、特性等に応じたリスク管理体制（いわ

ゆる内部統制システム）を整備することを要する」として、内部統制システムの構築義務が認められて以降、ヤクルト株主代表訴訟事件（東京地判平成16・12・16判例タイムズ1174号150号）、ダスキン株主代表訴訟事件（大阪高判平成18・6・9判例タイムズ1214号115頁）等においても内部統制システムの構築が取締役の義務であることが認められている。

本判決は、内部統制システム構築義務を正面から論じたものではなく、代表取締役の指導監督義務違反を判断する際の具体的判断要素の1つとして、「従業員の職務執行に対する指導監督体制」を挙げているに過ぎない。ただし、本判決において、指導監督義務の一部として整理されている「物品の購買等に係る権限の委譲、責任の配分、従業員に対する指導監督体制、物品ごとに定められた手続」はまさしく内部統制そのものであり、代表取締役の直接の監視義務が届かないところで行われた従業員の不正行為に対する取締役の責任の有無を内部統制の合理性・適切さの問題として捉えている点で、その根底にあるものは大和銀行事件と同じものであると評されている（森亮二ほか『実践内部統制のポイント』71頁）。

2 本事例の検討

(1) 従業員に対する指導監督義務違反の判断基準

本判決は、従業員に対する指導監督義務の懈怠があるか否かを判断するための具体的判断要素として、「当該会社の業務の形態、内容及び規模、従業員の数、従業員の職務執行に対する指導監督体制」を挙げている（注1）。ただし、本判決は、その中でも従業員に対する指導監督体制の合理性を中心に検討し、指導監督義務違反を否定する結論を導いている。すなわち、指導監督体制を構築する義務こそが、従業員に対する指導監督義務そのものであると捉えている。

これは、本判決が内部統制システム構築義務に関する一連の裁判例が登場する以前の裁判例であり、個々の従業員に対する指導監督のあり方の問題と従業員一般に対する指導監督体制構築の問題とが必ずしも区別ないし整理されていないことによるものと思われる。

前述のとおり、東京電力のような大規模会社では、代表取締役による個々の従業員に対する指導監督のあり方が問題とされることはほとんどなく、従業員に対する指導監督体制を構築することが代表取締役の義務になると考えることが相当である。したがって、大規模会社においては、本判決が挙げている具体的判断要素のうち、「会社の業務の形態、内容及び規模、従業員の数」といった事情は、従業員に対する指導監督体制の合理性を判断するための考慮要素として位置づけられるというべきである（判例タイムズ1017号215頁本判決の無記名解説参照）。

(2) 権限の委譲について

本判決は、東京電力の職務権限規程による権限の配分・委譲の合理性を検討し、会社内部の意思決定の円滑化を図るとともに、業務執行に関する事務手続を的確かつ迅速に進めるための組織運営方法として合理的なものであり、東京電力の企業体としての組織の実情等に照らせば、相当であると判断した。

東京電力のような大規模の会社において（平成4年当時の従業員数約4万人、平成3年度の売上高は約4兆6000万円と認定されている）、代表取締役が直接、従業員の日常業務を個別に指導監督することは現実的でなく、代表取締役の業務執行権限を下位者に適切に委譲し、代表取締役の義務の中心を指導監督体制の構築義務とすることに異論はなかろう。

本判決は、購買業務に関する職務権限の委譲について、職務権限規程や契約規程、購買マニュアルから詳細に事実認定を行い、その権限委譲の合理性を検討している。

すなわち、東京電力では、購買に関する契約締結の方法として2つの方法があり、購入を希望する部署である需要箇所が購買契約担当部署（購買所管箇所）に契約締結等の購買手続を依頼する方法（一般購買）を原則とし、特例として特定の種類の低額の物品等について需要箇所が自ら購買手続を行う方法（需要箇所購買）を認めていた。

一般購買のうち、一定期間の所要数量を確定することが困難な物品、比較的単価が安定している物品及び反復使用することが明らかな物品については、購買所管箇所が、職務権限者の承認を得た上で、予め取引先との間で、期間、単価等を定め

る基本契約を結び、基本契約に基づいて、各需要箇所が購買所管箇所を通さずに個別に購入を行うことができる「単価契約」と呼ばれる制度があった。

また、金額に応じて権限が順次下位者に委譲される仕組みになっていた。契約予定価額が4000万円以上のものについては、購買権限が社長に留保されているが、そのうち契約予定価額が5億円以下のものは本店資材部長に権限が委譲されていた。支店長に配分された4000万円以下の物品購入権限は、支店の経理部長等に再配分され、更に契約予定価額に応じて経理部等のグループリーダー（課長級）やグループサブリーダー（係長級）に順次委譲されていた。

需要部署と発注部署を分けていることや、金額に応じて権限を下位者に委譲しているなど、大規模会社における購買業務の体制として適切なものと思われ、これを合理的であると判断した本判決の結論は正当である。

(3) 指導監督体制の合理性

権限委譲の合理性に続き、本判決は、東京電力における従業員に対する指導監督体制の合理性を検討している。

判旨は、①代表取締役が定期又は随時に会議を開催し、店所長等から報告を受け、指示をしていたこと、②資材、経理等の専門部門において、日常業務の適正処理を図るため職務規程やマニュアルを作成するなどして、店所に対して随時業務指導を行い、本店経理部においても、定期的に店所の業務指導を実施していたこと、③研修制度として、グループリーダーやグループサブリーダーについては、定期的に管理者研修を受講させ、業務の的確処理や下位職位者に対する管理監督に際しての管理者としての必要な知識の習得や意識の向上を図っていたこと、④業務運営状況の調査等をするために、考査業務手引書を作成し、本店考査部において、店所の業務運営について定期に考査を実施し、各所の業務運営が法令や各種規程及びマニュアルに従って行われ、不適切な運営がなされていないかについて審査が行われていたこと、などの事実から、東京電力における従業員に対する指導監督体制が適切合理的であると判断した。

後述のとおり、本件では、XがYらの注意義務違反を基礎づける具体的事実を主張しなかったという事情があり、Yらが主張した上記指導監督体制について、簡単にその合理性が肯定されている。そのため、東京電力における従業員に対する指導監督体制の具体的内容は必ずしも明らかではないが、権限を委譲される従業員への研修の実施、考査部による審査、業務執行状況の定期的な報告体制の構築など、多角的に購買業務における従業員の不正行為を防止する体制を整えており、指導監督体制を合理的であるとした本判決の結論は正当である。

(4) 直接の指導監督義務と内部統制システム構築義務の関係

前述のとおり、本件は、従業員に対する指導監督体制の合理性が争われた事案である。代表取締役の注意義務違反を追求するにあたり、指導監督体制の構築義務違反を主張するのか、それとも不正を行った従業員に対する直接の指導監督義務違反を主張するのかは、原告が決めることであり、裁判所は原告の主張の当否を検討し判断することになる。大規模会社においては、購買業務のような日常業務につき、代表取締役が従業員を直接指導監督することはまず不可能であるから、実際には本件のように指導監督体制の構築義務を中心に検討されることがほとんどであろう。

ただし、大規模会社であっても、従業員を直接監督する義務が完全になくなるわけではなく、何らかの事情で代表取締役が従業員の不法行為を知った場合には、当然それを放置することは許されず、不正行為を防止する措置を講ずる義務が発生する。したがって、指導監督体制が合理的であっても、内部通報等により従業員の不正を知った場合、代表取締役は直ちに不正行為が疑われる従業員に対する監督を開始し必要に応じて不正行為を防止するための措置をとらなければならない。

(5) 注意義務違反の主張立証責任

本件では、裁判所の釈明にもかかわらず、原告が被告らによる善管注意義務もしくは忠実義務に違反する行為の具体的内容又は取締役としての裁量権を逸脱する具体的な事情について明らかにしなかった。この点、本判決は「原告の主張する限りにおいて、被告らに取締役としての義務の懈怠があるか否かについて判断せざるを得ない」と述

べた上で、被告が主張する東京電力の指導監督体制を検討し、合理性を認めた。

代表取締役の指導監督体制構築義務違反を追及する場合には、原告が会社の指導監督体制のどこにどのような不備・欠陥があったかを具体的に指摘しなければならない（菅原雄二＝松原昇平「株主代表訴訟における訴訟運営」門口正人編『新・裁判実務大系(11)会社訴訟・商事仮処分・商事非訟』113頁参照）。例えば、以前に同種行為が行われていたのに改善策を全く施していなかった、同業他社が行っている管理体制を敷いていなかった（注2）、といったことを具体的に指摘する必要がある。

ところで、原告株主が、会社内で生じた不祥事について取締役の義務違反を追及する場合に、義務違反を基礎づけるための予見可能性や結果回避可能性の根拠となる具体的事実を主張しないことは少なくない。そうした場合に裁判所がどのような判断をするべきかについては、見解が分かれている。淺沼組株主代表訴訟担保提供申立事件決定（大阪地決平成8・8・28判例時報1597号137頁）は、指導監督義務違反の有無を判断するにあたっては予見可能性及び結果回避可能性を示す具体的事情を主張しなければ主張自体失当であるとした。他方、大和銀行株主代表訴訟担保提供事件（大阪高決平成9・11・18金融・商事判例1042号27頁）は、取締役の監視義務を判断するにあたっては具体的態様を主張・立証すべきであるとしたものの、不十分な抽象的主張であっても主張自体失当であるとまではいえないと判断している。

本判決は、原告の主張する限りにおいて、被告らに取締役としての義務の懈怠があるか否かについて判断するとしており、大和銀行事件と同様に主張自体失当とはせずに、簡単ではあるが、指導監督体制の合理性を検討している。

なお、本事件において、裁判所は、被告側に、管理監督体制についての主張・立証を促し、その主張に基づいて、その合理性を認定したとされている（菅原＝松山・前掲104頁）。実際、原告には社内における指導監督体制がどのようになっているか不明なことが多く、こうした会社内の体制等は被告に主張させることが相当である場合が多いであろう。しかし、そうした指導監督体制が明らかにされた上で、具体的にどの事実が取締役の任

務懈怠となるのかについては原告株主が主張すべきことである。本件ではそうした主張がない以上、本判決が、被告らの主張した指導監督体制について簡単に合理性を認めたことは当然である。

Ⅳ　実務対応

1　会社法の定め

会社法362条5項は、大会社の取締役会に対し、「取締役の職務の執行が法令及び定款に適合することを確保するための体制その他株式会社の業務の適正を確保するために必要なものとして法務省令で定める体制の整備」（同条4項6号）を決定することを義務づけている。

会社法上、大会社以外は、会社法362条4項6号に定める体制を取締役会で決定する義務はない。しかし、会社法は、大会社以外の会社について、内部統制システムの構築をする責任を負わせない趣旨とは考えられない。内部統制システムの構築は、会社の実情として、取締役が直接の監視・監督を困難な状況であれば、会社の種類を問わず取締役に課された義務であると解するべきである（東京地方裁判所商事研究会『類型別会社訴訟（第二版）』262頁）。したがって、代表取締役は、会社の規模の大小を問わず、会社の規模や実情に応じて、従業員が不正行為を行わないように、適正な体制を構築する必要がある。

2　指導監督の仕組みについて

それでは、会社の代表取締役や業務担当取締役は、どのようにして従業員の不正・違法行為を防止するための体制を構築することになるか。当然のことながら、内部統制のあり方は会社ごとに異なるし、経営判断に関わることであるから（前掲大和銀行事件判決参照）、一様には決まるものではないが、同業他社等の体制等を参考にしながら、合理的な体制を構築することが求められる。

本判決は、会社の業務執行における権限委譲とそれに関連する従業員の指導監督体制に関し、その合理性の判定基準について1つの視点を提供するものである。本件は購買業務での不正に関するものであるが、東京電力における従業員に対する

指導監督体制は購買業務以外についても、以下のとおり参考とすることができよう。

(1) どのような規模の会社であっても、代表取締役が全ての責任で業務執行を行うことはほとんどなく、適宜権限を従業員に委譲している場合が多いと思われるが、その場合、従業員に委譲する権限が、その従業員の地位に照らして過大にならないよう留意しなければならない。基本的に何ら権限を有しない従業員に対し、ある特定の任務についてのみ重大な権限を与えるようなことは不適切と評価される可能性がある。東京電力においては、金額に応じて購買の決裁権限を下位者に順次委譲し、その地位に応じて購買の決裁権限を配分する仕組みにしており参考になる。また、本件では、物品の需要者と発注者を原則として分離していたが、このように不正行為を行いにくいように権限を配分するという方法も望まれる。

(2) 権限を委譲する場合には委譲の対象となる権限を明確にしておくことが必要である。職務権限の所在が明確でなければ、業務執行上責任を負う者がいないということが生じたり、職務権限を逸脱した行為を生じさせる恐れがある。本件のように、職務規程等により明確に職務権限の所在が定められていれば、取締役の責任を追及する訴訟を提起された場合の証拠としても有用である。

(3) 代表取締役が全ての業務執行を個々に監督することは無理であるとしても、誰かが従業員を監督する体制を作る必要がある。東京電力では、考査部により定期的な従業員の業務執行の審査が行われていた。東京電力のように、監督を専門に行う部署を設置することが最も望ましいが、少なくとも上司による定期的な考査を実施するなどの仕組みを設けることが重要である。

(4) 従業員に権限を委譲するには、職務権限を委譲された従業員が適切に業務を処理できることが大前提である。したがって、従業員に対し、職務を的確に処理できるよう研修等を実施することが必要である。東京電力においては、業務マニュアルを作ったり、従業員の研修制度を設けたりして、従業員が業務処理を適切に行えるような体制を構築していた。従業員に対する研修は遵法意識を徹底する意味においても不正防止に役立つものであり、必要に応じた研修を実施することが望まれる。

(5) 一度従業員に権限を委譲し、別の従業員に監督させれば、代表取締役としての指導監督を果たしたということはできない。代表取締役は必要に応じて日常業務につき自らに報告をさせる機会を設け、必要があれば自ら指示を与える機会を設ける必要があろう。東京電力においても、定期的に店所長会議等を開催し、店所長から日常業務に関する報告を受ける機会を設けていた。

以上のとおり、東京電力の従業員に対する指導監督体制は実務上参考とすることができる。本判決で触れられているもの以外にも様々な施策が考えられる。例えば、従業員が不正を行った場合の懲戒基準を明確化して周知徹底することなどは、従業員による不正行為を防止することにつながる。また、定期的に人事異動を実施し、特定の者に同じ権限を与え続けないことや、内部通報制度を構築することなども従業員の不正を防止する仕組みとして有用である。

どのように指導監督体制を構築するにしても、会社においてどのような不正行為が行われるおそれがあるかを予め検討し、考えられる不正行為の発生を防止できるよう適切な体制を構築することが求められる。そうした検討を何ら行わず指導監督体制を構築しない中で従業員による不正が行われた場合には、代表取締役の指導監督責任は免れないであろう。

(注1) 淺沼組株主代表訴訟担保提供申立事件決定は、従業員による贈賄行為につき、取締役の忠実義務違反を判断する際の基準として、「本件贈賄の具体的内容や経緯・動機や使用された金員の流れだけでなく、同社の過去の贈賄の有無、同社の規模、組織、指揮系統、当該従業員ないし各部署の仕事の内容及び独立性、取締役と当該従業員ないし各部署に対する指導の程度、報告の内容・頻度、当該従業員の行状・性格、同社のとった違法行為防止の施策等の具体的事情」を挙げている。

(注2) 日本ケミファ控訴審判決(東京高判平成3・11・28判例タイムズ774号107頁)は、製薬会社の開発部門担当者が新薬の臨床試験の一部を捏造し、代表取締役が責任(旧商法266条の3に基づく損害賠償責任)を追及された事案で、新薬開発管理の体制が同業他社に比べて特に劣っていないことを理由に、代表取締役の責任を否定している。

8 違法カルテルへの関与について取締役等の善管注意義務違反・法令遵守体制構築義務違反があったとして株主代表訴訟が提起された事例―三菱商事事件（東京地判平成16・5・20判例時報1871号125頁）

弁護士　鹿倉将史

I　事案の概要

　三菱商事株式会社（以下、「M社」という）は、電気炉により粗鋼（電気炉鋼）を生産する過程に用いられる黒鉛電極につき、日本の黒鉛電極メーカーの国内外での販売を仲介していたが、平成3年2月、米国のユニオン・カーバイド・カンパニー（以下、「UCC」という）から、その100％子会社であった米国の黒鉛電極メーカー、ユカール・カーボン・カンパニー（以下、「UCAR」という）の株式の50％を買い受け、黒鉛電極事業へ参入した。

　UCARを含む当時の有力な黒鉛電極メーカー（欧米及び日本の企業）は、平成4年3月頃から平成9年6月頃まで、黒鉛電極価格の引上げ、地域ごとの供給割合の固定及び供給量の制限に関する合意を行い、実施した（以下、「本件カルテル」という）。平成4年5月、本件カルテルの合意形成及び維持のため、UCARや東海カーボン株式会社（以下、「T社」という）等の黒鉛電極メーカーの幹部がロンドンに集合し、会議が行われた（第1回ロンドン会議）。この会議には、M社からUCARに出向していたAも、UCARのCEOであるBの通訳として参加した。また、Aは、平成4年12月にUCARへの出向を終え、M社に復職したが、その後平成5年11月に行われた本件カルテルに係る会議（第2回ロンドン会議）にも、T社の社長に同行して出席した。

　平成7年1月、M社は、ブラックストーングループ・リミテッド・パートナーシップに対して、保有するUCAR株式の全てを売却した。

　平成12年1月19日、M社は、本件カルテルを教唆・幇助したとして、米国連邦大陪審により起訴され、平成13年2月12日、米国ペンシルバニア州東部地区連邦地方裁判所（以下、「米国連邦裁判所」という）において、2週間の陪審審理の結果、有罪の評決がなされた。M社は、有罪評決を受けた後の同年4月19日、米国司法省との間で、1億3400万ドルの罰金を支払うこと等を内容とする量刑合意（sentencing agreement）を行い、米国連邦裁判所は同年5月10日、量刑合意に従い、M社に対して1億3400万ドルの罰金の支払を命ずる判決を下し、M社は同額の罰金を支払った。また、M社は上記刑事事件の弁護のため、米国の法律事務所に対し弁護士費用を支払った。

　また、M社は、米国において、本件カルテルに関連して黒鉛電極の購入業者から損害賠償請求訴訟を提起されていたが、裁判所の許可を停止条件として和解金4500万ドルを支払い、平成14年5月25日、その事実を公表した。また、M社は上記損害賠償請求事件に応訴するため、事件を委任した法律事務所に対し弁護士費用を支払った。

　M社の株主であるXらは、本件カルテルに関する罰金、和解金及び各事件の弁護士費用につき、本件カルテルの期間中に取締役及び監査役であった者（及びその相続人ら）（以下、「Yら」という）に対し、M社に対し損害を賠償することを求める株主代表訴訟（以下、「本件訴訟」という）を提起した。M社は被告らに補助参加している。

II　判決要旨

請求棄却。

1　M社による本件カルテルへの組織的関与の有無

「本件刑事裁判において、裁判官は、陪審のニ

度の求めに応じて、会社が刑事責任を負うためには、従業員又は代理人が、同人の雇用上の業務の範囲内か表見的権限（apparent authority）の範囲内において、会社に資する目的で違法行為をしたことが必要であり、表見的権限内の行為とは、会社の外部の者が、行為者の会社における地位、以前付与された責務及び過去の行為を取り巻く背景から判断して、当該行為者の権限の範囲内であろうと合理的に信ずることができるような行為をいうとの説示をしており、補助参加人が本件カルテルを教唆・幇助したとの起訴事実について有罪とする陪審評決が、誰のいかなる行為をもって補助参加人の違法行為と認めたのか、これについて補助参加人の組織的関与を認めたのか、あるいは表見的責任を認めたにすぎないのかは不明であるといわざるを得ない。」

「補助参加人のUCAR事業への参加から撤退に至る一連の経過によれば、①補助参加人は、当初、UCAR株式を長期間保有し、UCCとのパートナーシップによりUCAR事業から中長期的な利益を獲得することを企図してUCAR事業へ参加したところ、UCARのCEOのB及びこれを支持するUCCの抵抗にあってUCARの経営へ十分参画できなかったことから、Y₁がUCAR事業を再検討し、平成4年夏以降、UCAR株式を売却するとの方針転換を行ったものであるが、仮に補助参加人が本件カルテルの形成に関わっていたのならば、カルテルによる価格引上げにより中長期的な利益の獲得が見込まれる状況となっていたのに、かかる方針転換を行うことは不合理であること、②補助参加人は、平成4年夏以降平成6年初めにかけて、UCCに対して再三申入れを行うなどBの更迭を画策しているが、仮に補助参加人が本件カルテルに関与していたならば、カルテルの維持や秘密の保持の観点から本件カルテルの中心人物であったBの更迭をちゅうちょするはずであること、③補助参加人は、UCAR株式をブラックストーンに売却した際、UCAR株主は法令に違反していない旨の表明保証をしていること、④補助参加人は、本件カルテルの継続中に、しかもレベレイジド・リキャピタライゼーション方式（注1）によれば、本来一定比率の株式を留保しなければならないにもかかわらず、保有する株式の全てを売却しており、他方、UCCは、補助参加人のUCAR株式売却後に同株式の上場による巨額のキャピタルゲインを獲得していること、⑤黒鉛電極価格の上昇や日本における黒鉛電極の生産の減少は、仲介取引による補助参加人のコミッションを減少させるにもかかわらず、補助参加人は手数料引上げ等のコミッション減少に対する対策を講じていなかったことなど、補助参加人が本件カルテルに関与し、あるいはその存在を知っていたこととは相矛盾する事情が指摘される。」

「本件において、補助参加人による本件カルテルの組織的関与を認めるに足りる証拠はないものというべきである。」

2 Yらの監督義務違反の有無

「Aが本件カルテルに関わっていたこと及びAの本件カルテルへの関わりが米国連邦裁判所における有罪評決の理由の一つとなっていることは明らかである。」

「そこで、Yらの善管注意義務違反においては、Aに対する監督義務違反が問題となると考えられる。しかるところ、Xらは、本件カルテルの期間内に補助参加人の取締役あるいは監査役に在任していた者及びその相続人を網羅的にYとして本件訴訟を提起し、各Yの業務分担や担当部署を全く無視して、専ら取締役あるいは監査役であったことのみを根拠として善管注意義務違反を主張しており、当裁判所が再三にわたり、Yらの善管注意義務違反の内容を、その根拠となる違法行為の予見可能性及び回避可能性を具体的に特定して主張するよう釈明したにもかかわらず、これに応じようとしないことから、Yらの大多数及びその相続人らとの関係では、そもそも主張自体が失当であるというべきである。」

「しかしながら、本件における当事者の主張を総合すると、UCAR投資の案件を直接担当した部門である炭素事業本部長を務め、かつ、AがUCAR事業部長に在職していた際の直属の上司であったY₁（在任期間平成4年5月から平成5年4月まで）及び平成5年4月から平成7年4月まで補助参加人の炭素事業本部長の職にあり、その後、平成7年6月から補助参加人の取締役となったY₂の両

名について、Aに対する監督責任が問題となる」。

「米国連邦裁判所での刑事裁判において、Aは本件カルテルへの関与を補助参加人に秘匿していた旨証言し、またメーカー側は本件カルテルの存在を商社である補助参加人に隠していたとの証拠が提出されているところ、①本件カルテルの存在は製品価格の上昇と販売量の減少により補助参加人の本来の商社ビジネスと利益相反する側面を有すること、②BはUCARの経営情報が補助参加人に伝播するのを避けるため厳しい情報統制を行い、補助参加人からUCARへの出向者がいずれも冷遇される中、AのみがBの信頼を得ていたこと、③AはBとの関係が良好であったことから、補助参加人のUCAR事業部長に昇進し、その後炭素事業部長になっていること、④Aは、昭和55年ころから黒鉛電極業界における長い職歴を有し、T社との付き合いも強く、第2回ロンドン会議にはT社の社長に同行して出席しており、さらに補助参加人を休職し退職後、補助参加人のあっせんではなく、自らの人脈によりT社に再就職して取締役、執行役員となっていることなどからすると、Aは、個人的動機により本件カルテルに関与し、そのことを補助参加人に内密にしていたことが推認される。さらに、商社の担当部長が、メーカーのトップの外国出張に同行することやメーカーとの間の会合を設営することは不自然なことではなく、黒鉛電極価格の上昇についても、補助参加人としてはUCAR投資の当初から予想されていたことであり、また、合理的に説明できる要因が存在していたことが認められる。」

「以上によると、Y₁及びY₂において、本件カルテルの存在及びAの関与を認識することが可能であったと認めるに足りる証拠はないというべきであって、同被告らに対する善管注意義務違反の主張も理由がない。」

3 補助参加人の法令遵守体制構築義務違反の有無

「補助参加人は、①各種業務マニュアルの制定、②法務部門の充実、③従業員に対する法令遵守教育の実施など、北米に進出する企業として、独占禁止法の遵守を含めた法令遵守体制をひととおり構築していたことが認められる。」

「Xらは、補助参加人内部の法令遵守体制の構築義務の不履行を抽象的に指摘するのみであり、補助参加人のYらに対する補助参加により、補助参加人の法令遵守体制に関する証拠資料が多数提出されたにもかかわらず、①補助参加人の法令遵守体制についての具体的な不備、②本来構築されるべき体制の具体的な内容、③これを構築することによる本件結果（Aによる本件カルテルの関与）の回避可能性について何らの具体的主張を行わないから、Xらの主張はそもそも主張自体失当であると評価し得るものである。」「Xらの法令遵守体制構築義務違反の主張は理由がない。」

Ⅲ 分析・検討

1 本判決の意義

本判決は、代表訴訟における監督義務違反及び法令遵守体制構築義務違反についての原告の主張・立証責任につき判示したものである。また、事実認定として、従業員が関わった国際的なカルテルにつき、米国の刑事裁判において有罪の評決がされ、かつ罰金を支払った会社が、当該カルテルに組織的に関与したことが否定されており、従業員が違法行為を行った場合における取締役の責任についての参考事例となるものである。

2 本件の争点とその位置づけ

本件の争点は、本件カルテルについての被告らの善管注意義務違反の有無であり、裁判所は、(a)本件カルテルへのM社による組織的関与の有無、(b)監督義務違反の有無、(c)法令遵守体制構築義務違反の有無、を判断している。

外国法令も旧商法266条1項5号の「法令」に含まれるという立場に立つと（注2）、(a)は具体的法令違反の有無についての事実認定の問題であり、(b)及び(c)は一般的な善管注意義務違反のうち、監督義務違反と、いわゆる内部統制システムのうち従業員の法令遵守に関する体制の構築義務違反の問題である（注3）と整理できる。

3 本件カルテルへのM社による組織的関与の有無

(1) 本件カルテルへの組織的関与と矛盾する事情

裁判所は、本件カルテルへのM社の組織的関与と矛盾する事情として5つの事情を挙げているが、各事情だけを1つ1つ取り上げてみると、「矛盾する」とまでは必ずしもいえないのではないかと思われる。例えば、M社がUCAR株式の売却へ方針転換した点については、仮にM社が本件カルテルを知っていたとしても、株価がある程度上がったところで利益を確定させるために売却するという判断をすることはあり得るように思われる。しかし、いずれの事情もM社が本件カルテルに組織的に関与していたことを否定する方向に働く事実であることは確かであり、5つの事情を総合して判断すれば、結論としてM社が本件カルテルに組織的に関与していたことを否定した本判決の事実認定は妥当なものと思われる。

(2) 5年という期間との関係

本判決については、「UCAR株の買収後、5年以上にわたって世界規模で行われたカルテルに関して商社であるM社が全く知らなかった、というのはいかにも不自然である」との指摘がある（長谷川新「本件判批」ジュリスト1296号153頁）。確かに5年は長期間であるが、M社はUCARの経営へ十分参画できなかったのであるから、株主として本件カルテルに関する情報を入手できなかったとしても不自然とまではいえないと思われる。また、M社は商社として黒鉛電極価格の情報を随時得ていたと思われるが、価格上昇について合理的に説明できる要因が存在していた以上、本件カルテルの当事者からの内部情報がない限り、本件カルテルの存在を知ることは難しいのではないかと思われる。加えて、裁判所の事実認定のためには、当該期間中にM社が本件カルテルを知ったといえるだけの事実が個別具体的に主張・立証されなければならないのであるから、原告からかかる主張・立証がなかった以上、5年という期間自体が裁判所の事実認定に与える影響は限定的であったと思われる。

(3) 他の裁判例との比較

法令違反に関する他の裁判例と比較すると、大阪高裁平成18年6月9日判決（判例時報1979号115頁）・大阪高裁平成19年1月18日判決（ダスキン事件）（判例時報1973号135頁）では、食品衛生法違反を第三者から指摘された直後に、当該事実が取締役に報告されたことが証拠により認められている。また、大阪地裁平成12年9月20日判決（大和銀行事件）（判例時報1721号3頁）でも、無断取引等を行った従業員から報告を受けた代表取締役頭取らが米国当局に届出を行わなかったという法令違反の判断につき、当該従業員から代表取締役頭取宛への無断取引等に関する書簡等の証拠が存在し、かつ米国で有罪答弁がされていたという事情があった。

一方、本件では、本件カルテルについて取締役へ報告されたという物証がないまま訴訟が提起され、訴訟手続中に提出されたM社の内部資料にも、本件カルテルへの関与あるいはその存在を知っていたことを窺わせる記載はなく、結局M社の各取締役が本件カルテルを知っていたことに関する物証は提出されないままであった。また、人証という点でも、M社の取締役であるY₁及びY₂により、Aから本件カルテルに関する報告があったことが否定されているほか、米国での刑事裁判においてA自身も本件カルテルへの関与の事実をM社に隠していた旨の証言をしていたようであり、M社内の人間から組織的関与を裏づけるような証言を得られない状況であった。加えて、メーカー側が本件カルテルの存在を商社であるM社には内密にしていた旨の証拠が米国での刑事裁判で提出されていたようであり、本件カルテルに関与していたM社外の人間から組織的関与を裏づけるような証言を得ることも難しい状況であった。そのため、M社内部で本件カルテルに関する情報が交換されていたことを基礎づける証拠がなく、取締役の責任の前提となる事実認識が認められなかったという点で、他の裁判例と異なるといえる。

4 監督義務違反の有無及び法令遵守体制構築義務違反の有無

(1) 代表訴訟における立証責任

本件では、取締役の従業員に対する監督義務の違反と、従業員による違法行為を防ぐための法令

遵守体制構築義務の違反に関して、代表訴訟における立証責任につき判示している。そこでまず、取締役の責任に関する代表訴訟一般についての立証責任を確認したい。

会社法423条1項の取締役の責任を求める代表訴訟は、委任契約の受任者である取締役の債務不履行責任に基づく損害賠償請求である。その請求原因事実は、①基礎となる債権の発生原因事実（取締役選任・任用契約）、②債務の履行が本旨に従ったものでないこと（取締役の任務懈怠行為）、③損害の発生及びその数額、④③の不完全履行及び損害の間の相当因果関係の存在、であると考えられ、抗弁として、取締役の故意・過失が存在しないこと（過失の存在については評価根拠事実）や、違法性が存在しないことの評価根拠事実が考えられる（東京地方裁判所商事研究会編『類型別会社訴訟Ⅰ〔第二版〕』222頁〔佐々木宗啓＝森岡泰彦執筆、飯畑勝之改訂〕参照）。

②の内容は、取締役任用契約の債務者として、取締役が個々の具体的状況下でどのような注意を尽くして行動すべきであったかを基礎として判断される（潮見佳男「民法からみた取締役の義務と責任—取締役の対会社責任の構造—」商事法務1740号35頁参照）。ただし、原告の立証すべき内容は、具体的法令違反と一般的な善管注意義務違反の類型に分けられるという二元説と、具体的法令違反の行為についても善管注意義務違反の有無の中で考慮するという一元説（注4）とで異なる（以下につき、東京地裁商事研究会編・前掲223頁以下、潮見・前掲34頁以下、森本滋「会社法の下における取締役の責任」金融法務事情1841号13頁以下、同「法令違反行為と利益相反取引に係る取締役の責任—取締役の責任再考—」金融法務事情1849号24頁以下参照）。

具体的法令違反の場合、二元説では、取締役が具体的な法令違反行為を行ったこと（注5）を原告が立証すれば、上記②の要件事実（取締役の任務懈怠行為）の立証はなされたこととなる。すなわち、「被告とされた取締役がどのような注意深い行動あるいは不注意な行動をとったか」ということは、取締役の任務懈怠の要件事実を構成しない（潮見・前掲39頁）。取締役が責任を免れるためには、抗弁として自己の過失の不存在（法令違反の認識可能性に関する過失の不存在等）の評価根拠事実を証明しなければならない（注6）。これに対し、一元説では、原告は、取締役が具体的な法令違反を行ったことを立証するだけでは足りず、当該法令違反が取締役としての善管注意義務に違反していることまで立証しなければならない（注7）。取締役は善管注意義務を尽くして法令を遵守し忠実に職務を執行しなければならないが、「違法の認識可能性」も併せて当該業務執行が善管注意義務に違反することになるかどうかが総合的に判断されることになり（森本・前掲金融法務事情1849号25頁）、任務懈怠の内容に事実上過失が含まれることになる（注8）。

一方、一般的な善管注意義務違反については、両説に差はなく、原告が、取締役が職務執行にあたり取締役に通常要求される合理的な注意を尽くさなかったことを証明することになる。この場合、任務懈怠の主張と過失の不存在の主張が事実上関連し、重複してくることになる。

(2) 監督義務違反の有無
① 立証責任

従業員に対する監督義務は、一般的な善管注意義務の1つであり、二元説、一元説のいずれの立場からも、原告が、取締役が職務執行にあたり取締役に通常要求される合理的な注意を尽くさなかったことを立証する必要がある。原告は、上記②の取締役の任務懈怠行為の内容として、a.従業員の不正行為及びb.被告が取締役として当該従業員の監督を怠ったことを特定ないし基礎づける具体的事実を主張立証する必要がある（東京地裁商事研究会編・前掲206頁参照）。b.は、監督を怠ったという不作為行為であるため、まず当該取締役が作為義務としての監督義務を負っていたことを基礎づける事実（当該従業員の属する部署の業務担当取締役であったこと、または何らかの事情で当該従業員の不正行為を知りもしくは知り得べき立場にあったこと等）を主張立証する必要があり、その上で当該監督義務の違反行為の事実を主張立証することになると考えられる。

本判決によれば、裁判所は、Xに対し、従業員であるAへの監督義務違反について「Yらの善管注意義務違反の内容をその根拠となる違法行為の予見可能性及び回避可能性を具体的に特定して主

張」するよう釈明している。これは、取締役に不可能な義務を課すことはできないため、取締役が監督義務に違反したか否かの判断にあたって、そもそも当該取締役が当該従業員の違法行為を予見することが可能な状況であったのか（予見可能性）、また当該取締役が一定の措置をとれば当該違法行為を防ぐことができたといえるか（回避可能性）、という点の検討が必要となるためと思われる。前述のとおり、この内容は取締役の過失の内容と事実上重複することになる。

なお、監督責任については、一般に、当該会社の業務の形態、内容及び規模、従業員の数、従業員の職務執行に対する指導監督体制などの事情を原告が主張・立証しなければならないとされる（東京地判平成11・3・4（東京電力事件）判例タイムズ1017号215頁、菅原雄二＝松山昇平「株主代表訴訟における訴訟運営」門口正人編『新・裁判実務大系第11巻』113頁）。これらは、監督義務を基礎づける事実であるほか、取締役の予見可能性や回避可能性にも影響を与える事実であると思われる。

② 本判決の判断

本判決では、そもそも原告が、被告らの善管注意義務違反の内容を、その根拠となる違法行為の予見可能性及び回避可能性を具体的に特定して主張しなかったために、被告らの大多数との関係では監督義務違反の主張自体が失当であるとしている。前述した原告の立証責任に鑑み、妥当な判断であると思われる。

また、従業員の不正行為としてAの本件カルテルへの関わりを指摘し（上記a.従業員の不正行為）、次にY₁及びY₂の担当部署等を指摘して（上記b.のうち監督義務を基礎づける事実）、両名の監督責任を検討している。その上で、Aが個人的な動機により本件カルテルに関与しM社には本件カルテルについて内密にしていたと推認されること、Aがメーカーの出張に同行したりメーカー間の会合を設営したりしていたことは不自然でないこと、黒鉛電極価格の上昇は合理的に説明できる要因が存在していたことから、Y₁及びY₂の認識可能性を否定し、両名の監督義務違反を否定しており、妥当な判断であると思われる。

(3) 法令遵守体制構築義務違反

① 立証責任

法令遵守体制構築義務は、取締役の一般的な善管注意義務の1つであり、監督義務を具体化したものである（志谷匡史「取締役の内部統制構築・運用責任―最判平成21年7月9日を素材に」月刊監査役561号7頁参照）。したがって、原告は、取締役が職務執行にあたり取締役に通常要求される合理的な注意を尽くさなかったことを立証する必要があり、具体的には、a.従業員の不正行為及びb.被告が取締役として構築すべき法令遵守体制の整備を怠ったことを特定ないし基礎づける具体的事実を主張立証することになると考えられる。

b.については、法令遵守体制の構築義務違反の内容をどの程度具体的に主張立証すべきかが問題となる。本件では、Xは、M社内部の法令遵守体制の構築義務の不履行を抽象的に指摘するのみであったようであるが、本判決は、法令遵守体制構築義務違反については、①M社の法令遵守体制についての具体的な不備、②本来構築されるべき体制の具体的な内容、③これを構築することによる本件結果（Aによる本件カルテルの関与）の回避可能性、を具体的に主張することを求めている。

これに対し、本件のように長期間違法行為が続いていた場合、そのような長期間の違法行為が行われたという事実をもって、b.の法令遵守体制構築義務違反についてのXの立証がなされたと考えることが可能かが問題となる。この点、取締役は、無過失責任の場合を除き、結果の実現を保証するという結果債務を負っているのではなく、合意的な注意を尽くした行動をするという手段債務を負っているのであって（潮見・前掲34／35頁参照）、違法行為の発生という結果のみから任務懈怠を推定するのは妥当ではないと思われる。そもそも、法令遵守体制を含む内部統制システムについては、会社の業種や規模に応じて構築されるべきものであり、経験の蓄積、研究の進展により充実していくものであることから、どのような内部統制システムを構築するかは、その時の取締役の経営判断に委ねられている（志谷・前掲7頁）。したがって、法令遵守体制構築義務違反の判断にあたっては、当該違法行為当時の法令遵守体制が、当該違法行為当時の企業経営組織の水準に照らして不適切であったかどうかという観点から検討すべきであり、そのためには、当該違法行為当時M

社が備えておくべきであった法令遵守体制を指摘し、そのような体制は採用可能で採用すべきものであったことを主張立証しなければならないと考えられる（酒井太郎「最判平成21・7・9（日本システム技術事件）判批」判例評論33頁（判例時報2075号195頁）も参照）。

② 日本システム技術事件判決との比較

本判決後に出された内部統制システム構築責任についての裁判例として、最高裁平成21年7月9日判決（日本システム技術事件）（金融・商事判例1330号55頁）がある。この最高裁判決では、①通常想定される架空売上げの計上等の不正行為を防止し得る程度の管理体制は整えていた、②本件不正行為は通常容易に想定し難い方法であった、③本件不正行為の発生を予見すべき特別な事情はなかった、④本件不正行為を行っていた従業員からの説明は合理的であり監査法人の適正意見もあった、等の事実が認定された結果、取締役のリスク管理体制構築義務違反が否定されている。

本件と比較すると、M社は、各種業務マニュアルの制定、法務部門の充実、従業員に対する法令遵守教育の実施等をしており、①の「通常想定される不正行為を防止する程度の管理体制」は整えていたといえると思われる。また、黒鉛電極価格の上昇は当初から予想されており合理的に説明できる要因が存在していた等の理由で、本件カルテルの存在及びAの関与を認識することが可能であったと認めるに足りる証拠はないとされており、③及び④と同様の事実が認定されているといえる。一方、②に関しては、黒鉛電極の有力メーカーは平成元年時点で9社、その後合併により7社となっており、市場が寡占状態にあったことから、本件カルテルが「通常容易に想定し難い方法であった」とまではいい難いと思われる。しかし、上記最高裁判決は、①から④までの事実を、取締役の責任を否定するための必要条件として設定したものではなく、当該事例における判断の考慮要素として挙げたものと考えられるため、上記のように①、③及び④と同様の事実が認定されている本件については、上記最高裁判決を前提としても本判決と同様に法令遵守体制構築義務違反は否定されるものと考えられる。

Ⅳ 実務対応

1 従業員の不正行為の防止

（1）　Yら主張によれば、M社は、業務マニュアルの制定、法令遵守のための講習会の実施、法令遵守体制を独立した監査項目とした内部監査の実施、各部門長への「独占禁止法強化の件」と題する通知の発出、「カルテルに関する行動指針」の制定、及びUCAR買収後の研修会等の実施といった法令遵守体制の整備を行っており、本判決において「北米に進出する企業として、独占禁止法の遵守を含めた法令遵守体制をひととおり構築していた」と認定されていることから、法令遵守体制構築のための具体的な対応策として参考になると思われる。

もっとも、法令遵守体制を含む内部統制システムの内容は、「リスクが現実化して惹起する様々な事件事故の経験の蓄積とリスク管理に関する研究の進展により充実していくもの」であって（大阪地判平成12・9・20（大和銀行事件）金融・商事判例1101号3頁）、不断の見直し作業は不可欠である（志谷・前掲8頁）。本件当時と比較すると、会社法において内部統制システムに関する明文の規定が設けられ（取締役会設置会社では会社法362条4項第6号・会社法施行規則100条、委員会設置会社では会社法416条1項1号ホ・会社法施行規則112条、取締役会設置会社以外の会社では会社法348条3項4号、会社法施行規則98条）、また法令遵守体制義務違反に関する裁判例も蓄積されており（注9）、それらの裁判例を踏まえた上で、必要に応じて法令遵守体制の見直しを行うことが求められる（注10）。

（2）　本件でM社がUCARにAを出向させた目的の1つとして、Aを通じてUCARの業務が適切に行われているかを監視・統制することがあったのではないかと考えられる。本件では、監視・統制の手段として送り込んだはずのA自身がカルテルという不正行為に関与してしまったことから問題が発生したものと考えられる。監視・統制を担う出向者自身を更に監督できるような体制を構築することが求められるといえよう。

2　原告による証拠収集

　代表訴訟の原告は、自らの立証責任を果たすために一定の証拠を収集する必要がある。代表訴訟における証拠収集方法については、佐藤鉄男「株主代表訴訟における資料収集」小林秀之＝近藤光男編『新版・株主代表訴訟大系』215頁以下、東京地裁商事研究会編・前掲310頁以下〔名島亨卓＝森岡泰彦執筆、川原田貴弘改訂〕を参照されたい。

　なお、米国での刑事手続について、本件原告は、司法省とM社との量刑合意、陪審員に対する説示についての合衆国の提案、トライアルメモランダム及び起訴状を提出しているが（宮廻美明「本件判批」ジュリスト1326号199頁）、これらは全て米国司法省のウェブサイトで入手可能である（本件に関しては http://www.justice.gov/atr/cases/indx216.htm を参照）。

(注1)　レベレイジド・リキャピタライゼーション（又はレバレッジド・リキャピタライゼーション（leveraged recapitalization））とは、一般的には、企業が資金借入れを行い、当該資金により株主に対して特別配当を行ったり、自社株の買取りを行ったりすることをいう（西村ときわ法律事務所編『ファイナンス法大全アップデート』683頁参照）。本判決によれば、M社が保有するUCAR株式を全てUCARが買い戻してUCCが特別配当を受けること、UCCの保有株式の3倍に当たる新株をUCARが発行してこれをブラックストーンに割り当てることなどが合意されている。また、税務上の有利な取扱いを受けるためには、売却後にM社とUCCがそれぞれ12.5％の株式を保有し続けなければならなかったようである。

(注2)　本件では違反の対象となる法令が米国のシャーマン法1条であることから、旧商法266条1項5号の「法令」に外国法令も含むかどうかが問題となり得る。この点、大阪地判平成12・9・20（大和銀行事件）判例時報1721号3頁は外国の法令は旧商法266条1項5号の「法令」に含まれるとするが、本判決ではこの論点につき触れられていない。これは、そもそも事実認定の段階で本件カルテルの組織的関与が認められなかったためであると思われる。

(注3)　本判決における「法令遵守体制構築義務」は、従業員による違法行為が発生しないような管理体制の構築義務を指している。この義務は、現在の会社法が定める、会社の業務の適正を確保するための体制（内部統制システム）の構築義務（大会社である取締役会設置会社につき、会社法362条4項6号・5項）の概念に含まれるものであると考えられる（会社法施行規則100条1項4号参照）。

(注4)　取締役の任務懈怠についての一元説及び二元説については、論者により意味が異なる。ここでは、法令違反と任務懈怠の関係につき、具体的な法令に対する違反の場合とそれ以外の取締役の善管注意義務違反の場合とで、両者を分けずに捉える考え方を一元説、取締役の責任の判断構造を分けて捉える考え方を二元説として扱う（潮見・前掲38頁参照。同様の分類をするものとして、江頭憲治郎＝門口正人編集代表『会社法体系第3巻』231頁〔松山昇平＝門口正人執筆〕。吉原和志「会社法の下での取締役の対会社責任」黒沼悦郎＝藤田友敬編『企業法の理論：江頭憲治郎先生還暦記念（上）』525頁注4も参照）。一方、手段債務についての不完全履行（任務懈怠）と過失の関係につき、任務懈怠と過失を一元的に把握する考え方を一元説、任務懈怠と過失を別の要件とする説を二元説と呼ぶ場合もある（相澤哲＝石井裕介「株主総会の機関（下）」商事法務1745号22頁、神田秀樹『会社法（第十三版）』235頁注3）。

(注5)　ここで「取締役が具体的な法令違反行為を行った」とは、取締役が会社をして対会社規定に違反することとなる行為をしたとき及び取締役を名宛人とする個別規定に違反する行為をしたときを指す（『最高裁判所判例解説民事篇平成12年度』606頁参照〔豊澤佳弘〕）。

(注6)　最判平成12・7・7民集54巻6号1767頁（野村證券損失填補事件）は二元説の立場に立つものと理解される（吉原・前掲注3の文献524頁注3、潮見・前掲42頁注26）。

(注7)　会社法423条1項の規定は一元説に親和的であるという指摘がある（潮見・前掲40頁）。また、具体的法令違反の場面を、明確なルール違反と解釈に争いがある場合とで分けて考え、明確なルール違反については、違法の認識可能性を問題とすることでよい（取締役に裁量が認められないため、違法の認識可能性がなかったこと（無過失）についてのみ判断すればよいという趣旨と思われる）が、解釈に争いがある場合には問題点の総合考慮による経営判断の問題となるため、違法の認識可能性を含めて善管注意義務違反の有無を判断すべきであるという指摘（森本・前掲金融法務事情1849号26頁）がある。この指摘に関連して、法令違反となるか確実でないが、法令違反と

なる可能性が低いか又は法令違反とされた場合に会社に生じる損害の絶対額が小さいために会社の損害の期待値が小さく、逆に法令違反でないとされた場合の会社の利益の期待値が大きいため、費用便益分析の結果として法令違反のリスクをとることは認められてよい（なお、法令違反であることを認識しつつ、外部に発覚する可能性が低いために法令違反をすると判断した場合には、取締役を免責しない）との指摘がある（田中亘「利益相反取引と取締役の責任（下）―任務懈怠と帰責事由の解釈をめぐって―」商事法務1764号10頁注52。一元説・二元説のいずれをとるかという問題とは別個に考察されるべきとする）。

（注8）なお、東京地裁商事研究会編・前掲224頁〔佐々木宗啓＝森岡泰彦執筆、飯畑勝之改訂〕は、任務懈怠行為を規範的要件として構成する見解を示唆し、その場合、請求原因として不完全履行行為の評価根拠事実を主張し、抗弁として不完全履行行為の評価障害事実及び過失の不存在の評価根拠事実を、再抗弁として過失の不存在の評価障害事実を主張することになるとする。

（注9）本文中に引用した最判平成21・7・9（日本システム技術事件）金融・商事判例1330号55頁、大阪地判平成12・9・20（大和銀行事件）金融・商事判例1101号3頁、大阪高判平成18・6・9（ダスキン事件）判例時報1979号115頁・大阪高判平成19・1・18（ダスキン事件）判例時報1973号135頁のほか、東京地判平成17・2・10（雪印食品事件）判例時報1887号135頁、名古屋高金沢支判平成17・5・18（JT乳業事件）判例時報1898号130頁を参照。

（注10）髙島志郎「日本システム技術事件最高裁判決の検討」商事法務1876号31頁は、日本システム技術事件等、不正行為の巧妙さゆえに防止できなかった事例があるが、今後はこのような巧妙な手口による不正行為も起こり得ることを想定した内部統制システムの構築が求められる場合もあり得るとする。

9 関税法・外為法違反について取締役に善管注意義務・忠実義務違反があったとして株主代表訴訟が提起された事例

——日本航空電子工業事件（東京地判平成8・6・20判例時報1572号27頁）

弁護士　木下雅之

I　事案の概要

1　航空機器等の開発・製造・販売等を行う東証一部上場会社である日本航空電子工業株式会社が、関税法・外国為替及び外国貿易管理法（外為法）に違反して、F－四ジェット戦闘機に用いられる加速度計・ジャイロスコープ及び戦闘機搭載用ミサイルの部品であるローレロンを不正に売却・輸出していたことが平成3年に発覚し、同社、同社の取締役及び従業員が日米の司法当局等から罰金等の制裁及び輸出禁止処分等の行政処分を受けた。

そこで、日本航空電子工業の株主が、当該不正取引・不正輸出行為は取締役の善管注意義務・忠実義務に違反するとして、罰金等の支払のほか、売上高の減少、棚卸資産の廃棄等によって会社が被った損害を取締役が賠償することを求めて株主代表訴訟を提起したのが本件である。

2　日本航空電子工業による関税法・外為法違反の行為は、以下の2つに分けられる。

【取引①】　昭和59年3月28日から昭和61年9月31日までの間、外為法上の輸出規制品であるF－四ジェット戦闘機に用いられる加速度計・ジャイロスコープを、最終仕向地がイランであることを認識しながら、不正に香港及びシンガポールの会社に販売し、引き渡した取引。

【取引②】　昭和61年1月10日から平成元年4月4日までの間、同じく外為法上の輸出規制品である戦闘機搭載用ミサイルの部品ローレロンを、最終仕向地がイランであることを認識しながら、不正にシンガポールに輸出した取引。

3　本件の3名の被告のうち、被告Y_1は、昭和61年6月27日、大手電機メーカーの常務取締役から日本航空電子工業の代表取締役副社長となり、昭和62年6月26日には同社の代表取締役社長に就任した。

被告Y_2は、昭和60年6月27日、大手電機メーカーの支配人から日本航空電子工業の常務取締役に就任し、本件取引の最中である昭和61年6月27日には不正取引を行っていた部署である航機事業部長の地位にあり、平成元年6月29日には、専務取締役航機事業部長に就任した。

被告Y_3は、昭和30年4月1日、日本航空電子工業に入社し、航機事業部長代理、航機事業部次長、航機事業部長代行を経て、昭和61年6月27日、取締役（航機事業部次長）に就任した。

4　Y_1は、昭和62年9月3日、Y_2らからの報告を受けて取引①及び取引②の事実を知ったが、Y_2らからの進言を受け、取引②については契約済みの取引の継続を承諾し、取引①については新規受注を中止するよう指示した。

Y_2は、昭和61年12月頃、部下からの聴取で取引①及び取引②の事実を知ったが、即時の取引中止による相手方とのトラブルや会社に与える影響を懸念し、既契約分について処理し、新規契約はしないよう指示するのみで、Y_1らへの報告はしなかった。

Y_3は、取締役就任前から取引①及び取引②に関与しており、取締役就任後の取引についてもこれを積極的に承認していた。

5　日本航空電子工業は、取引①のうち、加速度計1個・ジャイロスコープ128個を米国国務省の許可を受けずにイランに譲渡した行為について、平成3年9月4日、米国司法省によって刑事訴追され、また、同月10日、米国国務省によって、防衛物品等の輸出ライセンス等の許認可を一時停止する旨の行政措置を受けた。

平成4年3月11日、日本航空電子工業と米国司法省・国務省・商務省との間で司法取引が成立し、同社は有罪答弁を行うとともに、罰金1000万ドル及び特別課徴金2000ドル（司法省）、制裁金500万ドル（国務省）、和解金420万ドルの邦貨合計24億8030万円をそれぞれ支払った。

　また、上記司法取引における合意に基づいて、米国国務省は、日本航空電子工業に対し、平成4年3月11日から3年間、新規輸出許認可の申請を禁止する措置を行い、同国商務省は、同社に対し、平成4年3月11日から3年間、輸出取引を禁止する措置を行った。

　6　日本航空電子工業は、取引②のうち、昭和63年10月13日から平成元年4月4日までの間のローロン704個の輸出行為について、平成3年9月13日、東京地検により起訴され、平成4年4月23日、東京地裁において、起訴された公訴事実をすべて認めた上、罰金500万円の有罪判決がなされた。

　また、通産省は、日本航空電子工業に対し、外為法53条に基づき、平成3年11月1日から平成5年4月30日までの間、全地域を仕向地とする全製品の輸出を禁止する行政処分を行い、防衛庁は、同社に対し、当分の間、真にやむを得ない場合を除き、同社との契約を差し控え、当分の間、同庁の新規事業については原則として同社を参加させない旨の通達を出した。

　7　日本航空電子工業の株主であるXは、同社が①上記の罰金・制裁金等の支払、②本件に基づく売上高の減少に基づく損害、③上記の各輸出禁止処分により廃棄せざるを得なくなった輸出用棚卸資産の廃棄損により、合計145億6300万円の損害を被ったとし、各Yらの取締役就任の期間、関与の程度等の事情を考慮したとしても、各Yが会社に対して責任を負う範囲は50億円を下ることはないと主張して、各被告らに対し各自連帯して50億円を同社に支払うよう請求した。

　8　本件の主な争点は、本案前の争点として、ⅰ）取引①に関して、事前の提訴請求手続を経ているかどうか、本案の争点として、ⅱ）取引①及び取引②に関するYら各自の善管注意義務違反ないし忠実義務違反の有無、ⅲ）被告らの行為により会社が被った損害の有無及びその範囲の3点である。

Ⅱ　判決要旨

一部認容。

1　本案前の争点（事前の提訴請求における事実の特定の程度）

　Yらは、Xが平成4年7月29日到達の書面で行った事前の提訴請求には、「東京地方裁判所で有罪になったこと」が善管注意義務違反に該当するとされているから、上記の提訴請求は取引②に関する被告らの責任を問題としていたに過ぎず、取引①については平成17年改正前商法267条所定の手続を欠いている等主張したが、本判決は、提訴請求における事実の特定の程度について「いかなる事実・事項について取締役等の責任追及を求めているのかが判るようなものでなければならないのは当然であるが、一般の株主にとっては、取締役等の違法行為の具体的な内容、損害の範囲を正確に知り得ない場合も多いから、請求原因事実が漏らさず記載されていることを要求するのは相当でな」く、「当該事案の内容、会社が認識している事実等を考慮し、会社において、いかなる事実・事項について責任追及が求められているのかが判断できる程度に特定されていれば足りる。」と判示した上、本件においては、提訴請求書の損害項目として、取引①に関して会社が米国との間で行った司法取引による制裁金等の損害も掲げられており、また、取引①と取引②は、社会的には密接な関連を有する一連の事件として捉えられていたから、両事件を含む一連の不正取引・輸出事件につきYらの責任追及を求めていることは会社においても容易に判断することができたと認められるとして、本件訴えの提起は適法であると判示した。

2　取引①に関するYら各自の善管注意義務違反・忠実義務違反の有無

(1)　Y₁及びY₂

　Y₁が取引①の事実を知ったのは昭和62年9月3日のことであり、また、Y₂が取引①の事実を知ったのは昭和61年12月ころであると認め

られるところ、取引①が行われたのは昭和59年3月28日から昭和61年9月30日までであって、両被告が事実を知ったときには、既に取引①は終了していた。

取締役には会社に損害を及ぼすべき従業員の違法行為を発見し阻止する一般的な注意義務があると解され、日本航空電子工業のような会社の場合、その業種及び取扱商品の性質上、関税法・外為法違反の有無については、取締役としても十分に注意を払う必要があったといえるが、本件において、取引①は取締役会の決裁事項や報告事項になっていなかった上に、航機事業部の所属員によって秘密裡に進められていたものであり、日本航空電子工業においては日々数多くの取引が行われており、問題の取引①がその取引高、規模等において他の取引と比較して際立っているような事情も認められないこと、両被告の取締役就任後は、わずか3か月の間に4回の取引が行われているだけであること等の事情に鑑みれば、取締役に要求される通常の注意を払えば、両被告が取引①の事実を知る以前に、これを発見できたはずであるとまで断定することはできない。

したがって、両被告は、取引①については、取締役としての善管注意義務・忠実義務懈怠の責を負わない。

(2) Y₃

Y₃は、取引①の開始を了承した上、その後製品の引渡しに立ち会うなど積極的に関与し、取引①が継続的に行われることについて支持・承認していたものと認められることからすると、同被告が取締役に就任した昭和61年6月27日以降の取引①についても、これを認識していたにとどまらず、取引①の責任者（航機事業部次長）として積極的に支持・承認していたものと認めるのが相当である。

取引①は、関税法・外為法違反として、会社の事業運営に重大な不利益・損害を及ぼす蓋然性の高い行為であるから、取締役としてこれを支持・承認することが取締役の善管注意義務・忠実義務に違反することは明らかである。

3 取引②に関するYら各自の善管注意義務違反・忠実義務違反の有無

(1) Y₁及びY₂

Y₁が取引②の事実を知ったのは昭和62年9月3日のことであり、また、Y₂が取引②の事実を知ったのは昭和61年12月頃であると認められる。

Xは、両被告には取締役就任の時点で会社の業務運営に重大な法律違反行為がないかどうか調査すべき義務があり、両被告はかかる義務を怠ったと主張するが、取引②は、正規の手続を仮装して秘密裡に輸出されていたものであるから、これを発見できなかったことをもって、取締役としての監督・調査義務を懈怠したとまで認めるに足りる証拠はない。

もっとも、取引②は、関税法・外為法に違反し、会社に重大な不利益・損害を及ぼす蓋然性の高い行為であるから、取引②の事実を知りながらこれを阻止せず承認した両被告の行為が取締役の善管注意義務・忠実義務に違反することは明らかである。

Y₁及びY₂は、既契約分で要修理品として輸入済みのローレロンに限って契約の履行を承認しただけで、取引②を積極的に支持したわけでも、取引の全てに責任があるわけでもないから、この点は、両被告の負うべき損害賠償責任の金額を定めるにあたって考慮すべきであるが、取引を中止すればそれによるトラブルを避けられず、過去の不正輸出も露顕することになって会社が多大な損害を被る恐れがあったとしても、違法行為の露顕を防ぐために違法行為を継続することが正当化されるはずもないから、上記の事情は、両被告の善管注意義務違反・忠実義務違反の判断に影響を及ぼすものではない。

Y₁及びY₂は、取引②のうち、（両被告が取引②の事実を知った以後の最初の取引日である）昭和62年11月1日から平成元年4月4日までの間におけるローレロン合計1387個の不正輸出について、取締役としての善管注意義務・忠実義務違反の責を負う。

(2) Y₃

Y₃は、昭和60年9月頃、取引②について部

下から承諾を求められて、受注を指示し、その後も報告を受けていたのであるから、取締役に就任した昭和61年6月27日以降の不正輸出について、これを認識ないし認容していたと認めるのが相当であり、かかる行為が善管注意義務・忠実義務違反に当たることは明らかである。

Y3は、取引②のうち、(同被告が取締役に就任した以後の最初の取引日である)昭和61年9月2日から平成元年4月4日までの間におけるローレロン合計1575個の不正輸出について、取締役としての善管注意義務・忠実義務違反の責を負う。

4 損害

(1) 取引②に関する罰金500万円

(取引②に関し、Y1、Y2及びY3が取締役としての責任を負う取引期間は前記のとおりであるところ)東京地裁において日本航空電子工業が有罪となった事実は、昭和63年10月13日から平成元年4月4日までの間のローレロンの不正輸出であるから、罰金500万円相当額の損害について、Yらに損害賠償責任が認められる。

(2) 米国における罰金・制裁金等(邦貨合計24億8030万円)の支払

罰金・制裁金等の前提となった起訴事実は、取引①のうち、加速度計1個・ジャイロスコープ128個の取引であるところ、取引①については、Y1及びY2は取締役としての善管注意義務・忠実義務違反の責を負わず、Y3は、取締役就任後の昭和61年6月30日から同年9月25日(取引①の終了)までの間に行ったジャイロスコープ45個の取引についてのみ、取締役としての善管注意義務・忠実義務違反の責を負う。

なお、米国司法省との司法取引が介在しているとしても、その司法取引の過程や結果が通常予想され得るところと著しく異なる等の特段の事情が認められない限り、Y3の行為と上記罰金等を支払ったことによる損害との間の法的な因果関係が否定されるものではない。

(3) 売上高の減少による利益の喪失

日本航空電子工業における売上高及び利益の減少に、本件の発覚と日米当局による処分等が影響していることは否定できないが、他方で、深刻な不況が続くとともに、急激な円高が進行した時期でもあることから、こうした要素が売上高及び利益の減少にかなりの程度影響しているであろうことも優に推認でき、直ちにこれを本件取引に起因する損害と認めることは相当でない。

(4) 棚卸資産の廃棄損失及び有価証券の評価損失の計上

日本航空電子工業は、輸出禁止処分に伴う棚卸資産の廃棄損失として12億2600万円、ライセンスの一時停止により出荷不能となった棚卸資産の廃棄損失として6億8400万円、有価証券評価損として1億900万円を、それぞれ特別損失として計上しているが、このうち、有価証券の評価損失については、本件取引との関連性を認めるに足りる証拠はない。

棚卸資産の廃棄損失については、①輸出禁止処分によって受注見込みのなくなった長期滞留棚卸資産1億8200万円、②ライセンスの一時停止により出荷不能となった棚卸資産3億2700万円、③ライセンスの一時停止により受注見込みのなくなった長期滞留棚卸資産1億7100万円については、本件との因果関係を認定するのが相当である。

上記②、③は、米国国務省のライセンス一時停止処分に伴うものであるところ、同処分は取引①に関してなされたものであるから、責任を考え得るのはY3のみである。

上記①は、通産省の輸出禁止処分に伴うものであるところ、同処分には、取引①が理由の一部となっているが、この点は、Y1及びY2の責任の限度を決定するにあたって考慮すべきであるとしても、取引②も同処分の理由となっている以上(処分は1個であり、理由ごとに分割することはできない)、Y1及びY2の有責行為と上記①の損害との因果関係は否定されない。

5 被告らの責任の範囲

(1) Y1及びY2

Y1及びY2は、前記4、(4)、①の棚卸資産の廃棄損については、原因事実の一部にしか責任がなく、しかも責任の認められる取引②への関与の度合いも限定されたものであるから、このような場合、条件的因果関係が認められるからといって、生じた損害の全額について責任を負わせるの

は酷であって、寄与度に応じた因果関係の割合的認定を行うことが合理的であり、最も控え目にみて、2割の限度で責任を認めるのが相当である。

（結論として両被告は、前記4、(1)の罰金500万円と前記4、(4)、①の棚卸資産の廃棄損のうち2割に当たる3640万円の合計4140万円の限度で責任が認められた）

(2) Y₃

Y₃に関しても、取締役としての責任は全事実にわたるものではない点等を考慮し、前記4、(2)の米国における罰金等及び4、(4)、①、②、③の棚卸資産の廃棄損については、その寄与度に応じた責任の限定を行うことが合理的であって、最も控え目にみて、4割の限度で割合的因果関係を認めるのが相当である。

（結論としてY₃は、前記4、(1)の罰金500万円、前記4、(2)の米国における罰金等の4割に当たる9億9212万円、及び前記4、(4)、①、②、③の棚卸資産の廃棄損合計の4割に当たる2億5040万円の合計12億4752万円の限度で責任が認められた）

※なお、本件は、被告らから控訴がなされたが、控訴審において、被告らが合計1億円を日本航空電子工業に支払う旨の和解が成立した。

Ⅲ 分析・検討

1 事前の提訴請求（旧商法267条、現会社法847条）における事実の特定の程度

株主代表訴訟を提起するには、その前提条件として、①被告となるべき者、②請求の趣旨及び請求を特定するのに必要な事実（会社法施行規則217条）を記載した書面等を会社に提出し、取締役等に対する訴えの提起を請求しなければならないが（旧商法267条、現会社法847条）、かかる事前の提訴請求が要求される趣旨は、判旨もいうように、取締役等の責任を追及する訴訟を提起する権能は、本来は会社にあることから、提訴するかどうかの判断の機会をまずは会社に与える点にある。

したがって、提訴請求における事実の特定の程度としては、会社において、いかなる事実・事項について取締役等の責任の追及が求められているのかが判断できる程度に特定されていれば十分で

あると考えられるところ、本件は、マスコミ等で大きく取り上げられたようであり提訴請求が一連の不正取引・不正輸出を提訴の対象としているであろうことは容易に予想された事案であったといえるし、提訴請求書面には損害費目として、取引①にかかる損害の内容も明記されていたことから、提訴請求の内容としては十分なものであった。

なお、本訴提起後、原告は、改めて取引①について被告らの責任を追及する訴訟の提起を求める書面を会社に提出している（第二次提訴請求）。本判決では、最初の提訴請求により手続は充足されていると判断されたため、本訴提起後になされた第二次提訴請求の効力（手続的瑕疵の治癒）については判断がなされていないが、この点については、裁判例・学説上において、瑕疵の治癒につき積極・消極の両方の見解の対立が存在するようである（肯定するもの：大阪地判昭和57・5・25判例タイムズ487号173頁、否定するもの：東京地判平成4・2・13金融・商事判例906号20頁）。

2 被告ら各自の善管注意義務違反・忠実義務違反の有無

(1) はじめに

本件は、違法な取引が継続している途中で取締役に就任した者について、従業員の違法行為に対する監視義務のあり方、違法行為を知った場合の対応の仕方、従業員としての行為と取締役の責任との関係、並びに違法行為に対する関与の度合いと損害賠償責任の範囲などに関して判示しており、これらの点について、議論の素材を提供する裁判例であるといえる（吉原和志「日本航空電子工業株主代表訴訟事件」私法判例リマークス15号104頁参照）。

なお、本件は関税法・外為法に違反する行為であったことから、旧商法266条1項5号にいう「法令」に関税法・外為法が含まれるかという点に関して、同条項の「法令」の意義の解釈が問題となり得る事案であったが、本件では、関税法・外為法違反行為が善管注意義務・忠実義務違反に当たるという形で主張されたため、本判決はこの点について特に判断は示していない（本判決のコメント・金融・商事判例1000号41頁）。

したがって、「法令」の解釈をめぐっては、旧商法下において従来からいわゆる限定説・非限定説等の見解の対立が存在したが、本稿では取り上げず、各被告の行為に対する具体的評価を中心に検討することとしたい。

(2) 取引①についてのY₁及びY₂の責任

① 監督義務違反の有無

本判決は、従業員の違法行為に対する監督義務は取締役の一般的な注意義務であり、日本航空電子工業のような会社の場合、その業種及び取扱商品の性質上、関税法・外為法違反の有無については、取締役としても十分に注意を払う必要があったとしながら、取引①が秘密裡に進められ、また、Y₁の取締役就任及びY₂の航機事業部担当取締役就任後わずか3か月のうちに4回の取引が行われただけであったことなどの事情を考慮し、結論として、取引①についてのY₁及びY₂の監督義務違反を否定している。

正規の輸出ができないため国内取引の体裁がとられるなど、従業員によって秘密裡に進められていたことに加え、取引①が継続していたのは取締役就任後短期間であったことから、Y₁及びY₂には、従業員による違法行為発見の期待可能性がなかったと判断されたものと考えられる。

なお、Y₂については、Y₁が代表取締役になる1年前に常務取締役に就任していることから、取引①についても違法行為が行われている事実を知り得る立場にあったとして、取引①に関し、Y₂の責任を否定した本判決の判断に疑問を呈する見解もある（青竹正一「不正輸出と取締役の会社に対する責任」ジュリスト1142号103頁）。しかし、Y₂が問題の航機事業部の担当部長に就任したのはY₁の取締役就任と同時であることに鑑みれば、上記の期待可能性という観点からは、Y₂についてのみ監督義務違反を肯定することは酷であるように思われる。

② 法令遵守体制構築義務違反の有無

航空機器の開発・製造・販売等を目的とする日本航空電子工業においては、関税法・外為法に違反する不正取引・不正輸出行為は、会社に重大な不利益・損失を及ぼす蓋然性が高い。したがって、会社の従業員が行う膨大な行為を逐一細かくチェックすることは不可能であるにせよ、特に会社の存立に関わるような重大な法令違反行為に対しては、会社内に十分な監視体制（法令遵守体制）を整備しておくことが要求される。

本件では、法令遵守体制構築義務違反という形での主張はなされていないため、日本航空電子工業において、そのような法令遵守体制が整備され、健全に機能していたかについては明らかでないが、会社に甚大な損害を与える可能性のある法令違反行為が数年間にわたり継続して行われていた事実に鑑みても、取締役及び従業員の職務の執行が法令等に適合することを確保するための体制の整備が十分でなかったことは十分予想される。

しかし、上記同様、取引①が継続していたのは、Y₁及びY₂の取締役等就任後短期間であったことから、仮に十分な法令遵守体制を整備していなかったとしても、そのことについて、直ちに両被告の責任を問うことは困難であろう（吉本健一「日本航空電子工業の株主代表訴訟第一審判決」商事法務1562号42頁）。

(3) 取引②についてのY₁及びY₂の責任

① 直接の行為者としての責任

取引②については、Y₁及びY₂ともに責任が肯定された。これは、Y₁及びY₂が、取引②について、会社に重大な不利益・損失を及ぼす蓋然性の高い関税法・外為法違反の行為であることを知りながらこれを阻止せず承認したことに基づくものであり、積極的な加担行為ともいうべきものであるから（吉本・前掲42頁）、その責任は直接の行為者としての責任が問われたものと考えられる。

この点、Yらは、取引②を中止すれば既に輸入され在庫している要修理品の返還について新たな法令違反を免れず、逆に取引を中止しながら在庫品を返還しないとすれば、責任追及の手段としていかなる制裁があるかもしれない上、既に取引を終了している取引①の不正取引までもが露顕することとなるという進退極まった状況の中で、既契約分で既に在庫しているものに限って早期に修理・輸出を終え、早急に取引を解消することが会社にとって最善の道であると考え、会社の損失を最小限度に止める選択をしたのであるから、会社から損害賠償を請求される関係にはないと主張した。

しかし、取締役の業務執行権は、会社の利害損失を考慮して、法令を遵守すべきかどうかについて取締役に選択の余地を認めることまでも含むものではないから、判旨のいうように、違法行為の露顕を防ぐために違法行為を継続することが正当化されるとは到底認められないものと考えられる。

② 監視・監督者としての責任

判旨は、上記のとおり、取引②についてY₁及びY₂の行為者としての責任を問題としているように読めるが、取引②に係る違法行為を防止できなかったことに関する監視・監督者としての責任（監督義務違反・法令遵守体制構築義務違反）も想定し得る。

すなわち、本件において、Y₁は東芝ココム事件の報道を受けて、航機事業部の輸出の実態を聞き出したことにより取引②の事実を知るに至り、取引の継続を承認したことで上記のとおり行為者としての責任を追及されたのであるが、仮に何もせずに放置していた場合には、逆に責任を負うことはなかったというのでは均衡を失することになるので、この場合も監督義務違反による責任追及の可能性は肯定されよう（上村達男「日本航空電子工業代表訴訟判決の法的検討〔下〕」商事法務1434号10頁）。

③ Y₂の責任の範囲の妥当性

Y₂は、取引②が開始された約6か月後には問題の航機事業部の担当取締役の地位にあり、また、Y₁よりも約9か月前に取引②の事実を知るに至っているにもかかわらず、本判決は、Y₁とY₂を全く同一の責任として扱っている。

この点について、たまたま上記の9か月間に取引が行われなかったことから同一の責任とされたのであろうが、そういう発想は、あくまでも行為者としての責任を追及しようというものであり、被告Y₂が、本件のような重大な不正を約9か月間もの長期にわたって代表取締役に報告しなかったことは、監視・監督者としての責任の観点から、その職責を全うしているとはいえず、Y₁とY₂を全く同じ責任として扱っていることには疑問を感ずると指摘する評釈がある（上村・前掲10頁）。

かかる指摘は妥当であるように思われ、後述する寄与度に応じた割合的解決において、両被告に差を設けることはあり得たのではなかろうか。

(4) 取引①及び取引②についてのY₃の責任（従業員兼務取締役の責任）

Y₃については、取締役就任前から取引①及び取引②の双方に自ら積極的に関与し、取締役就任後も取引の継続を支持してきたとして、12億円を超える極めて重い責任が認められた。

この点については、本判決が、Y₃について、取締役に就任する以前の純然たる従業員であったころの取引への関与を詳細に認定してその責任を肯定していることに注目し、本判決の上記結論に疑問を呈する見解もある。

すなわち、取締役の会社に対する責任には従業員として行った行為は含まれないとの見解を前提に、従業員兼務取締役については、行為者としての責任を問題とすべきではないとし、従業員兼務取締役については、むしろ、自らが従業員として行った違法行為について、取締役に就任した以上はこれを代表取締役らに報告する等の義務を負っていたというべきであり、かかる取締役としての監視・監督義務の違反が問題となるのであって、かかる観点からすれば、違法行為の事実を知りながら取引の継続を承認したY₁及びY₂との比較において、Y₃の監視・監督義務違反の内容に大差はないといえるから、Y₃にのみ極めて重い責任を認めたのは理不尽であるとして、本判決を批判するものである（上村・前掲12頁、荒谷裕子「代表訴訟による取締役の賠償責任」判例タイムズ948号93頁）。

Y₁及びY₂が大手電機メーカーからのいわゆる天下り役員であったのに対し、Y₃はたたき上げの従業員兼務平取締役であったことも、本判決の結論に違和感を唱える上記批判の背景にあるのではないかと思われる。

しかし、かかる見解に対しては、取締役の会社に対する責任は、取締役の固有の権限に基づく行為に限定されるのではなく、取締役の地位にある者が会社に対して負担する一切の債務が含まれるとするのが通説であるし（東京地判平成6・12・22金融・商事判例968号40頁「ハザマ事件」参照）、また、取締役の立場において認識すれば阻止しなければならないような行為は、従業員の立場でも

行ってはならないものであるから、従業員兼務取締役について、行為者としての責任を否定することには賛成しがたい等の批判もなされている（川村正幸「日本航空電子工業株主代表訴訟第一審判決」金融・商事判例 1010 号 42 頁、吉原・前掲 106 頁、吉本・前掲 42 頁）。

判旨がいうように、自ら積極的に不正行為に関与した行為につき、Y₃ は、取締役としての責任を免れ得ないというべきであろう。

3 損害論

(1) 取引②に関する罰金 500 万円

本判決が日本航空電子工業に課せられた罰金 500 万円を損害として認定したことに対しては、上記罰金は、外為法が両罰規定を置いていることから会社に課せられたもので、その目的は法人自体に直接罰金を課すことで会社としての姿勢を正すことにあるから、これを取締役の会社に対する損害賠償の対象とするのは妥当でないとの批判がある（上村・前掲 13 頁）。

しかし、取締役による損害賠償は、形式的には制裁の補填ではなく、取締役の行為によって会社が被った損害の賠償であるから、両者を同視することは妥当でなく、対外的には法人自体に対する制裁であるとしても、内部的には原因行為を行った取締役に対する損害賠償の対象になると考えてよいものと思われる（吉本・前掲 43 頁）。

(2) 取引①に関する米国における罰金・制裁金等

Y らは、司法取引は、高度の政策的判断に基づき、会社が米国各当局と合意したものであり、第三者の意思が介在しているから、法的因果関係は中断していると主張したが、本判決は、特段の事情が認められない限り、法的因果関係は否定されないと判示している。本件のかかる判断自体について特に異論はないであろう（吉本・前掲 43 頁、荒谷・前掲 92 頁）。

(3) 売上高の減少による利益の喪失

本判決は、日本航空電子工業における売上高の減少には深刻な不況や急激な円高の進行等の要素もかなりの程度影響しているであろうことは優に推認できるから、直ちに本件不正取引・不正輸出に起因する損害と認めることはできないと判示して因果関係を否定したが、この点に関し、同社の売上高の減少には本件の発覚と日米当局による処分等が影響しているであろうことは明らかであるから、専門家の鑑定を求めるなどして、全企業の平均売上高や、類似業種の業績等から予想売上高を推定する等の方法により、本件違法行為との因果関係が認められる最小限の利益喪失額を算定することは十分可能であったのではないかとの批判がある（上村・前掲 14 頁、荒谷・前掲 92 頁）。

4 責任範囲の割合的認定

本判決は、従来、交通事故や医療過誤等に基づく損害賠償請求訴訟において用いられてきた寄与度に応じた因果関係の割合的認定の考え方を、取締役の会社に対する損害賠償責任に導入したはじめての事案である。

Y₁ 及び Y₂ について、本判決は「原因事実の一部にしか責任がなく、しかも責任の認められるローレロンの不正輸出に対する関与の度合いも限定されたものである」旨判示した上、棚卸資産の廃棄損失に対する両被告の寄与度の割合は、最も控え目にみて 2 割であると認定した。

前述のとおり、取引②に関し、Y₁ 及び Y₂ は、会社に重大な不利益・損失を及ぼす蓋然性の高い違法行為を認識しながらこれを阻止せず承認しており、積極的な加担行為ともいうべき関与を行ったのであるから、取引②に対する両被告の関与の態様が間接的あるいは従属的であったということは決していえないであろうが、他方、既契約分に限って契約の履行を承認しただけであって、新規受注は中止するよう指示しており、違法行為を積極的に支持したわけではない。

また、Y₁ 及び Y₂ の責任が認められる棚卸資産の廃棄損失は、通産省の輸出禁止処分によって長期滞留することとなった在庫に関するものであるが、通産省の輸出禁止処分においては、処分の対象となる個別の取引が特定されていたところ、Y₁ 及び Y₂ は取引開始後の途中から社外より取締役に就任したものであり、両被告に取締役としての責任が認められるのは、処分の対象となったこれら各取引のうちの一部にとどまる。

本判決は、寄与度の内容として、これらの事情を考慮した上、その割合を上記のとおり判断したものと思われる。

Y₃について、本判決は「取締役としての責任は全事実にわたるものではない点等を考慮し」、米国における罰金・制裁金等及び棚卸資産の廃棄損失に対するY₃の寄与度の割合は、最も控え目にみて4割であると認定した。

　同様に、輸出禁止処分の対象となった各取引のうち、Y₃の取締役就任後の取引は一部にとどまる点が考慮されたものと思われる。

　本来連帯責任を負うべき取締役の対会社責任について割合的解決の考え方を導入することに疑問を呈する見解も存するが（吉原・前掲106頁、青竹・前掲104頁）、本件は、もともと被告らが取締役に就任する以前から長期にわたって不正取引・不正輸出が行われており、その間、当然他の取締役も関与していたはずであるにもかかわらず、違法行為が発覚した当時の取締役3名だけがいわば犠牲となってその責任を追及されたケースであるから、当該違法行為によって会社が被った損害を全て彼らに賠償させることは妥当でないとして、本件で被告らの責任範囲を限定したことは結果において妥当であると評価する見解も多い（荒谷・前掲92頁以下、川村・前掲48頁）。もっとも、その理論構成については、割合的因果関係論の適用を評価するもの（荒谷・前掲93頁）、本件については複数の原因事実が競合する事案ではないから、単に被告らの取締役就任時期との関係で、取締役が責任を負うべき取引が継続的な不正取引の一部に過ぎないという、事実的因果関係の範囲の問題として捉えれば足りるとするもの（吉本・前掲43頁）、損害賠償額の算定の面でその寄与度に応じて取締役の損害負担額を個別的に定めることも可能であるとするもの（川村・前掲49頁以下）、因果関係の問題として捉えるのではなく、損害の金銭的評価を行う問題として捉え、寄与度減責ないし過失相殺を類推適用して同様の結論を導く方が説得力があるとするもの（森淳二朗「取締役の責任と割合的因果関係」ジュリスト平成8年重要判例解説100頁）など様々である。

　また、本判決が提示する割合的認定論について、その射程が、本件のように発生した損害は1個であるが、その原因となった継続的行為ないし複数の行為の一部について中途から関与した場合に限られるのか、それとも、原因行為が1個でも各取締役の関与の度合いや担当職務等の事情を考慮して割合的解決を図るという場合にまで及ぶのかという点も別途検討を要する。

　本判決は、寄与度の内容として「関与の度合い」という表現を用いていることからすると、後者の場合を含むと思われるが、そうであれば、原因行為の直接の行為者の責任が重く、関与してはいるが直接の行為者でない監視・監督者の責任は軽くということになりかねず、安易に割合的認定を認めたのでは、取締役が監視監督義務を尽くす誘因を弱めることにもなりかねないので、いかなる場合にいかなる基準で割合的認定を認めることが妥当であるかは、慎重に検討を要すべきであるとの指摘もある（吉原・前掲106頁）。

　いずれにしても、取締役の責任の割合的認定については、今後の裁判例の集積を待つ必要があると思われる。

　なお、同様に寄与度に応じた割合的認定論を採用する裁判例に、「ダスキン株主代表訴訟事件」（大阪地判平成16・12・22金融・商事判例1214号26頁、大阪高判平成18・6・9判例タイムズ1214号115頁）がある。

　一審の大阪地裁は、本判決と同様、寄与度に応じた因果関係の割合的認定という手法を用いて、責任の認められた被告の責任範囲を5％の部分に限定した。控訴審である大阪高裁も同様に責任範囲を限定したが、その理論構成は異なり、原告の主張する会社の損害には、取締役の善管注意義務違反に直接起因する支出とそれ以外の理由による支出が混在していると認定し、事実的因果関係の認められる範囲に限定して、取締役の責任を認めた。

　ダスキン株主代表訴訟第一審判決が用いた寄与度に応じた因果関係の割合的認定の手法と本判決の用いたそれとでは、基本的には大きな違いはないものと考えるが、後者は損害が責任原因ごとに可分であり、その要因別に寄与度を勘案して割合的認定を検討しているのに対し、前者は損害の具体的内容の内訳が不可分であることを前提に、割合的因果関係論をいわば方便として用い、実質は、裁判所の裁量的判断によって取締役の責任を軽減した点において、両者は異なっていると指摘する見解もある（高橋均「取締役の善管注意義務及

び責任に対する割合的因果関係理論の適用の是非」金融・商事判例 1235 号 61 頁）。

Ⅳ　実務対応

　本判決の実務に対する示唆は、①取締役としては、違法行為を関知したら、すぐにこれをストップし、直ちに関係各所に報告しなければならないこと、②取締役は、業種及び取扱商品の性質上関連性の高い法令については、その違反の有無について、十分に注意を払う必要があることの 2 点であると考えられる。

　①について、Y らは、進退極まった状況のなか既契約分について取引を継続することは会社の損失を最小限に食い止めるためにやむを得なかったと反論しているが、本判決は、「違法行為の露顕を防ぐために違法行為を継続することが正当化されるはずもない」として、かかる主張を排斥しており、取締役としては、違法行為を関知すれば、いいわけを考えず、とにかく直ちにこれをストップし、関係各所に報告しなければ、原則として、善管注意義務違反を免れないものといえよう（なお、違法行為の認識後、取締役らが速やかに損害及び信用失墜を最小限度にとどめるための適切な対応を講じず、「自ら積極的には公表しない」というあいまいな対応を決めた点に善管注意義務違反を認めた事例として、前掲「ダスキン株主代表訴訟事件」（大阪高判平成 18・6・9 判例タイムズ 1214 号 115 頁）がある）。

　②については、法令違反といっても程度があり、違反行為が会社や社会に与える影響等については様々であるが、特に、取引等の頻度により違反する可能性が高く、かつ違反すれば会社に甚大な損害を与える可能性のある法令については、違反行為がなされないように厳重なチェック体制を構築しておく必要がある。そのため、まずは業種・取扱商品等の性質上、どの法令に違反する蓋然性が高いのか、どの法令に違反すれば会社への打撃が大きいのかを、予め会社内で洗い出し、見積もっておく必要があろう。その上で、法令違反のリスクの度合いに応じた法令遵守体制（内部統制）を構築しておかなければならない。

10 外国債券の販売における従業員の説明義務違反について取締役の任務懈怠による損害賠償責任が認められた事例（東京地判平成15・2・27判例時報1832号155頁）

医師・弁護士　鈴木雄介

I　事案の概要

1　事案について

本件は、A証券会社（以下、「A社」という）の従業員から外国債券を購入したXら（122名）が、購入した外国債券の一部が償還されなかったことから、①外国債券が実体のない架空の債券であった、②外国債券の販売手続は、公募規制に違反するものであった、③外国債券を販売すること自体の違法又は販売過程の違法があったと主張し、購入当時の取締役Yらに対して、平成17年改正前商法266条の3第1項に基づき損害賠償請求をした事案である。なお、Xらが本件訴えを提起する前に、A社は破産申立をしている。

第一審裁判所は、①及び②の主張並びにこれに伴う取締役の責任を否定した。しかし、③に関しては、外国債券を販売すること自体の違法及び適合性原則違反は否定したものの、説明義務違反及び説明義務違反を伴った販売の状況等からずさんな販売体制を認定し、各取締役の地位及び権限並びに在職時期を踏まえ、Y1、Y2及びY3に対する請求を全部認容、Y4、Y6及びY8に対する請求を一部認容、Y5及びY7に対する請求を棄却した。これに対し、Xら並びにY1ないしY4、Y6及びY8が控訴した。控訴審において、XらとY3、Y4、Y6及びY8に関する事件は分離され、和解が成立した。一方、XらとY1及びY2の事件は、控訴棄却の判決がなされた。

2　事実関係の概略

(1)　A社による外国債券の販売

平成9年中旬から同年10月頃にかけて、A社は、金融商品であるペレグリンユーロ円債、INGユーロ円債等（以下、「本件債券」という）を販売した。

(2)　本件債券の性質

本件債券は、インドネシアの新興企業ら（格付会社の格付けがない、又は投機的な格付けしかなされていない新興企業ら）が発行した約束手形等が原資産となり、それらを発行会社が証券化したものである。また、本件債券には、証券発行会社による償還保証が付されていなかった。このため、本件債券の保有者が負担する主要なリスクは、原資産の発行会社の債務不履行、倒産の場合に償還されない可能性にあった。

(3)　A社における本件債券の販売体制

A社では、本件債券を販売するにあたり、販売員がそれら商品の知識を習得するために「販売促進委員会」（以下、「SP委員会」という）を組織していた。しかし、実態としては、SP委員会では十分に商品の情報が伝達されておらず、本件債券の主要なリスクについても、販売員に対して周知されていなかった。

また、個人顧客への販売の際には、販売員が外国証券販売説明書をもとに顧客に商品内容の説明を行い、転売制限等告知書を交付し、投資確認書に顧客の署名捺印を得た上でこれを徴収するという建前になっていた。しかし、実際にはこのような建前はほとんど守られていなかった。

(4)　A社の従業員による販売態様

A社の従業員が本件債券の購入を勧誘するほとんどの場合において、外国証券販売説明書の提示はなく、その内容に基づく説明はなされなかった。

また、本件債券の内容につき、日本の国債や中期国債ファンド、MMFと同様に安全な商品であ

り、元本が確実に保証される、定期預金に預けるのと同じようなものである等と説明されていた。

　(5)　Xらによる本件債券の購入

　Xらは、A社の従業員の販売態様が前記のとおりであったことから、本件債券が日本国債等と同程度に安全な商品であると認識し、他方、本件債券の保有者が原資産の発行会社の債務不履行、倒産についてリスクを負うこと、本件債券が償還されないという事態が起こり得るということについての認識を欠いた状態で、本件債券の購入を決めた。

　(6)　本件債券の不償還

　その後、平成9年7月以降のアジア通貨危機によるインドネシアの経済危機の影響を受け、原資産の発行会社が本件債券の発行者に対して、原資産についての支払を行わなかった。このため、本件債券の全部または一部がXらに対して償還されなかった。

II　判決要旨

1　説明義務に違反する勧誘を行う販売体制の有無について

「ア　説明義務に違反する勧誘

　……A社の販売員は、以下のとおりXら等に対する本件債券の購入の勧誘にあたり、説明義務を怠ったものと解するのが相当である。

　(ア)　本件債券の安全性の程度と本件債券購入の勧誘態様

　……本件債券の保有者が負担する主要なリスクは、原資産の発行会社の債務不履行、倒産の場合に償還されない可能性があるということであったものと解されるところ、本件債券を購入するか否かを決するにあたって、投資家は、上記のリスクの内容を理解した上で、原資産の発行会社が投資に値する企業であるか否かを判断することになる。……本件外国債券は、……日本の国債や中期国債ファンド、MMFなどという、一般的に安全と評価されている商品と比較すれば、安全性のかなり劣る商品であったということができる。したがって、本件債券を販売するにあたり、A社の販売員は、上記のような安全性の程度について説明する義務を負っていたものと解される。

　ところが、……A社の販売員の多くは、Xら等に対し、本件債券の内容につき、日本の国債や中期国債ファンド、MMFと同様に安全な商品であるなどと、本件債券の安全性を強調する説明を行い、その危険性に関する十分な説明を行わないで、本件債券の購入を勧誘した。……本件債券には、上記のようなリスクが内包されていたのであるから、日本の国債などと同様に安全であるという説明内容では明らかに不十分、不適当であったというべきであり、そのような説明を行った販売員は、説明義務を怠ったものと解するのが相当である。

　(イ)　外国証券販売説明書の作成・交付について

　……本件債券の販売にあたり、外国証券販売説明書を交付するだけでは足りず、外国証券販売説明書の記載を前提として、その内容、とりわけ本件債券のリスクを分かりやすく説明する義務を負っているものと解される。

　ところが、本件債券の購入をXら等に勧誘した際の外国証券販売説明書の交付の有無、時期、口頭によるその記載内容の説明の有無等の状況については、上記(1)オ(イ)で認定したとおりであり、これを前提とする限り説明義務が尽くされていたと評価することはできない。」

「イ　A社における販売体制

　(ア)　販売体制の構築

　上記アで述べたとおり、A社の販売員は、Xら等に対する本件債券の購入の勧誘にあたり、説明義務を怠ったものと解されるが、このように多数の顧客に対して、本店及び7支店の約35名にも及ぶ販売員が説明義務に違反する勧誘を行ったということからすると、A社において本件債券の販売に当たってそのリスクの説明を十分に行うという販売体制が構築されていなかったと言わざるを得ない。そして、このことは、とりもなおさず、多数の販売員が説明義務に違反して販売するようなずさんな販売体制が構築されていたものと評価せざるを得ない。

　(イ)　外国証券販売説明書等の作成、投資確認書の徴求について

　……外国証券販売説明書の交付及び投資確認書の徴求の実態についてはすでに判示したとおりで

あり、これらの書類を作成していたからといって、それだけでA社が説明義務を尽くすという販売体制を構築していたことになるものではない。

(ウ) 販売員に対する商品の理解について

……A社ではSP委員会が組織されており、販売にかかる商品の内容等についての情報伝達がなされる建前になっていたが、SP委員会はその建前どおりの運用が行われず、販売員にリスク等の正確な情報が周知されていなかった……、SP委員会が組織されていたからといって、それだけでA社が説明義務を尽くす販売体制を構築していたことになるものではない。

ウ 結局のところ、A社においては、顧客に対して説明義務を尽くすといった販売の体制が構築されていなかったこと、言い換えれば、多数の販売員が説明義務を尽くさないで販売するようなずさんな販売体制が構築されていたことになる。そして、その結果、Xら等は、十分な説明を受けられず、本件債券のリスクについての認識を欠いた状態で、本件債券を購入するに至ったものであり、そのような販売体制が構築されていたという意味において、本件債券の販売過程に違法があったものというべきである。」

2 Yらの責任について

「ア Y₁

商品を顧客に販売する際の販売体制をどのようにするかという点については、同社の営業部門（営業本部又は営業部）が担当することとなっていた。……Y₁は、本件債券の販売当時、A社の代表取締役社長であって、同社の業務執行全般について指揮統括する立場にあった。Y₁は、販売体制の問題に関しても、これを指揮する責務を負っていたと認められる。したがって、Y₁は、販売員が説明義務を十分に尽くすという販売体制を構築する職責を有していたというべきであり、かつ、少なくとも販売体制が適切なものであるかを常時監視し、それが顧客に対する説明義務を全うするには足りないものであったときには、これを是正するべき職責を有していたというべきである。……ずさんな販売体制を構築したものであり、……体制を是正するための措置をとらなかったというべきである。

そして、……上記の職責を図ることが十分に可能な立場にいたといえるので、少なくとも重大な過失によりこれを怠ったといわざるを得ない。

イ Y₂

……本件債券の販売当時、A社の代表取締役会長であって、同社を総覧する立場、すなわち、Y₁と同様に、その業務執行全般について指揮統括する立場にあったということができる。そうであるとすれば、Y₂は、A社の販売体制に関して、Y₁と同様の職責を負っていたというべきである。

……上記の職責を図ることが十分に可能な立場にいたといえるので、少なくとも重大な過失によりこれを怠ったといわざるを得ない。……。

ウ Y₃

……平成7年5月にA社の常務取締役兼商品本部長となり、平成9年5月以後は、株式先物部、商品管理部を担当していた。商品本部長の職務は、株式先物部及び商品管理部を統括することであった。株式先物部及び商品管理部は、商品を顧客に販売する際の販売体制とは直接の関係のない部署であったが、Y₃は、平成7年10月以降、本件債券などの外国債券の仕入手続の実務を担当し、外国証券販売説明書、転売制限等告知書、投資確認書を作成していた訴外Bの上司という立場となり、同人を指揮監督すべき職責を有していた。

したがって、Y₃は、本件債券のリスクを顧客に説明するための外国証券販売説明書等の説明書を作成する部署の責任者として、販売員による口頭によるリスク説明の必要性を販売部門担当部署に伝え、適切な販売体制を構築する必要のあることを助言、提案する職責を有しており、仮に、営業担当部門が十分な販売体制をとっていない場合にはこれを是正することを助言、提案する職責を有していたというべきである。

……少なくとも重大な過失により、このような助言、提案を行うことを怠り、その結果、A社において、多数の販売員が説明義務に違反して販売するようなずさんな販売体制ができあがり、かつ、それが継続したのであるから、……賠償すべき責任を負うと解するのが相当である。

エ Y₄

……平成9年6月25日にA社の取締役に就任

し、同社の国際部、営業推進調査部、各支店担当であった。したがって、Y4は、各支店における本件債券の販売体制に問題がある以上、この是正を図るべき職責を有していたというべきである。……本件債券の販売については、これを是正すべき自らの職務を重大な過失により怠ったものと言わざるを得ず、……。

オ　Y5

……本件債券の販売当時、A社の常務取締役であって、平成9年5月までは営業本部副本部長兼法人部担当を務め、それ以後は同社の法人部、引受部を担当していた。このいずれの立場においても、Y5の職務は、法人を顧客とする取引を統括することであって、商品を個人顧客に販売する際の販売体制とは関係のない部署に在籍していた。そうであるとすれば、Y5が、本件債券の販売にあたり、説明義務に違反する勧誘を行う販売体制を是正すべく、積極的な措置をとらなかったとしても、故意又は重過失によって取締役の任務を懈怠したとまで評価することはできない。

カ　Y6

……本件債券の販売当時、A社の取締役であって、平成7年5月から平成9年5月までは商品本部株式先物部長を務め、それ以後は常務取締役として同社の営業部を担当していたところ、商品本部株式先物部は、株式売買、先物取引及びオプション取引を所管する部署であって、商品の販売体制とは関係のない部署であった。

他方、上記のとおり、Y6は、平成9年5月以降、A社の営業部担当の立場におり、商品を顧客に販売する際の販売体制について関与しうる立場にあった。したがって、Y6は、営業部担当の取締役に就任した平成9年5月以降は、本件債券の販売体制の是正を行うべき職責を有していたというべきであり、この時点以降（本件証拠上就任日が明らかではないので、平成9年6月1日以降とする）何らの是正措置もとらなかったことについては、自らの職務を重大な過失により怠ったものといわざるを得ず、……。

キ　Y7

……本件債券の販売当時、A社の取締役であって、平成9年5月までは管理本部総務人事部長、秘書室担当を務め、それ以後は同社の監査部、管理部を担当していた。管理本部と管理部は、いずれも、主に従業員の人事管理、福利厚生及び研修の企画・実行、株主総会に関する諸手続等に関する職務を行う部署であり、商品を個人顧客に販売する際の販売体制とは関係のない部署であった。

他方、上記のとおり、Y7は、平成9年5月以降、監査部担当の立場でもあった。監査部は、大蔵省、証券業協会、東京証券取引所の考査ないし検査への対応をする部署であったと同時に、顧客との取引にあたり従業員に違法行為がなかったかどうかなどを事後的に検査する部署でもあった。そうであるとすれば、Y7は、平成9年5月以降は、商品を顧客に販売する際の販売体制について関与しうる立場にあったものと解される。しかしながら、監査部は、取引について事後的に管理する部署であるところ、Y7が当該地位に就任した平成9年5月から本件債券の販売が終了した平成9年10月までの間に、監査部の立場の者が販売体制の是正を図ることができたかどうかについての証拠はない。したがって、故意又は重過失によって取締役の任務を懈怠したとまで評価することは困難である。

ク　Y8

……平成9年6月25日にA社の取締役に就任し、Y5及びY6の下で営業部、法人部、証券運用部を担当していた。したがって、Y8は、営業部担当であったという意味において、商品を顧客に販売する際の販売体制について関与しうる立場にいたものと解される。……営業部担当の取締役に就任した平成9年6月25日以降は、本件債券の販売体制の是正を行うべき職責を有していたというべきであり、この時点以降何らの是正措置もとらなかったことについては、自らの職務を重大な過失により怠ったものといわざるを得ず、……。」

Ⅲ　分析・検討

1　従業員による金融商品の違法な販売に対する取締役の監視・監督義務違反（注1）

(1)　監視・監督義務違反及び内部統制システム構築義務違反

従業員による金融商品の違法な販売により第三者が被害を被った場合、この第三者は、違法な販売を行った従業員、会社、そして会社の取締役に対して責任追及することが考えられる。取締役等の任務は会社に対して負うものであるから、第三者から取締役に対する不法行為責任の追及が認められるのは、取締役が第三者に対して注意義務を負い、これを故意・過失により怠ったと評価される場合に限られる。もっとも、第三者としては、取締役による直接の加害行為の存在及び故意・過失を立証することは容易でない（弥永真生『リーガルマインド会社法〔第12版〕』226頁）。そこで、民法709条による不法行為責任の追及よりも、会社法429条1項に基づき監視・監督義務違反及び内部統制システム構築義務違反等の任務懈怠責任を追及することが考えられる。本件では、本件判旨第一.三(1)(2)(3)（Xらの主張）において商法266条の3（会社法では429条1項に相当）のみが主張されていた。

取締役に監視・監督義務があることについては事例を通じて確立されており（最判昭和48・5・22民集27巻5号655頁、東京地判平成11・3・4判例タイムズ1017号215頁、大阪地判平成8・8・28判例時報1597号137頁等）、取締役の任務懈怠の対象として問題とされることも少なくない。もっとも、こうした責任の追及に対しては、取締役会に上程されない事項や、職務権限が細分化されている場合の職務権限外の事項等責任追及が困難な場合があり、また従業員に対する監督となると「直接的な監視が期待できない場所で、しかも日頃取締役と接触のない従業員が引き起こした不祥事については、取締役の責任を追及するのが難しくなる。」（野村修也「判批」会社法判例百選125頁）ことが指摘されている。

内部統制構築義務に関しては、大和銀行事件（大阪地判平成12・9・20金融・商事判例1101号3頁）等で明言され、委員会設置会社を対象とした部分的な明文化を経て、会社法で明記されるに至っている（会社法348条3項4号、362条4項6号、416条1項1号ロ・ホ・2項等）。このように法制度として組み込まれたことにより、今後は内部統制構築義務違反を主張して取締役に対する責任追及がなされる事例は増えてくるものと思われる。

(2) 監視・監督義務違反に関する3類型の存在
① 3類型の存在

従業員による違法な金融商品の販売に対する取締役の監視・監督義務違反について問擬された下級審裁判例には、以下の3類型が存在する。

・第1類型……取締役が、違法な販売行為を積極的に指示・指導した場合（東京地判平成4・11・10判例時報1479号32頁、名古屋地判平成4・3・13金融・商事判例895号25頁等）
・第2類型……取締役が、違法な販売行為を指示・指導していないものの、容認して放置した場合（東京地判平成15・3・19判例時報1844号117頁、千葉地判平成22・1・28判例時報2076号144頁等）
・第3類型……取締役が、違法な販売行為に関与していないため、管理監督体制の構築及びその運営にいかなる注意義務違反があったかが問題となる場合（東京地判平成19・5・23金融・商事判例1268号22頁、大阪地判平成21・5・21判例時報2067号62頁等）

第1類型では、取締役が従業員に対する指示・指導を通じて違法行為に関与していることから、取締役による第三者に対する不法行為責任が認められやすい。一方、第2類型及び第3類型では、第三者に対する直接的な加害行為を行っていないことから、不法行為責任の立証は困難である。そこで、会社法429条1項による責任を追及することが中心となろう。

② 第1類型で重視される事実

第1類型の場合、取締役が、違法な販売行為を積極的に指示・指導することにより、従業員の違法行為を惹起している。この取締役による指示・指導を通じ、取締役は従業員とともに違法行為を共同実行しているため、取締役による積極的な指示・指導が重要な事実となる。

③ 第2類型で重視される事実

第2類型の場合、取締役が、違法な販売行為を積極的に指示・指導していないものの、違法な販売行為を知った上で容認して放置したことにより、従業員の違法行為を惹起している。従業員による違法行為を知った場合、取締役はこれを抑止するための方策をとることが求められる（東京地裁商事研究会編・前掲254頁は「違法行為を発見しな

がら，その完全な阻止に努めず，違法行為の全部または一部を承認した場合には，その承認行為が新たな善管注意義務・忠実義務違反行為を構成することになる。」と指摘する）。したがって，取締役が従業員の違法行為を知っていたか，すなわち，いかなる情報が，いかなる方法で取締役に伝達されていたか，取締役が従業員の違法行為を抑止するための是正措置をとり得たか等が重要な事実となる。

④ 第3類型で重視される事実

第3類型の場合，取締役が，違法な販売行為に関与していない。そこで，第1及び第2類型のように違法な販売行為への関与及び容認を基礎づける事実ではなく，権限のある取締役において，従業員が違法行為を行わないようにいかなる管理監督体制を構築したか，管理監督体制が有効に機能するよう運営されていたか，従業員に対して違法行為を抑止するための教育活動をしていたか等が重要な事実となる。

また，第1及び第2類型の場合，取締役が従業員の違法行為を指示・指導又は容認していることから，こうした主観を通じて取締役の故意・重過失が充足され得る。一方，第3類型の場合，取締役が従業員の違法行為を指示・指導又は容認していないことから，従業員の違法行為を抑止するための管理監督体制の構築及び運営に対する重過失が問題となる。そこで，管理監督体制の構築及び運営に関する取締役の権限の有無も重要な検討対象となる。

さらに，違法行為の発見可能性がない場合には取締役の責任を認めることができないため，違法行為の発覚を回避するために行った従業員による隠蔽工作の内容も検討されなければならない（日本技術システム事件・最判平成21・7・9金融・商事判例1321号36頁が参考となる）。

2 判旨の検討

(1) 判旨の構造

本件では，従業員らが個人投資家らに対して販売行為を行っており，直接，各取締役らが何らかの行為を行ってはいない。また，各取締役による違法な販売行為の推奨等，違法な指揮・命令行為や，従業員の違法行為を知りつつ，放置したという事情もない。したがって，本件は，第3類型に属する事案であり，取締役による従業員の違法行為に対する管理監督体制が問題とされている。

判旨では，まず，Xらの損害を惹起した従業員による違法行為を認定し（判旨中第三.三(4)ア），続いて，そのような違法行為を惹起するよう構築されていた販売体制を検討し（判旨中第三.三(4)イ），結果としてずさんな管理体制の存在を確定する。そして，各取締役の責任を検討する際（判旨中第三.三(5)），販売体制を構築する権限及び是正すべき義務を有していたか否かを各取締役の地位・権限に応じて検討し，8名の被告のうち6名に対して責任を認めた。

(2) 従業員による説明義務に違反する勧誘

本件では，詳細な事実認定を行った上で，従業員の説明義務に違反する勧誘を認定している。取締役の構築した販売体制が経営判断として許容されるか否かを判断する際，従業員による違法行為の内容，違法の程度，違法行為の蔓延の有無，従業員による違法行為の隠蔽工作といった要素が重要となる（東京地判平成11・3・4判例タイムズ1017号215頁，大阪地判平成8・8・28判例時報1597号137頁等）。本件では，従業員の違法行為の内容及び蔓延について詳細に認定されており，欺罔と評価され得る説明がされていたことから，説明義務違反の違法の程度は重いといえる。

(3) 指示・指導又は容認の有無

判旨中第三.三(4)ウにおいて，「結局のところ，A社においては，顧客に対して説明義務を尽くすといった販売の体制が構築されていなかったこと，言い換えれば，多数の販売員が説明義務を尽くさないで販売するようなずさんな販売体制が構築されていたことになる。そして，その結果，Xらは，十分な説明を受けられず，本件債券のリスクについての認識を欠いた状態で，本件債券を購入するに至ったものであり，そのような販売体制が構築されていたという意味において，本件債券の販売過程に違法があったものというべきである。」と認定されている。

ここでは，ずさんな販売体制の構築によって，Xらに対する本件債券の販売過程における違法性が認定されていることから，Yらが従業員による違法行為を指示・指導（第1類型），又は容認（第2類型）したと評価されないか問題となる。

従業員の違法行為を指示・指導又は容認する場合、取締役は、具体的に従業員の違法行為を企図・認識し、その実現を受け入れている。本件では、各取締役が従業員の違法行為を直接的に指示した又は従業員の違法行為を知りつつ容認したといった事実の認定はされていない。むしろ、A社では形式的には、販売員に対する商品の理解を向上させるための機関としてＳＰ委員会が設置されていた。結果として、このＳＰ委員会の運用が形骸化して運用されていたことが従業員の認識不足、ひいては違法行為を惹起したのであるが、積極的に従業員の違法行為を誘導するためにずさんな販売体制が構築されたわけではない。そうすると、本件では、取締役による従業員の違法行為の指示・指導及び容認までは認定できる事案ではなく、取締役の構築した管理監督体制の内容が問題とされる第３類型と考えてよかろう。

(4) ずさんな販売体制

① 違法行為の蔓延

本件では、従業員による説明義務違反の程度は著しく、また、本店及び７支店において約35名の販売員が説明義務違反を犯していた。このように、多数の店舗において、多数の従業員が違反していた状態からすれば、A社において構築された販売体制がずさんと認定されたことは妥当といえる（判旨中第三.三(4)イ(ｱ)）。

② ＳＰ委員会の存在

A社においては、適切に販売を行うためのＳＰ委員会が存在していた。こうしたＳＰ委員会等の存在は、適切な販売体制を基礎づける一事情となり得る。しかし、ＳＰ委員会という制度が存在したとしても、ＳＰ委員会が形骸化しており、従業員に対する販売商品に関する知識の普及を通じ、適切な販売の実現に寄与していなかったのであるから、ＳＰ委員会の存在をもって販売体制がずさんでないとすることは困難であろう（判旨中第三.三(4)イ(ｳ)）。なお、本件の控訴審において、ＳＰ委員会は「……営業の第一線での担当者を中心とした新しい金融商品の販売促進のための勉強会であり、特に顧客に対する説明義務を意識したものとは認められず……」（東京高判平成16・1・28証券取引被害判例セレクト23巻320頁）と認定されており、設置された委員会が適切な体制を基礎づける機能を有しているか否かにも注意する必要がある。

③ 外国証券販売説明書の作成

A社においては、販売手続の際に用いる外国証券販売説明書が作成されていた。こうした説明書は、購入者の金融商品に対する理解を深めるためのものであり、適切な販売体制を基礎づける一事情となり得る。もっとも、単に販売説明書を作成したからといって購入者が対象の金融商品を理解できる様になる訳ではない。購入者が理解できるように十分な説明をすることが必要なのであり、購入者の理解及びこの理解に向けた補足説明を考慮せずに、販売説明書を作成したことをもって説明義務を尽くすための販売体制が構築されていたとは評価できない。

本件では、販売時に外国証券販売説明書が交付された者が若干名、全員でないものの事後的に交付された者もいたが、外国証券販売説明書に基づく説明は十分になされていなかった（注2）。したがって、外国証券販売説明書を作成する販売体制の存在をもって、説明義務を尽くすための販売体制が構築されたとはいえない（判旨中第三.三(4)イ(ｲ)）。

④ 投資確認書の徴求

投資確認書は、購入者が納得して金融商品を購入したことを基礎付ける一事情になり得る。もっとも、投資確認書の徴求がなされていたとしても（判旨中第三.三(4)イ(ｲ)）、本件のように不適切な説明に基づき、購入者が商品のリスク内容を明らかに誤って認識した上で投資確認書が作成されることもあり得る。そこで、投資確認書を徴求することを求める販売体制であったとしても、これだけで説明義務を尽くすための販売体制が構築されたとはいえない（判旨中第三.三(4)イ(ｲ)）。

⑤ 当時の水準に照らした判断

構築された体制が訴訟で争われる場合、その体制下で問題が発生してから数年の時間が経過していることが稀でない。本件に関しても、平成９年当時の問題に対して、平成15年２月27日に判決がなされている。時間の経過とともに不祥事件が積み重ねられ、法も整備されることから、裁判時には、当時の体制が不十分に思えることが少なくない。しかし、任務懈怠の有無は、当時の注意

義務に違反していたか否かにより判断されることから、裁判時の知見に依拠して判断することは許されない（江頭憲治郎『株式会社法第3版』433頁）。特に、金融商品の販売時の説明に関する規制は、時期により大きく異なっており、当時の基準に照らして判断さなければならない。本件では、説明内容の不十分及びこれを惹起した販売体制のずさんの程度も著しいことから、問題の発生した平成9年当時であっても、構築された体制が注意義務に違反するものであることに異論はなかろう。

(5) 各取締役の責任
① 代表取締役について

Y₁は、「本件債券の販売当時、A社の代表取締役社長であって、同社の業務執行全般について指揮統括する立場にあった」ことから、適切な販売体制を構築する職責及び販売体制が適切なものであるかを常時監視・監督し、不十分な体制である場合には是正するべき職責を有すると認定されている。

また、Y₂は、「本件債券の販売当時、A社の代表取締役会長であって、同社を総覧する立場、すなわち、Y₁と同様に、その業務執行全般について指揮統括する立場にあったということができる。」と認定されている。

代表取締役は、執行機関として内部的・対外的な業務執行権限を有する（会社法363条1項1号）とともに業務全般を監視する善管注意義務・忠実義務（改正前商法254条3項、会社法330条、民法644条、改正前商法254条の3、会社法355条）を負担するのであり、判例上も「代表取締役は、対外的に会社を代表し、対内的に業務全般の執行を担当する職務権限を有する機関であるから、善良な管理者の注意をもって会社のため忠実にその職務を執行し、広く会社業務の全般にわたって意を用いるべき義務を負うものである」（最判昭和44・11・26民集23巻11号2150頁）とされている。それにもかかわらず、上記のような販売体制を構築し、是正せずに放置していたのであるから、本件債券の販売当時の代表取締役であったY₁及びY₂について注意義務違反及び重過失が認められたことは首肯できる。

② 業務担当取締役

業務担当取締役は、自己の担当業務に関して適切な体制を構築し、自己の業務を監督し、又は不当な職務執行を制止・防止する策を講ずべく監視する注意義務を負担する（東京地裁商事研究会編・前掲203・206頁）。

本件では、従業員の違法行為の有無等、支店の業務状況を監督する「支店担当」のY₄、営業販売に関与する「営業部担当」のY₆及びY₈が任務懈怠責任を問われたのは当然の結論といえよう。

③ 取締役の担当業務外であるものの、密接に関与した取締役

直接の担当業務ではないものの、ずさんな体制構築に密接に関与した取締役は、関与を通じた体制の構築責任及び体制を是正し得る立場にあったとして、任務懈怠責任を負担する。ここでの問題は、如何なる場合に密接な関与が肯定されるかということである。

本件債券の販売当時、「常務取締役兼商品本部長」であったY₃は、取締役としての担当業務が本件債券の販売とは関連していなかった。しかし、本件債券及び関連文書の作成者の上司であり、本件債券という金融商品に密接に関与し、最も商品特性を理解し得る立場にあった。かかる立場にある者は、本件債券の販売にあたりいかなる資料に基づき、いかなる説明をすべきかを熟知しており、販売体制を構築する際に助言・指導すべき者といえる。そうすると、こうした助言が不十分であったことがずさんな販売体制の構築に大きく寄与したと評価され、結果として責任を負うこととなってもやむを得ないであろう。

④ 業務担当外の取締役

取締役がその取締役就任以前に従事していた業務内容及び取締役に選任された後の業務内容からすれば、違法な業務執行を発見する機会が存在しない場合、その取締役は任務懈怠責任を負うものではない（東京地裁商事研究会編・前掲253頁以下）。もっとも、「株式会社の取締役会は会社の業務執行につき監査する地位にあるから、取締役会を構成する取締役は、会社に対し、取締役会に上程された事柄についてだけ監視するにとどまらず、代表取締役の業務執行一般につき、これを監視し、必要があれば、取締役会を自ら招集し、あるいは招集することを求め、取締役会を通じて業務執行が適正に行なわれるようにする職務を有するもの

と解すべきである」（最判昭和48・5・22民集27巻5号655頁）とされており、担当業務以外の事項に関しても監督責任を逃れ得ない場合がある。

この判旨からすると、すべての事項に関して監督責任を負うようにも読めるが、その後の裁判例においては「……、証券市場において上場されている公開会社等、ある程度の規模の会社においては、会社の事業活動が広範囲にわたり、取締役の担当業務も専門化されていることから、取締役が、自己の担当以外の分野において、代表取締役や当該担当取締役の個別具体的な職務執行の状況について監視・監督を及ぼすことは事実上不可能であり、違法な職務執行が行われていたことのみをもって、各取締役に監視義務違反があったとすることは、いわば結果責任を強いるものであり、本来の委任契約の債務の内容にも反するものであって相当ではない。

そこで、このような取締役の監視義務の履行を実効あらしめ、かつ、その範囲を適正化する観点から、個々の取締役の職務執行を監督すべき取締役会が、個々の取締役の違法な職務執行をチェックしこれを是正する基本的な体制を構築すべき職責を有しており、これを前提に、会社の業務執行に関する全般的な監督権限を有する代表取締役と当該業務執行を担当する取締役が、その職務として、内部管理体制を構築し、かつ、そのような管理体制に基づき、個々の取締役の違法な職務執行を監督監視すべき一次的な職責を担っていると解すべきであり、その他の取締役については、取締役会において上程された事項ないし別途知り得た事項に限って、監督監視すべき義務を負うと解すべきである。」（東京地判平成19・5・23金融・商事判例1268号22頁、以下「平成19年判決」という）とするものがある。

会社法下におけるガバナンスの多様性、会社そのものの多様性からすれば、業務外の取締役において監視・監督義務が解除される要件を一律に決定することは不可能であり、会社の規模・業務内容、取締役間の権限分配の状況、問題とされる対象の内容、問題が存在した期間、問題の発見可能性、是正措置の発動可能性等を総合考慮して責任の有無を判断すべき場合もあり得よう。

本件では、「法人部を顧客とする取引を統括する」取締役であったY5については、個人顧客に対する販売体制とは関係のない部署であったことを理由に責任を否定している。A社は、平成9年12月当時、東京証券取引所の会員であり、資本金13億5511万5760円、関東地方を中心に4つの支店を有する中堅証券会社であり（A社に対する別件である東京地判平成15・3・19判例時報1844号117頁において認定されている）、相当数の従業員を抱えていたと思われることから、平成19年判決が想定する会社に該当し得るといえ、小規模閉鎖会社のように取締役がすべての事項に監視・監督の目を注げるような状況にはなかったといえよう。

Y7に関しても、管理本部総務人事部長、秘書室担当であった時期の責任についてはY5の責任の検討と同様に、個人顧客に対する販売と業務権限が関係のないことをもって任務懈怠が否定されている。

⑤ 監査部担当の取締役

Y7は、平成9年5月以降は監査部担当に就任している。A社の監査部は「顧客との取引にあたり従業員に違法行為がなかったかどうかなどを事後的に検査する部署でもあった」ことから、かかる監査部を担当する取締役には、ずさんな体制を是正するよう促すことが求められる。もっとも、本件では、本件債券の販売終了時期が平成9年10月であり、監査部を担当する取締役に就任した後約5か月の間に販売体制を是正することができたか認定できなかったことから、任務懈怠責任が否定されている。

監査部としての是正措置の発動は、時間軸の視点を考慮する必要がある。まず、監査部として是正対象の問題に気がつくまでの時間である。会社の膨大な業務の中から問題となる違法行為を抽出する作業は容易でない。内部通報や、外部からのクレームがなければ気がつかないことも多く存在するであろう。また、問題に気がついた後、短期間の間に是正措置をとるべきか否かは、是正措置を発動する緊急性があるか否かに影響を受ける。仮に重大な違法があり、その違法により生じる損害が甚大である場合には早急に対応しなければならず、時間をかけて検証している猶予はない。本件においては、Xらだけでも122名という多くの

被害者が存在しており、違法な手続が蔓延していたのであるから、Y₇が監査部の担当に就任した後、本件における違法な説明に関して知り得た可能性は十分にあり得る。また、本件の説明の状況を知った場合、違法性の程度が高いこと、従業員が詐欺罪として問擬される可能性を否定しきれないこと、購入者に対して多大な損害を与える危険が高いこと、この損害の賠償によりA社の存続に大きな影響を及ぼしかねないこと等からすれば、緊急性が高く、早急に何らかの対応をとる必要性は高かった。そうすると、裁判所としては、適切な訴訟指揮を通じて個人顧客からのクレームの状況、販売体制に関する報告書の有無・内容等の事実を確定し、その事実に基づいてY₇の責任を判断すべきであったのではないか。

Ⅳ 実務対応

1 管理監督体制の構築及び運営

　本件は、ずさんな販売体制のもとで違法な説明が蔓延していた事案であり、このような体制を構築し、また是正しなかったことについて代表取締役、業務担当取締役、業務外であるものの密接に関与した取締役の責任が認められた。本件のようなずさんな体制が構築され、是正されずに放置されることは稀であろうが、従業員の違法行為を抑止するための管理監督体制の構築及び運営には常に注意を払う必要がある。この点に関連し、中村克己「現場への落とし込み・周知徹底を図る3つの方策」Business Law Journal31号42頁は「それぞれ問題となるリスクに応じた規定は一定程度整備されていたものの、現場で十分理解されていない、あるいは事実上無視されているといった形で、実効的に機能しておらず、それが不祥事の発生の一因となってしまったケースが大半である。」と指摘しており、規定の実効性確保の重要性を示唆する。

2 担当業務と関連する注意義務の内容

　本件では、小規模閉鎖会社ではなく、中堅証券会社における取締役の責任が問題とされ、各取締役の各取締役の地位及び権限並びに在職時期を踏まえて責任の有無が判断されている。

　代表取締役及び業務担当取締役は、担当業務内における従業員の違法行為の発生を抑止するために十分に管理監督しなければならず、そのための体制を構築する必要がある。また、管理監督体制を構築しただけでは足りず、適切に運用されているか否かも定期的に検証しなければならない。

　業務担当外の取締役は、原則として取締役会において上程された事項ないし別途知り得た事項に限って、監督監視すべき義務を負い、取締役としての業務権限外の事項とはいえ「別途知り得た事項」に該当する場合には監視・監督義務を尽くさなければならない。更に問題を発見した場合には取締役会の開催を通じ、取締役会における是正措置の検討を促すことが必要である。

3 証拠の確保

　取締役が注意義務を果たしていたか否かが問題となった場合、取締役は、自己が適切に注意義務を果たしていたことを示す必要がある。訴訟は、証拠に基づき、過去の事実を確定した上で、現在の権利関係を決定する手続であることから、証拠が不十分である場合には取締役において認識した事実と異なった判断がなされる可能性がある。こうしたことを避けるため、自己の担当業務に関しては、関係資料を収集・検討し、問題の発見に努め、自己の担当業務外に関しては、問題を発見または危惧感を抱いた場合、その業務を担当する取締役と協議し、必要があれば取締役会に上程する等し、そうした行動が事後的に確認できるよう書面化しておくことが重要であろう。

(注1)「監視」とは取締役会の上程事項、業務執行等取締役等の業務を対象とするのに対し、「監督」とは従業員の不正行為を対象とする（東京地方裁判所商事研究会編『商事関係訴訟』202・205・249頁、東京地方裁判所商事研究会編『類型別会社訴訟〔第二版〕』252・259頁）。

(注2) 本事件は平成9年のことであり、平成13年4月1日に施行された金融商品の販売等に関する法律3条の説明義務が規定される前のことである。また、当時の証券取引法は、現行の金融商品取引法よりも緩やかな規制となっており、金融商品の購入者に対する保護が十分でなかった。

11 孫会社に生じた損害について親会社の取締役の責任を追及する株主代表訴訟が提起された事例——野村證券事件（東京地判平成13・1・25金融・商事判例1141号57頁）

弁護士　皆川克正

I 事案の概要

1　本件は、野村證券株式会社（以下、「野村證券」という）の株主であるXらが、野村證券のYらを被告らとして、野村證券に損害の賠償を求める株主代表訴訟である。

2　判決において裁判所が認めた前提となる事実は以下のとおりである。

(1)　野村證券の100％子会社であるノムラ・ホールディング・アメリカ・インク（以下、「NHA」という）の100％子会社であるノムラ・セキュリティーズ・インターナショナル・インク（以下、「NSI」という）は、昭和56年、ニューヨーク証券取引所の会員となった。

なお、野村ホールディングス株式会社が平成15年6月27日に金融庁に提出した同社の平成14年度有価証券報告書によれば、平成15年3月31日時点の野村ホールディングス株式会社の連結子会社は113社、持分法適用関連会社は13社にのぼる。

(2)　ニューヨーク証券取引所は、平成2年8月8日、NSIがその保有する外国証券について100％の引当金を計上せず、その結果、米国証券取引委員会規則（以下、「証券取引委員会規則」という）によって維持すべきとされる自己資本金額を維持しなかったこと、NSIが不正確な定期報告書をニューヨーク証券取引所に提出したこと等の事実を認定し（NSIは事前に違反事実の認定に同意していた）、同規則違反を理由にNSIに対して18万米ドルの課徴金を課し、NSIは同額を納付した。

(3)　ニューヨーク証券取引所は、平成7年10月25日、NSIがその保有するメキシコ国債について100％の引当金を計上せず、その結果、証券取引委員会規則によって維持すべきとされる自己資本金額を維持しなかったこと、NSIが不正確な定期報告書をニューヨーク証券取引所に提出したこと等の事実を認定し（NSIは事前に違反事実の認定に同意していた）、同規則違反を理由にNSIに対して100万米ドルの課徴金を課し、NSIは同額を納付した。

3　上記2の事実を前提として、Xら及びYらはそれぞれ以下の主張を行った。

(1)　Xらの主張

NSIは、野村證券が米国において証券取引業を営むことを許された唯一の100％子会社で（NHAは持株会社であり実質的にはNSIが野村證券の子会社である）、その会長及び社長は、野村證券の専務取締役及び常務取締役が兼任しており、実質的には野村證券のニューヨーク支店というべき会社であった。野村證券にはNSIがニューヨーク証券取引所に提出する定期報告書について提出前に被告らの承認を取り付けなければならないとの内規（以下、「本件内規」という）が存在し、被告らは、定期報告書の内容について承認していた。

当時、野村證券の経営責任者であったYらが証券取引委員会規則に違反した内容の定期報告書の提出に承認を与えたこと及び課徴金の支払を承認したことは、取締役の注意義務違反に当たる。

仮に、NSIの経営を野村證券に報告すべき内規がなかったとしても、NSIは、野村證券の米国における証券取引業を行う唯一の100％子会社であり、その営業規模からいっても、また、野村證券に及ぼす影響の大きさからいっても、野村證券取締役にはNSIの経営を監視するための野村證券の内規を制定すべき義務があったのであり、被告

らは右義務の履行を怠った。

　NSI は、野村證券の 100％子会社である以上、NSI に生じた損失は野村證券の損失となる。

　したがって、X らは、Y₁から Y₄については、野村證券に対し、各自 118 万米ドル及び内 18 万米ドルについては平成 2 年 8 月 8 日から、内金 100 万米ドルについては平成 7 年 10 月 25 日から、それぞれ支払済みまで年 5 分の遅延損害金の支払を求めるとともに、Y₅から Y₇については野村證券に対し、各自 18 万米ドル及びこれに対する平成 2 年 8 月 8 日から支払済みまでの遅延損害金の損害の支払を求める。

　(2)　Y らの主張

　①　NSI は野村證券の孫会社であり、孫会社に生じた損害がそのまま親会社の損害となるものではない。

　親会社が所有する子会社株式の評価損を損害と構成できるとしても、100％子会社であり、かつ、法人格否認の法理の形骸化要件を満たし、しかも当該行為をなすにあたり子会社取締役に独自の判断の余地がなかった場合にのみ、子会社の損失が親会社の損失となるところ、野村證券と NHA の間でさえ法人格否認の形骸化要件は満たされておらず、NHA と NSI との関係も同様である。また、NSI に対する課徴金賦課の根拠となった NSI の行為及び課徴金支払についての NSI の同意は、NSI の取締役が独自の判断で行ったものである。

　したがって、課徴金の支払によって NSI に生じた損害は野村證券の損害ということはできない。

　②　親会社と子会社は別個独立の法人であり、親会社の取締役は、原則として、子会社に生じた損害について親会社に対して任務懈怠の責任を負うことはない。

　親会社取締役がなした子会社に対する不適切な指図によって子会社に損害を生じ、親会社にも損害が生じた場合は、親会社取締役が責任を負う場合があり得るが、NSI に対する課徴金賦課の根拠となった NSI の行為及び NSI が課徴金の支払に同意したことは、NSI の取締役が独自の判断で行ったものであり、野村證券の指図によるものではない。X の主張する本件内規は野村證券に存在せず、また、Y らにはそのような内規を定めるべき義務はない。したがって、Y らには課徴金の支払によって NSI に生じた損害についての責任はない。

Ⅱ　判決要旨

　1　親会社と子会社（孫会社も含む）は別個独立の法人であって、子会社（孫会社）について法人格否認の法理を適用すべき場合の他は、財産の帰属関係も別異に観念され、それぞれ独自の業務執行機関と監査機関も存することから、子会社の経営についての決定、業務執行は子会社の取締役（親会社の取締役が子会社の取締役を兼ねている場合は勿論その者も含めて）が行うものであり、<u>親会社の取締役は、特段の事情のない限り、子会社の取締役の業務執行の結果子会社に損害が生じ、さらに親会社に損害を与えた場合であっても、直ちに親会社に対し任務懈怠の責任を負うものではない</u>。

　<u>もっとも、親会社と子会社の特殊な資本関係に鑑み、親会社の取締役が子会社に指図をするなど、実質的に子会社の意思決定を支配したと評価し得る場合であって、かつ、親会社の取締役の右指示が親会社に対する善管注意義務や法令に違反するような場合には、右特段の事情があるとして、親会社について生じた損害について、親会社の取締役に損害賠償責任が肯定される</u>（下線部筆者）とされる。

　2　以上を前提に原告らの主張の当否を検討する。

　(1)　本件において、NSI（及び NHA）の法人格が濫用されているとしてこれを否認するに足りる原告らの主張立証はない。

　(2)　本件全証拠によっても、NSI の会計処理のあり方や NSI がニューヨーク証券取引所に提出する定期報告書の内容の決定について被告らが NSI に指図をした事実並びに NSI のニューヨーク証券取引所に対する違反事実の認定への同意及び課徴金の支払について被告らが NSI に指図をした事実は、いずれも認めるに足りない。

　なお、X らは、野村證券に本件内規が存在することを前提として、Y らが証券取引委員会規則に

違反した内容の定期報告書に承認を与えたこと及び課徴金の支払を承認したことは、取締役の注意義務違反に当たると主張するが、右承認が前記の「実質的に子会社の意思決定を支配した」と評価し得るかという点はさておいても、そもそも本件において本件内規の存在を認めるに足りる証拠は全くない。(下線部筆者)また、原告らはNSIは実質的には野村證券の支店に過ぎないとして、NSIが野村證券に業務内容を報告していたと認めるべき旨主張するが、この点についての立証もない。

(3) Xらは、YらにはNSIの経営を監視するための内規を制定すべき義務があったのにこれを怠ったため、前記損害が生ずるに至った旨主張する。しかしながら、Xら主張の内規を制定すべき義務が被告らに存することの法律上あるいは条理上の根拠について原告らは具体的な主張を行わないのでこの主張も失当(下線部筆者)である。

(4) したがって、以上いずれの点からも原告らの主張する取締役の義務違反の主張は理由がない。

3 結論

よって、その余の点を判断するまでもなく、Xらの本訴請求はいずれも理由がないからこれらを棄却する(下線部筆者)こととし、訴訟費用の負担につき民事訴訟法第61条、第65条1項本文をそれぞれ適用して、主文のとおり判決する。

Ⅲ 分析・検討

1 争点

本件で争点となったのは、①孫会社に発生した損害は直ちに親会社の損害となるか(注1)、②親会社の取締役は孫会社の業務行為から発生した損害について任務懈怠の責任を負うか、の2点である。

本判決は、結果として親会社の取締役の責任を否定したため、①の孫会社に発生した損害は直ちに親会社の損害となるかという争点については判断が示されず、②の親会社の取締役は孫会社の業務行為から発生した損害について任務懈怠の責任を負うかという点についてのみ判断が示された。本論稿では、②の点についてのみ検討を行うが、①の争点につき判断を示したものとして、三井鉱山事件最高裁判決(最判平成5・9・9民集47巻7号4814頁)と、片倉工業事件東京高裁判決(東京高判平成6・8・29金融・商事判例954号14頁)がある。前者は、特段の主張・立証がない限り、子会社に生じた損害額イコール親会社の損害に当たるとし、後者は、子会社株式の評価損についての主張・立証がなされている場合は、三井鉱山事件最高裁判決にいう「特段の主張・立証」に当たるとして、親会社の損害額は保有する子会社株式の評価損相当額であるとする。学説では親会社の損害を子会社の損害とは別個にみることを前提に、一般論として親会社の損害額は評価損相当額とする立場が多数説とされている(志谷匡史「親子会社と取締役の責任」小林秀之=近藤光男編『株主代表訴訟体系』130頁)。

なお、会社法においては、孫会社についても、子会社と同様に取り扱っていること(会社法2条3号、会社法施行規則3条)、本件判決でも孫会社を含む概念として子会社という用語を用いていることから、以下、NSIを便宜上子会社と呼ぶこととする。

2 本判決の評価

(1) 上記Ⅱ．3．記載のとおり親会社の取締役の責任を否定した結論自体には異論がないようである。本判決は、三井鉱山事件判決(最判平成5・9・9民集47巻7号4814頁)や片倉工業事件裁判例(東京高判平成6・8・29金融・商事判例954号14頁)のように親会社が子会社を利用して法の禁止を潜脱したケースではなく、子会社取締役による日常の業務行為から生じた損失について親会社取締役の親会社に対する善管注意義務違反が問題となったケースであり、子会社に生じた損害につき親会社取締役の親会社に対する責任が追及されるケースに新たな一例を付け加える画期的な判決と評価する見解がある(黒野葉子「孫会社に生じた損害について親会社の取締役の責任が認められなかった事例」税経通信58巻2号177頁)。

また、本件により、社内不祥事に係わる取締役の監視義務、代表取締役の監督責任ないし直接責

任を負うべき取締役の執行責任の文脈において先例・学説が展開してきた立論が、親会社のシチュエーションにおいてどの程度妥当性を有するのかという興味深い問題が提起されたとの指摘もある（志谷匡史「孫会社に生じた損害につき親会社取締役の責任が認められるべき基準」私法判例リマークス26号（2003＜上＞100頁））。

更に、本判決の述べている原則が銀行持株会社との関係についても適用されるとした上で、実務上の指針として、「銀行持株会社の取締役に子銀行の貸付業務に関連して生じた損害について責任が認められるのは左（ママ）のような事例に限定されるものと考える。(i)子銀行に指図をするなどして、実質的に子銀行の意思決定を支配した場合、(ii)子銀行の取締役の選定に偏りがあり、審査部門の経験をしていないものばかりを取締役に任命している場合、(iii)子銀行から報告を受けた内容に、通常人なら容易に発見できるような明白な法令違反があるのに、その中止をしなかった場合」とする見解もある（小沢征之「孫会社に生じた損害について親会社取締役の責任が認められなかった事例」金融法務事情1640号4頁）。

(2) なお、「子会社（孫会社）について法人格否認の法理を適用すべき場合の他は、」と判示しており、本件のような件においても、法人格否認の法理の適用の可能性を認めるものであるが、本件のように子会社（以下、「孫会社」を含む）が独立して業務活動を行っており、しかも不正の目的のために当該子会社を利用した事実がないケースにおいて、法人格否認の法理の適用がない点についても異論がないところである。

3 親会社取締役の責任追及の手段について

(1) この点、親会社取締役による親会社に対する損害賠償という方法が本件のような子会社における不祥事のケースの解決方法として適切であったかどうかについては疑問が呈されている。すなわち、本件において、親会社取締役が親会社の損害を填補したとしても、子会社自身に生じた損害は何ら回復されないからである。

(2) そこで、本来であれば、子会社の株主である親会社が代表訴訟を提起して子会社取締役の責任を追及し、子会社取締役に子会社の損害を賠償させることによって親会社の損害を回復すべきであったとする見解がある（近藤光男）。

しかし、本件のような100％親会社・子会社間で、親会社の役職員が子会社の取締役を兼務しており、人的関係から、親会社が代表訴訟を提起して子会社取締役の責任を追及することは事実上期待できない場合が多い（かかる現実を指摘するものとして、大隅健一郎「会社の親子関係と取締役の責任」商事法務360号34頁）。

更に、かかる見解の論者は、親会社取締役は子会社の株主としての親会社資格において子会社取締役に対して株主代表訴訟を提起し、子会社取締役の責任を追及することで親会社に生じた損害を回復する義務があることを理由に、そのような措置を講じなかった親会社取締役に対しては代表訴訟不提起責任を追及することが可能であるとする（近藤光男「子会社の損害と親会社取締役の責任」商事法務1370号9頁、本見解に賛成する見解として、黒野・前掲181頁）。

確かに、理論的には責任追及が可能であろうが、実際に訴訟を提起するとなると、立証すべき事項が多く、事実上、代表訴訟不提起責任を追及する株主代表訴訟を提起することは大きな困難を伴うと思われる。

(3) 多重代表訴訟の創設の議論

そこで、アメリカの判例法上一般的に認められている親会社の株主が直接子会社の取締役に対して代表訴訟を提起することを認めるいわゆる多重代表訴訟による責任追及の可否についての議論も本判決を契機として行われるようになった。

多重代表訴訟については、解釈論によって当時の商法上も認められるとする見解もあるが（畠田公明「純粋持株会社と株主代表訴訟」ジュリスト1140号19頁以下）、平成11年に完全親子会社関係を創設する手段としての株式交換・株式移転の制度が商法に導入された際に、多重代表訴訟の立法化が検討されたが、経済界からの強い反対により実現しなかったという経緯がある。また、会社法においても、多重代表訴訟は認められないと一般的に理解されていることを前提に法制審議会会社法制部会におけるいわゆる企業結合法制についての検討事項の1つとして、企業グループのコーポレート・ガバナンスの一構成要素として、

多重代表訴訟の導入の是非が挙げられている（加藤貴仁「企業グループのコーポレート・ガバナンスにおける多重代表訴訟の意義〔上〕」商事法務1926号4頁）。

4 親子会社をめぐり取締役の賠償責任が問われる類型と学説の検討

(1) 類型

親子会社をめぐり取締役の賠償責任が問われる類型としては、①親会社取締役の任務懈怠が追及される場合と、②子会社取締役の任務懈怠が追及される場合とがあるが、本件は、みなし子会社が法令違反により課徴金の支払を余儀なくされた場合に、親会社取締役に任務懈怠があったといえる場合にはどのような要件が必要なのかが問われた事件であり、①の類型に属する。これまで子会社の法令違反について親会社取締役の責任が問われた先例は見当たらない。

(2) 学説

この点、「親子会社においては、親会社による統一的な指揮の下に子会社の経営が行われる場合が少なくなく、子会社取締役は親会社から派遣されていることがしばしばであること、またそうでなくとも子会社取締役の選任権は親会社が掌握していることなどの理由から、親会社からの指示があれば、子会社取締役は事実上これに従わざるを得ない状況にあるという現実があること（大隅・前掲同頁）」を前提として、「子会社の業務を統括する立場にある親会社取締役を除いて、原則として親会社取締役には子会社で生じた不祥事に関する監督責任を問われるいわれはなく、親会社取締役の任務懈怠責任は、子会社取締役に対して指図・要請等の実質的関与があった場合に限定されるべき」との見解がある（志谷匡史「親子会社と取締役の責任」小林秀之＝近藤光男編『株主代表訴訟体系』85頁）（注2）。

これに対して、親会社取締役が子会社の取締役に何らの影響力も行使しなかった場合には、たとえ親会社に損害が生じたとしても、親会社取締役に責任は問えないとする見解（注3）や、原則として持株会社の経営者は、監視義務を尽くしている限り従属会社の経営責任を問われないとする見解がある（注4）。

(3) 本判例の示した規範に対する評価

上記Ⅱ1記載のとおり、本判決は、親会社と子会社の法人格は別であることから、親会社の取締役は、「特段の事情」のない限り、子会社の取締役の業務執行の結果子会社に損害が生じ、更に親会社に損害を与えた場合であっても、直ちに親会社に対し任務懈怠の責任を負うものではないとしている。法人格否認の法理の適用がある場合を除き、特段の事情がない限り、親会社取締役の賠償責任を否定するものであるが、妥当と考える。

問題は、どのような場合に「特段の事情」が認められるかであるが、本判決は、「親会社と子会社の特殊な資本関係に鑑み、親会社の取締役が子会社に指図をするなど、実質的に子会社の意思決定を支配したと評価し得る場合であって、かつ、親会社の取締役の右指示が親会社に対する善管注意義務や法令に違反するような場合」に、「特段の事情」が認められるとする。

本件では、原告による野村證券の内規の立証が不十分であったため、「右承認が前記の『実質的に子会社の意思決定を支配した』と評価し得るかという点はさておいても、」と触れられたにとどまり、実質的な判断は行われていない。では、仮に、原告が野村證券の内規の立証に成功し、NSIのSEC規則に違反した定期報告書の提出と課徴金の支払につき、事前に野村證券の承認を要すると認められ、これに対し野村證券が承認したという事実があると認定された場合に「実質的に子会社の意思決定を支配した」と評価されるのか。

この点、「親会社取締役による承認には必ず子会社の判断が先行するのであって、単なる承認のみをもって『実質的に子会社の意思決定を支配した』と評価することは困難と思われる。子会社の意思決定の時点で、既にその判断を拘束するような何らかの事情が存在することを原告が立証することができた場合にはじめて「実質的に子会社の意思決定を支配した」と評価することが可能となる。」との見解が示されているが（黒野・前掲180頁）、妥当と考える。

5 親会社取締役の子会社の経営監視義務の有無、具体的内容・範囲

(1) 本判決が挙げた特段の事情が認められない

場合であっても、親会社取締役が子会社の経営を監視する義務を負うとすれば、子会社取締役の意思決定に対して親会社の取締役が何ら関与していない場合であっても、不作為による監視義務違反を根拠に親会社取締役の責任が認められる可能性がある。そこで、親会社取締役の子会社の経営監視義務の有無、具体的内容及び範囲について検討する。

(2) 会社法制定前の議論ではあるが、「親会社の監督責任が問われるとすれば、その前提に、親会社のみならず<u>子会社等のグループ全体に対する法令遵守体制の構築をすべき義務</u>（下線部筆者）が肯定されねばならない。そして、代表取締役にかような意味の幅広い法令遵守体制構築義務が肯定されるとき、はじめて取締役会構成員たる取締役一般について代表取締役の職務執行としての法令体制構築を監視する義務が問題となろう。純粋持株会社でない通常の親会社を想定するとき、独立の会社を想定した法令遵守体制構築をめぐる議論をそこまで拡張できるのか、なお慎重な検討を要する。」とするとの見解が示されていた（志谷・前掲私法判例リマークス26号101頁）。

この点、会社法では、大会社（委員会設置会社を除く（注5））においては、内部統制システムを構築することを明文で取締役に義務づけ（会社法348条4号）、具体的な内部統制システムの内容として決議すべき項目の1つに「当該株式会社並びにその親会社及び子会社から成る企業集団における業務の適正を確保するための体制」を規定していること（会社法362条4項6号、会社法規則100条1項5号）を踏まえると、親会社の取締役は、子会社等を含めたグループ全体の法令遵守体制を構築する義務を負うとされている（注6）。

もっとも、親会社におけるグループ全体の法令遵守体制の構築の具体的内容としては、(i)リスク管理体制、コンプライアンス体制をグループ全体に適用あるものとして検討、決議するほか、(ii)子会社との情報の交換、人事の交流をはじめ子会社との連携体制の確立、(iii)親会社による子会社に対する不当な取引の要求等を防止するための体制等について決議することなどが会社法の立法担当者により指摘されているにとどまり（小館浩樹・江頭憲治郎ほか編『会社法体系第3巻』168頁）、親会社の取締役の子会社の経営の監視義務を直ちに基礎付けるものとまではいえないが、監視義務の存在を一律に否定するものではないと考える（注7）。

(3) そこで、親会社の取締役が負う子会社の経営の監視義務の具体的内容については別途慎重な検討が必要である。

① 会社法制定前の議論ではあるものの、(i)親会社取締役による指示に従って行為するのが日常的で、かつ、子会社取締役にその経営に関する独自の判断の余地がほとんど認められていないような場合は、当該子会社は親会社の一事業部又は一カンパニーと実質的に同一であると評価でき、親会社取締役に対して子会社の業務を日常的に監視する義務を認めるべきであるが、(ii)そうでない独自の経営を行っている子会社に関しては親会社取締役にそのような監視義務を課すことは難しいとする見解がある。ただ、この見解も、当該子会社の経営の失敗が親会社に重大な損失をもたらすとすれば、そのような事態を未然に防止するのが親会社取締役の任務であるともいえるとして、子会社の損失が親会社の損失に直結するほどの密接な関係を有する親子会社関係においては、重要な子会社の重要な意思決定に関しては、親会社に広く監視義務を認めるべきとする（黒野・前掲181頁）。

傾聴に値する見解ではあるが、(ii)と認定された子会社についても、その損失が親会社の損失に直結するほどの密接な関係を有する親子会社関係においては、重要な子会社の重要な意思決定に関しては例外的に監視義務を認める点や、そもそも、子会社の多くが周辺環境の変化に対応して業務を拡大・変容しており、それに応じて親会社との関係も必然的に変化せざるを得ないという現実を踏まえると、個々の子会社が(i)、(ii)のいずれに該当するかは明確でなく、親会社の個々の取締役にかかる判断をさせるのは、子会社を多く有する大企業においては非現実的でない点などを考慮すると、実務上の指針として用いるのには困難が伴うと思われる。

② また、大規模な公開会社となるとその傘下に数多くの子会社を抱えているため、親会社の取締役がグループ内の全子会社を常に監視することは不可能に近いという現実を直視し、大規模公開

会社における取締役は合理的な内部統制システムが会社内部に構築されつつ、担当業務を委譲した業務担当取締役、従業員等の遂行する業務執行が適正になされていたと信頼した場合（信頼の権利）に限り、会社に生じた損害に対し監視・監督義務違反の責任が問われないとする「信頼の権利」の議論を、親子会社についても適用し、グループ内部に子会社の経営を監視するための合理的な内部統制システムが構築されつつ、子会社の代表取締役や取締役の業務執行が適正になされていたと信頼した場合に限り、親会社の取締役は、子会社に生じた損害に対し監視・監督義務違反の責任を問われないと解すべきとする見解もある（小菅成一「孫会社に生じた損害に対する親会社取締役の責任」東海法学31号132頁）。

③　そこで、会社法において、グループ全体の法令遵守体制の構築も取締役の義務として明記されている以上、親会社の取締役の子会社経営の監視義務の存在を常に否定すべきではないが、親会社と子会社はあくまで別個の法人であることから、特段の事情がない限り、親会社の取締役の監視義務の範囲は限定的に解釈されるべきと考える。また、取締役らの監視義務の有無を一律に考えるのではなく、当該子会社の業務担当取締役とそれ以外の取締役とでは自ずと、監視義務の有無・範囲は異なるものと考える。

具体的には、子会社が日常業務において法令違反の行為をしようとしたときに事前にこれを防止することが合理的に期待できる子会社等を含めたグループ全体の法令遵守体制を構築する義務を果たしている限り、当該子会社の業務担当取締役以外の親会社取締役については、当該法令違反行為を認識しながらこれを承認ないし黙認したという特段の事情がない限り、監視義務違反は認められないと考える。これに対して、当該子会社の業務担当取締役については、グループ全体の法令遵守体制の構築義務に加え、自己が管掌する子会社内部の法令遵守体制の運用状況・実効性について、定期的に報告を受けるだけの消極的、受動的な監視では足りず、自ら又は当該子会社の従業員以外のスタッフが定期的に当該子会社に足を運び、従業員に対して個別に法令遵守体制の運用等についてインタビューを行う等能動的な行動をしてはじめて監視義務を尽くしたといえると考える。

Ⅳ　実務対応

1　本判決により、親会社の取締役が子会社に指図をするなど、実質的に子会社の意思決定を支配したと評価し得る場合であって、かつ、親会社の取締役の右指示が親会社に対する善管注意義務や法令に違反する場合には、親会社について生じた損害について、親会社の取締役に損害賠償責任が認められる可能性があることが明らかとされたことから、その旨を親会社の各取締役に対し説明し、理解を求めることがまず求められる。その際には、親会社の取締役の賠償責任が認められるのが、本判決が特段の事情が認められる場合として明示した場合に限られるとの誤解を招かないことが重要である。会社法上、取締役には内部統制システム構築義務の一内容として、親会社取締役に対して子会社の監視義務が認められる可能性があること、特に管掌している子会社については、当該子会社における内部統制システムの運用状況、実効性について、受動的に報告を受けるだけでは足りず、定期的に、自ら又は当該子会社以外のスタッフが実際に当該子会社に足を運び、子会社の従業員に対して個別に法令遵守体制の運用等についてインタビューを行うなどの能動的な活動をする必要があることも併せて説明を行うことが必要となろう。

2　なお、上記Ⅲ１．3⑶で紹介した多重代表訴訟の制度については、現時点では会社法改正により導入されるかどうか結論が出ていない。各企業の法務担当の部署は、議論の状況を随時確認し、改正による導入の可能性が高まってきたら、改正法の成立・施行に先駆けて、子会社取締役に対しても、多重代表訴訟（案）の制度の概要を前もって説明することが必要となろう。また、グループ内部において、代表訴訟の被告となり得る子会社の取締役と、グループ内においては同格と位置付けられている親会社の事業本部長等が存在する場合は、前者は代表訴訟の被告となるのに対し、後者については代表訴訟の被告とならないということでバランスを失することがないか、子会社取締役の人選のあり方等についても予め検討を

重ねておく必要があろう。

(注1) 本争点につき判断を示したものとして、三井鉱山事件最高裁判決（最判平成5・9・9民集47巻7号4814頁）と、片倉工業事件東京高裁判決（東京高判平成6・8・29金融・商事判例954号14頁）がある。前者は、特段の主張・立証がない限り、子会社に生じた損害額イコール親会社の損害に当たるとし、後者は、子会社株式の評価損についての主張・立証がなされている場合は、三井鉱山事件最高裁判決にいう「特段の主張・立証」に当たるとして、親会社の損害額は保有する子会社株式の評価損相当額であるとした。学説では親会社の損害を子会社の損害とは別個にみることを前提に、一般論として親会社の損害額は評価損相当額とする立場が多数説とされている（志谷匡史「親子会社と取締役の責任」小林秀之＝近藤光男編『株主代表訴訟体系』130頁）。

(注2) 黒野・前掲179頁によれば、問題の行為の判断に限り子会社の独自性を否定するとともに指図の拘束力に帰責性の根拠を求め、親会社取締役の責任を考えるべきであるとの主張と評価されている。

(注3) 柴田和史「子会社管理における親会社の責任（下）」商事法務1465号70頁。本見解は、平成9年の独占禁止法改正による所謂純粋持株会社の解禁を契機に、まさに、支配下にある多くの子会社のいずれかに何らかの不祥事が生じたとき、親会社である持株会社の取締役にはどのような責任が生じるのかという問題意識がベースにある。

(注4) 神作裕之「純粋持株会社における株主保護（中）」商事法務1430号10頁以下。ただし、本論稿はドイツ法における見解であり、我が国の持株会社の取締役の責任について同一の見解に経つかどうかは必ずしも明らかではない。

(注5) 委員会設置会社の取締役会は、①監査委員会の職務の執行のため必要なものとして法務省令で定める事項並びに②執行役の職務が法令及び定款に適合することを確保するための体制その他株式会社の業務の適正を確保するために必要なものとして法務省令で定める体制の整備を決定しなければならないとされている（会社法416条2項・1項1号ロ・ホ、会社法施行規則112条1項・2項）。

(注6) 他の会社の取締役についても、①善管注意義務の一内容として従業員の不正行為を防止するための内部統制システム構築の重要性が変わらないこと、②ある程度の規模を有する会社の取締役が、自ら直接に他の取締役の業務執行や従業員の行動について監視・監督を尽くすことが困難であるとして何らの責任を負わないことは適切でないこと、③大会社に関する決定の規定が、このような場合において直接の監視・監督から内部統制システムへの切り替えを取締役の責任とすることを排除するものであるとはいえないこと等から、内部統制システムの構築は、少なくとも会社の実状が規模的に直接の監視・監督を困難とするものになっていれば、会社の種類を問わず取締役に課された義務であると解されている（東京地方裁判所商事研究会編『類型別会社訴訟〔第二版〕Ⅰ』262頁）。

(注7) 内部統制システム構築義務が明文化された経緯から、内部統制システムの構築義務は、会社法が制定されたことによって新たに創設されたものではなく、従来から取締役は、善管注意義務の一内容として企業規模や特性等に応じた内部統制システムを構築する義務を負っていたのであり、会社法はこの義務を明文で確認したに過ぎない、とする見解として、井窪保彦ほか編『実務企業統治・コンプライアンス講義〔改訂増補版〕』173頁。

12 顧客に対して損失補填したことが取締役の義務に反するとして株主代表訴訟が提起された事例—野村證券事件（最判平成12・7・7民集54巻6号1767頁）

弁護士　杉本亘雄

I　事案の概要

　本件は、当時、国内最大手の証券会社であった野村證券株式会社が大口顧客の1つである東京放送株式会社に対して行った損失補填について、野村證券の株主Xらが同社の代表取締役Yらに対して取締役としての責任を追及した株主代表訴訟である。

　野村證券は、昭和48年3月から東京放送と有価証券の売買等による資金運用の取引を継続しており、また、東京放送の証券発行における主幹事会社として同社より多額の手数料収入を得ていたところ、平成元年4月、営業特金による東京放送の資産10億円の運用を開始した。この「営業特金」は、信託銀行への特定金銭信託を利用したものであるが、本来の特定金銭信託が、委託者自ら信託銀行に指図し証券会社を介して有価証券等の売買を行わせるものであるに対し、営業特金は、委託者が投資顧問契約を締結することもなく、証券会社が委託者に代わって信託銀行に指図することにより有価証券等の売買を行うものであり、事実上の取引一任勘定というべきものであった（注1）。

　新聞報道等により営業特金やその損失の穴埋めのための損失補填が問題視されるようになる中、大蔵省は、平成元年12月26日、日本証券業協会会長宛に、「証券会社の営業姿勢の適正化及び証券事故の未然防止について」と題する証券局長通達（以下、「本件通達」という）を発し、法令上の禁止行為である事前の損失保証や特別の利益提供による勧誘はもとより、事後的な損失補填や特別な利益供与も厳に慎むこと、特金勘定取引については、原則として顧客と投資顧問業者との間に投資顧問契約が締結されたものとすること等について所属証券会社に周知徹底させるべきものとした。また、同日付で大蔵省証券局業務課長による各財務部（支）局理財部長宛の事務連絡が発せられ、証券会社に対して、既存の営業特金について本件通達に沿う所要の措置を講ずべき期限は平成2年末までとし、各年3月末及び9月末に営業特金の口座数を報告させるなどの指導をすべきものとした。また、本件通達を受けた日本証券業協会は、本件通達と同日の平成元年12月26日に、内部規則を改正し、「事後的な損失補填や特別の利益提供を厳に慎む」ものとする規定を新設した。

　野村證券をはじめとする各証券会社は、本件通達は、早急な営業特金の解消を求めることを主眼とするものであって、事後的な損失補填についてはこれ慎むよう求めているものの禁ずるまでの趣旨ではないと考え、株式市況が急速に悪化し、営業特金の運用により顧客に多額の損失が生じている中で顧客との信頼関係を維持しつつ営業特金の解消を進めるためには、事後的な損失補填を行うこともやむを得ないと考えるようになった。当時の平成3年改正前証券取引法では、事前の損失保証や特別の利益供与による顧客勧誘は禁止されていたものの、事後の損失補填は明文で禁止されていなかった。

　野村證券は、折からの証券不況もあって、平成2年2月末頃の時点で東京放送の営業特金に約3億6000万円の損失を生じさせていた。野村證券の代表取締役らは、東京放送の主幹事証券会社の地位を維持しつつ同社の営業特金を解消するためには、この損失を補填する必要があると考え、法律家等の専門家の意見を徴することもなく、東京放送ほか顧客らに対する総額約161億円の損失補填を専務会において決定し、これを受けて、野村證券は、海外証券取引所上場ワラント債の取引

を利用して、東京放送に対し3億6019万1127円の損失補填を行い（以下、「本件損失補填」という）、東京放送の営業特金を解消した。この損失補填の後、野村證券と東京放送との取引関係は維持され、野村證券は、少なくとも東京放送の平成4年7月及び平成5年3月の2度の社債発行により、東京放送より合計1億2000万円余の手数料収入を得ることに成功した。

しかし、平成3年11月20日、公正取引委員会は、顧客との取引関係を維持し又は拡大するための損失補填は、不公正な取引方法一般指定9項（正常な商慣習に照らして不当な利益をもって、競争者の顧客を自己と取引するように誘引すること）に該当し、私的独占の禁止及び公正取引の確保に関する法律（以下、「独占禁止法」という）19条違反である旨の勧告を野村證券を含む証券会社4社に対して行い、4社ともこれを応諾した。

以上の経緯の中、野村證券の株主が、本件損失補填は、代表取締役らが取締役としての義務に違反して会社に損害を被らせたものであるとして、代表取締役らが会社に損害を賠償することを求め株主代表訴訟を提起した。

第一審判決は、本件損失補填は手段や金額等の点で「その合理性に疑問の余地が残らないわけではない」としつつも、取締役の経営判断における裁量の幅を広くとり、「野村證券と東京放送との従来の取引関係、営業特金という形態での資金運用の実情とその解消への動き、平成2年1月以降の株式市況の急落など、当時の諸状況に照らすと、本件損失補填は著しく不合理で許容される裁量の範囲を逸脱したものであるとまでいうことはできない。」として、本件損失補填について善管注意義務違反・忠実義務違反を否定し、また、本件損失補填は独占禁止法19条違反であるもののこれによる損害は認められないとして、請求を棄却した（東京地判平成5・9・16金融・商事判例928号16頁）。

これに対し、控訴審判決（原判決）は、独占禁止法違反を善管注意義務違反と一元的に捉える理論構成を採用し、本件損失補填は、独占禁止法19条違反ではあるものの、同違反は当然には旧商法266条1項5号の法令違反に該当するものではなく、当該違反が善管注意義務違反・忠実義務違反になるか否かが更に検討されなければならないとし、本件損失補填はなお経営上の判断として裁量の範囲を逸脱したものとはいえず、善管注意義務・忠実義務に違反するような違法行為ではないとして、取締役らの責任を否定し、控訴を棄却した（東京高判平成7・9・26金融・商事判例981号8頁）。

この控訴審判決に対し、控訴人・参加人株主らは、法令解釈の誤りがあるとして上告した。

Ⅱ 判決要旨

上告棄却（注2）。

1 証券取引法違反について

まず、最高裁は、「本件損失補填が、旧証券取引法50条1項3号、4号、58条1号に違反するものとはいえないとした原審の判断は、正当として是認することができ、その過程に所論の違法はない。」と判示して、上告人の主張を退けた。

2 旧商法266条1項5号の「法令」の意義

次に、最高裁は、旧商法266条1項5号の「法令」の意義について、「取締役を名あて人とし、取締役の受任者としての義務を一般的に定める商法254条3項（民法644条）、商法254条の3の規定（以下、あわせて「一般規定」という）及びこれを具体化する形で取締役がその職務遂行に際して遵守すべき義務を個別的に定める規定が、本規定にいう「法令」に含まれることは明らかであるが、さらに、商法その他の法令中の、会社を名あて人とし、会社がその業務を行うに際して遵守すべきすべての規定もこれに含まれるものと解するのが相当である。けだし、会社が法令を遵守すべきことは当然であるところ、取締役が、会社の業務執行を決定し、その執行に当たる立場にあるものであることからすれば、会社をして法令に違反させることのないようにするため、その職務遂行に際して会社を名あて人とする右規定を遵守することもまた、取締役の会社に対する職務上の義務に属するというべきだからである。」と判示した。

3　具体的法令違反と旧商法266条1項5号の法令違反の関係

その上で、最高裁は、「取締役が右義務に違反し、会社をして右の規定に違反させることとなる行為をしたときには、取締役の右行為が一般規定の定める義務に違反することになるか否かを問うまでもなく、本規定にいう法令に違反する行為をしたときに該当することになるものと解すべきである」ことから、独占禁止法19条違反である本件損失補填は直ちに旧商法266条1項5号の法令違反に該当するものであるとし、原判決には法令解釈の誤りがあると判示した。

4　故意・過失の有無について

その一方で、最高裁は、「株式会社の取締役が、法令又は定款に違反する行為をしたとして、本規定に該当することを理由に損害賠償責任を負うには、右違反行為につき取締役に故意又は過失があることを要するものと解される」とし、(1)「被上告人らは、本件損失補てんが旧証券取引法あるいは本件通達に違反するものでないかどうかについては重大な関心を有していたが、それが一般の投資家に対して取引を勧誘するような性質のものではなかったことから、独占禁止法19条に違反するか否かの問題については思い至らなかった」、(2)「Yらのみならず、関係当局においても、証券取引については所管の大蔵省によって証券取引法及びその関連法令を通じて規制が行われるべきであるとの基本的理解から、証券取引に伴う損失補てんが独占禁止法に違反するかどうかという問題は、本件損失補てんが行われた後1年半余にわたって取り上げられることがなかった」、(3)「公正取引委員会は……平成3年8月31日の時点においても、なお損失補てんが独占禁止法に違反するとの見解を採っておらず、公正取引委員会が、本件損失補てんを含む証券会社の一連の損失補てんが不公正な取引方法に該当し独占禁止法19条に違反するとして同法48条2項に基づく勧告を行ったのは、同年11月20日であった」、といった原審認定事実を指摘した上で、かかる事実関係の下においては、「Yらが、本件損失補てんを決定し、実施した平成2年3月の時点において、その行為が独占禁止法に違反するとの認識を有するに至らなかったことはやむを得ない事情があったというべきであって、右認識を欠いたことにつき過失があったとすることもできないから、本件損失補てんが独占禁止法19条に違反する行為であることをもって、Yらにつき本規定に基づく損害賠償責任を是認することはできない。」と判示し、原審の判断は結論において是認することができるとして上告を棄却した。

5　河合裁判官の補足意見

本判決には、河合伸一裁判官の補足意見が付されている。補足意見は、原判決が採用した反対説（対会社規定の全部又は一部について、取締役がそれらの規定に違反するだけでなく、それが任務懈怠と評価されて初めて旧商法266条1項5号違反に該当すると解する説）には、「解釈論としての難点がある上、具体的事案の処理においても、法廷意見による場合に対比して、少なくとも右難点を無視するに足るほどの利点があるとはいえない」として、概ね以下のように説明している。

(1)　まず、補足意見は、反対説を、「取締役が会社をして対会社規定に違反させることになる行為をしても、それが会社の利益を図るものであれば、会社に対する関係では債務不履行とはならない場合のあることを承認するものであり、換言すれば、会社の利益を図るためには、会社をして法令に違反させることになるような行為をすることもなお取締役の任務に属する場合があることを承認するようなもの」であるとして、「そのようなことを承認することには、とうてい賛成できない。」と述べる。

(2)　次に、補足意見は、①対会社規定が「法令」に含まれるとすれば、対会社規定は同じく「法令」に含まれる一般規定の下位規範でありながら、両者が同一条文中に並列的に置かれていることになる、②もし対会社規定が「法令」に含まれていないとするのであれば、本規定は「取締役ガ其ノ任務ヲ怠リタルトキ」と定めていた昭和25年改正前の266条1項とほとんど同じものとなり、同改正の趣旨にそぐわない、③商法は、監査役の会社に対する責任については本規定を準用せずに「其ノ任務ヲ怠リタルトキ」と定めている

(277条)、④商法254条の3にいう「法令」が対会社規定を含むことは明らかである、といったことから、「反対説は、商法の規定の構成や文理にも整合しない」とする。

(3) 更に、補足意見は、反対説が唱えられる根拠には取締役に対して不当に過酷な責任を負わせることに対する憂慮があり、その憂慮は「故なきものということはできない」が、以下の点から、法廷意見と反対説には「結論においてそれほどの差異を生じるものではない」と述べる。

① 取締役が対会社規定違反を認識していたときには、反対説であっても、任務懈怠を認めるはずであり、この点、法廷意見と結論に違いはない。

② 取締役が対会社規定違反を認識していないときは、法廷意見においては過失の問題となり、そこでは「同様の状況にある通常の取締役に要求される程度の注意、すなわち善管注意を欠いたがゆえに、対会社規定違反となることを認識しなかったか否か」を問うことになるが、反対説においても、不履行要件の問題として善管注意を欠いたか否かを基準として決せられることになるから、法廷意見と反対説とでは、取締役の責任の判断基準に差がないことになる。

③ 「取締役が善管注意を尽くせば対会社規定違反となることを認識し得たと判断されるけれども、この判断に供せられた事実関係に加えて、当該行為をめぐる状況を更に広く考察すれば、なお任務懈怠とは評価できないという場合はあり得るかもしれない」が、「ここで更に考察の対象に加えられる事実関係ないしその評価とは、ほとんどの場合、通常の債務不履行の要件論において違法性阻却又は責任阻却事由として位置付けられるもの」である。

④ 「法廷意見の立場からは、取締役が対会社規定に違反する行為をしたことが立証されれば、それだけで不履行要件を充足し、帰責事由の不存在又は違法性・責任阻却事由の存在は、すべて取締役が主張立証責任を負うことになる」のに対し、「反対説の立場では、これらの事由は、ほとんどすべてが不履行要件たる任務懈怠の中に溶融され、取締役の責任を追及する側が主張立証責任を負う」ことになるため、もしこの理論どおりに訴訟が運ばれるのであれば「反対説をとることにより、取締役の責任が否定される場合が増える」ことになる。しかし、物の給付債務などとは異なり、取締役の債務不履行に関して認定判断されるべき事柄は複雑多岐にわたり、しかもそのほとんどは取締役の関与領域内にあるから、「Xにその主張立証責任を課すことにより取締役が勝訴するという結果は、公平でなく、妥当でもない」。

(4) 最後に、補足意見は、取締役に対し不当に過酷な責任を負わせることを回避するには、「反対説のように、不履行要件を任務懈怠として、対会社規定に違反した取締役の責任を全面的に否定する方法によってではなく、その責任を肯定した上、要賠償額の量定を妥当なものとする方法によってされる方が望ましく、現行法の下においても、その余地がある」と述べ、具体的には損益相殺と過失相殺の規定の適用ないし類推適用が可能であるとした。

Ⅲ　分析・検討

1　具体的法令違反と任務懈怠の関係

(1) 旧商法下の議論

旧商法266条1項5号は、「法令又ハ定款ニ違反スル行為ヲ為シタルトキ」を取締役の責任原因として定めていたが、この「法令」の内容については明確な規定が存在しておらず、本件を契機に、その解釈をめぐって限定説・非限定説の争いが活性化することになった。

限定説は、旧商法266条1項5号の「法令」の中身を善管注意義務・忠実義務といった一般規定と一部の具体的法令に限定し、それ以外の具体的法令違反については、善管注意義務・忠実義務違反かどうかを検討する。ただ、この限定説も、「法令」に該当する具体的法令の範囲については見解が分かれており、会社財産保護を目的とする具体的法令に限定すべきであるとする説（限定説Ⅰ）と、会社財産保護規定、株主保護規定に加え、当該会社の取締役にとって公序となる規定も含まれるとする説（限定説Ⅱ）が有力に唱えられていた。

一方、非限定説は、旧商法266条1項5号が特

に限定なく「法令」としている以上は、これを制限的に解す理由はないとして、「法令」をあらゆる具体的法令を含んだものと解する。ただし、この非限定説の中にも、具体的法令違反があっても直ちに取締役の責任が認められるわけではなく、それが善管注意義務違反に該当することが主張・立証された場合にはじめて責任が認められるとする説（非限定説Ⅰ）と、具体的法令違反は直ちに責任原因たる任務懈怠となるものであり、帰責性が否定されない限り、取締役は責任を免れることはできないとする説（非限定説Ⅱ）があった（以上の学説の整理として、『最高裁判所判例解説 民事篇 平成12年度（下）』582・595頁以下参照）。そして、これらの限定説・非限定説の議論には、具体的法令違反の場合と善管注意義務違反の場合の取締役の責任を、同じ判断構造のもとで検討するか（一元説）、それとも別の判断構造で捉えるか（二元説）の議論という側面もあった（潮見佳男「民法からみた取締役の義務と責任—取締役の対会社責任の構造—」商事法務1740号32・38頁以下、吉原和志「取締役等の会社に対する責任の範囲と性格」ジュリスト増刊「会社法の争点」154頁）。

これらの見解の実際上の相違は、主張・立証責任の分配にあるといわれており、補足意見も「理論上のもの」としながらもこの点を指摘している。すなわち、債務不履行の帰責性の主張・立証責任が債務者側に求められることを前提とする限り、具体的法令違反が直ちに任務懈怠とされる二元説の下では、取締役の責任を追及する会社・株主（債権者）は、具体的法令違反の主張・立証に成功すればよく、あとはその取締役（債務者）が具体的法令違反について自らに帰責性がないことを主張・立証しなければならないことになる。これに対し、具体的法令違反についても善管注意義務違反の判断を経る一元説の下においては、取締役の責任を追及する会社・株主は、具体的法令違反の主張・立証だけでなく、それが善管注意義務違反になることについて更なる主張・立証を尽くさなければならなくなるが、この善管注意義務の主張・立証に成功すれば、善管注意義務違反と過失の判断基準が取締役の注意義務であるという点で重なり合うことから、取締役側から無過失を主張・立証できる余地はほとんどなくなる（江頭憲治郎『株式会社法［第3版］』433頁注釈4）（注3）。

一方で、取締役がどの程度厳格な法令遵守義務を課されているか、という実体面については差異は生じないという見方が有力である。善管注意義務違反も過失も取締役の注意義務という点では実質的に同じであり、また、一元説的判断構造の下において善管注意義務違反を広く認めることによって取締役に厳格な責任を課し、あるいは、二元説的判断構造の下において無過失や違法性阻却・責任阻却事由を証明する余地を広く認めることによって寛大な責任しか課さないこともできるため、取締役にどこまで厳格な法令遵守義務を課すかはいずれの説をとるかとは別個の問題といえるからである（田中亘「利益相反取引と取締役の責任［下］―任務懈怠と帰責事由の解釈をめぐって―」商事法務1764頁4・8頁注釈52）。しかし、具体的法令違反における過失が違反の認識可能性を基本とする概念であり、かつ、善管注意義務違反の判断が違反の認識可能性にとどまらず取締役の経営判断の合理性に係る諸事情を広く総合考慮できるものであるとすれば、各説の違いは単に主張・立証責任の分配にあるだけとはいえなくなってくる。この判断基準のズレの問題は、取締役が、ある行為が法令に違反する可能性を認識してはいるが解釈に幅があるため確信が持てない状況において、法令違反とされる確率や、法令違反とされたときに会社に与える損害、法令違反でないとされた場合の会社の利益への期待などを費用便益分析した上で経営判断として当該行為を行ったところ、不運にも法令違反とされてしまったような場合において顕在化し得るものである（森本滋「法令違反行為と利益相反取引に係る取締役の責任―取締役の責任再論―」金融法務事情1849号24・26頁）。

(2) 最高裁の判断

最高裁は、本判決において、旧商法266条1項5号にいう「法令」には、取締役を名あて人とする一般規定や個別規定だけでなく、会社を名あて人とする全ての規定も含まれることを明らかにした上で、取締役が会社に対してかかる対会社規定に違反させることとなる行為をしたときは、一般規定の定める取締役の義務に違反するか否かを問うまでもなく任務懈怠に該当するが、取締役の責任を問うには故意・過失を要すると判示し、上記

非限定説Ⅱを採用することを明らかにした。これは、対会社規定を遵守することも取締役の会社に対する義務であることを理由としたものであるが（注4）、その背後には、補足意見に示されているように、具体的法令違反が取締役の業務として容認されることはない、という企業の法令遵守に対する厳格な価値判断がある。確かに、裁判所がある具体的法令違反を任務懈怠ではないと判断してしまうと、当該法令違反について取締役に裁量があるものと誤解され、結果的に裁判所の手によって当該法令違反を後押ししてしまう恐れがある。裁判所としてはそのような事態は到底容認できるものではないであろうから、最高裁が非限定説Ⅱを採用したのは当然のことであったともいえよう。

(3) 会社法下での本判決の意義

会社法423条1項は、旧商法266条1項5号の法令違反に代えて任務懈怠を一般的な取締役の責任原因として再構成し、法令の遵守をその取締役の任務の1つとして位置づけた（会社法355条）。これにより、旧商法266条1項5号の「法令」の範囲をめぐる議論そのものは意味を失うことになったが、具体的法令違反と任務懈怠の関係についての議論は会社法の下でも存続可能であるとみられている（潮見・前掲40頁）。すなわち、一元説の下においては、具体的法令違反は善管注意義務違反と評価されない限り会社法423条1項の任務懈怠とはならないが、二元説の下においては、具体的法令違反は直ちに任務懈怠となり、取締役は自らに責任がないことを主張・立証しない限りその責を免れ得ないことになる（現行会社法下の議論の整理として、潮見・吉原・前掲参照）。また、旧商法下における限定説のように、違反によって直ちに任務懈怠となる具体的法令違反の範囲に制限をかけようとする見解もみられる（弥永真生『リーガルマインド会社法[第12版]』206頁注釈149）。

本判決が非限定説Ⅱをとったことからすると、全ての具体的法令違反は直ちに任務懈怠になるとする二元説的な判断構造が会社法下における最高裁の見解ということになる（注5）。確かに、会社法では法令違反の上位概念として任務懈怠が取締役の責任原因に位置づけられたことから、一元説的な判断構造をとりやすくなったと考えられるが、だからといって旧商法下の議論や裁判例を無視して一元説をとらなければならない理由があるわけではない（潮見・前掲40頁）。現行会社法下においても、企業の法令遵守への重要性はなんら変わっておらず、むしろ強まってさえいるのであるから、会社法においても対象となる具体的法令の範囲に制限のない二元説的な判断構造が判例として維持されているとみるのが自然であろう（田中・前掲8頁）。

2 故意・過失の有無について

本判決は、損失補填による独占禁止法違反は旧商法266条1項5号の法令違反を構成するとしながらも、「違反するとの認識を有するにいたらなかったことはやむを得な」かったとして、取締役らの過失を否定した。法律家等専門家の意見を徴収しなかったことをどのように評価すべきかについては見解も分かれるであろうが、原審認定事実のとおり本件損失補填当時は損失補填が専ら証券取引法の観点から検討されており、独占禁止法違反の観点からの議論は皆無だったのであれば、取締役らが独占禁止法違反の可能性に気づかなければならなかったとするのは酷であろう。本判決が取締役らに過失なしとしたのは、やむを得ない判断であったと思われる。

なお、具体的法令違反における過失の内容については明確な基準が確立されているわけではないが、人は通常法令を知ってこれに従うべきものであることを前提とすると、無過失というには、単なる法令の不知や法令解釈の誤りでは足りず、それがやむを得なかった（違反の認識可能性がない）といえるような客観的事情が必要になると思われる（前掲・判例解説613頁以下参照）（注6）。どういった事情があれば違反の認識可能性なしといえるのかについては更なる学説・裁判例の集積が必要であろうが、本判決及び他の裁判例（最判昭和51・3・23金融・商事判例503号14頁、名古屋地判平成13・10・25金融・商事判例1149号43頁（注7））をみる限り、具体的法令違反について無過失が認められるのは極めて特殊なケースに限られるように思われる。一方で、法律家でない取締役の法令解釈に一般の経営判断と同水準の注意義務を適用して妥当な結論が導けるのか、という疑問

もあり、この点、違法性の認識を欠くことに相当な理由があれば過失を認めるべきではないとする見解もある（江頭憲治郎＝門口正人編『会社法体系［第3巻］』229頁）。

3 善管注意義務違反について

上告理由となっていないためか本判決においては論じられていないが、本件は、独占禁止法違反とは別に、会社財産を漏出させたという点において取締役の善管注意義務違反が認められる可能性も十分にあった事案と思われる。

というのも、原審の事実認定による限り、営業特金では、投資者は証券会社が提供する情報を基に自らの判断で投資しているはずである。とすれば、事前の損失保証の約束がないにもかかわらず、単に投資者からクレームを受けただけで3億6000万円余（他の顧客への損失補填も含めれば総額160億円余）もの金銭を言い値で支払うことは、一方的な贈与ともとれる行為であって、これの経営判断を取締役としての正当な業務として認めるのは通常人の感覚では容易には受け入れ難いところがある。また、法令上明文で禁止されてはいなかったとはいえ、本件損失補填は、当時、新聞報道等で批判され、監督官庁の通達や証券業協会の内部規則でも「厳に慎むもの」とされ、かつ、最終的には独占禁止法上商慣習に反する不当な行為と断ぜられた行為である。かかる行為によって会社財産を漏出させた点をみれば、善管注意義務違反を問われてもおかしくはなかったはずである。

また、第一審も原判決も、顧客の信用を維持しながら営業特金を解消しようとしたことをもって取締役らの判断を正当化しているが、損失補填によって維持される信頼が正当なものといえるのか、また、多額の損失補填と取引関係維持の間にどの程度因果関係があるといえる状況であったのか、疑問が残る。

以上のことからすれば、本件において取締役らの責任が一度も認められなかったのは、当時の証券業界において大口顧客に対する事後の損失補填が慣習として常態化するに至っていた、といったような極めて特殊な事情によるものと考えざるを得ず（当時の損失補填の実態や法的性質に関する議論として、川本一郎ほか「損失補填に関する法的諸問題」商事法務1263号4頁参照）、本件は、会社財産漏出について取締役の責任が認められなかった事例として一般化できるようなものではないと思われる。

4 損害論について

本判決本文中では触れられていないが、補足意見が過失相殺及び損益相殺の適用ないし類推適用による賠償額の軽減の可能性について指摘しているのでこの点についても簡単に述べておきたい。まず、過失相殺であるが、会社の組織上の問題や他の取締役の過失を会社の過失とみなして過失相殺することは、取締役の監視義務や内部統制システム構築義務との関係、更には、会社法上取締役の責任が連帯責任とされていることとの関係から問題があるため、一般的には過失相殺の適用は困難と考えられるが、閉鎖会社においては適用が認められたケースがある（東京地判平成2・9・28判例時報1386号141頁、福岡地判平成8・1・30判例タイムズ944号247頁）。次に、損益相殺であるが、確かに、より大きな損害を避けるために取締役が対会社規定違反を行った場合においては適用の余地はあるが（上記東京地判平成2・9・28、福岡地判平成8・1・30参照）、違法行為と利益との間の因果関係の立証を取締役側が負っていることなどから、損益相殺によって損害額の減免を受けることができる場合は限定的であるとみられている（江頭・前掲437頁）（注8）。

Ⅳ 実務対応

実務上の対応としては、本判決における判断構造及び過失概念を前提とする他なく、会社経営陣としては万が一法令違反とされた場合において無過失の主張・立証に耐え得るだけの慎重な経営判断が常に必要になる。具体的には、法令上の疑義を持った場合には、法務部や外部の法律家等専門家の意見を徴取し、法令違反の恐れがないことを確認しておくべきである。また、単純な法令の不知や法令の錯誤は無過失というには足りないであろうから、会社の業務に関連する法令の知識が不十分なまま単独で経営判断をすることはリスクになり得る。よって、取締役の経営判断を要する事

項については、必要に応じ、法務・コンプライアンス部門その他当該企業において法令確認にふさわしい部門のチェックを事前に経ることが望ましい。これらは、法令だけにとどまらず、証券取引所の規則などの自主ルールについても同様である（江頭＝門口・前掲228頁）。このとき、どこまで外部の情報・意見に依拠してよいのかも問題になり得るが、少なくとも、他の取締役や従業員から報告された情報とそれに基づく法律家等の意見を信頼した場合には、それらを疑うべき特段の事情でもない限りは、取締役の過失は否定されるとみてよいのではないかと思われる（江頭・前掲433頁参照。ただし、他の取締役や従業員から適切な報告がなされていないことについて、取締役としての監視義務や内部統制構築義務は別に問題になり得る）。

（注1）取引一任勘定は、証券会社が投資者自らの判断と責任の下において行うべきという自己責任の原則に反するほか、証券会社が手数料目当てに過当な取引を行う危険性、投資者との間で紛争が生じる危険性、本件にみられるような事後の損失補填の温床になる、といった問題点が指摘されており（神崎克郎ほか『証券取引法［初版］』506頁以下）、本件ほか一連の損失補填を教訓に平成3年の証券取引法改正によって原則禁止とされるに至った（平成3年改正後証券取引法42条1項5号）。

（注2）最高裁においては、自ら上訴しなかった他の共同訴訟人が上告人としての地位に就くかどうか、という点も争われたが、最高裁は、本件は類似必要共同訴訟であり、民事訴訟法40条1項の適用はないとしてこれを否定した。

（注3）このように取締役の過失を善管注意義務違反と実質的に同一の概念とみた場合には、過失は任務懈怠の要件と一元的に捉えていくことになる（一元説）。もっとも、会社法立案担当者は、過失が任務懈怠と別個の要件であること（二元説）は、同法428条1項が「責めに帰することができない事由」を「任務を怠ったこと」と区別していることから明らかであるとしている（相澤哲『立案担当者による新・会社法の解説』別冊商事法務295号117頁以下）。なお、この任務懈怠と過失の関係に関する一元説・二元説は、本文中の具体的法令違反と善管注意義務違反の判断構造に関する一元説・二元説とは区別されるべきものである（吉原・前掲）。

（注4）この点、全ての法令を遵守して経営を行うことが株主の通常の合理的意思ないし期待であることに理由を求める見解もある（神田秀樹『会社法［第12版］』230頁）。

（注5）もっとも、あらゆる法令がその対象となるわけでなく、少なくとも当該取締役の業務との関連性ないし会社の業務との関連性くらいは求められると思われる（前掲・判例解説599頁以下参照）。

（注6）一般的・抽象的な違法性の認識をもって過失を問うべきとも考えられるが、前掲・判例解説615頁以下は、それでは漠然とした危惧感や不安感に実質的に等しく取締役に酷であるとして、当該具体的法令の認識可能性を問題とすべきであると述べている。

（注7）集荷対策費を支出したことが市の中央卸売業務条例違反とされたことについて取締役の責任を追及した株主代表訴訟である。業務上不可欠な支出であったこと、同業他社も同様の支出をしており市は把握していたものの勧告をするにとどまっていたことなどから、条例違反の認識を有するに至らなかったとしてもやむを得なかった面があるとして、過失を否定した。無過失というよりも期待可能性なしの事案であったとする見解がある（江頭・前掲433頁）。

（注8）本件第一審判決は、「本件損失補填後、東京放送との取引関係が継続され、それによって野村證券が既に相当額の利益を得ており、かつ、今後も得られる見込みであること」を理由に「会社との関係においては、これによって原告が主張する損害が生じたと認めるには足りない」とし、損益相殺のような手法によって損害を否定したが、不当な顧客誘引の結果得られた利益を会社の利益として肯定したことや、将来の利益を漠然と損益相殺の対象としたことなどについて、批判が多い（上村達男「野村證券損失補填代表訴訟判決の法的検討」商事法務1335号2頁など）。

13 従業員によるインサイダー取引を防止できなかった取締役らの善管注意義務違反の有無（東京地判平成21・10・22判例タイムズ1318号199頁）

学習院大学法科大学院法務研究所非常勤講師・弁護士　神谷隆一

I　事案の概要

1　補助参加人A社は、日刊新聞の制作、発行及び販売を営むことを主な目的とする株式会社であり、新聞として、B経済新聞など5紙を発行している。

2　補助参加人は、広告に関する総合システムであるアドバンスシステム（以下、「アドバンス」という）を用いて広告業務全般を行っている。アドバンスは、広告の申込み、割付け、入稿、広告画像の送出処理、売上管理及び請求処理などを一元管理するコンピュータシステムである。補助参加人の広告局に広告申込みがなされると、その情報はアドバンスによって管理され、広告局の従業員は、各個人又は各部署に付与されるID及びパスワード（以下、「ID等」という）を使用してアドバンスに登録された情報を閲覧できる仕組みになっていた。

3　Cは、平成11年に補助参加人に入社し、平成15年3月に東京本社広告局金融広告部に異動となった。金融広告部は、B経済新聞などに掲載する金融関係の広告営業等を担当する部署で、Cは証券業者等を担当していた。Cは、金融広告部でB経済新聞の広告を担当している部員らと同様、平成14年3月まで同部に所属していたIRチーム（広告主の投資家向け広告などの担当）のID等を使用してアドバンスを操作していた。なお、IRチームは、平成14年3月に同局内の業務推進部に移管されたが、その際に、IRチームのID等が変更されなかったため、引き続き、金融広告部の上記担当部員らは、IRチームのID等を使用してアドバンスを操作していた。

4　Cは、平成17年8月頃から平成18年1月までの間、アドバンス内の情報で、上場会社の会社分割などの決定公告がB経済新聞に掲載される予定であることを把握し、これに自らの経済知識や公表情報を加味して、当該会社分割の内容を推測して、値上がりの見込める株式を、決定公告掲載前に買った上、決定公告掲載後に売り抜けるというインサイダー取引（以下、「本件インサイダー取引」という）を行った。

5　Cは、平成18年7月25日、証券取引法違反（インサイダー取引）の罪により逮捕され、同年12月25日、本件インサイダー取引のうち5件の犯罪事実について、懲役2年6月、執行猶予4年、罰金600万円、追徴金1億1674万3900円の有罪判決を受け、同判決は確定した。

6　補助参加人の株主であるXらは、平成14年3月から平成18年2月までの間に在任した補助参加人の取締役であるYら9名を被告として、Yらには、上記の従業員によるインサイダー取引を防止することを怠った任務懈怠（善管注意義務違反）があり、これによって、補助参加人の社会的信用が失墜し、そのコーポレートブランド価値1507億2900万円のうち少なくとも1％は毀損されたから、その損害は10億円を下回ることはないと主張して、平成17年法律第87号会社法の施行に伴う関係法律の整備等に関する法律78条及び同法による改正前の商法266条1項5号並びに会社法847条3項（会社法附則2項）に基づいて、被告らに対して、補助参加人に、連帯して損害賠償金10億円などを支払うことを求めて提訴した（株主代表訴訟）。

Ⅱ　判決要旨

請求棄却。

1　従業員による不正行為を防止すべき取締役の善管注意義務

「株式会社の取締役は、会社の事業の規模や特性に応じて、従業員による不正行為などを含めて、リスクの状況を正確に把握し、適切にリスクを管理する体制を構築し、また、その職責や必要の限度において、個別リスクの発生を防止するために指導監督すべき善管注意義務を負うものと解される（旧商法254条3項、民法644条）。」

2　本件におけるＹら取締役の善管注意義務

「本件においては、代表取締役、社長室担当取締役又は広告担当取締役であったＹらに、従業員であるＣの不正行為、すなわち、アドバンス内の株式分割などの法定公告の種別が表示された広告申込情報を利用した本件インサイダー取引を防止する任務懈怠（善管注意義務違反）があったか否かが問われている。認定事実のとおり、補助参加人は、経済情報を中心としてＢ経済新聞など5紙を発行する我が国有数の報道機関であり、その報道機関としての性質上、多種多様な情報を大量に取り扱っており、その従業員は、報道部門や広告部門なども含めて、業務遂行上、秘密性のある情報や未公表情報などのインサイダー情報に接する機会が多いといえる。したがって、補助参加人の取締役としては、それらの事情を踏まえ、一般的に予見できる従業員によるインサイダー取引を防止し得る程度の管理体制を構築し、また、その職責や必要の限度において、従業員によるインサイダー取引を防止するために指導監督すべき善管注意義務を負うものと解される。」

3　補助参加人における管理体制

（1）「補助参加人（Ｙら取締役）が、本件インサイダー取引が行われた平成17年8月ころから平成18年1月当時、従業員によるインサイダー取引を防止するために構築していた管理体制として、情報管理体制及びインサイダー取引防止に関する管理体制があるので、これらが一般的に予見できる従業員によるインサイダー取引を防止し得る程度に適切なものであったかについて検討する。」

（2）情報管理体制（筆者にて要約）

①　補助参加人は、アドバンス内の情報管理に関して、

イ　アドバンスを独立したクローズドシステムとして構築

ロ　専用端末はすべて広告局の各部署の事務スペースに設置

ハ　広告局員に対して、業務上の必要性を考慮した上、個人又は部署ごとのＩＤ等を付与して、業務上の必要性に応じてアドバンス内の情報を取得できる

などの体制をとっていた。

②　補助参加人は、情報管理一般についても、

イ　社内規定である情報管理規定を制定して、平成17年1月1日に施行

ロ　東京本社広告局においては、同局長を情報管理統括者、管理部長を情報管理責任者として、同局内の情報を同局の責任において管理するものとし、アドバンス内の広告申込情報を「社外秘」（外部への情報漏洩は遮断されるべきであるが、局内においては業務のために共有される情報）と分類してその管理をするなど、現に同規定に基づいて運用される体制をとっていた。

③　「会社が、その有する多種多様な情報について、どのような管理体制を構築すべきかについては、当該会社の事業内容、情報の性質・内容・秘匿性、業務の在り方、人的・物的態勢など諸般の事情を考慮して、その合理的な裁量に委ねられていると解される。この観点からみると、補助参加人が本件インサイダー取引当時とっていた上記管理体制は、情報管理に関して、一般的にみて合理的な管理体制であったということができる。」

（3）インサイダー取引防止に関する管理体制

①　「補助参加人（Ｙら取締役）は、平成元年当時、従業員がインサイダー情報に接することは不可避であることを前提として、インサイダー情報に接した従業員がインサイダー取引を行うことを防止するために、就業規則の附属規定として「インサイダー取引規制に関する規定」を制定し、各

局における内規を設けて以来、これらの社内規定や内規に基づき、従業員に対し、法令遵守に関する社内研修等を実施して周知を図っていた。」

② 「インサイダー取引は、刑事罰によって法令上禁止されている上……、補助参加人（Yら取締役）において、上記①のとおりの施策を実施していることからすると、被告ら取締役は、本件インサイダー取引当時、インサイダー取引防止に関して、一般的にみて合理的な管理体制をとっていたものということができる。」

(4) 「これらの認定判断に照らすと、Yら取締役は、本件インサイダー取引当時、一般的に予見できる従業員によるインサイダー取引を防止し得る程度の管理体制を構築していたということができる。」

(5) 「これに対して、Xらは、アドバンス内の情報管理に関して、「ID等を個人ごとに付与して、業務上必要最小限の者のみインサイダー情報にアクセスできる仕組みをとり、定期的にID等を変更することとした上、アクセス履歴を記録して、インサイダー情報を誰がいつ閲覧したかを検証できるシステムを設けることが必要である。」旨を主張する。しかしながら、インサイダー情報に関するものであっても、……一律にXらの主張するような管理体制をとらなければ直ちに取締役の善管注意義務違反になるということはないというべきである。」

4 本件インサイダー取引を防止するための指導監督義務

(1) 「Yら取締役において、上記3のような一般的に予見できる従業員によるインサイダー取引を防止し得る程度の管理体制を構築していただけでは足りず、本件インサイダー取引のような従業員による不正行為を予見して、これを防止するために具体的に何らかの指導監督をすべき職責や必要があったのかを検討する。」

(2) ADEX事件の発覚

① 平成17年6月10日、補助参加人の取引先である広告代理店ADEXにおいて、ある上場企業からB経済新聞に対する株式分割の法定公告の掲載依頼を受けた事実を部下からの報告で知った営業局長が、インサイダー取引をしていたことが発覚して懲戒解雇されるという事件が報道された。

② Xらは、「ADEX事件は、株式分割という法定公告情報を用いたインサイダー取引であったから、Yらにおいては、株式分割の法定公告情報について、本来アクセスできる権限・職責を有する必要最小限の者しかアクセスできないシステムを確立しておかなければ、インサイダー取引の発生が不可避であるということについて、高い予見可能性があったといえる。」旨を主張する。

確かに、ADEX事件の発覚後、Yら取締役は、補助参加人が扱う法定公告に関する情報がインサイダー取引に利用される恐れがあることを認識していたということができる。

しかしながら、ADEX事件は、コンピュータシステムのID等の管理に問題があったこと、あるいは、会社が保有する情報が漏洩したことがインサイダー取引の原因となったものではなく、インサイダー情報を知り得る権限のある者が職務上知った情報を利用してインサイダー取引を行ったものであった。また、当時、アドバンスのID等の管理に問題があるという指摘がなされていたこともないこと等からすると、広告担当取締役においても、ADEX事件を受けて、アドバンス内のアクセス権限を見直すという具体的な指導監督をすべき職責や必要があったとはいえない。

さらに、本件インサイダー事件取引が発覚するまでは、補助参加人の従業員が、インサイダー取引を行ったという前例も、アドバンス内の情報を不正に漏洩ないし使用したとの前例もない。

そうすると、Yら取締役は、ADEX事件が情報を知り得る権限のある者がそれを悪用した犯行であり、不可避的にインサイダー情報に接する広報局員に対して法令遵守のための注意喚起、教育等を徹底することが、最も適切な方法であると判断し、社内の会議において、従業員がインサイダー取引を起こさないように管理・教育等を徹底するように繰り返し指示するとともに、広告局内規「広告局インサイダー取引規制関連規約」を改定し、改定広告局内規を直ちに各部長を通じて部員に伝達し、また、広告局内のイントラネットや共通フォルダにも掲示し、東京広告局は改定広告局内規等を小冊子にして全国の広告局員に配布

し、さらに、法務研修会では、弁護士を講師として、「インサイダー取引と企業のコンプライアンス」と題する研修も行い、ADEXとの取引停止の原因がADEXにおけるインサイダー取引であることを全体部長会や臨時東京本社広告局会議（全員出席）で説明して、更なるインサイダー取引防止を訴えたなどの具体的対応策を実施したものであり、善管注意義務違反はない。

(3) 「Xらは、その他、補助参加人には報道機関としてインサイダー情報が集中していること、不正アクセス禁止法や個人情報保護法が施行されたことなどから、Yらは、インサイダー取引の発生が不可避であったことを十分予見することができたなどと主張するが、これらの事実から、従業員によるインサイダー取引の一般的な予見可能性を超えて、本件インサイダー取引のような従業員による不正行為を予見してこれを防止するために具体的に何らかの指導監督をすべき職責や必要があったと認めることはできない。」

5 「その他Xらが本件で主張する一切の事情を考慮しても、YらにCによる本件インサイダー取引を防止することを怠った任務懈怠（善管注意義務違反）があるとは認められない。」

6 「よって、その余の点について判断するまでもなく、Xらの請求はいずれも理由がないから棄却する。」

III 分析・検討

1 従業員による不正行為を防止すべき取締役の善管注意義務

(1) 取締役は、会社から委任を受けた者として、会社に対して善管注意義務を負うとともに（会社法330条、民法644条）、会社及び全株主の信任に応えるべく会社及び全株主にとって最も有利になるように業務の遂行にあたるべき忠実義務を負う（会社法355条）。

そして、取締役が会社に対して負うこれらの善管注意義務又は忠実義務として、従業員の違法・不当な行為を発見し、あるいはこれを未然に防止することなど従業員に対する指導監督についての注意義務もこれに含まれると解すべきであり、取締役が従業員の業務執行について負う指導監督義務の懈怠の有無については、当該会社の業務の形態、内容及び規模、従業員の数、従業員の職務執行に対する指導監督体制などの諸事情を総合して判断するのが相当であると考えられる（東京地判平成11・3・4判例タイムズ1017号215頁）。

(2) 本判決においても、「株式会社の取締役は、会社の事業の規模や特性に応じて、従業員による不正行為などを含めて、リスクの状況を正確に把握し、適切にリスクを管理する体制を構築し、また、その職責や必要の限度において、個別リスクの発生を防止するために指導監督すべき善管注意義務を負うものと解される（旧商法254条3項、民法644条）」と判示しており、取締役が従業員の業務執行について負う指導監督義務及びその義務懈怠の有無の判断基準について、前記東京地判平成11年3月4日と同じ考え方に立っているといえるであろう。

(3) その上で、本判決では、補助参加人は、報道機関としての性質上、多種多様な情報を大量に扱っており、その従業員は報道部門や広告部門なども含めて、業務遂行上、インサイダー情報に接する機会が多いということを指摘し、それらの事情を踏まえ、取締役は、一般的に予見できる従業員によるインサイダー取引を防止し得る程度の管理体制を構築し、また、その職責や必要の限度において、従業員によるインサイダー取引を防止するために指導監督すべき善管注意義務を負う旨判示しているが、これは、補助参加人の企業特性を適切に踏まえた判断であると考える。

2 一般的に予見できる従業員によるインサイダー取引を防止し得る程度の管理体制

(1) 本判決では、「補助参加人の取締役としては、それらの事情を踏まえ、一般的に予見できる従業員によるインサイダー取引を防止し得る程度の管理体制を構築し、また、その職責や必要の限度において、従業員によるインサイダー取引を防止するために指導監督すべき善管注意義務を負う。」と判示した後、本件インサイダー取引が行われた平成17年8月頃から平成18年1月当時、補助参加人が従業員によるインサイダー取引を防止するために構築していた情報管理体制及びイン

サイダー取引防止に関する管理体制について、これらが一般的に予見できる従業員によるインサイダー取引を防止し得る程度に適切なものであったか否かについて検討している。

まず、補助参加人の情報管理体制について、本判決では「会社が、その有する多種多様な情報について、どのような管理体制を構築すべきかについては、当該会社の事業内容、情報の性質・内容・秘匿性、業務の在り方、人的・物的態勢など諸般の事情を考慮して、その合理的な裁量に委ねられていると解される」とし、どのような管理体制を構築すべきであるかという点については、いわゆる経営判断の原則が適用されるとしている。その上で、「補助参加人（Yら取締役）が本件インサイダー取引当時とっていた上記(2)①、②の管理体制は、情報管理に関して、一般的にみて合理的な管理体制であったということができる」と判示している。

また、補助参加人のインサイダー取引防止に関する管理体制について、「インサイダー取引は、刑事罰によって法令上禁止されている上……、補助参加人（Yら取締役）において、上記①のとおりの施策を実施していることからすると、Yら取締役は、本件インサイダー取引当時、インサイダー取引防止に関して、一般的にみて合理的な管理体制をとっていたものということができる」と判示している。

(2) ここで、インサイダー取引防止に向けた補助参加人の取組みが一般的にみて合理的なものであったかどうかを検討する前提として、インサイダー取引の摘発状況や最近のインサイダー取引事件など、インサイダー取引をめぐる各種事情を検討しておく。

① インサイダー取引の摘発状況

イ　証券取引等監視委員会による検察当局への告発件数は、平成4年から平成15年までの12年間の合計で僅か27件に過ぎなかったが、平成16年に6件となって以降、それまでの時期に比べて告発件数が明らかに増加している。

ロ　また、証券取引等監視委員会によるインサイダー取引行為に対する課徴金勧告の件数は、平成17年4月の制度導入以降、6年間（平成23年3月の勧告まで）で、106件となっている（証券取引等監視委員会事務局「金融商品取引法における課徴金事例集」（平成23年6月）」5頁）。

【参考：証券取引等監視委員会による告発件数】

年度（当年4月～翌年3月）	4～15	16	17	18	19	20	21	22
インサイダー取引	27	6	5	9	2	7	7	4

（出典：証券取引等監視委員会ホームページより）

【参考：証券取引等監視委員会による課徴金納付命令に関する勧告件数】

年度（当年4月～翌年3月）	17	18	19	20	21	22
インサイダー取引	4	11	16	17	38	20

（出典：証券取引等監視委員会ホームページより

② 上場会社におけるインサイダー取引管理規程の有無

東京証券取引所自主規制法人ほかが実施した第3回全国上場会社内部者取引管理アンケート（平成23年1月）結果によれば、91.0％の上場会社がインサイダー取引管理規程を定め、情報管理や売買管理についての具体的な手続を定めていると回答し、6.0％が具体的な手続は定めていないもののインサイダー取引管理規程を定めていると回答しており、合計で97.0％の上場会社がインサイダー取引管理に係る何らかの社内規程を整備していることがわかる。

このアンケート結果を前提とする限り、上場会社やそれに匹敵する大企業では、何らかのインサイダー取引管理規程を設けていなければ、その事情のみをもって、インサイダー取引防止に関して一般的にみて合理的な管理体制をとっていたとはいえないと評価されるのではないだろうか。

③ 最近のインサイダー取引事件

イ　本判決でも指摘されているように、報道機関は、その性質上、多種多様情報を取り扱っており、その従業員はインサイダー情報に接する機会が多いといえるが、報道機関以外でも、銀行の融資部門や証券会社の投資銀行部門には、融資業務、起債業務、組織再編等に関する業務を通じて、様々な取引先のインサイダー情報が集まり、また銀行の投資部門や証券会社の自己取引部門は、日常的に有価証券の売買等を行っていることから、銀行や証券会社も、報道機関と並んで、業務の性質上、インサイダー取引が行われるリスクが一般の事業会社より高いといえる（木目田裕監

修・西村あさひ法律事務所危機管理グループ編『インサイダー取引規制の実務』484頁)。

そこで、報道機関、銀行、証券会社における最近のインサイダー取引事件を紹介する。

ロ　放送局の職員3名が、平成19年3月8日、同放送局の記者が上場会社B社の社員から職務上伝達を受けたB社と上場会社A社が資本提携を行うことについて決定した旨の重要事実を、同放送局の設備である報道情報端末等を通じてその職務に関し知り、当該重要事実の公表前にA社株券又はB社株券を買い付けた(証券取引等監視委員会事務局「金融商品取引法における課徴金事例集(平成21年6月)」事例16)。

ハ　非上場会社の役員が、公開買付者A社とのMBOに関する情報共有の契約締結先の大手都市銀行の行員(M&Aのアドバイザリー業務等に従事)から、平成20年8月20日頃公開買付者A社がB社の株券の公開買付けを行うことを決定した事実の伝達を受け(当該非上場会社の役員と伝達者とは以前同じ職場に勤務していた)、当該事実の公表前にB社株券を買い付けた(証券取引等監視委員会事務局「金融商品取引法における課徴金事例集(平成22年6月)」事例19)。

ニ　大手銀行の元行員が、A社ほか3社が発行する株式を引き受ける者を募集することなどを知り公表前に同社株券を売買したこと、B社が銀行団による協調融資により新規事業資金を調達できることが確実になったことを知り公表前に同社株券を買い付けたことにより、金融商品取引法違反(インサイダー取引規制違反)で、懲役2年6月(執行猶予4年)、罰金200万円、追徴金5824万円の有罪判決が言い渡されている(証券取引等監視委員会「告発事件の概要一覧表」135・136事件)。

ホ　大手証券会社の元社員が、同証券会社企業情報部在籍中に得たM&A(TOB)関連等の非公開情報を第三者に漏洩するとともに、当該第三者名義の口座において、当該情報を不正に利用して利得を得たとして、平成20年6月2日、旧証券取引法違反の容疑で東京地方裁判所に起訴され(同証券会社の取締役会決議に基づき設置された特別調査委員会の平成20年6月6日付「報告書」1頁)、懲役2年6月(執行猶予4年)、罰金100万円、追徴金635万円の有罪判決が言い渡されている(証券取引等監視委員会「告発事件の概要一覧表」106事件)。

④　従業員によるインサイダー取引防止体制を整備することの意義

末端の従業員による違反であっても、会社の情報管理のあり方やモラルに疑念を抱かれるなど、会社のレピュテーション・ダメージは大きい(木目田・前掲468頁)。

また、会社内に存在する自社ないし他社の未公表の重要事実へのアクセスが容易であると、遵法意識を欠いた役職員にインサイダー取引の機会を与えることになるし、また、真面目な役職員との関係でもインサイダー取引の誘惑を無用に与えることになり、不正防止の観点から好ましいことではない。

そこで、自社ないし他社の重要情報が、会社内の必要な者だけに把握され、無用に漏れないよう情報管理規程を整備・運用することが必要となる。本件事件においても、補助参加人に集中する法定公告を、共用IDやパスワードで閲覧できたという事情があった(木目田裕=上島正道「インサイダー取引をめぐる近時の動き(当局の摘発状況を含む)及びインサイダー取引防止体制について」月刊監査役567号9頁)。

(3)　本件におけるインサイダー取引防止に向けた補助参加人の取組みは、一般的にみて合理的なものであったといえるのか

①　Xらは、アドバンス内の情報管理に関して、「ID等を個人ごとに付与して、業務上必要最小限の者にのみインサイダー情報にアクセスできる仕組みをとり、定期的にID等を変更することとした上、アクセス履歴を記録して、インサイダー情報を誰がいつ閲覧したかを検証できるシステムを設けることが必要である。」旨を主張していたが、本判決では、一律にXらの主張するような管理体制をとらなければ直ちに取締役の善管注意義務違反になるということはないというべきであるとして、Xらの主張を排斥している。ただ、ID等の定期的な変更については、「補助参加人の金融広告部の部員らは、IRチームのID等を金融広告部のID等であると認識して、これを日常業務で使用するという運用をしており、この運用は、ID等を定期的に変更したことがなく平成

14年3月にIRチームが業務推進部に移管された際にもその変更がなかったためそれ以降も続いていた。」という運用は、判旨でも述べられているように不適切な運用といわざるを得ない。もっとも、判旨において「この不適切な運用の管理責任は、直接の職務分掌者である管理部計算グループの長(担当部長)、情報管理責任者である管理部長又は情報管理統括者である広告局長にある。広告担当取締役その他の取締役らは、このような情報管理統括者らの管理責任の下で行われるべき運用上の個別問題について、直ちに責任を負うべきものではないというべき」としているが、補助参加人(Yら取締役)は、情報管理規定において、電子情報が保管されている媒体に係わるID等は厳密に管理し、定期的に変更すると定めた上、情報管理統括者又はその代行、補佐をする情報管理者が、自己の局等で管理する情報に関する管理責任を負うと定めていることからすれば、合理的な管理体制が定められていたにもかかわらずになされてしまった不適切な運用について、取締役が直ちに責任を負うべきものではないという判断は妥当であると考えられる。

② 本件インサイダー事件発生当時の状況からすれば、本判決のような判断も不合理とまではいえないであろう。

しかし、インサイダー取引の悪質性に加え、現在では、本件事案をはじめ従業員によるインサイダー取引事件が何件も発生しているほか、インサイダー取引防止に向けた監督官庁における施策(注1)や業界団体による取組み(例えば、銀行業界についていえば、全国銀行協会申し合わせ「内部者取引未然防止体制について」(平成20年5月27日))、証券取引等監視委員会による事例(「金融商品取引法における課徴金事例集」、「告発事件の概要一覧表」)の公表等の啓蒙活動、事件が発生した企業における第三者委員会による調査結果・再発防止策の公表等がなされている。

これらの事情を踏まえれば、実務においては、現時点における「一般的に予見できる従業員によるインサイダー取引を防止し得る程度の管理体制」の水準は、本件事件発生時に比べ相当程度高いものになっていると考える必要があるのではないだろうか。

3 インサイダー取引を防止するための指導監督義務

(1) 本判決では、一般的に予見できる従業員によるインサイダー取引を防止し得る程度の管理体制を構築していたことを認定した後、それに加えて、本件インサイダー取引のような従業員による不正行為を予見して、これを防止するために具体的に何らかの指導監督をすべき職責や必要があったのか、つまり従業員によるインサイダー取引を防止するための善管注意義務違反の有無について検討し、結論として善管注意義務違反はないと認定している。

(2) 本判決が善管注意義務違反を否定する根拠の1つとして、従業員に対する法令遵守に関する社内研修の実施を挙げているが、本件事件発生後、インサイダー事件が何件も発生していることを踏まえれば、社内研修の内容も格段に充実したものが要求されるのではないだろうか。すなわち、従業員に対して単にインサイダー取引が禁止されていることや社内管理ルールを教えるだけではなく、インサイダー取引がなぜ禁止されているのか、どのような行為がインサイダー取引に該当するのか、インサイダー取引を行ってしまった場合のペナルティ(刑事罰だけでなく、社内における処分も含む)等をわかりやすく説明し理解させることによって、インサイダー取引を行うことによるメリットに比べてデメリットの方が遥かに大きいことを十分認識させ、従業員の遵法意識を喚起することが必要となるであろう。また、管理職やインサイダー取引管理部門の従業員に対しては、他社で発生した事例の要因分析・再発防止策の研究等を通して、自社におけるインサイダー取引の防止策や早期発見の手法の確立を目的とした研修の実施も必要とされるのではないだろうか。

4 取締役の内部統制システム構築義務との関係

(1) 本件訴訟では、取締役の内部統制システム構築義務違反について主張されていないため、本判決は「内部統制システム構築義務」という言葉を用いていない。

しかし、本判決の「補助参加人の取締役として

はそれらの事情を踏まえ、一般的に予見できる従業員によるインサイダー取引を防止し得る程度の管理体制を構築……すべき善管注意義務を負うものと解される。」という判示は、Ｘらが主張したＹらの注意義務の内容は、内部統制システム構築義務と重なり得ることを示唆していると考えることができるであろう。

（２）　本件事案を取締役の内部統制システム構築義務違反の問題として捉えた場合、日本システム技術事件の最高裁判決（最判平成21・7・9金融・商事判例1330号55頁、以下、「日本システム技術事件最判」という）が参考となる。この事件は、従業員らが営業成績を上げる目的で架空の売上計上を行った結果、有価証券報告書に不実の記載がなされた日本システム技術株式会社の株主から、当該不実記載によって損害を受けたとし、同社代表取締役にリスク管理体制（内部統制システム）構築義務違反があるとして、同社に対して会社法350条に基づく請求がなされた事件である。

日本システム技術事件最判は、通常想定される不正行為を防止し得る程度の管理体制を整備していたか、実際になされた不正行為が通常容易に想定し難い方法によるものであったか、過去に同様の手法による不正行為が行われたなど不正行為の発生を予見すべき特別の事情があったかの各要素により内部統制システムの構築についての判断を行い、更に、不正行為者の言い訳が合理的であるなどの事情を取り上げて、構築されたシステムを機能させるべき職務についての判断を行っている。これは、代表取締役に内部統制システム構築義務違反があるか否かを判断するに際し、①通常想定される不正行為を防止し得る体制を構築していたか否か、②本件不正行為の発生を予見すべきであったという特別の事情があったか否かという２段階の枠組みを示していると考えられる（渡辺久「架空売上計上による有価証券報告書の不実記載によって株主が損害を被ったことにつき、会社代表者にリスク管理体制構築義務違反はないとされた事例—日本システム技術事件」本書5頁）

（３）　本判決は、Ｙら取締役の本件インサイダー取引を防止する任務懈怠すなわち善管注意義務違反の有無の判断に際して、「補助参加人の取締役としては、それらの事情を踏まえ、一般的に予見できる従業員によるインサイダー取引を防止し得る程度の管理体制を構築し、また、その職責や必要の限度において、従業員によるインサイダー取引を防止するために指導監督すべき善管注意義務を負うものと解される。」と判示し、一般的に予見できる事象に対する注意義務について違反を否定し、次いで、本件インサイダー取引のような従業員による不正行為を予見し、これを防止するための具体的な指導監督義務があったか否かについて、「ADEX事件を受けて、アドバンス内のアクセス権限を見直すという具体的な指導監督すべき職責や必要があったとはいえない」ことや、「本件インサイダー取引事件が発覚するまでは、補助参加人の従業員が、インサイダー取引を行ったという前例も、アドバンス内の情報を不正に漏洩ないし使用したとの前例もない」ことを根拠として、Ｙらに本件インサイダー取引を防止するための指導監督義務（善管注意義務）違反がないとしている。

このように、本判決の判断の枠組みも、「内部統制システム構築義務」という言葉こそ用いていないが、日本システム技術事件最判と同様に、①通常想定される不正行為を防止し得る体制を構築していたか否か、②予見に基づき、一般的に要求される管理体制よりも高度となる、本件インサイダーを防止するための具体的な指導監督に関する注意義務違反の有無の検討として、本件不正行為の発生を予見すべきであったという特別の事情があったか否かを検討するという２段階の判断枠組みを採用していると評価することができる。

Ⅳ　実務対応

１　他社事例を分析しインサイダー取引防止体制を常に見直す必要性

本件判決では、従業員によるインサイダー取引を防止すべき補助参加人の取締役の善管注意義務違反について、結論として否定された。

しかし、前述のとおり、本件事件発生後におけるインサイダー取引事件の摘発の増加、インサイダー取引防止に向けた監督官庁における施策や業界団体における取組み、証券取引等監視委員会に

よる事例の公表等の啓蒙活動、実際に事件が発生した企業における第三者委員会による調査結果・再発防止策の公表等の事情を踏まえれば、実務においては、現時点における「一般的に予見できる従業員によるインサイダー取引を防止し得る程度の管理体制」の水準は、本件事件発生時に比べて相当程度高いものになっていると考える必要がある。

また、インサイダー取引については、違反者個人の問題にとどまるものではなく、一度事件が起これば、違反者の所属する会社の情報管理態勢や法令遵守態勢が問われ、企業の信用を失うことになることから、レピュテーショナルリスク管理の一環として対応する必要がある（証券取引等監視委員会「告発の現場から②―インサイダー取引の最近の傾向と対策―」証券取引等監視委員会ホームページ）。

したがって、会社の実務対応としては、他社事例をしっかり分析し、自社のインサイダー取引防止体制を常に見直していくことが求められる。

2 当該会社において同様の不正行為が以前に発生していなかったこと

本件判決や日本システム技術事件最判は、当該会社において同様の不正行為が以前になかったことを善管注意義務違反や内部統制システム構築義務違反を否定する理由として挙げているが、現在では他社で発生したインサイダー取引事例が多く公表されていることから、今後の裁判においては、自社でも同様のインサイダー取引事件が発生することを予見し得たと認定されることも十分考えられる。したがって、今後は、当該会社で同様の不正行為が以前になかったということは取締役の責任を否定する根拠としての価値は低下するものと思われる。

3 J−IRISS（ジェイ・アイリス）の活用

J−IRISS（Japan−Insider Registration & Identification Support System）とは、日本証券業協会の自主規制規則として定められている内部者登録制度の実効性を高めるためのシステムであり、平成21年5月から運用が開始されている。上場会社の協力を得て、日本証券業協会が構築するシステムに上場会社の役員に関する情報（氏名、生年月日、住所等）を登録し、証券会社は、J−IRISSに自社の顧客口座情報を照合することにより、自社の顧客口座に上場会社の役員が存在するかをシステム上で確認できるものである（注2）。

これにより、役員によるインサイダー取引を水際で防止することが期待できるので、インサイダー取引を実行しようとしても発覚するのではないかという意識を持たせることで従業員の遵法意識を喚起する契機になることも期待できるほか、うっかりインサイダー取引も防止することができる。

この仕組みを上場会社の役員だけでなく、インサイダー情報にアクセスできる立場にある従業員にまで対象を拡大することは、様々な課題はあるものの、インサイダー取引防止の実効性確保の観点からは、検討に値するのではないだろうか。

4 インサイダー取引は必ず発覚することを認識させる

証券取引等監視委員会では、日常的に市場をウォッチしていて、不公正取引が疑われるような怪しげな取引、例えば、インサイダー取引なら、TOBのように買い材料となる重要事実の公表前に買い付けたり、業績予想の下方修正のように売り材料となる重要事実の公表前に売り抜けたりといった、いかにもインサイダー取引臭いタイミングのいい取引があると、市場分析審査課が取引審査を開始しているとのことである（証券取引等監視委員会「告発の現場から②―インサイダー取引の最近の傾向と対策―」証券取引等監視委員会ホームページ）。このように、当局もインサイダー取引の摘発に鋭意取り組んでおり、最近の摘発事例の増加からも、インサイダー取引は必ず発覚するということを、従業員教育の場や、従業員が職務上インサイダー情報に接する機会毎に注意喚起しておくことも、従業員の遵法意識を覚醒させる観点から有益ではないであろうか。

(注1) 例えば、インサイダー取引管理態勢の構築に関する金融庁の監督指針（「主要行等向けの総合的な監督指針」、平成23年7月）本編Ⅲ-3-3-3-2(3)

法人関係情報を利用したインサイダー取引等の不公正な取引の防止
① 役職員による有価証券の売買その他の取引等に係る社内規則を整備し、必要に応じて見直しを行う等、適切な内部管理態勢を構築しているか。
② 役職員によるインサイダー取引等の不公正な取引の防止に向け、職業倫理の強化、関係法令や社内規則の周知徹底等、法令等遵守意識の強化に向けた取組みを行っているか。
③ 法人関係情報を入手し得る立場にある銀行の役職員が当該法人関係情報に関連する有価証券の売買その他の取引等を行った際には報告を義務付ける等、不公正な取引を防止するための適切な措置を講じているか。

（注２）登録された役員の個人情報は、証券会社の顧客情報と照合し、マッチングした情報のみを証券会社に返すが、その際、会社名や役職名を合わせて証券会社に提供。

14 住宅供給公社の職員による巨額横領事件について役職員らの責任が一部認められた事例—青森県住宅供給公社事件（青森地判平成18・2・28判例タイムズ1251号221頁）

弁護士 佐々木英乃

I 事案の概要

本件は、原告青森県住宅供給公社（X）の経理事務を担当していたAが約8年半の間に合計約14億6000万円をXの預金口座から着服横領したことについて、Xが上記期間内にそれぞれXの理事長、副理事長、専務理事、常務理事、総務部長、総務部課長の地位にあった被告ら（Y₁～Y₁₉）に対して、委任契約又は雇用契約に伴う職務遂行上の善管注意義務違反による債務不履行損害賠償請求権に基づき、各被告の在任期間中に生じた損害金の一部と遅延損害金の支払を求めたものである。

1 当事者関係

(1) X（青森県住宅供給公社）について

地方住宅供給公社法に基づき、昭和41年3月青森県によって設立された公社としての法人であり、住宅を必要とする勤労者に対し、住宅の積立分譲等の方法により居住環境の良好な集団住宅等の供給を目的としている。

主たる業務は、①分譲、②住宅等管理、③県営住宅管理の受託である。

出資者は青森県や青森市、八戸市、弘前市等の青森県内の市があるが、基本財産額の50％強を青森県が出資している。

役員は、定款上、理事長1名、理事11名以内、監事3名以内から構成される。理事長及び監事は青森県知事が任命し、理事のうち副理事長・常任の理事は理事長が指名する。常任の理事の中から専務理事・常務理事を理事長が命ずる。

職員の役職としては、部長、参事、課長、副参事、総括主幹、主幹、総括主査、主査、主事、技師、技能技師がある。

職員数は30～40名程度で、専務理事と常務理事以外は個室を有さず、大部屋で執務していた。

(2) Yらについて

① 理事長（Y₁・Y₂）

Xの業務を総理する者で、Xを代表する権限を有する。

理事の任命・解任、副理事長・常任理事の指名、専務理事・常務理事・職員の任命などの権限を有する。

青森県副知事の無報酬の充て職であって、複数の公的団体の役職を兼務する。

非常勤であり、かつ、理事会の開催は年2回（決算と予算を承認）が慣行化していた。

専用の部屋や机を有しておらず、日々の業務は、常勤の専務理事、常務理事によって運営されていた。

② 監事（Y₃～Y₆）

Xの業務を監査する。監査結果につき必要があると認めた場合、理事長・国土交通大臣・青森県知事に意見を提出する権限がある。

Xは事業年度の決算完結後速やかに財務諸表を作成し、監事の監査を得て青森県知事に提出する。

青森県出納長の無報酬の充て職であって、現実には、青森県出納局と建築住宅課の職員による共同の監査補助が行われていた。

③ 副理事長（Y₇～Y₁）

理事長を補佐してXの業務を掌理する。職務に関する具体的な権限規程はないが、理事長不在のときは、理事長の専決事項を代決できる。

青森県土木部長又は県土整備部長の無報酬の充て職であって、複数の公的団体の役職を兼務する。非常勤であり、かつ、理事会の開催は年2回

(決算と予算を承認) が慣行化していた。

④ **専務理事・常務理事** (Y$_8$・Y$_{12}$〜Y$_{15}$)

専務理事は理事長を、常務理事は専務理事を補佐してXの業務を掌理する。

理事長・副理事長不在時（常務理事においては専務理事不在時）の代決権があるほか、一定の事項（総括主幹以下の人事）について、専決事項が存在する。

⑤ **総務部長** (Y$_{16}$〜Y$_{18}$)

理事長、副理事長、常任理事の命を受け、Xの業務を統括し、所属の職員を指揮監督する者で、一定の専決事項がある。

就業規則により、故意又は重大な過失によってXに損害を及ぼしたときは、損害の全部又は一部を賠償させられることがあるとされる。

⑥ **総務部課長** (Y$_{19}$)

上司の命を受けて、Xの所掌事務のうち部長が特に命じた重要事項を掌理し、職員を指揮監督する。総務部長不在のときは総務部長の専決事項について代決権がある。

就業規則により、故意又は重大な過失によってXに損害を及ぼしたときは、損害の全部又は一部を賠償させられることがあるとされる。

2 Aの勤務状況と本件横領行為

(1) **Aの勤務状況**

Aは、昭和55年6月からXでの勤務を開始するようになり、主として経理事務を担当しており、本件横領行為発覚の時点では総務部総務課主幹の地位にあった。

Aは、入社当初より、スナックでの遊興費用をサラ金からの借入れにより賄い、債務額が数百万円に上ることもあったが、その都度、父親の援助で債務整理を行うなどしていた。

昭和63年には職場にまで支払の督促を受けることもあった。

平成6年8月、Aは約1か月にわたり所在不明となりXを無断欠勤したが、この点について、Aは、総務部長Y$_{16}$及び当時総務課職員であったY$_{19}$に対して、趣旨不明の説明（注）をし、Y$_{16}$らは、当該説明をそのまま当時、専務理事であったY$_8$に報告した（なお、裁判所はAの家出には暴力団関係者との関係等に係る背景事情が存在していた可能性が否定できないとしている）。

Y$_8$は、Aには無断欠勤のほかサラ金からの借金歴や暴力団関係者との接触等が判明したのであるから、本来は正式な懲戒処分を検討するために処分権利者である理事長に対して経過を報告し、その決裁を受けるべきであったと考えられるが、Aの親戚であるD前専務理事から退職だけはさせないでほしいと依頼されたこと、AがいないとXの決算等の経理事務に支障が生ずる恐れがあることなどから、理事長に対してその報告自体をせず、Y$_8$宛てのてん末書の提出と口頭での厳重注意を行っただけで、Aを経理の職場に復帰させた。

(2) **本件横領行為**

① **口座振替事務**

Aの担当していた口座振替事務（Xが開設していた預金口座の入出金時期及び口座残高を確認し、出金予定のある口座に残高不足が生じないように、十分な残高のある口座から残高の不足する口座への資金移動を行う事務）については、会計規程等に定めがなく、Xの慣行により、銀行備付の普通預金払戻請求書及び入金伝票に金額等を記載して総務部長又は総務部課長の了解を得た上、一般の普通預金払戻請求書用紙に出納印又は副出納印及び銀行届出印である公印を押して銀行窓口に提出し、現金の払戻しを受けることなく銀行備付の入金伝票に記載して所定の振替先口座への預入手続を行うという方法により行われていた。

口座振替事務については原則として決裁起案書が作成されておらず、振替後に通帳の預金残高を確認するなどといった口座振替が適切に行われたかどうかについての確認作業も特段行われていなかった。

② **Aによる本件横領**

Aは、口座振替と称して必要書類を作成し、総務部長又は課長等の了解を得た上、一般の普通預金払戻請求書に出納印又は副出納印及び公印を押捺してもらい、又は無断で公印のみを押捺し、これを銀行に提出して現金の払戻しを受け、平成5年2月23日から平成13年10月3日までの間、186回にわたり、Xの預金口座から合計14億5941万3985円を着服横領していた（当初平成5年時の横領金額が約260万円であったのに対し、発

覚前の平成12年では、これが4億円に膨れ上がっている）。

Aは平成13年11月8日付けでXから懲戒免職とされ、本件につき業務上横領罪で起訴、平成14年12月12日に懲役14年の実刑判決の言渡しを受けた。

3　監査の状況

本件横領行為の期間中、監事監査（青森県出納局と青森県建築住宅課の職員による監査補助あり）や青森県監査委員による監査が行われたが、いずれも振込伝票と証拠書類との照合までは行われず、横領行為が発覚されることはなかった。

4　Xが主張した善管注意義務違反の具体的内容

(1)　適正な人事管理（Aの解雇、配置換え）の懈怠

長期休暇や欠勤が多く勤務態度が悪いAを放置し、代わりの人材を育成していない。

(2)　仕訳日計表、合計残高試算表等の作成遅滞の是正懈怠

Aは横領行為の不正経理を糊塗するため、仕訳日計表や合計残高試算表の作成を故意に半年間放置するなどしていたので、役員らには、これを是正する義務があった。

(3)　借入台帳の不備

定款上、借入台帳を作成しなければならないのに、Xでは整備されていなかった。

(4)　杜撰な公印管理

本件預金の払戻しに使われたXの公印管理が杜撰でAが勝手に持ち出すことができる状態にあった。

(5)　1億円以上の財産の処分についての規程違反

Aが不正経理にあたり行っていた勘定科目の振替え、切替えは、「財産の処分」に該当するところ、Xの規程上は、1億円以上の「財産の処分」は理事長決裁であるのに当該勘定の移動を容認していた。

(6)　約定に反した銀行の口座振替手続の是正懈怠

Xと銀行との間で、現金の直接受渡しを行わない形での口座振替を想定した業務委託契約書を締結していたにもかかわらず、実際には、これが守られていなかった。

(7)　証拠書類と照合義務、振替先口座への入金確認義務の懈怠

支払に関する証拠書類と伝票とを照合し、あるいは、実際に口座振替先の入金状況の確認を行えば不正は容易に見抜けたのに、これを行わなかった。

Ⅱ　判決要旨

1　善管注意義務違反の有無

(1)　善管注意義務一般について

Xと理事長・監事・副理事長・専務理事・常務理事との関係については、民法の委任の規定が適用されると解されるから、Y₁～Y₁₅は、いずれもXとの間の委任契約に基づき、職務遂行上の善管注意義務を負う。

Xの総務部長であったY₁₆～Y₁₈、総務部課長であったY₁₉については、Xとの間で私法上の雇用契約が成立しているから雇用契約に基づき、職務遂行上の善管注意義務を負う。

もっとも、Xの就業規則においては、職員が故意又は重大な過失によってXに損害を及ぼしたときは、情状により損害の全部又は一部を賠償させることができる旨が定められているから、職員であるY₁₆～Y₁₉は、その職務遂行上、故意又は重大な過失のある場合に限って損害賠償責任を負うことになる。

(2)　理事長・副理事長の責任について

「①　理事長は青森県副知事の、副理事長は青森県土木部長又は県土整備部長の、いずれも無報酬の充て職であり、他の公社等複数の公的団体の役職を兼務していたこと、②理事長及び副理事長は非常勤であり、本件横領当時は理事会も主として決算と予算を承認する決議のため年2回しか開催されないことが慣行化されていたこと、③Yらも上記のような事情を前提として理事長又は副理事長に就任していたといえることなどに照らすと、理事長又は副理事長がXの職員の不正行為を防止するために具体的な監視等をすることは現実には困難であったから、理事長又は副理事長が実際に職務として行っていた理事会での審議及び決裁

案件以外の事項である職員の不正行為に関しては、疑問を抱くべき特段の事情がうかがわれない限り、責任を負わないものと解するのが相当である。」

「そうであるところ、本件においては、前記認定のとおり、理事会での審議及び決裁した案件自体には、Aの本件横領をうかがわせるような事項がなく、それ以外の事項について特に疑問を抱くべき特段の事情があったと認めるに足りる証拠はないから、Y₈以外の理事長又は副理事長であったYらについては、善管注意義務違反の責任を認めることはできない。」

(3) 監事の責任について

「本件横領当時のXにおける監事監査においては青森県出納局と建築住宅課の職員による共同の監査補助が行われ、その監査補助においては、①財務諸表と各種帳簿類との照合、②貸借対照表及び財産目録における預金残高と預金通帳、預金証書等の残高等との照合、③預金通帳、定期預金証書、有価証券等の保管状況の確認、④各種証拠書類の確認等が行われるものとされていた。そして、監事であったYらは無報酬のいわゆる充て職（青森県出納長の充て職）で非常勤とされていたところ、監事は上記の監査補助の結果、Xの決算が適正であると認められるとの報告を受け、これに基づいて監査報告を行っていたのであり、監査補助が適切に行われていなかったことを監事であるYらが認識し又は認識し得たといった事情も認められないことからすれば、監事であったYら個人の職務執行自体について善管注意義務違反があったと認めることはできない。」

(4) 常務理事・専務理事の責任について

① 人事配置に関する責任について

「Y₈以外の専務理事又は常務理事であったYらについては、確かにAの欠勤等が少なくなく、また、Xの経理事務に関しては、合計残高試算表を呈覧に供するのが遅滞していたといった事情が存したものの、Aの借金歴や暴力団関係者との接触歴といった経理担当者として将来の不正を懸念させるような問題行動歴について引継ぎを受けておらず、むしろ、平成9年度にAが企画課に異動した際にはAの後任者が育てられていなかったため決算業務に支障が生じたといった事情があった

のであるから、Aに関する人事配置について善管注意義務違反があったとまでいうことはできない。」

「Y₈は平成6年8月ころにAが所在不明となった際、Aの借金歴や暴力団関係者との接触歴等について報告を受けていたのであるから、懲戒処分を行うことを検討するため、処分権者である理事長に対して速やかに事実関係の報告等をすべきであったというべきであるし、人事権を有していた専務理事として、少なくともAを数億円単位の金員を操作することのある経理部門から異動させたり、Aによる事務処理について特に注意して監視する体制を取るように職員の事務分掌に関する権限を有している総務部長に特段の指示をするといった措置を講ずべきであった。そうであるのに、Y₈はこれらを行わず、Aの親戚である前専務理事の依頼を受けたことなどから長期欠勤後の懲戒処分を免れさせ、Aをして従前と同様に経理業務に従事させた上、その監視体制を整備強化することもなかったというのであるから、この点について善管注意義務違反があったというべきである。」

② 経理事務是正に関する責任について

「Xの職務規程によれば、経理事務は総務部において所掌され、総務部長がその業務を統括するものとされており、専務理事又は常務理事であったYらは、多数の部下（例えば平成13年度は37名）を抱え、基本的に経理に関する日常的な業務に関与することが予定されていなかったのであるから、経理に関する日常的な業務が適切に行われていないことを認識し得るような事情が存するといった事情がある場合に限り、専務理事又は常務理事において日常的な経理事務の体制を是正すべき義務を負うものと解するのが相当である。

そうであるところ、前記認定のとおり、専務理事又は常務理事であったYらは、日常的な経理業務について特に問題があるとの報告も受けておらず、また、他に日常的な経理業務が適切に行われていなかったことを認識し得るような事情があったとも認めることはできない。なお、上記の合計残高試算表についてはその作成時期が遅れていたのは事実であるが、専務理事又は常務理事はその呈覧を受けるのみであって、その決裁を求められ

ていたわけではないことからすれば、その遅れを知り又は知り得たことをもって上記事情に当たるとまでいうことはできない。したがって、経理事務の是正に関しては善管注意義務違反を認めることはできない。」

(5) 総務部長の責任について
① Aの事務分掌等に関する重過失について
「職員の事務分掌に関することは総務部長の専決事項とされていたところ、Y16は平成6年8月ころにAが所在不明となった際、A本人から借金歴や暴力団関係者との接触歴等について説明を聞いていたのであるから、Aによる事務処理について特に注意して監視する体制を取るといった措置を講ずべき義務があったというべきである。そうであるのに、Y16は何ら措置を講ずることなくAに従前と同様の事務を担当させ、格別の監視体制を取らなかったというのであるから、事務分担等の点についてY16には重過失があったというべきである。

また、Y18についても、就任直後には総務部課長のY19からAのてん末書の件や以前の借金歴を聞かされていたのであるから、たとえそれから約6年が経過していたとしても、Aを中心にした経理に関する事務処理体制を早急に点検確認し、Aの事務処理分を含めて相互点検確認体制が有効に機能しているかどうかを確認すべき義務があったというべきである。そうであるのに、Y18は、これらを怠ったのであるから、やはり事務分担等の点について重過失があったというべきである。

他方、Y17については、Aの借金歴や暴力団関係者との接触歴等についての事情をY8から引き継いでいなかったのであるから、Aの事務分担等の点に関して善管注意義務違反を認めることはできない。」

② Aのした経理処理の点検体制の欠如について
「本件横領当時、Xでは仕訳日計表がAの指示により作成されており、Aによって行われた経理データの入力事務については他の経理担当者による点検作業が行われていなかったところ、総務部長はXの出納員であり、現金等の支出及び保管に関する責任者であった上、総務部長の部下は庶務経理を含めて9名前後にすぎなかったのであるから、総務部長は、仕訳日計表の作成が上記のような体制で行われていることを認識した上、仕訳日計表の決裁をするに当たっては、時折はこれを自ら振替伝票や証拠書類と照合し、又はA以外の経理担当者をしてAの業務についても事後点検をする体制を取るべきであった。しかしながら、総務部長であったYらは自ら上記照合作業を全く行っていなかった上、自分に代わって他の部下にAの経理作業を事後点検することも全く指示していなかったのであるから、この点について善管注意義務違反があり、その違反も重過失によるものというべきである。

また、Aによって行われていた口座振替事務については、原則として決裁起案が作成されないなど、口座振替が適切に行われたかについて事後的に確認する体制が取られておらず、実際に他の経理事務担当者による事後的な確認が全く行われていなかったのであるから、総務部長であったYらは自ら事後的な確認を行うか、又は少なくとも他の経理担当者をしてAがした口座振替事務の事後確認を行わせる義務を有していたと解すべきところ、これを怠っていたのであるから、これもまた重過失による善管注意義務違反であるものと認めるのが相当である。」

(6) 総務部課長の責任について
「総務部課長のY19は、経理担当課長となっていなかった平成11年度を含めて副出納員を命ぜられていたのであるから、総務部長について判示したところと同様に、仕訳日計表と証拠書類等との照合及び口座振替の事後確認に関して善管注意義務違反があったと認められる。そして、Y19は平成4年から平成6年までX総務部主幹としてAと同一部署に勤務しており、その間にAが所在不明になった際、Xに復帰したAから、その借金歴や暴力団関係者との接触歴等についても事情を聞いて認識していたといった事情に照らせば、副出納員は出納員を補助すべき立場にすぎないことを考慮しても、なお上記善管注意義務違反について重過失があったというべきである。」

(7) 結論
理事長（Y1・Y2）：請求棄却、監事（Y3〜Y6）：請求棄却、副理事長（Y7〜Y11）：Y8のみ請求一部認容、その余は棄却、常務理事・専務理事（Y8・Y12〜Y15）：Y8のみ請求一部認容、その余は棄却、

総務部長（Y₁₆〜Y₁₈）：請求一部認容、総務部課長（Y₁₉）：請求一部認容

2　過失相殺

「本件横領のように社員の故意による犯罪行為により会社が損害を被り、会社がその社員を指導監督すべき立場にある上司に対して指導監督上の過失責任を追及するという場合には、第三者が同様の訴訟を提起する場合とは異なり、会社がその故意の犯罪者に対して包括的な労務指揮権、業務命令権等を行使することができる立場にあり、社員の業務活動により会社の目的を達成しているという緊密な関係にあったことに照らすと、故意の犯罪者の有責性を被害者である会社側の過失に準ずるものとして捉え、指導監督上の過失ある社員の損害賠償責任を民法418条の過失相殺規定の類推適用により減縮するのが相当である。

そして、会社と社員との内部関係においては、故意により犯罪を犯した社員の有責性と過失によりその犯罪を防止することができなかったにすぎない社員の有責性との間には著しい差異のあることを重視すべきであり、故意者の顕著な有責性を会社側（X側）の著しい過失として捉えるのが相当である。」旨判示の上、これに加えて

① 他の被告及びこれと同様の立場（総務部長）にありながら提訴されていない者の過失
② Aのもとで経理業務に従事していた者の過失
③ 青森県出納局と青森県建築住宅課職員の過失
④ 青森県監査委員の過失
⑤ Aの預金の引出しに応じていた銀行の過失

を原告側の過失として捉え、各被告の責任割合を以下のとおり減額した。

（責任割合と認容金額）

Y₈：2％（2896万1076円）、Y₁₆：2％（2908万5659円）、Y₁₇：1％（1388万28円）、Y₁₈：1.5％（923万68円）、Y₁₉：1％（872万2199円）

Ⅲ　分析・検討

1　はじめに

本件は、青森県住宅供給公社という地方住宅供給公社法に基づく特殊法人の経理担当職員であったAが総額14億円以上もの金銭を横領し、このうち少なくとも約8億円をスナックホステス（後にAと婚姻する）のチリ人女性に送金していたとして、世間を騒がせた事件である。

本件は、多額の国外送金に疑問をもった仙台国税局の税務調査により横領の事実が発覚したもので、Aは逮捕・起訴され、懲役14年の実刑判決を受けた。

事件発覚後、住宅供給公社は理事等の役員を一掃するとともに、横領を行ったAに対して、14億円の損害賠償請求訴訟を起こし、更に、チリに帰国していたチリ人女性の自宅豪邸を競売にかけたことでもニュースとなった。

本件は、公社による債権回収の一環として、Aが横領行為を行っていた当時の役員や部課長に対して提起された損害賠償請求訴訟である。

以下では、本件で問題となった争点についての若干の考察を行う。

2　特殊法人の役員等の責任

Yらは、住宅供給公社の理事長、副理事長、専務理事、常務理事、監事と公社との関係は委任契約そのものではなく、善管注意義務の程度は民法上の義務の程度とは異なる旨を主張して、自己の損害賠償責任を争った。

しかしながら、本判決は、「確かに、理事長及び監事が原告公社ではなく青森県知事によって任命されることなどからすると、その法律関係は民法上の委任契約とは異なる側面があると解されるが、地方住宅供給公社法上にも役員と公社との関係に関する明文の規定がないから、法人と役員との間には民法上の委任に準じた法律関係があると解するのが相当であり、民法の委任の規定が適用されると解される。」旨を説示し、被告らの上記主張を排斥した。

住宅供給公社は、「住宅の不足の著しい地域において、住宅を必要とする勤労者の資金を受け入れ、これをその他の資金とあわせて活用して、これらの者に居住環境の良好な集団住宅及びその用に供する宅地を供給し、もつて住民の生活の安定と社会福祉の増進に寄与すること」を目的とする法人であって（地方住宅供給公社法1条）、当然に、その財産管理は厳格になされる必要があると

ころ、その運営は、役員として置かれた理事長、理事及び監事に委ねられているのであるから（同法11条）、民法上の委任の規定が否定される根拠はなく、本判決の上記説示は妥当であると思われる。

3 内部統制システム構築義務違反との関係

本件において、原告は、理事長らの責任について内部統制システムを機能させる義務を怠った旨主張したにもかかわらず、本判決では、「理事長又は副理事長が原告公社の職員の不正行為を防止するために具体的な監視等をすることは現実的には困難であったから、理事長又は副理事長が実際に職務として行っていた理事会での審議及び決裁案件以外の事項である職員の不正行為に関しては、疑問を抱くべき特段の事情がうかがわれない限り、責任を負わない」として、かかる義務違反を否定した。

他方で、総務部長らの責任を認める根拠として、本判決は、「総務部長は、（略）仕訳日計表の決裁をするに当たっては、時折はこれを自ら振替伝票や証拠書類と照合し、又はＡ以外の経理担当者をしてＡの業務についても事後点検をする体制を取るべきであった。」とする。

本件と内部統制システム構築義務との関係について、判例タイムズのコメントでは、「内部統制システムの構築の問題ではなく、外形上構築されていた内部統制システムが有効に機能していなかったともいうべき事案」とされる一方で、判例時報のコメントでは、「経理事務を適正に管理する内部統制システムが確立されていない」事案としており、その説明も一様でない。

本判決は、上記のとおり説示し（その説示内容は、Ｙらの引用する大阪地判平成12・9・20金融・商事判例1101号3頁【大和銀行事件ニューヨーク支店損失事件判決】を意識したものと思われる）、結論として、理事長らの責任を否定したが、国内や海外に複数の拠点を有する銀行などとは異なり、本件横領行為当時、Ｘの従業員は、総勢で30～40名程度であったということであり、理事長において、その基本的な業務が適正に行われているかを監視・監督することは上記銀行等に比較すると必ずしも困難であったとはいえないのではないか。

そうすると、本件を内部統制システム構築義務違反の事案として捉えるのか、あるいは、内部統制システムは一応構築されていたが、これが有効に機能していなかった事案として捉えるのかという点について、これをいかに解釈するにしても、結論において、理事長らの責任を否定するべきではなかったと思われる（極論すれば、本判決の説示によると、理事長らは、その部下が如何なる不正を働いていようとも、疑念を差し挟むべき特段の事情がない限り、年2回の理事会に出席してさえいれば、公社の役員としての責任を果たしているということになり、このような結論は国民一般の法感情としても受け入れ難いのではないか）。

この点、本判決は、理事長らが無報酬、非常勤の充て職であり、また、業務の基本的な運営体制については、定款及び業務方法書を国土交通大臣に提出して認可を受けている（地方住宅供給公社法9条）点を重視しているものと推察されるが、かかる事実が具体的な不祥事件発生時の役員の責任を軽減する根拠となり得るのか、本判決では何ら触れられておらず、かかる意味からも疑問が残る。

4 過失相殺の是非

本判決は、Ａという故意者の有責性を被害者であるＸの著しい過失として捉え、また本件で被告とされていない他の役員、Ｘの経理担当職員、監査補助をしていた青森県職員、Ａによる預金の払戻しを認めていた銀行等の落ち度についても過失相殺の対象としている。

損害額を減額する方法としては、本件のように過失相殺の類推適用による場合のほかに、寄与度に応じて因果関係を割合的に認定して減額を認める場合（東京地判平成8・6・20判例時報1572号27頁（日本航空電子工業株主代表訴訟判決））とが存在する。

過失相殺の類推適用による場合、被害者自身でもなく、また、被害者と経済的得失を共通にするわけでもない全くの第三者の故意・過失行為までをも「被害者側の過失」と捉える点で技巧的に過ぎるきらいがあるものの、さりとて、因果関係の割合的認定による場合は、その概念自体が必ずしも実務において未だ定着したものとはいえない。

私見としては、損害の公平な分担という過失相殺規定の趣旨は、本件のような事案にも当てはまり得るものであるから、あくまでこの趣旨を類推するという形で、本判決のように民法418条の類推適用による減額は妥当な解決方法だったのではないかと考える。

　なお、上記に対し損害額の減額自体を認めるべきではないとする考えもあるが（後掲・白井論文）、役員は措くとして公社と雇用関係があったに過ぎない者についてまでも、公社が被った損害のすべてを負担させるのは、やはり行き過ぎというべきであろう。

V　実務対応

　本件では、結論において理事長らの責任が否定されているため、本判決から具体的に「あるべき内部統制システム」の要件を抽出することはなかなかに困難である。

　むしろ、本判決では、「平成6年8月におけるAの問題行動を認識していたか」という点を責任発生のメルクマールとしており、問題行動から約6年後に総務部長に就任した者でさえも、上記「問題行動があった」との引継ぎを受けたという一事から善管注意義務違反を問われている。

　本判決によれば、役員に限らず、会社や団体と雇用関係にある管理職たる社員にあっても、過去に部下に問題行動があったとの引継ぎを受けている場合には、特段上司等からの指示がなくとも、当該部下の勤務状況を常に監視・把握し、適切な措置を講じておかなければ、後に問題となった時に自身が損害賠償責任を問われる危険にさらされるということになるが、他方で部下に対して必要以上の対応をとった場合には、今度は、部下から「当該対応はパワハラである」などと主張される恐れもあるのであって、管理職としては難しい立場に立たされるものといえるであろう。

　なお、本件発覚後の公社の体制については、公社は公印を厳正に管理し、経理担当者は複数として固定化を避けることとなった。また、理事長は常勤となり、県OBで民間企業の社長経験者、理事は青森県内すべての市の副市長、監事も非常勤の公認会計士と常勤の金融機関OB、専務理事は金融機関で役員を務めたOBが就任して体制が強化されたとのことである（白井晧喜「行政判例研究」自治研究86巻11号142頁）。

（注）Aの説明は次のとおり。
　「平成3年に生活資金のためにサラ金から借金をした。その際、知り合いのBという人物に保証人になってもらった。その後、その借金は父親が返済した。同年、Bから、Xが経営していた戸山ショッピングセンターでビデオレンタルの店を開業したいとの話を持ち掛けられ、店舗の2階であればいいということで口頭で了解した。その後、Bが警察に逮捕されたことを新聞で知り、ビデオレンタル店の開業の話はとぎれた。その後平成5年ころまで、Bが経営していた浪館通りのビデオレンタル店は営業していた。平成6年7月10日に、Bから、戸山ショッピングセンターでのビデオレンタル店の開業のために準備したビデオ100本を処分するように要求され、この要求に従って埼玉県で100本のビデオを処分して、処分代金30万円をBに渡した。その後、Bとは会っていない。しかし、BはAの名前を使って飲食を繰り返していたことが分かり、夜も働いてその飲食代を工面して支払った。さらに、Bから戸山ショッピングセンターで開業のため準備した看板代として30万円を要求され、高利貸しから30万円を借りてヤクザに30万円を渡した。その際、今後このような要求があった場合には警察に届ける旨を言い渡した。高利貸しから借りた30万円を利息分も含めて平成6年8月末日までに返済しなければならなかったので、北海道にいる将棋関係の知り合いに頼んで仕事を紹介してもらった。仕事をしたのは8月5日から22日までで、層雲峡において1日2万円で15日間働き、30万円用意できたので、青森に帰宅した。」

15 牛乳再利用禁止に反して食中毒事件を起こし会社が解散に追い込まれたのは代表取締役に任務懈怠があったためであるとして従業員による損害賠償が提起された事例―JT乳業事件（名古屋高金沢支判平成17・5・18判例時報1998号130頁）―取締役の内部統制システム構築義務を中心に―

弁護士　松井雅典

I　事案の概要

1　J社は、牛乳等の製造販売業を営む株式会社であり、Yは、昭和36年から同社の代表取締役をつとめてきた者であり、本件訴訟係属中の平成15年8月24日に死亡した。

J社は、金沢市に工場を持ち、同工場で牛乳、ヨーグルト、清涼飲料水等を製造し、北陸三県を中心に販売していた。

売上高は、平成6年度に14億8900万円を計上したのが最高で、その後減少傾向にあり、従業員数も平成6年頃の正社員38名、パート社員15名が最高で、その後減少傾向にあった。

2　平成13年4月当時のJ社の組織はYが代表取締役をつとめ、製造部門はA製造部長が統括管理しており、その業務を実質的に一任されていた。なお、A製造部長の下には製造課長以下約18名の社員とパート社員がいた。

3　平成12年6月ないし7月頃、雪印乳業株式会社製造の乳製品による食中毒事件が発生し、全国で1万人を超える被害者が発生した。その過程で、雪印乳業大阪工場において、製造後出荷されずに冷蔵庫に残った乳製品及び出荷ミスにより返品された乳製品（注1）を加工乳等の原材料として再利用していたことが判明し、雪印乳業は消費者の信頼を裏切ったとして強い社会的批判を浴びた。

4　雪印乳業での再利用が明らかになったことを受け、金沢保健所の担当官がJ社を訪れて牛乳の再利用についての指導を行い、これにYとA製造部長が対応した。その際、担当官は、牛乳から加工乳及び乳飲料への再利用は、品質保持期限内のものであること、及び10℃以下で保存されていることを条件として許されるが、それ以外の再利用（牛乳から牛乳への再利用含む）は許されないことを周知徹底するよう指導した。なお、食品衛生法（平成15年法律第55号による改正前のもの。以下同じ）及びこれを受けた「乳及び乳製品の成分規格等に関する省令（昭和26年12月7日厚生省令第52号）」によれば、牛乳から加工乳及び乳飲料への再利用、及び加工乳及び乳飲料から乳飲料への再利用はいずれも、これらの法令に違反しないが、牛乳から牛乳への再利用及び加工乳から加工乳への再利用はこれらの法令に違反することとなる。

その後、J社においては、Yの指示により、一旦外部に出た製品については保管状況が確認できるか否かにかかわらず、再利用しないこととし、顧客に対しては商品の買取りを求め、原則として返品を受け付けないこととした。また、Yは、A製造部長に対し、上記の金沢保健所の指導を遵守して違法な再利用をしないよう指示するとともに、一旦出荷された牛乳等製品については、その保管状況が確認できるか否かを問わず、再利用しないこととし、工場内に据え付けてパック詰め製品から牛乳を取り出すために利用していた破砕機についてもこれを工場外に出して使用しない措置を講じ、従業員に対しても、朝礼などを通じ、一旦出荷された牛乳製品については再利用しない旨を周知した。

他方、工場内部で未出荷のため保管されていた牛乳については、賞味期限内であり、社内検査（アルコール検査及び風味検査）で合格すれば、牛乳から加工乳及び乳飲料への再利用のみならず、牛乳から牛乳への再利用も行われていた。もっとも、A製造部長は、このような再利用を認識していたものの、Yに報告したり、部下に再利用を禁

止したりすることはなかった。そして、YもA製造部長から報告を求めることをしなかったため、工場内部で保管されていた牛乳の再利用について認識したり、再利用の禁止を具体的に指示することもなかった。

5 平成13年4月23日、J社の販売店より牛乳の味に異常があるとの連絡があったため、J社従業員は牛乳合計7本を回収し、A製造部長に渡して検査を依頼した。YはA製造部長に対し、検査結果が出るまで上記販売店への出荷を停止するよう指示した。

同月25日、再度上記販売店より牛乳に異臭があるとの連絡が入ったため、J社従業員は、同販売店から納入済みの牛乳を車両にて引き上げ、2時間かけて工場まで運んだ。この間、回収された牛乳は常温にさらされており、工場到着後、廃棄用冷蔵庫に搬入された。同日、A製造部長がYに対してこの日の牛乳回収を報告したところ、Yは上記出荷停止の指示が守られていなかったとして、A製造部長を叱責した。

その後、同月26日、A製造部長の指示によりこの回収された牛乳が牛乳製造に際し、再利用された（以下、「本件再利用」という）。

翌日、学校給食に供されたJ社の牛乳を飲んだ金沢市内及び内灘町内の小中学校の児童生徒380人以上が吐き気や腹痛を訴え、うち78名が医師の手当てを受けた（以下、「食中毒事件」という）。かかる事実は各新聞の朝刊などで大々的に報道された。

6 金沢市保健所は、平成13年4月27日J社の会社と工場を立入検査し、その結果、食品衛生法22条に基づき、同法4条4項に違反したことを理由として同日から3日間の営業停止を命じた。Yは、同月28日午前にA製造部長に対し食中毒事件について心当たりを尋ねたところ、A製造部長から、風味検査をして大丈夫だと思ったので自らの指示で回収した牛乳を学校給食用の牛乳の原料として再利用した旨説明された。Yは、この説明を受けてはじめて、回収された牛乳が廃棄されずに、学校用給食の原料として再利用されたことを知り、A製造部長を叱責した上、A製造部長に対し、再利用の経緯につき、金沢市保健所の担当者に正直に説明するよう指示し、従業員らに対しても、警察や保健所からの事情聴取には全て正直に話すよう指示した。

なお、同月30日までにJ社の業乳を飲んだことによる食中毒被害者は421人に及んだ。

同月30日、金沢市はJ社に対し、食品衛生法23条に基づき、J社に対して許可していた乳酸品飲料製造業、菓子製造業、乳処理業、乳製品製造業及び清涼飲料水製造業について、同年5月1日から無期限に営業一切の禁止を命じた。その処分理由は、①牛乳により多数の児童生徒等に吐気・嘔吐等の健康被害を生じさせたこと、及び②販売店より回収した牛乳を牛乳の原料に再利用したことであった。なお、金沢市は、①の処分理由は実質的に上記営業停止命令の処分理由と同一であり、本来同じ事実を理由に2度の処分はできないから、この営業禁止命令の実質的な処分理由は②であると考えている。

7 平成13年4月30日及び同年5月1日の朝刊では、上記再利用の事実が大々的に報道され、J社に対するより厳しい非難が記載されていた。

8 J社は、平成13年5月17日、株主総会決議により解散し、これに伴い同日従業員に対し解雇を通告した。なお、パート社員に対しては同月3日付で解雇を通告した。

9 この際、解雇された従業員らないしその相続人（以下、本訴訟の原告ら（被控訴人兼付帯控訴人ら）を「従業員ら」ということがある）が、牛乳が再利用され、食中毒事件が発生したのは、Yに代表取締役としての職務を行うにつき悪意又は重過失による任務懈怠があったためであると主張して、商法（平成17年改正前のもの）266条の3（現会社法429条）に基づき損害の賠償を求めた。なお、上記のとおりYは本件訴訟係属中に死亡し、その相続人が訴訟を承継した。

10 本件訴訟における争点は、①YのA製造部長に対する牛乳再利用指示があったか、②仮にかかる指示がなかったとしても、YにA製造部長が再利用することを合理的に予測してこれを禁止する義務があったか、③Yに内部統制システムを構築すべき義務があったか（注2）、④Yの任務懈怠行為とJ社の解散、廃業との相当因果関係の有無、⑤Yの任務懈怠行為により、従業員らの

被った損害である。

なお、本稿は便宜上③の争点として整理しているが、本判決書では、「争点(2)（Yの任務懈怠の有無など）」の(2)以降で、A製造部長に対する再利用禁止義務違反とあわせて検討されている。

Ⅱ　判決要旨

1　原審判決

(1)　YのA製造部長に対する牛乳再利用指示の有無

平成13年4月25日に、A製造部長がYに対して回収牛乳の存在を報告した際、YからA製造部長に対し、回収した牛乳を再利用することについて、明示もしくは黙示の指示ないし了解が与えられた可能性は相当程度高いものがあるとしつつも、指示ないし了解が与えられた直接の証拠が存しない本件において、その事実を積極的認定するには、なお若干の躊躇を感じざるを得ないとして、結論を留保した。

(2)　Yに牛乳の再利用禁止を徹底し、A製造部長が再利用することを予測してこれを禁止する義務があったか

J社において、工場内部で保管されていた牛乳については、牛乳から牛乳への再利用が行われていたことにつき、Yの指示によるとまで認められる証拠はないものの、少なくともYはこれを許容、黙認していたと推認すべきであるとし、牛乳メーカーとしては雪印乳業事件から学び、同様の事件を起こさないことが重大な課題であったとし、したがって、J社の代表取締役であったYとしては、保健所の指導を契機に、J社におけるそれまでの牛乳再利用の実態を調査、把握し、今後保健所の指導を遵守するための方策（取扱基準の策定、従業員への周知徹底等）に取り組むべき忠実義務があったというべきであり、それにもかかわらず牛乳の再利用という取扱いが日常的に続けられ、これが本件再利用に結びつく一因になったのであるから、この点についてのYの忠実義務違反は明らかであるとした。

また、A製造部長から回収した牛乳の存在につき報告を受けた際、Yとしては、A製造部長が再利用への誘惑に負け、再利用する可能性を予見できたというべきであるから、A製造部長に対し、回収した牛乳の廃棄を具体的に指示すべきであったにもかかわらず同指示をしなかったことは忠実義務違反であるとした。

その上で、牛乳メーカーにとって再利用の問題を適正に処理することが重大な課題であったことに鑑みるとこれらの忠実義務違反は重大な過失であったとの評価を免れないとした。

(3)　Yの任務懈怠行為とJ社の解散、廃業との相当因果関係の有無

Yの任務懈怠とA製造部長の再利用との間及び再利用と上記営業禁止命令との間に因果関係が認められるというべきであると述べ、これに加えて、J社が解散したのは食中毒事件を起こしたことに加え、雪印乳業事件後1年も経たないにもかかわらず、その原因となった牛乳再利用を行い、消費者からの信頼が著しく失墜し、これを回復するのは容易でないことが明らかであること、上記営業禁止命令が無期限と極めて厳しいものであり、営業再開の見込みが立たなくなったことなどから、本件の再利用及び営業禁止命令がなければJ社の解散決議はなかったと推認できるとして、Yの任務懈怠とJ社の解散、廃業の間に相当因果関係を認めた。

(4)　従業員らの被った損害

①　わが国においては、崩れつつあるとはいえ終身雇用の慣行が根強く残っているおり、労働者において、これを前提に生活設計を組み立てていること、使用者もこれを認識していることなどから、労働者が勤務する会社で将来にわたって働くことのできる期待ないし利益は法的保護に値し、損害の賠償を求める余地があるとして、従業員らが損害として請求する将来損害相当額、得べかりし退職金と実際の退職金との差額、慰謝料などについて、以下のように検討している。

②　将来賃金相当額

まず、J社の営業状態が悪化していたことから、従業員らが定年まで継続して勤務できたと認めることは困難であるとして、定年までに得ることのできた賃金額を損害とした従業員らの主張を排斥した。

また、牛乳の再利用がなければ一定期間J社が

存続した可能性を認めつつ、従業員らが解雇されたとしても労働能力を喪失しているわけではないとして、同期間中の賃金についても損害として認めなかった。

更に、具体的に賃金が低下した者の従来賃金との差額についても賃金が労働の対価であること、労働条件の低下の程度などを一般化して損害を把握するのも困難であるとして、再就職後の労働条件の低下などは慰謝料算定事由として考慮するとした。

③ **得べかりし退職金と実際の退職金との差額**
将来賃金相当額と同じく、従業員らが定年までJ社が営業を続けていた事実を認めることはできず、また、再利用がなければ一定期間J社が存続したことは認められるものの、その期間を認定することも困難であるとして、退職金の差額を独自の損害として把握することはできず、慰謝料算定事由として考慮するとした。

④ **慰謝料**
従業員らが、突然の解雇により精神的苦痛を受け、かつ人生設計が狂ってしまったこと、上記慰謝料算定事情の存在から、従業員ら各自に300万円の慰謝料を認めた。

2 本判決

(1) **YのA製造部長に対する牛乳再利用指示の有無**

本件の牛乳再利用につき、A製造部長がYの指示を受けてこれを行ったと認めるに足りる証拠はなく、かえってそのような指示はなかったというべきであるとして従業員らの主張を排斥した。

(2) **Yに牛乳の再利用禁止を徹底し、A製造部長が再利用することを予測してこれを禁止する義務があったか**

J社においては、金沢市保健所の指導後、一旦出荷された牛乳等製品についてはこれを再利用しないこととし、朝礼などを通じて従業員にも周知させる措置を講じるなどしていたのであるから、製造現場の責任者であるA製造部長が部下の従業員に対して本件再利用を行わせた行為はJ社の方針に明確に反するものであって、誠に異例のことといわなければならず、そうすると、A製造部長から回収牛乳の報告を受けた際、その言動等から牛乳の再利用を使用としていることをうかがうことができたなどの特段の事情がない限りは、A製造部長が本件再利用をすることを事前に予見することは困難であったというべきであるとし、本件ではそのような特段の事情を認めるべき証拠はないから、YについてA製造部長に対して回収牛乳の再利用をしないよう指示し、監督すべき注意義務があったと認めることができないとした。

(3) **Yに内部統制システムを構築すべき義務があったか**

最高裁平成12年7月7日判決（民集54巻6号1767頁）を引用し、会社の代表取締役は、会社の業務を執行する職責を担う者であるから、会社がその業務の執行に当たるべき注意義務を負うのであり、代表取締役が同注意義務に違反して、上記法令に違反する結果を招来させたときには、過失によりその任務を懈怠したものというべきであるとし、以下のとおり述べ、Yの任務違背を認め、その程度は重大であるとした。

Yは、雪印乳業事件及び金沢市保健所の本件指導により、それまでのJ会社における牛乳等製品の再利用には食品衛生法に違反する再利用があることを知ったのであるから、J会社の代表取締役として、直ちに同法に違反する再利用を廃止する措置を講ずるのはもとより、速やかに今後同様の違法な再利用が行われることのないようにするための適切な措置（牛乳等製品の再利用に関する取扱基準の策定、従業員に対する牛乳の再利用に関する教育・指導等の徹底等）を講じて、法令を遵守した業務がなされるような社内体制を構築すべき職責があったものというべきである。そして、上記職責を有するYとしては、上記措置を自ら講ずることなく、会社内の職掌分担に従ってこれを部下に任せるとしても、部下がとった措置の内容及びその結果を適宜報告させ、法令違反状態が解消されたこと等を確認し、仮になお法令に適合しない再利用がなされている状態が残存する場合には、自ら速やかに是正を指示するなどの指揮監督権限を行使して、違法な牛乳から牛乳への再利用をしない社内体制を築くべき義務があったものというべきである。

ところが、Yは、出荷されずにJ社内の冷蔵庫に保管されていた牛乳を牛乳製造のための原料と

して使用する再利用に関しては、自ら特段の措置を講ずることなく、その取扱いをA製造部長に任せ切りとして、かつ、A製造部長から、上記再利用の有無に関する実情を聴取することもしなかったため、J社で、なお牛乳から牛乳への再利用という法令に違反する状態が続いていることを知らずに、そのため、同違法状態が是正されないまま継続されることとなったものであるから、Yには、上記職責に違反する任務違背があったというべきである。

そして、J社が製造して販売する牛乳という商品は、高齢者から幼児に至るまで広く飲用され、それ故にその製造には細心の安全管理が要求される食品であり、一旦その製造についての安全管理に対する信頼が失われた場合には、J社の維持存続に関わる事態となることは容易に予見できたのであるから、Yにおいては、金沢市保健所からの指導があるまではJ社で違法な牛乳の再利用が繰り返されていたという実情を踏まえて、J社の代表取締役として、違法な牛乳の再利用を防ぐための社内体制を速やかにかつ確実に構築することが急務であったのに、上記のような措置あるいは対応しかしなかったのであるから、Yの任務懈怠における過失は重大であるというべきである。

(4) Yの任務懈怠行為とJ社の解散、廃業との相当因果関係の有無

Yが上記職責を尽くし、違法な牛乳から牛乳への再利用を一切しないという社内体制を構築していれば、A製造部長において本件再利用を決意しなかったものと推認されるし、また、そのような社内体制が構築されていれば、仮に同部長が本件再利用を決意しこれを部下の従業員に指示したとしても、当該従業員が本件再利用に反対して本件再利用が未然に防がれたものと推認できるとして、Yの任務懈怠と本件再利用との因果関係を認めた。

その上で、本件再利用を原因として営業禁止命令が出され、営業再開の見通しが立たなくなったため、J社が廃業して解散したとして、本件再利用とJ社の廃業及び解散との間の相当因果関係も肯定した。

(5) 従業員らの被った損害

Yの任務懈怠と従業員らの解雇との間に相当因果関係があると認めた上で、J社は、本件再利用とこれによる営業禁止命令がなければ、平成13年4月当時の経営状況で少なくともYの任期中である2年間は存続したものと推認することができるとし、従業員らの解雇日から2年間（この2年間を「雇用存続想定期間」という）はYの任務懈怠当時とほぼ同一の労働条件で、J社に勤務してJ社から解雇当時の給料等を下回らない給料等の支払を受け取ることができたものと推認することが相当であるとした。

具体的な従業員らの逸失利益としては、有効な解雇により、従業員らは、労務提供義務を免れるのであり、賃金は労務の対価であることからすれば、上記雇用存続想定期間中の給料等に係る逸失利益損害をもって直ちに雇用契約上の権利喪失による従業員らの損害と認めることはできないというべきであるとした（注3）。

他方、現在のわが国における社会的・経済的状況の下にあっては、解雇された労働者が解雇前の労働条件を下回らない労働条件での勤務先を探して再就職するまでにはある程度の期間を必要とし、また、そのような勤務先を探してもみつからず、賃金の額等の面で解雇前の労働条件を下回る労働条件でしか再就職できないという状況が推認できるとして、従業員らが解雇後再就職先を探すための相当期間中の解雇前の賃金相当の逸失利益と、再就職先における賃金等を含む全体としての労働条件が解雇前のそれを下回る場合における賃金額の解雇前の賃金額との差額に相当する逸失利益について、Yの任務懈怠と相当因果関係のある雇用存続想定期間における雇用契約上の権利喪失による損害に該当すると解するのが相当であるとした。

なお、従業員らは、解雇後雇用保険法に基づき金銭を受給していたが、同法に基づいて支給される基本手当及び再就職手当について、Yの損害賠償債務の損害の填補となるものではないとしつつ、この受給によって経済的困窮状態が緩和されたことから慰謝料減額事由として考慮するとされた。

最後に慰謝料については、解雇により、生計を維持するために相当程度困難な生活、再就職活動を余儀なくされたこと、雇用保険法に基づく各手

当の受給、退職金差額による逸失利益の存在を考慮し、各自100万円の慰謝料を認めた。

Ⅲ　分析・検討

1　取締役の第三者に対する責任について
（旧商法268条の3、現会社法429条）

(1)　旧商法266条の3（現会社法429条）は、取締役（役員）の第三者に対する損害賠償責任について規定しており、従前よりその法的性質、一般不法行為との競合関係、責任の範囲が直接損害に限られるか、悪意重過失の向けられる対象、「第三者」の範囲などが学説上問題とされてきた（注4）。

この点、最高裁昭和44年11月26日判決（民集23巻11号2150頁）は、「法は、株式会社が経済社会において重要な地位を占めていること、しかも株式会社の活動はその機関である取締役の職務執行に依存するものであることを考慮して、第三者保護の立場から、取締役において悪意または重大な過失により右義務（善管注意義務違反注意義務及び忠実義務）に違反し、これによって第三者に損害を被らせたときは、取締役の任務懈怠の行為と第三者の損害との間に相当の因果関係があるかぎり、会社がこれによって損害を被った結果、ひいて第三者に損害を生じた場合であると、直接第三者が損害を被った場合であるとを問うことなく、当該取締役が直接に第三者に対し損害賠償の責に任ずべきことを規定したのである。」、「以上のことは、取締役がその職務を行うにつき故意または過失により直接第三者に損害を加えた場合に、一般不法行為の規定によって、その損害を賠償する義務を負うことを妨げるものではないが、取締役の任務懈怠により損害を受けた第三者としては、その任務懈怠につき取締役の悪意または重大な過失を主張立証しさえすれば、自己に対する加害につき故意または過失のあることを主張し立証するまでもなく、商法266条ノ3の規定により、取締役に対し損害の賠償を求めることができる。」と判示して、商法266条の3の規定する損害賠償責任の法的性質を法定責任とし、一般不法行為との競合を認め、責任の範囲は直接損害に限られず、悪意又は重大な過失の対象は会社に対するもので足りるとした。

同最高裁判決後の裁判実務においても概ね同判決を踏襲して運用しているようである。

また、第三者の範囲について、株主がこれに含まれるかについて議論があるものの、従業員については肯定する学説が存在し、裁判例においてもこれを肯定することを前提としたものがあることからすれば、従業員についても「第三者」に含まれると解される。

(2)　本件は、従業員らが株式会社の代表取締役であったYに対し、Yの任務懈怠を原因としてJ社が廃業、解散し、解雇されるに至ったとして、解雇されたことにより失った逸失利益を求めた事案であることから、上記最高裁判決の判示及び解釈からすれば、Yの任務懈怠が認められ、これと従業員らの解雇との因果関係が認められる限り、損害賠償責任が肯定されることになり、本判決も同様の解釈に立ってなされたものと解される。

2　取締役の内部統制システム構築義務について

(1)　裁判例、学説上の内部統制システム構築義務について

平成17年改正前の商法において、取締役の内部統制システム構築義務についての明文規定は存在しなかったものの、平成17年改正前においても、裁判例、学説において同義務を肯定するものがあった。

裁判例における代表的なケースとしては、大阪地裁平成12年9月20日判決（金融・商事判例1101号3頁）、いわゆる大和銀行株主代表訴訟事件である。

同判決は、健全な会社経営を行うためには、各種リスクの管理が欠かせず、会社の営む事業の規模、特性等に応じたリスク管理体制（いわゆる内部統制システム）を整備することを要し、重要な業務執行については、取締役会が決定することを要するから、会社経営の根幹に関わるリスク管理体制の大綱については、取締役会で決定することを要し、業務執行を担当する代表取締役及び業務担当取締役は、大綱を踏まえ、担当する部門におけるリスク管理体制を具体的に決定するべき職務

を負うとした。その上、取締役は、自ら法令を遵守するだけでは十分でなく、従業員が会社の業務を遂行する際に違法な行為に及ぶことを未然に防止し、会社全体として法令遵守経営を実現しなければならないが、事業規模が大きく、従業員も多数である会社においては、効率的な経営を行うため、組織を多数の部門、部署等に分化し、権限を部門、部署等の長、更にはその部下へ委譲せざるを得ず、取締役が直接全ての従業員を指導・監督することは、不適当であるばかりでなく、不可能であるとし、そこで取締役は従業員が職務を遂行する際違法な行為に及ぶことを未然に防止するための法令遵守体制を確立するべき義務があり、これもまた、取締役としての善管注意義務及び忠実義務の内容をなすべきものと判示している。

その後の裁判例においても、ヤクルト株主代表訴訟事件、ダスキン株主代表訴訟事件などにおいても一般論として取締役の内部統制システム構築義務を肯定している。

学説上においても、取締役による内部統制システム構築義務の存在について指摘するものがあった。

(2) 本件における検討

本件原審判決においては、保健所の指導を契機に、J社におけるそれまでの牛乳再利用の実態を調査・把握し、今後保健所の指導を遵守するための方策（取扱基準の策定、従業員への周知徹底等）に取り組むべき忠実義務があり、Yはこれに違反したと述べており、本判決も、YはJ社の代表取締役として、速やかに今後同様の違法な再利用が行われることのないようにするための適切な措置を講じて、法令を遵守した業務がなされるような社内体制を構築すべき職責があったとし、取締役の内部統制システム構築義務を認めている。

もっとも、上記の大和株主代表訴訟事件によると、事業規模が大きく、従業員も多数である会社において、取締役が直接全ての従業員を指導・監督することは、不適当であるばかりでなく、不可能であることを前提として、内部統制システム構築義務を認めていることからすると、同義務は基本的に大規模な会社において、取締役が全ての従業員に対する指導・監督をすることができないことを前提として設定されたものと解される。

これをJ社についてみると、同社の従業員数は平成6年頃の正社員38名、パート社員15名が最高で、その後減少傾向にあったものであり、同程度の規模の会社においては、なお取締役において全社員に対し具体的指導・監督を行うことが可能であったとも解されることからすると、Yの従業員（本件においてはA製造部長）に対する具体的指示・監督違反を取締役としての任務懈怠と構成することも可能であったのではないかと指摘する意見もある（注5）。

ここで、本判決がJ社の代表取締役であったYの内部統制システム構築義務を設定した理由について考察すると、本判決が、J社は乳製品等を製造する会社であり、乳製品等がわが国において広く飲用されており、これを製造する会社としてはその安全性を確保するために会社全体として取り組むべきこと、一旦安全についての信頼が失われた場合には、これを回復することが容易でなく、会社の存続に重大な影響を及ぼすこと、既に再利用については社会的に問題となった前例が存在していたにもかかわらず、金沢市保健所からの指導があるまでJ社で違法な牛乳の再利用が繰り返されていたという実情があったことを摘示して内部統制システム構築義務を設定していることからすると、会社の規模にかかわらず、当該会社の及ぼす社会的影響の大きさ、内部システム構築により当該会社の存続可能性に及ぼす影響の大きさなどを考慮し、本件においても内部統制システム構築義務を設定したと解することもできると思われる（注6）。

いずれにせよ、本判決は会社規模が大規模とまでいえない株式会社内において内部統制システム構築義務を認めたものであり、これによる実務への影響は相当程度大きなものと解される。

3　YのA製造部長に対する監督義務違反について

原判決では、A製造部長が本件再利用に及ぶことをYにおいて予測可能であったとし、これを制止しなかったことにYの忠実義務違反を認めた。反面、本判決は、Yが朝礼等を通じ、一旦出荷された牛乳の再利用を禁じ、A製造部長においてもこれを認識していたのであるから、同人において

再利用を行うことはこのYの指示に明確に反するものであることから、特段の事情がない限りこれを認識することは困難であったとし、この点についての忠実義務違反を否定した。

Yが朝礼等を通じ、一旦出荷された牛乳の再利用を禁じ、これの周知徹底を図っていた事情を前提とすると、J社の社員であり、かつ、既にYとともに金沢保健所の指導を受けていたA製造部長が上司であるYの指示に違反して再利用を行うことは特段の事情がない限り、予見することは困難であると思われることからすれば、本判決の事実認定は妥当であると思われる。

4 従業員らの損害について

原判決では、将来賃金相当額については、従業員らの定年までJ社が継続して存在していたことを認めることはできず、解雇されたとしても従業員らの労働能力が失われたわけではないとし、得べかりし退職金と実際の退職金との差額についても、従業員らの定年までJ社が継続して存在した事実や本件再利用がなかったと仮定した場合J社がどの程度継続して存在していたかを算定することが困難であることから、これらを損害としては認めず、労働条件の低下、再利用がなければ得られたであろう退職金の差額については、慰謝料増額事由として考慮するとし、従業員らに300万円の慰謝料を認めた。

これに対し、本判決は、当時のJ社の経営状態から従業員らの解雇時から2年間はJ社が存在したことを認定した上で、原判決と同じく解雇されたとしても労働能力が失われたわけではないことを考慮し、同期間内の給料相当額を直ちに逸失利益として認めることはできないとしつつ、我が国における雇用状況などに鑑み、従業員らが解雇後再就職先を探すための相当期間中の解雇前の賃金相当の逸失利益と、再就職先における賃金等を含む全体としての労働条件が解雇前のそれを下回る場合における賃金額の解雇前の賃金額との差額に相当する逸失利益について、従業員らの損害と認めている。

原判決と本判決の違いは、上記のとおり、J社が存在できたであろう期間を認定したか否かである（解雇が有効である限り、従業員らが労働能力を喪失するわけでないこと、わが国における雇用状況などについては、原判決、本判決ともほぼ同様の理解に立つものと解される）。本判決、原判決が指摘するとおり、会社の廃業、解散は当時の経営状況やその他の各事情に左右されるものであるから、具体的に廃業、解散した会社が当該取締役の任務懈怠がなければいつまで継続していたかを認定することは困難である。とすれば、原判決のとおり、会社が存続した期間及び同期間の逸失利益を否定した上で慰謝料増額理由として判断することにも合理性があると思われる。

もっとも、本件における解雇後の従業員らの解雇後の生活はそれぞれに異なり、中にはJ社に勤務していた当時の年収を超える者も存在することなどからすると、当該会社の存続期間が合理的に算定し得るのであれば、本判決のように同期間を認定の上、各人の損害額を具体的個別的に算定することもきめ細やかな損害認定が可能になるという点でより妥当であろう。

なお、このように逸失利益を認定した場合、本件のように従業員らが雇用保険法に基づく基本手当、再就職手当を受給していた場合これら手当てと逸失利益との充当関係が問題となるが、本判決は同各手当の趣旨などからこれを否定している（もっとも、慰謝料の減算事由としては考慮している）。この点については、緒論あると考えられ、今後の裁判例の集積を待つ必要があると思われるため、今後の検討課題としたい。

IV 実務対応

本判決により、会社規模にかかわらず、取締役の内部統制システム構築義務が認められる可能性があることが明らかとなった。

もっとも、上記のとおり、会社規模にかかわらず、一律に内部統制システム構築義務を認めたものであるのか、それともJ社の特殊性に鑑みて本件に関してのみ同義務の存在を認めたものであるのかについては、なお裁判例の集積を待つ必要があると思われる。

そのため、実務対応としては、今後全ての会社の取締役において内部統制システムを構築する義務があるかどうかについて、現時点において全て

肯定することは疑問ではあるが、少なくとも、小規模会社においても内部統制システムとまでいかないまでも、これと同視できるだけの報告、指導・監督の手順、体制等は設定しておくべき必要はあると思われる。どの程度をもって「同視できる」かは一概に述べることは困難であるが、少なくともＪ社に関しては、既に金沢保健所が提示した違法とならないための指導を確実に履行できるような（そうでなければ、本件のように廃業、解散の危険が多分に存在するのである）手順・体制等は設定すべきであったと思われる。

(注１) 雪印乳業食中毒事件を契機に厚生省が設置した「加工乳等の再利用等に関する有識者懇談会」が、平成12年12月に提出した「飲用乳の製品の再利用に関する報告書」によると、これらの「乳製品」は脱脂粉乳と判断されるとのことであった。また、同事件は、結果として食中毒という結果が発生したことから食品衛生法6条違反を前提として調査などが進められたようである。

(注２) 吉村信明「内部統制システム構築義務違反と取締役の対第三者責任」アドミニストレーション14巻1・2合併号109頁は、本件訴訟を通じて当事者からは内部統制システム構築義務違反についての主張がなされていないことを指摘している。

(注３) 同様の理由から、得べかりし退職金と実際の退職金との差額については損害として認めていない。もっとも、この点については慰謝料算定事由として考慮されている。

(注４) その他、一般不法行為責任（民法709条）との関係、消滅時効期間、過失相殺法理などの問題も議論されていた。現在、学説においては法的性質につき、法定責任説、不法行為責任説、特殊不法行為責任説などが唱えられており、各自の立場から各論点につき説明がなされている。

(注５) 吉村・前掲注２も、本件ではわざわざ内部統制システム構築義務違反という理由づけをしなくても、従来の代表取締役の監督義務違反の有無の面から判断してもよい事例であったのではないかと思われるとしている。

(注６) 大内伸哉「会社解散による解雇と代表取締役の任務懈怠—ＪＴ乳業事件—」（労働判例913号5頁）は、Ｙに内務統制システム構築義務を認めた事情として、牛乳製造に関する安全管理における法令遵守は会社の存続に直結すること、雪印乳業事件後保健所長から法令遵守に関する具体的指示が出ていたにもかかわらず、これを遵守しなかったことが重視されたと指摘している。

南健悟「従業員による商法266条ノ3に基づく損害賠償請求と取締役の従業員監督責任」（労働法律旬法1625号28頁）も、本件のように小規模な会社においても法令遵守体制構築義務を認めた理由として、Ｊ社の事業内容が牛乳製品の製造という特性を理由としており、法令遵守体制構築義務も個々の事業内容からも判断することが可能であるとしている。

16 従業員による名誉毀損行為について出版社の代表取締役に権利侵害防止のための内部体制構築義務違反による責任が認められた事例（東京地判平成21・2・4判例時報2033号2頁）

弁護士　山田晴子

I　事案の概要

1　訴訟提起に至る経緯

「週刊新潮」を発行するY₁（出版社）は、週刊新潮平成17年2月17日号に「『冷血漢』とまで言われたA断髪式の『X₁』」との標題の記事を、同年6月16日号に「BX₁不仲の『元凶』と批判された『X₂』」との標題の記事を、同年6月23日号に「X₁『7つのウソ』」との標題の記事を、同年6月30日号に「おしゃべりX₁『角界除名』の土俵際」との標題の記事を、同年7月14日号に「Bに『相続放棄が得』と判断させた『X₁の巨額借金』」との標題の記事を掲載した（以下、「本件各記事」という）。

これに対して、X₁及びX₂が、週刊新潮にXらの名誉を毀損する内容の本件各記事を掲載したことにより損害を被ったと主張して、Y₃（週刊新潮編集長）、Y₁に対し、民法709条・715条・719条1項に基づき、Y₂（Y₁の代表取締役）に対し旧商法（平成17年法律第87号における改正前商法）266条ノ3第1項に基づき、損害賠償を求め、また、Y₁に対し民法723条に基づき謝罪広告の掲載を求めて訴訟提起した事案である。

2　争点と争点に関する当事者の主張

(1)　名誉毀損の成否

Xらは、本件各記事がXらの社会的評価を低下させるとして、名誉毀損が成立すると主張したのに対し、Yらは、本件各記事は原告らの社会的評価を低下させるものではない等と反論した。

(2)　違法性阻却事由等の有無

Yらは、X₁が将来の相撲協会理事長と呼び声も高い「公人」であり、本件各記事は相撲部屋の承継や片八百長といった一般国民の関心の高い公共の利害に関するものであること、専ら公益を図る目的で本件各記事を掲載したこと、本件各記事の内容は真実であること等を主張したのに対し、Xらはこれらを争った。

(3)　Y₂につき旧商法266条ノ3第1項に基づく責任の有無

Xらは、株式会社の代表取締役は、従業員による違法行為を防止すべき注意義務を負い、出版、報道を主要な業務とする株式会社の代表取締役は、業務を執行するに際し、出版、報道行為によって第三者の権利を侵害しないよう注意し、第三者の権利を侵害する結果を防止し得る社内体制を整備構築すべき義務を負うこと、また、Y₂は、上記体制の整備、構築その他の措置を何ら講ずることなく、Xらの名誉を毀損する本件各記事を掲載し、又は、結果的に、掲載を漫然と放置したものであるから、任務を悪意又は重大な過失により懈怠したと主張した。

これに対して、Yらは、「編集権の独立」のルールにより、週刊新潮においても内容に関わることは編集長が決めることとされ、経営陣が関与するのは人事面や経営面に限られること、Y₂は週刊新潮の取材、報道に関し、違法行為が発生することを防止するに足りる管理体制を整えていたから、Y₂には任務懈怠はないと反論した。

(4)　Xらの損害

X₁は、3000万円の損害が、X₂は750万円の損害が発生したと主張したのに対し、Yらは損害の発生を争った。

Ⅱ　判決要旨

1　本件各記事の内容の名誉毀損の該当性

本件各記事は名誉毀損に該当するとした。

2　本件各記事における名誉毀損部分の違法性阻却事由等の有無

本件各記事には違法性阻却事由はないとした。

3　Y₂の旧商法266条ノ3に基づく責任

(1)「株式会社であろうと、出版を業とする企業は、出版物による名誉毀損等の権利侵害行為を可及的に防止する効果のある仕組、体制を作っておくべきものであり、株式会社においては、代表取締役が業務の統括責任者として、社内に上記仕組、体制を構築すべき任務を負うといわなければならない。

すなわち、出版業を営む株式会社の代表取締役は、第一に、記事の執筆に関与する従業員に対し、名誉毀損等の違法行為の要件やそのあてはめ等に関する正確な法的知識、名誉毀損等の違法行為を惹起しないための意識と仕事上の方法論とを身に付けさせておかなければならないというべきである。そのための方策として、例えば、弁護士等の法律家による講義や事例研究等による研修、更には、出版物に記載しようとする事実についての真実性確認の方法としての取材のあり方、裏付取材のあり方等についての研修を行うなどの方法により、従業員をして、名誉毀損等の権利侵害行為の違法性について十分な認識をもたせるとともに、名誉毀損等の権利侵害行為を惹起しない取材、執筆、編集活動を行う意識を啓発し、慎重な取材、取材結果の検討、裏付調査、執筆、編集を自ら行うことができるだけの法的知識、事実の有無と根拠についての判断能力、慎重に記事を作成する姿勢をもたせることが考えられる。」

「また、第二に、出版物を公刊する前の段階で、相応の法的知識、客観的判断力等を有する者に、記事内容に名誉毀損等の違法性がないかをチェックさせる仕組を社内に作り、権利侵害行為を惹起する記事がそのまま発行されて不特定多数人に流布されることを防止する仕組、体制を整えることが考えられる。」

「さらに、第三に、出版物を公刊した後の段階で、客観的な意見を提示し得る第三者視点をもった者によって構成される委員会等を置いて、記事内容に名誉毀損等の違法性がなかったかを点検させ、記者や編集責任者等、直接取材に関わる者との間で、協議し、討論させるなどして、既に発行した出版物中の記事の適否を検討、協議し、名誉毀損等の権利侵害行為に該当する記事がある場合には、その原因を探求し、同様の権利侵害行為が再び惹起されることを防止するため、法的知識を確認したり、原因となった取材方法の欠陥を是正する方策を研究、考案するなどの方法が考えられる。」

「これらの仕組、体制の整備は、個々の出版企業の実情に応じて具体的に検討されるべき事柄であるが、いずれにしても、出版を業とする株式会社の代表取締役は、出版物による名誉毀損等の権利侵害行為を可及的に防止するために有効な対策を講じておく責任があるというべきであり、殊に、週刊誌を発行する出版社にあっては、しばしば名誉毀損が問題とされることがあるから、上記対策は、代表取締役として必須の任務であるというべく、いやしくもジャーナリストと称する以上、当該企業が、専ら営利に走り、自ら権利侵害行為を行ったり、権利侵害行為を容認することがあってはならないことは明らかである。」

(2)「上記見地からY₁内でとられていた仕組、体制を検討するに」「一般的研修体制としては週刊新潮編集部で、弁護士を交えて名誉毀損等の勉強会を開き、編集部員全員を出席させていたものの、その頻度は、2年に1回程度にすぎず、その成果は、『何らかの認識が深まる程度』にとどまっていたこと、また、出版物発行前のチェック体制としては、発行雑誌ごとに担当取締役を定め、担当取締役が各編集部を監督する体制をとっていたが、週刊新潮の記事については、本件各記事掲載当時、週刊新潮担当取締役であるAに一任されており、Aは、毎週、週刊新潮の原稿に目を通し、また、日常的に編集長と話し合っていたものの、個々の記事の内容の成否、当否の判断は、基本的に編集部がすべきであると考え、編集長の

説明に対し、いくつか質問をする程度にとどまっていたこと、それ以外には、Y₁には、名誉毀損惹起を防止すべき仕組み体制は作られていなかったことが認められる。」

(3)「前示のとおり、本件各記事については、十分な裏付取材が行われておらず、一方において、Bは、自らを情報提供者と位置付け、編集部が裏付取材をするとして自らは十分な取材をせずに情報を提供し、他方において、編集部では、Bからの情報なので正しいと安易に判断して、記事としたものと認められ、原告らの名誉を毀損する本件各記事が週刊新潮に掲載され、発行されるに至ったのは、雑誌記事の執筆、編集者等の名誉毀損に関する法的知識や裏付取材のあり方についての意識が不十分であったこと、また、社内における権利侵害防止のための慎重な検討が不足していたことが原因であるというべきであり、このような結果を惹起したのは、Y₁内部に、これを防止すべき有効な対策がとられていなかったことに原因があるといわざるを得ない。そうすると、Y₂には、前記任務を少なくとも重大な過失により懈怠したものとして、旧商法266条ノ3第1項に基づく責任があると解するのが相当である。」

(4)「Yらは、被告会社では「編集権の独立」を尊重していると主張し、これをY₂の責任がないことの根拠として主張するようであるが、出版を業とする株式会社の代表取締役に自社の出版物による名誉毀損等の権利侵害行為惹起を防止すべき責任があることは前記のとおりであり、代表取締役が上記責任を果たすためには、上記に例示したような社内の仕組、体制を整備する義務があるというべきであり、同義務が履行されることとYらが主張する「編集権の独立」なるものとは、必ずしも対立、背反するものとは解することはできず、Yの上記主張は、Y₂の責任を否定する論拠とはならない。」

4 権利濫用

権利濫用となるものではないと判示した。

5 Xらの損害

週刊新潮の編集長として本件各記事の編集を担当したY₃、本件各記事を掲載したY₁には民法709条、719条1項により、Xらに対し、連帯して上記損害を賠償する義務があり、Y₁の代表取締役であるY₂には、旧商法266条ノ3第1項により、X₁に対し300万円、X₂に対し75万円を賠償する義務がある。

また、Xらが被った損害を回復するためには、Y₁に対し、週刊新潮に謝罪広告を1回掲載させることが相当である。

Ⅲ 分析・検討

1 従業員の違法行為と代表取締役の責任

(1) 従業員の違法行為に対する取締役の責任

従業員が違法行為をした場合、使用者責任に基づき会社が対第三者責任を負うことや株主代表訴訟により取締役の会社に対する責任が問われることがあるが、それらと別に取締役が第三者に対して責任を負うことがある。この場合、取締役が、取締役としての善管注意義務及び忠実義務の内容として、直接の監督責任の他、従業員の違法行為を防止し得る体制を構築すべき義務に違反したか否かが問題となる。本判決以前に、同義務違反を根拠に裁判所が取締役の第三者責任を認めた事例としては、東京地判平成15・2・27判例時報1832号155頁、JT乳牛事件(名古屋高金沢支判平成17・5・18判例時報1898号130頁)、プリンスホテル事件(東京高判平成22・11・25判例時報2107号116頁)等がある。これらの事件においては、大和銀行株主代表訴訟事件(大阪地判平成12・9・20金融・商事判例1101号3頁)が示した「リスク管理体制(いわゆる内部統制システム)」を取締役が整備していたかが争われ、内部統制システム構築義務違反を認め、取締役が対第三者責任を負っている。

(2) 出版社における代表取締役の対第三者責任

本判決は、従業員の違法行為に対する出版社の代表取締役の責任が認められた事例であるが、本判決以前に出版社の従業員の違法行為により代表取締役の責任が認められた事例としては、和歌山の毒物カレー事件の刑事被告人が株式会社新潮社の発行した写真週刊誌「フォーカス」の掲載した2件の記事によって名誉を毀損され、また、肖像

権を侵害されたとして、新潮社、編集長、代表取締役、取締役に対し、慰謝料等の支払と謝罪広告の掲載を求めた事件（大阪地判平成14・2・19判例タイムズ1109号170頁、大阪高判平成14・11・21民集59巻9号2488頁、最判平成17・11・10民集59巻9号2428頁。以下、「フォーカス事件」という）の1件のみである。

同事件第一審判決では、被告取締役らは、一般的抽象的には、自社の出版・報道行為が会社外の第三者に対する権利侵害を生じないように注意すべき義務を負うとされ、控訴審判決では、「控訴人会社の本来の目的の遂行そのものに関して違法行為が繰り返されてきたものである。したがって、控訴人会社としては、社内的にこのような違法行為を繰り返さないような管理体制をとる必要があったものといわなければならない。」とされた（最高裁では、取締役の責任の内容については判示されていない）。このように、フォーカス事件においても、従来の裁判例と同様に代表取締役には、第三者に対する権利侵害を生じないように注意すべき義務があるとし、代表取締役には内部統制システム構築義務があることを認めている。

本判決も、「株式会社であろうと、出版を業とする企業は、出版物による名誉毀損等の権利侵害行為を可及的に防止する効果のある仕組、体制を作っておくべきものであり、株式会社においては、代表取締役が業務の統括責任者として、社内に上記仕組、体制を構築すべき任務を負う」と判示し、代表取締役に従業員による権利侵害行為を防止するための内部統制システム構築義務があることを認め、第三者に対する責任を負う場合があることを認めている。

2　代表取締役の構築すべき内部統制システム

(1)　従前の判例・裁判例

次に、代表取締役に内部統制システム構築義務があるとしても、その内容がいかなるものかが問題となる。上掲大和銀行株主代表訴訟事件は、「事業規模が大きく、従業員も多数である会社においては、効率的な経営を行うため、組織を多数の部門、部署等に分化し、権限を部門、部署等の長、さらにはその部下へ委譲せざるを得ず、取締役が直接全ての従業員を指導・監督することは、不適当であるだけでなく、不可能である。そこで、取締役は、従業員が職務を遂行する際違法な行為に及ぶことを未然に防止するための法令遵守体制を確立するべき義務」があると述べ、代表取締役にいかなる内容の内部統制システムを構築することが求められるのかは、会社の規模や業務内容等により異なることを判示している。

同事件後の判例・裁判例（ヤクルト株主代表訴訟事件（東京地判13・1・18金融・商事判例1119号43頁）、ダスキン株主代表訴訟事件（大阪高判平成18・6・9判例時報1979号115頁）、大阪高判平成19・1・18判例時報1973号135頁）、日本システム技術事件（最判平成21・7・9金融・商事判例1330号55頁）、日本経済新聞社インサイダー事件（東京地判平成21・10・22判例時報2064号139頁）、三菱商事事件（東京地判平成16・5・20判例時報1871号125頁）、上掲フォーカス事件等）は、代表取締役が内部統制システム構築義務を負うことを明らかにしており、本判決もこれらの判例・裁判例の流れにある。

本判決が特徴的なのは、上掲大和銀行株主代表訴訟事件が述べる「従業員が職務を遂行する際違法な行為に及ぶことを未然に防止するための法令遵守体制を確立するべき義務」として出版社の代表取締役が負う義務の内容を以下のとおりはじめて具体的に明示した点にある。

(2)　内部統制システムの内容

①　本判決は、「仕組、体制の整備は、個々の出版企業の実情に応じて具体的に検討されるべき事柄であるが」と一定の留保はしているものの、出版社の代表取締役は、ⅰ）記事を執筆する従業員に名誉毀損等の法的知識を身につけさせる体制の構築、ⅱ）出版物公刊前に記事をチェックする体制の構築、ⅲ）出版物公刊後にも記事内容をチェックし、名誉毀損等に該当する記事があった場合に再発防止のための方策を研究する体制を構築すべきであると判示した。内部統制システムにおいては、「プラン、ドゥー、チェック、アクション」（これらを「ＰＤＣＡサイクル」と呼ぶ。経済産業省の研究会報告書「リスク新時代の内部統制―リスクマネジメントと一体として機能する内部統制の指針―」24頁）が求められており、本判決は、出版社の代表取締役にＰＤＣＡサイクルの構築義務

を課した点、そして、その具体的内容を明らかにした点に意義があるといえる（この点につき、「報道機関の経営者責任」（山田健太・月刊民放39巻4号22頁）は、「報道機関におけるコンプライアンスは、一般企業とは違う」とし、「メディア企業に求められるコンプライアンスは、法令遵守だけでなく『倫理の向上』であり、内部統制というより『内部的自由』の貫徹であると思われる」「報道活動に対して具体的な指示をしたという一点で受け入れがたい」と述べる。しかし、適法な取材・報道活動がメディア企業に求められることは当然であり、そのための社内体制を整えることは倫理の向上と何等矛盾しないのではないだろうか）。また、本判決が出版社の代表取締役にPDCAサイクルの構築義務を課したことにつき、上述のとおり一定の留保を示した点は、会社の規模や業務内容により構築すべき内部統制システムの内容が異なることを判示した前掲大和銀行株主代表訴訟事件とも合致する内容である。

② 本判決では、Y₁という出版社にどの程度の内部統制システムの構築が求められるのかは明確にはされてはいないため、本判決が一定の留保の下に例示した内容の内部統制システムの構築が、出版社にそのまま求められるのかは不明である。そこで、どのような場合に、本判決が例示した内容の内部統制システム構築義務が課されるのかにつき検討すると、一般に過失は、予見ないし予見可能性があったにもかかわらず、その結果を回避するべき義務（結果回避義務）に違反して、結果を回避する適切な措置を講じなかったという予見可能性と結果回避義務の2つの要素から成ることから、代表取締役が従業員の違法行為という結果発生をどの程度予見し（得た）かにより、その結果回避義務として構築すべき内部統制システムの内容も自ずと決定されると考えられる。すなわち、数々の違法行為を行っている会社の代表取締役がその違法行為を認識している場合には、それを防止するために重い義務が求められるのであり、本判決が例示した内容の義務を負うこともあり得るであろう。また、出版物の性質等から、類型的に名誉毀損やプライバシー侵害を生じる可能性がある場合には、代表取締役には予見可能性はあるといえ、本判決が例示した内容の義務を負うこともあると考えられる。

③ また、本判決が例示した内容については、出版物公刊後のチェック体制について、出版社であれば、膨大な出版物の記事について事後のチェックを再度逐一することは現実的ではなく、過度のチェック体制を課していると思われる。すなわち、本判決は、公刊後に「客観的な意見を提示し得る第三者視点をもったものによって構成される委員会等」で記事内容をチェックさせ、更に、「記者や編集責任者等、直接取材に関わる者との間で協議し、討論させるなどして、既に発行した出版物中の記事の適否を検討、協議」することを求めている。確かに、このような体制を整えることは理想であろうが、「名誉毀損等の正確な法的知識や違法行為を惹起しないための意識と仕事の方法論とを身につけ」た従業員が執筆し、出版物公刊前に、「相応の法的知識、客観的判断力等を有する者」がチェックした記事内容について公刊後にさらに検討議論させることは、公刊前の名誉毀損等の違法行為防止のための体制が万全でないことを認めるに等しいのではないかとも読めるのである。現実的になし得ない措置を課すことによる出版活動及び表現活動の委縮は回避されるべきであり、出版前の充実したチェックシステムの構築を前提として、公刊後は、名誉毀損等の権利侵害行為があったことが発覚した場合に、さらなる防止策を講じればよいと考える。

3 代表取締役の任務懈怠及び悪意・重過失

(1) 任務懈怠と悪意・重過失の関係

代表取締役が内部統制システム構築義務を負うとしても、悪意又は重大な過失により任務を懈怠した場合にはじめて代表取締役の第三者に対する責任は発生する（会社法429条1項）。

取締役の悪意・重過失の対象は、任務懈怠である。取締役として一般的に要求される能力及び識見に照らして、任務懈怠があることを知っている場合には悪意が、著しい不注意により任務懈怠を行った場合に重過失が認められる（東京地方裁判所商事研究会編著『類型別会社訴訟Ⅰ』338頁）。

(2) 他の裁判例における代表取締役の任務懈怠及び悪意・重過失

本判決が認定した、弁護士を交えた勉強会が2年に1度であることや、担当取締役に一任されて

おり、他の取締役は関与していなかったという被告会社の体制は、会社全体として違法行為の惹起を防止するには不十分であり、代表取締役としての任務を懈怠していることには異論はないが、本判決では、これについての代表取締役の認識については明らかでない。この点につき、前掲のフォーカス事件のほか、本件事件と同時期に、本件事件の原告らによる、株式会社講談社の出版する「週刊現代」・月刊誌「現代」とフライデーにおいても原告らの名誉を毀損する記事があったとして、株式会社講談社とその代表取締役社長を相手に訴訟提起した損害賠償請求事件の各事件の判決では、各被告会社の内部統制システムの構築体制についての代表取締役の任務懈怠及び重過失につき以下のとおり判示している。

① フォーカス事件

イ 第一審判決では、被告会社が重ねてきた数々の違法な取材・報道行為を認定し、本件週刊誌の編集部における教育体制や本件写真週刊誌の担当役員による本件写真週刊誌編集への関与体制は、社外の第三者に対する権利侵害を防止するという機能を十分に果たしてこなかったのであるから、被告会社は編集出版業務において生じやすい過誤を可及的に取り除く組織体制を構築していなかったとし、担当取締役については教育体制・取材体制を整備し、人権侵害の防止に努めるべき義務を、代表取締役については、少なくとも本件写真週刊誌による違法行為の続発を防止することができる社内体制を構築・整備する義務を、その他の取締役については、代表取締役や担当取締役の体制御整備等の義務の履践を妨げないという消極的な義務を負うと述べ、代表取締役についてのみ責任を認めた。

ロ 控訴審判決では、「Y₂は……代表取締役として、本件写真週刊誌の取材・報道行為に監視、Y₁を被告として提起された訴訟をすべて知っていたと認められるので」「Y₂としては、……本件に至るまでに、肖像権の侵害等を防止するために従来の組織体制につき疑問を持ってこれを再検討し、肖像権の侵害や名誉毀損となる基準を明確に把握して、本件写真週刊誌の取材や報道行為に関し違法行為が発生しそのため当該相手方等に被害を生ずることを防止する管理体制を整えるべき義務があった」と述べた。そして、「従来から本件当時までの本件写真週刊誌に関する管理体制は不十分であ」り、「Y₂の重過失は、社内的に本件写真週刊誌の取材や報道行為に関し違法行為の発生を防止する管理体制を整えなかった点にあ」るとして、原審を維持した。

② 東京地裁平成21年3月13日判決（公刊誌未登載。以下、「フライデー事件」という）

「本件各記事作成時の被告会社フライデー編集部においては、デスク（通常は副編集長）が取材活動と記事作成の現場を取り仕切り、デスクは、自ら又は班員が作成した原稿を一次チェックし、これを各班担当の編集次長が二次チェックし、編集長が最終的にすべての原稿をチェックした上で校了に至るという体制をとっていた」ことは、体制として求められる水準を欠くものであったとまでは認めるに足りる証拠がないため、代表取締役について悪意又は重大な過失による体制構築義務の懈怠があったとは認められないとした。

③ 東京地裁平成21年7月13日判決（以下、「週刊現代・月刊現代事件」という。裁判所ウェブサイト（http://www.courts.go.jp/search/jhsp0030?hanreiid=37897&hanreiKbn=04）掲載）

被告会社編集部は、原告代理人弁護士から送付された抗議や今後根拠のない事実を掲載しないように求める通告文に対する回答として、記事は真実と信じるに足りる情報に基づくものであるが、今後は原告に対する取材の機会を持ちたいとの平成17年6月17日付けの回答書を送付しており、遅くとも同日時点においては、代表取締役は、自社の発行する出版物の掲載記事について名誉毀損の権利侵害の危険があることを具体的に認識し得たとした。そして、「被告会社において、本件各記事掲載当時、名誉棄損等の権利侵害の発生を防止するための実効性のある体制が取られていたとは到底窺えず」「前記通告文に対しても、速やかに防止策を講じた形跡も窺えない」ことから、代表取締役には、前記通告文に対する回答がされた平成17年6月17日以降において、代表取締役としての職務執行について、重大な過失による任務懈怠があったとした（なお、本事件の控訴審（東京高判平成22・9・29公刊誌未登載）は、「控訴人会社において、本件各記事掲載当時、名誉毀損等の

権利侵害の発生を防止するための実効性のある体制が取られていたとは到底窺えず、代表取締役としての職務執行について、重大な過失による任務懈怠があった」として、代表取締役の責任を認めている）。

④ **東京高裁平成23年7月28日判決**（本判決の控訴審判決）

本件各記事が掲載された時期に近接した時点の民事訴訟においてY₁の不法行為責任が認められた判決が相当程度に多数存在する一方、ほぼ同時期以降において、Y₁の不法行為責任が否定された判決等が相当数あることからすれば、Y₁の社内体制が機能不全に陥っていたとまではいえず、本件各記事が掲載された当時においては、違法行為防止のために代表取締役が構築整備した社内体制は、不十分ながらもその役割を果たしていたことを前提とすると、代表取締役に悪意・重過失は認められないとして、Y₂の責任を否定した（括弧書きで「なお、もとよりこの認定判断は、本件各記事が掲載された当時におけるものであり、その後の状況下における判断は、異なることがあり得ることを付記しておく。」と述べられている）。

(3) 代表取締役の任務懈怠及び重過失の検討

出版社における違法行為防止に対する社内体制として求められる水準は以上の裁判例を検討しても直ちに導き出されるものではない。しかし、フライデー事件では被告会社は一応の水準は満たしていると判断され、本判決の控訴審判決も不十分ながらも社内体制はその役割を果たしていると判断されていることからすると、裁判所は、出版社における違法行為防止に対する社内体制として求められる水準として、少なくとも本判決が例示したレベルのものを要求するものではないと考えられる。しかし、上述したとおり、代表取締役が構築すべき内部統制システムの内容はその結果回避義務と表裏の関係にあるのであるから、代表取締役がいかなる事実を認識し得たのかは、代表取締役の負う任務の内容に直結する。すなわち、代表取締役がいかなる事実を認識し得たのかは、代表取締役の任務懈怠及び重過失を検討する際には欠かせないものである。

この点につき、フォーカス事件においては、従業員の名誉毀損行為が繰り返されていた状況において、代表取締役が何等の措置を講じていなかったことに着目し、代表取締役がその違法行為の発生を防止する管理体制を整えなかった点に重過失があるとし、週刊現代・月刊現代事件では、代表取締役は、自社の発行する出版物の掲載記事について名誉毀損の権利侵害の危険があることを具体的に認識し得たのは、通告文に対する回答書を送付した時点以降であるとし、それ以降の代表取締役の重過失を認め、両判決は代表取締役の責任を認めている。このように、代表取締役が違法行為を認識し得た場合には、それに対応した内部統制システムの構築の義務があり、その任務を懈怠すれば代表取締役は責任を負うことになる。

本判決においては、週刊現代・月刊現代事件のように通告文や回答書のやり取りがあったのかは不明であり、また、「週刊誌を発行する出版社にあっては、しばしば名誉毀損が問題とされることがある」との指摘はあるものの、フォーカス事件のように新潮社において従業員の名誉毀損行為が繰り返されていたという事実は認定されてはいないため、代表取締役の認識がいかなるものであったのかは不明であり、このような場合にまで代表取締役の責任を認めることには疑問がある（この点につき、弥永真生「週刊誌における名誉毀損と取締役の責任」（ジュリスト1379号52頁）では、「Y₁が名誉毀損を繰り返してきたため、それに即応したシステム構築が求められたのかもしれない」とするが、本事件において本件各記事による名誉毀損行為につきY₂は認識をしていないため、即応したシステム構築は困難であったと考えられる）。

4 本判決の意義

本判決は、控訴審において代表取締役の責任について変更されているものの、内部統制システムの具体的内容を明示したことは意義がある。

また、確かに個々の出版企業の実情に応じて内部統制システムは具体的に検討されるべき事柄であるが、（上で検討したとおり、裁判例からは出版社の代表取締役が構築すべき内部統制システムとして、本判決が例示した程度のものは要求されていないように読めるが）本事件における従業員による違法行為の内容に着目すれば、本判決の例示した内部統制システムの内容を出版社に求めるべきではない

か。すなわち、名誉毀損行為という出版社という会社の本来の目的の遂行そのものに関するものであり、代表取締役であれば、会社の本来の目的の遂行そのものに関する違法行為については当然予見し得るのであり、そのような違法行為が惹起される危険性がある以上、代表取締役は従業員による名誉毀損等の権利侵害行為が惹起されることを具体的に認識することができたのだから、その違法行為を防止するために本判決が例示した内部統制システム構築義務が課され、その義務に違反すれば少なくとも重過失があると考えることは十分にあり得るからである。このように考えると、本判決の意義は、会社の本来の目的の遂行そのものに関する違法行為について代表取締役には重い内部統制システム構築義務が課される場合があることを明示した点にもあるといえる。

Ⅳ 実務対応

1 内部統制システム構築義務の具体的内容

本判決は旧商法下における事件であるが、本件事件後の平成18年5月に施行された会社法及び同施行規則では、内部統制システムの内容について規定されている。大会社及び委員会設置会社は、取締役の職務の執行が法令及び定款に適合することを確保するための体制その他株式会社の業務の適正を確保するために必要なものとして法務省令で定める体制（内部統制システム）の整備を決定しなければならない（会社法348条4項・362条5項・416条2項）。そして、株式会社の業務の適正を確保するために必要なものの1つに、「使用人の職務の執行が法令に適合することを確保するための体制を構築すべき義務」があり（会社法施行規則100条1項4号）、その内容として①会社の業態に応じて生ずる可能性が高い法令違反行為（横領、談合、顧客に対する欺罔ないし脅迫的行為、業績の粉飾等）の把握、②その典型的な法令違反行為の監視・予防体制（法令遵守マニュアルの作成や使用人間の監督体制）、③法令違反行為が生じた場合の対処方法・対処機関に関する事項等について決定することとされている（相沢哲他編著『新・会社法　千問の道標』337頁）。

また、数々の違法行為を行っている会社の代表取締役がその違法行為を認識している場合には、それを防止するために重い義務が求められるのであり、本判決が例示した内容の義務を負うこともあり得るし、そもそも会社の本来の目的の遂行そのものに関する違法行為について代表取締役には重い内部統制システム構築義務が課されるのであるから、本判決が判示した代表取締役の負う内部統制システム構築義務の具体的内容は、「使用人の職務の執行が法令に適合することを確保するための体制を構築すべき義務」の内容、さらにはPDCAサイクルの内容として、参考にするべきである。

2 代表取締役の構築すべき内部統制システム

従業員の違法行為を代表取締役が具体的に認識した時点以降は、代表取締役は、それに対応した防止策等を施すべきことは当然、会社の本来の目的の遂行そのものに関する違法行為については、防止策を施すべきである。なお、この防止策が取締役の任務懈怠行為に該当し、当該行為と第三者の損害と間の相当因果関係、または、当該行為と会社の損害発生との間の相当因果関係及び会社の損害発生と第三者の損害との間の相当因果関係が肯定されれば、第三者に対する損害賠償責任が発生することはいうまでもない。

3 他の取締役の負う内部統制システム構築義務

業務担当取締役は構築・運用に関して責任があるため、本判決の例示した内部統制システム構築義務を負うと考えるべきである。他方、業務外取締役は、代表取締役の業務執行一般につき、これを監視し、必要があれば、取締役会を自ら招集し、あるいは招集することを求め、取締役会を通じて業務執行が適正に行なわれるようにする職務を有する（最判昭和48.5.22民集27巻5号655頁）にとどまるため、会社の本来の目的の遂行そのものに関する違法行為を防止する体制であっても、本判決の例示した内部統制システムを構築する義務までは負わないと考えるべきである。

4 他の事業会社について

他の事業会社であっても、会社の本来の目的の遂行そのものに関する違法行為の防止体制事項である場合には、代表取締役には重い義務が課されると考えてもよいであろう。
　すなわち、出版社は、上掲の数々の裁判例が判示するとおり、出版・報道を主要な業務とする以上、その性質上、他者の社会的評価、プライバシーを侵害する危険性を常に有しており、代表取締役には、第三者に対する権利侵害行為を可及的に防止する効果のある仕組みや体制を構築すべき義務がある。そして、他の事業会社であっても、その会社の本来の目的の遂行そのものに関して、他者の生命・身体・財産等を侵害する危険性を常に有しているのであれば、代表取締役には、第三者に対する権利侵害行為を可及的に防止する効果のある仕組みや体制を構築すべきである。
　例えば、運送会社や鉄道会社は車両の運行上常に他者の生命身体に対する危険を有しているので、代表取締役は運送・運転に関する違法行為を防止する内部統制システムを構築すべきであろうし、飲食店を営む会社であれば、代表取締役は飲食を提供することに関する違法行為を防止する内部統制システムを構築すべきであろう。そして、その仕組みや体制の具体的内容としては、ＰＤＣＡサイクルが求められるべきであることから、本判決の示した内容、すなわち、代表取締役は、ⅰ）惹起する虞のある違法行為の法的知識を身につけさせる体制の構築、ⅱ）その知識をチェックする体制の構築、ⅲ）違法行為惹起後にも再発防止のための方策を研究する体制を構築すべきである。

民事編

17 仮処分命令に反して会場使用を拒否したこと等につきホテルの取締役らに対して損害賠償請求等がなされた事例

—プリンスホテル事件（東京地判平成 21・7・28 判例時報 2051 号 3 頁、東京高判平成 22・11・25 判例時報 2107 号 116 頁：確定）

弁護士　竹村朋子

I　事案の概要

本件は、大要、著名なホテルチェーンである株式会社プリンスホテルが、日本教職員組合との間で、同組合の全国集会開催のために、一旦は同社が経営するホテルの宴会場の使用等を承諾したが後にその履行を拒絶し、更に宴会場の使用等を命じる仮処分命令が確定したにもかかわらず全国集会開催予定日にもなお履行を拒絶したために結局日本教職員組合は全国集会等を開催することが叶わず、そこで、日本教職員組合らが、株式会社プリンスホテル及び同社の取締役 12 名に対して損害賠償等を請求したというものである。

まず、日本教職員組合（以下、「日教組」という）は、株式会社プリンスホテル（以下、「プリンスホテル」という）との間で、平成 20 年 2 月 2 日から 4 日まで第 57 次教育研究全国集会（以下、「本件教研集会」という）を開催するため、平成 19 年 3 月から 10 月にかけてグランドプリンスホテル新高輪の宴会場を使用する契約や宿泊契約（以下、「本件各使用契約等」という）を締結した。しかしながら、プリンスホテルは、平成 19 年 11 月 12 日になって、本件教研集会に反対する右翼団体の街宣活動等によって他の利用客や周辺住民に迷惑がかかること等を理由に本件各使用契約等を解約した旨を主張して、日教組による使用を拒否したため、日教組は平成 19 年 12 月 4 日付けで東京地方裁判所に対し、宴会場等の使用を求めて仮処分命令を申し立てたところ、同裁判所から申立どおりの決定を得、同決定はプリンスホテルによる保全異議申立・保全抗告を経て平成 20 年 1 月 30 日に確定した。それにもかかわらず、プリンスホテルは引き続き日教組の使用を拒否したため、結局日教組は本件教研集会を開催することができなかった。また、プリンスホテルの取締役らは、平成 20 年 2 月 1 日頃から翌年 4 月初旬頃まで「グランドプリンスホテル新高輪における日本教職員組合様との会場利用に関するトラブルについて」と題する記事等を掲載し、プリンスホテルの対応の適切性に関する記者会見などを行った。そこで、日教組とその単位組合ら（以下、「単位組合ら」という）と単位組合らの組合員ら（以下、「組合員ら」という）がプリンスホテルと同社の取締役 12 名に対して、約 3 億円の損害賠償（プリンスホテルに対しては会社法 350 条及び民法 709 条に基づき、取締役らに対しては会社法 429 条に基づき）と謝罪広告を求めて提起したのが本件第一審である。

第一審・控訴審を通じ、主な争点は①本件各使用契約等においてプリンスホテルによる使用拒否による債務不履行（履行不能）が成立するか、②プリンスホテル代表者（以下、「Y₁」という）による使用拒否がプリンスホテルの不法行為を構成するか、③プリンスホテル及び Y₁ によるホームページ上の記事掲載や記者会見の開催が日教組の名誉及び信用を毀損するものとして不法行為を構成するか、④プリンスホテルの取締役らが日教組らに対して損害賠償責任を負うか、という点である。

第一審では日教組らの主張が全面的に認められ、プリンスホテルらは総額約 3 億円の損害賠償を命じられている。これに対し、控訴審は、一部取締役の注意義務違反を否定し、単位組合ら及び組合員らについて非財産的損害を認めず、また謝罪広告は名誉及び信用の回復のための相当な措置ではないとして、日教組らの請求を一部棄却するなど第一審判決を一部変更したため、結果プリンスホテルの損害賠償額は約 1 億数千万円（ほ

ほ日教組の財産的損害及び非財産的損害のみに限定）に減額された。この控訴審判決は、平成22年12月10日、同判決に対する上告期限満了をもって確定している。

Ⅱ 判決要旨

1 第一審

(1) プリンスホテルの施設使用拒否による債務不履行（履行不能）が成立するか、プリンスホテル代表者による施設使用拒否がプリンスホテルの不法行為（会社法350条、民法709条）を構成するか

① 日教組に対する債務不履行責任

まず、日教組とプリンスホテルとの間には、遅くとも平成19年10月12日までには、各施設使用契約・宿泊契約が成立したものと認定し、本件の経緯等に照らすと、プリンスホテル及びY₁においては、日教組との各施設使用契約等の解約を行った上、仮処分命令等にも従うことなく、日教組による各宴会場の使用を拒否するとともに、本件教研集会の参加者がホテル高輪及びホテル新高輪で宿泊することも拒否したことは明らかであり、そのために日教組は平成19年2月1日、本件各集会の開催の中止を余儀なくされるとともに、同日及び翌2日、実際に各宴会場のいずれも使用することができず、また、本件教研集会の参加者らが同年1月13日から同年2月4日までホテル高輪及びホテル新高輪のいずれにも宿泊することができなかったのであるから、以上のようなプリンスホテルの行為は本件各施設使用契約に基づく債務不履行（履行不能）に該当すると判断した。

② 日教組に対する不法行為責任

プリンスホテルは、仮処分命令等がされたにもかかわらず、Y₁の意思と判断に基づきあえて日教組による本件各施設の使用を妨げたと認定した。

民事保全制度において保全命令が発令された場合は、民事保全法が定める手段によって不服を申し立てることは当然認められるものの、そのような手段を尽くしても保全命令が取り消されなかったときはこれに従うことが求められ、債務者が保全命令に不服があったとしてもその不服はその後の本案の訴えにおいて債権者の主張を争うことによってのみ主張することが許されるというべきであるから、プリンスホテルによる使用拒否は、「本件各宴会場の使用を拒否する点において、本件仮処分命令等に違反し、民事保全法の予定しない手段を用いて、民事保全によって保護されるべき利益を侵害し、更に原告日教組による本件前夜祭及び本件全体集会の中止を余儀なくさせるものであって、円滑な本件教研集会の運営を阻害するものであるから、違法であることは明白であり、かつ、その違法性は著しい」と指摘して、本件使用拒否は日教組の権利を侵害する不法行為にも当たると判断した。

そして、このような使用拒否は、プリンスホテルの行うホテル事業の一環としてされ、代表者である同社取締役Y₁がその職務として行った行為であるので、Y₁は、その職務を行うにつき故意に日教組に対して損害を加えたというべきであるから、プリンスホテルは、会社法350条に基づき、本件使用拒否によって日教組に生じた損害を賠償する責任を負うべきものであるとした。

③ 単位組合ら及び組合員らに対するプリンスホテルの不法行為責任

単位組合らはその所属する組合員らを全体集会に参加させることを予定しており、組合員ら自身も自らが全体集会に参加することを予定していたことが認められるところ、単位組合らも組合員らも、全体集会に参加することについて法律上保護される利益を有するとし、プリンスホテルによる使用拒否によって、組合員ら及び単位組合らは、このような法律上保護される利益を侵害されたというべきであり、プリンスホテルによる使用拒否が仮処分命令等に反してされたものであることに鑑みると、プリンスホテルによる使用拒否は、組合員ら及び単位組合らに対する不法行為に該当するというべきであり、この使用拒否は、上記のとおり同社取締役Y₁の職務行為と認められるので、プリンスホテルは、組合員ら及び単位組合らに対しても、会社法350条に基づきその損害を賠償する責任を負うと解するのが相当であると判断した。

④ プリンスホテルらの反論について

プリンスホテルらは、プリンスホテルによる使用拒否には理由がある旨様々な反論（注）を展開したが、裁判所は、本件訴訟記録を精査してもプリンスホテルの使用拒否を正当化すべき事情を認めるに足りる的確な証拠はなく、プリンスホテルらの主張する違法性又は帰責性の阻却に関する反論はすべて理由がない、と判断した。

(2) プリンスホテル及びY₁によるプリンスホテルのホームページ上の本件各記事の掲載とY₁及び取締役Y₂による本件記者会見並びにY₂による本件インタビュー等による一連の行為が、日教組の名誉及び信用を毀損するものとして不法行為を構成するか否か

プリンスホテルによる一部記事の掲載は、日教組の名誉及び信用を毀損するものであると判断した。

(3) プリンスホテル取締役らの日教組らに対する損害賠償責任の有無

① Y₁

Y₁は、取締役として法令を遵守する義務があり（会社法355条）、本件仮処分命令等によってプリンスホテルが日教組に各宴会場を使用させる義務を負うことが確認されたことを認識していたにもかかわらず、悪意でその職務を怠ったものであるから、会社法429条1項に基づき、日教組らに生じた損害を賠償する義務を負うとした。

② 取締役Y₃及び取締役Y₄

Y₃及びY₄は、Y₁との間で本件仮処分命令申立事件への対応を協議し、プリンスホテルの対応方針を決定した事実が認められるので、Y₁と同じく本件使用拒否を行った者とみることができるから、同様に会社法429条1項に基づき、日教組らに生じた損害を賠償する義務を負うとした。

③ その余の取締役ら

その余の取締役らについては、本件使用拒否をすることの意思決定に直接関与した事実を認めるに足りる的確な証拠はないが、取締役会設置会社の取締役会は取締役の職務の執行を監督する地位にあるから、取締役会を構成する取締役は、代表取締役の職務執行一般につきこれを監視し、必要があれば取締役会を自ら招集し、あるいは招集することを求め、取締役会を通じて職務執行が適正に行われるようにする義務を負うとした上で、本件において、取締役らは仮処分事件の経緯を知っていたものと認められるから、取締役の地位にある者に通常求められる判断能力からすると、プリンスホテルが本件仮処分命令等に従い本件各宴会場契約に基づく各債務を履行すべきことを認識することは容易であったといえ、取締役らには、代表取締役であるY₁に対し、本件仮処分命令等に従うように求める等の措置をとるなどして、Y₁が本件使用拒否に及ぶことを防ぐ義務があったというべきであるとした。特に、取締役らは、平成19年12月11日の取締役会において、本件の経緯と本件仮処分命令の申立がされたことについて報告を受けた上で、本件仮処分命令申立事件の審尋手続において争う方針を了承し、自ら本件仮処分事件に対するプリンスホテルの方針決定に関与したのであるから、上記義務を尽くすことが強く要請されるにもかかわらず、取締役らがかかる義務を果たすために何らかの措置を執ったとの事実を認めることはできず、取締役らは悪意で代表取締役であるY₁の業務執行に対する監視義務を怠ったとして、本件使用拒否によって日教組らに生じた損害を賠償する義務を負うと判断した。

そして、プリンスホテルらの、本件解約に関する意思決定については経営判断の原則が適用されるとの主張に対しては、「民事裁判手続において裁判所が示した判断に反する行為を行うことは、取締役に与えられた裁量の範囲を逸脱することは明らかであり、被告らの主張は失当である。」とのみ述べて、退けた。

(4) 損害

① 日教組

プリンスホテルら全員に、財産的損害・非財産的損害・弁護士費用を合計した1億3102万5190円の支払が命じられた。

② 単位組合ら

プリンスホテルら全員に、各単位組合に対し、財産的損害・非財産的損害・弁護士費用を合計した請求金額全額の支払が命じられた。

③ 組合員ら

プリンスホテルら全員に、各組合員に対し、非財産的損害・弁護士費用を合計した5万5000円の支払が命じられた。

(5) 過失相殺の可否

プリンスホテルらは、本件仮処分命令等によって本件各宴会場を使用させる義務があることが確認されたにもかかわらず、あえて使用拒否に及び、本件各集会の開催を妨害したものであるから、プリンスホテルらの行為によって一方的に日教組らの損害が生じたというほかなく、日教組らに何らの落ち度も認められない以上、プリンスホテルらの過失相殺の主張には理由がないとした。

(6) 謝罪広告

プリンスホテル及びY₁ほか取締役らは、記事の掲載や会見、インタビューの実施等によって日教組の名誉及び信用を毀損したことが認められるところ、プリンスホテルがそのホームページ上で強調した損害等の発生を恐れて、今後、全体集会及び前夜祭の会場として施設を貸与することを拒否する者が現れる恐れがあり、日教組の事業全体にとって著しい支障となる危険があるとした。そして、そのような危険を除去するため、プリンスホテルに対し、不法行為損害賠償請求権（会社法350条、民法709条・715条）に基づき、民法723条1項所定の処分として、日教組の名誉を回復するのに適当な処分として、謝罪広告の掲載を命じるのが相当であると判断した。

2 控訴審

(1) プリンスホテルの単位組合らに対する不法行為責任の有無

プリンスホテルとの間で各施設使用契約等を締結したのは日教組であるし、施設使用許可仮処分も日教組が債権者となって申し立てたものであって単位組合らはそのいずれについても当事者となっていないから、プリンスホテルの本件使用拒否が単位組合らに対する不法行為を構成するものと認めることはできないが、単位組合らが負担した経費等は実質的には日教組の負担する費用に当たるから損害賠償の対象外とするのは相当でないとして、それら経費等についてのみ、プリンスホテルの不法行為と相当因果関係にある損害と認定し、単位組合らに対する賠償を認めた。

(2) プリンスホテルの組合員らに対する不法行為責任の有無

控訴審では、組合員らを2つの類型に分け、まず第1類型である大部分の組合員については、確かに全体集会・前夜祭は中止になったために参加が叶わなかったが、これらは組合員らからみると儀礼的行事かつ受動的な催しであるし、その後の分科会は予定どおり行われて参加できており、宿泊のキャンセルに伴うキャンセル料等は所属単位組合から支給されるなどして物的損害は回復しているとした上で、仮に全体集会・前夜祭に参加できなかったことによって怒りの感情等を持つに至ったとしても、それは契約関係にあるプリンスホテルと日教組との関係においてプリンスホテルの債務不履行及び不法行為の一事情として斟酌されるにとどまり、契約関係がなく、仮処分の当事者でもない組合員らについてまで不法行為は成立しないとした。また、第2類型である分科会に参加できなかったその他の組合員についても、同様の趣旨から不法行為の成立を否定した。

(3) 取締役らの損害賠償責任について

① Y₁ほか取締役ら4名

第一審における取締役Y₁ら4名の取締役については、各施設使用契約等の解約の申し出を行う方針を決定し、日教組が施設使用許諾を求める仮処分を申し立てた後は当該仮処分申立を争い、最終的に保全抗告が棄却された後においても施設の使用拒否を貫く方針を維持したと認定したが、各施設使用契約等の実行によりホテルの他の利用者や周辺住民に迷惑がかかり、営業に支障が出ると当該取締役らが予想したことについて、「警備の状況等によっては、現実にそのようなおそれがあり得ないではなかった」ことを認めた。そして、当該取締役らが各施設使用契約等の「解約の意思表示をし、その有効性を主張して日教組との間で契約に係る施設を使用しないよう求めたこと自体は、悪意又は重大な過失により取締役としての職務上の注意義務に違反する行為と評価することはできない」と判断した。また、このような検討に基づいて仮処分の申立を争い、保全異議・保全抗告を申し立てたことも、不当な目的で裁判を追行したものと認めることはできないから、同じく「悪意又は重大な過失により取締役としての職務上の注意義務に違反する行為を行ったものと評価することもできない」とした。ただし、平成20年1月30日に東京高裁において保全抗告が棄却

された後に限っては、プリンスホテルは「本案訴訟において争うことは別として、当該司法判断に従うべき法律上の義務を負ったもの」であり、それにもかかわらずこれに従わないで日教組による施設の使用を拒否したことについては、「取締役としての職務上の注意義務に違反」するものであってこの注意義務違反につき悪意又は重大な過失があったと判断した。

② その余の取締役ら

その余の取締役らについては、上記4名の取締役らから報告を受け、本件仮処分の申立に対して応訴して争う方針に賛同していることが認められるが、そのこと自体は「取締役としての職務上の注意義務に反することとはいえない」し、「東京高裁の抗告棄却決定が効力を生じた後に、施設使用拒否の方針の立案及び遂行に具体的に関与していたことを認めるに足りる証拠はない」から、悪意又は重大な過失により取締役としての職務上の注意義務に違反ものと認めることはできない、と判断し、第一審が損害賠償責任を認めた取締役ら12名のうち8名への請求は退けた。

(4) 損　害

① 日教組

プリンスホテル・取締役ら4名に、財産的損害・非財産的損害・弁護士費用の合計1億0932万5190円の支払が命じられた。

② 単位組合ら

プリンスホテル・取締役ら4名に、プリンスホテルの不法行為と相当因果関係にあるとして、財産的損害・弁護士費用の合計1599万7825円の支払が命じられた。

③ 組合員ら

組合員らについてプリンスホテルに不法行為責任が成立するものと認めることはできず、組合員らの非財産的損害の請求は理由がないし、仮に組合員らについて損害賠償責任が成立すると解したとしてもこれらの者に生じた財産的損害については既に填補されているとして、組合員らの請求を全て棄却した。

(5) 謝罪広告

本件会見及びインタビューが事実に反することによって日教組が被った名誉及び信用の毀損の損害を回復するには損害賠償を命ずるのが相当であり、謝罪広告の掲載が毀損された名誉及び信用の回復のための相当な措置であると認めることはできないとしてその点についてのみ第一審判決を変更した。

Ⅲ　分析・検討

控訴審判決では、第一審に引き続き控訴審においても損害賠償責任が認められた取締役ら4名を除く、残りの取締役ら8名の責任の有無について、第一審とは異なる判断が下されている。そこで、本稿では、主にこの取締役ら8名の損害賠償責任について以下、第一審判決・控訴審判決を検討していく。

1　第一審

(1) 第一審においては、代表取締役であるY₁をはじめとする3名は、直接本件仮処分命令に対する対応を決定した者として損害賠償責任を負うものと判断されている。

この点、Y₁については、本件仮処分命令等によってプリンスホテルが「法律上、原告日教組に本件宴会場を使用させる義務を負う旨が確認されたことを認識していた」にもかかわらず、これに反する業務執行を行ったものであるから、悪意でその職務を怠ったものとされた。また、残り2名の取締役については、「Y₁との間で、本件仮処分命令申立事件への対応を協議し、被告プリンスホテルの対応方針を決定した事実が認められる」ので、Y₁と同じく本件使用拒否を行った者と見ることができるとしている。

これに対して、その他の取締役らについては、「本件使用拒否をすることの意思決定に直接関与した事実」は認められないが、Y₁に対して本件仮処分命令等に従うように求める等の措置をとるなどしてY₁が本件使用拒否に及ぶことを防ぐ義務があったとして、悪意でY₁の業務執行に対する監視義務を怠ったとして損害賠償責任を負うものと認定した。

(2) 以上のような第一審における取締役らの責任に関する判断においては、「本件使用拒否」という単語を用い、Y₁ら取締役3名は「本件使用拒否を行った者」であると認定し、その余の取締

役らについては、取締役Y₁が「本件使用拒否」に及ぶことを防ぐ義務を怠ったとし、それぞれの責任を認めているが、この「本件使用拒否」とは、第一審判決第2・3・イにおいて、「被告プリンスホテルは、原告日教組との間で、本件各施設使用契約を締結していたにもかかわらず」、ホテル高輪等の施設の「使用につき、本件解約をもって一方的に拒否（以下「本件使用拒否という。」）」したことをいうと定義されており、すなわち、プリンスホテルの日教組に対する最初の解約通知から、仮処分事件を経て、最終的に本件教研集会開催予定日にもその使用を拒否した、3か月弱にわたる一連の行為を指すものと解される。

そうすると、第一審判決においては、まず、Y₁ら取締役3名については、最初の解約通知〜仮処分事件における対応方針決定〜仮処分命令が確定した後の使用拒否判断の一連の「本件使用拒否」を行ったことが取締役としての注意義務に違反していると判断したものと解される。また、その他の取締役ら8名についても、同様に、「平成19年12月11日の取締役会において、本件の経緯と本件仮処分命令の申立てがされたことについて報告を受けた上で、本件仮処分命令申立事件の審尋手続において争う方針を了承し、自ら本件仮処分事件に対する被告プリンスホテルの方針決定に関与した」ことを強調して、Y₁が「本件使用拒否」に及ばないよう監視すべき義務に違反した、と判断した。

（3）なお、プリンスホテルらは、取締役らの責任について、取締役らの判断には経営判断の原則が適用されるため、取締役らが善管注意義務に違反することはないと主張している。その具体的な内容は、a）プリンスホテルは複数の資料や顧問弁護士との相談結果や日教組からの説明等を踏まえて、仮に本件各施設使用契約を履行していたら多数の第三者に回復不能な損害を与えるものと考え、本件使用拒否を決断したものであって、その前提事実の認識に重要かつ不注意な誤りはなく、b）プリンスホテルの業務分掌規定に従って権限を付与された者が本件解約を決定し、更に、取締役Y₁は株主の意見も確認した上で本件解約を承諾し、平成19年12月11日開催の取締役会において本件仮処分事件について争う方針を確認したのであるから、その意思決定の過程に不適切な点はなく、c）本件保全抗告決定は本件教研集会が開催される予定の2日前になされたものであって、そこから十分な警備等の準備をすることは不可能であったし、取締役らとしては第三者の損害を回避するという理由で本件解約は有効となるものと信じていたから、決定した意思内容にも特に不合理はなかった、というものである。

しかしながら、この点について、裁判所は、「民事裁判手続において裁判所が示した判断に反する行為を行うことは、取締役に与えられた最小の範囲を逸脱することは明らかであり、被告らの主張は失当である」と形式的な理由でかかる主張を一蹴するのみであった。

2　控訴審

以上のような第一審判決に対し、控訴審では、まず、取締役らの行為を3つの段階に分類した上で、4名の取締役らが「平成19年11月13日に本件施設使用契約の解約通知をした」こと、解約の意思表示の「有効性を主張して被控訴人X₁（筆者注：日教組）との間で、契約に係る施設を使用しないよう求めたこと自体」は、取締役らが予想していた日教組の施設使用により周辺住民へ悪影響等が生じる恐れ現実にあり得たことからすると、取締役としての職務上の注意義務には反しないとした。そして、仮処分の申立を争ったこと、保全異議・保全抗告を申し立てたことも法定の手続により裁判を受ける権利を行使したものに過ぎず、同じく取締役としての職務上の注意義務には反しないとした。その上で、平成20年1月30日に保全抗告が棄却された後にもなお施設使用を拒否した行為についてのみ、取締役としての職務上の注意義務違反に該当すると判断し、第一審とは4名の取締役らの責任について異なる判断をしている。

そして、その余の8名の取締役らについては、仮処分の申立に争う方針に賛同していることは認められるものの、そのこと自体は注意義務違反とはならないし、平成20年1月30日に保全抗告が棄却された後には施設の使用拒否の方針の立案及び遂行に関与していたことは認められないから、取締役としての職務上の注意義務違反は認められ

ないと判断した（なお、監視義務については言及しなかった）。

すなわち、控訴審判決においては、平成20年1月30日に保全抗告が棄却された後もなお施設の使用を拒否した行為・その方針の立案等に関与した行為のみ各取締役としての責任を追及されるべきと区別されており、それ以前の行為については基本的に不問とされている。

3　比較検討

以上のとおり、第一審判決と控訴審判決における取締役らの責任の有無の判断につき見解が分かれたのは、取締役らのどの行為が注意義務違反を構成するか、という点である。第一審判決においては、プリンスホテルの日教組に対する最初の解約通知から、仮処分事件を経て、最終的に本件教研集会開催予定日にもその使用を拒否した一連の行為を「本件使用拒否」として、これを主導した取締役ら3名、及びY₁が「本件使用拒否」に及ばないように監視する義務を怠った残りの取締役ら全員の責任を認めている。これに対して、控訴審判決においては、平成20年1月30日に保全抗告が棄却された後にもなお施設使用を拒否した行為についてのみ取締役としての職務上の注意義務違反に該当すると判断し、更に、平成20年1月30日以降に施設使用を拒否するという方針の立案に関与しなかったと認定された取締役ら8名については責任を認めなかった。

確かに、第一審判決において、プリンスホテルが仮処分事件において日教組の主張を争い、その後も法定の手続に則った保全異議・保全抗告の申立を行ったことまで一括りにして取締役らの注意義務違反を構成する、としているように読める点については全く疑問が残らないわけではない。その疑問に応えるかのように、控訴審判決では取締役らの行為を時系列に沿って3段階に分け、注意義務違反を構成する行為を特定しているようにも思える。

しかしながら、控訴審判決においては、なぜ、取締役ら3名が「解約の意思表示をし、その有効性を主張して」プリンスホテルとの間で施設を使用しないよう求めたことは取締役としての注意義務に違反する行為と評価することができない、と判断したのか、その理由は判然としない。控訴審では、その直前に、日教組らによる施設の使用によって周辺住民や利用客らに悪影響が生じる恐れがなかったとはいえない、とプリンスホテルが日教組らによる施設の使用を拒否した理由に一応根拠があることを認めているが、だからといって、取締役ら3名が解約通知を一方的に日教組らに送付して使用しないよう求めたことについて取締役としての注意義務違反が認められなくなるものでもないだろう。同様に、平成20年1月30日に保全抗告が棄却された以降にも施設の使用を拒否したことについて取締役としての注意義務違反が認められるとした点については、保全抗告の棄却によって司法判断が確定したことで「司法判断に従うべき法律上の義務を負った」にもかかわらず、それに従わない方針を立てたことが「取締役としての職務上の注意義務に違反」すると指摘するのみで、なぜ一審判決においては一連の行為とされている「本件使用拒否」について、保全抗告の棄却以降の行為についてのみ取締役としての注意義務違反を構成すると判断したのか、その理由は明示されていない。しかも、第一審判決については、確定判決に従わないことが「法令」違反だという議論は一般的にはなされていないから、「本件において仮処分命令に従うことが、Yらの唯一無二の選択肢であったというためには、さらに説得力のある議論の上積みが必要」との指摘もされているところであって（小林秀之＝高橋均『会社役員の法的責任とコーポレートガバナンス』143頁）、控訴審ではこの点を解決せず、むしろ確定した仮処分命令に従わなかった行為のみについて取締役らが責任に負うとされていることからすると、取締役らの責任の根拠は更に曖昧になったと指摘される可能性もあろう。そもそもプリンスホテルによる解約自体は法的に十分な理由のあるものではないとされている点は控訴審も第一審を特に変更するところではないようであるから、控訴審が、解約の有効性を主張して使用を拒否すること自体は取締役の注意義務に違反しないと判断したことについては、プリンスホテルが施設の使用を許可した場合にその営業に支障が生じる可能性がないわけではない、という点に加えてもう少し説明を要するのではないか。

プリンスホテルが日教組らの施設使用を一方的に拒否した点については、平成21年3月17日に代表取締役らが旅館業法違反で書類送検されているように（結果、起訴猶予相当により不起訴処分となっている）、解約通知自体が法令違反となる可能性も十分あったものであって、本件ではプリンスホテル側から旅館業法違反の可能性について主張されていないとも考えられるものの、解約通知自体は取締役らの注意義務違反とならないとされている点との関連について指摘があってもよかったと考える。更に、控訴審判決を前提とすると、仮に本件において仮処分命令が発令されておらず、取締役らが仮処分命令に従う法的義務を負っていなければ取締役らの注意義務違反は認められなかったことになるのか、という新たな疑問も生じるところであって、これらの点、控訴審判決については不満が残るところでもある。

　また、やはり控訴審判決でも第一審判決と同じく、取締役らの責任に関し、経営判断の原則については実質的な判断をしていない。第一審が、プリンスホテルらが主張する経営判断の原則について形式的な判断で一蹴したことについては、控訴審における判断に期待が寄せられていたところでもあった（小林＝高橋・前掲142頁）。控訴審は、日教組らの施設の使用によって右翼団体の街宣活動が惹起され、プリンスホテルの営業に支障が生じる可能性は一応認められているといえることからすると、その点のみについては、プリンスホテルらが第一審で主張していたように、少なくとも経営判断原則における前提事実の認識に著しく不合理な点がないという要件は満たす可能性がないではないし、危険性があってもなお一度仮処分命令が確定すれば使用を認めなければならず、そうしないと直ちに取締役の職務を懈怠したことになるとするのであれば、その理由について尚更踏み込んだ判断を示してほしかったところでもある。

　なお、保全抗告の棄却により本件仮処分命令が確定したのは日教組の使用予定日の2日前であったところ、控訴審判決によれば、その後、取締役らが注意義務違反を免れるためには、その2日間で従前の方針を変更して日教組による使用を認めなければならなかった。実際には、プリンスホテルにとってわずか2日間でそれまでの方針を全て変更して日教組の使用を受け入れる態勢を整えるのは実務上不可能と考えられるから、結局、プリンスホテルの取締役らとしては、仮処分事件で自らの主張が認められるか否かにかかわらず、並行して日教組らによる使用を受け入れる態勢を順次整えておかなければならなかったこととなる。結局、控訴審判決によると、仮処分事件で争っていても、最終的に相手方に負けた場合を想定し、相手方の要求に応えられるよう状況を整えておかなければ注意義務違反を免れないこととなるのであり、取締役らの実務対応として一応参考にしておきたい。

Ⅳ　実務対応

　本件については、間接暴力のケースと捉えている見解がある（小林＝高橋・前掲141頁）。すなわち、右翼団体のプリンスホテルに対する間接暴力の告知によって、本件教研集会の開催が阻止され、同時に、プリンスホテルの営業の自由が被侵害利益となった、すなわち、教研集会を予定どおり開催して得られたはずの収益機会の逸失や契約違反により損害を賠償させられる不利益が生じた、と整理するものである。この見解は、プリンスホテルが仮処分命令確定を経てなお使用拒否を決定した最終的な判断について同情的であるが、第一審判決後、多くの見解はプリンスホテルの一連の判断について相当批判的でもあった（久保利英明＝野宮拓「プリンスホテル事件と企業の使命」NBL911号8頁、判例タイムズ1313号200頁ほか）。日教組による教研集会のための会場使用について、公共施設の管理者による使用許可処分の取消処分の効力停止を求める仮処分事件については過去、複数の前例が存在するが、これら前例において踏襲されている、「集会に対する妨害や抗議行為による混乱や影響は、X（筆者注：日教組）自体が発生させるものではなく、第三者の主として違法な行為によるものであるところ、混乱等を根拠に使用許可を取消すことは、違法な妨害行為を助長することにもつながり、集会の自由の重要性に鑑みると相当でなく、混乱や影響は基本的には適切な警察力の行使によって防ぐべきであり、本件においては使用許可を取消さなければ市民生活

に許容できないほどの重大な影響が発生するとの事実の疎明もされていない」とする考え（岡山地判平成2・2・19判例タイムズ730号74頁参照）に同調するものである。すなわち、プリンスホテルが毅然とした態度をとるべき相手は憲法上の権利として認められた集会の自由を妨げようとする右翼団体であって日教組ではなく、日教組との間で本件各使用契約を締結した以上は日教組が本件各宴会場を円滑にしようできるよう警察の協力を得て右翼団体の街宣活動対策を講じて集会の自由を護るべきであるとするものである（久保利＝野宮・前掲8頁）。また、上記見解は、経営者は不当な圧力に屈することなく毅然と法令に従った適切な対応をとるべき、とコンプライアンスを重視した蛇の目ミシン代表訴訟事件最高裁判決（最判平成18・4・10民集60巻4号1273頁）と本件の本質は同一であるとの評価もしている。このような見解は、そもそもプリンスホテルが当初、日教組の使用により営業上の支障が生じることを理由として解約通知をしたこと自体を問題とする考えといえよう。

結局のところ、間接暴力の事案であると解する見解も、プリンスホテルが目指すところが警察等と協働して右翼団体による間接暴力に立ち向かうべきとする点については同じであるが、プリンスホテルの悩みについて一定の理解が示されているかどうかという点で異なるものといえる。

この点、前記のとおり、日教組の公共施設利用に関する仮処分事件等に関する判断は一定の傾向に落ち着いているようであるが（日教組以外の団体による公共の施設利用に関しても、類似の事例は多数。他方、許可処分の取消しの効力の停止が認められなかった事例としては、広島高決昭和46・4・14判例タイムズ261号145頁、東京高決昭和63・10・22判例タイムズ693号95頁があるが、前者は会場使用予定日まで21日と余裕があったこと、後者は会場使用の目的が映画上映にあったこと、既に映画上映会開催の実力阻止を狙う委員会が結成されており公共の福祉を害すると判断されたことが重視された）、公共施設とプリンスホテルのような民間施設を同様の基準で捉え、日教組のような利用者の自由のために共闘すべきであるとするのが当然であるかについては、確かに企業には社会的責任があるが同時に営業の自由も享受すべき立場にあることに鑑みると、より検討が必要であるように思える。

今回のプリンスホテルの一連の使用拒否の過程には問題は多数（解約のタイミングの悪さ、交渉過程のお粗末さなど）あったと指摘されているが、教研集会に反対する勢力が集結した際に受ける被害（プリンスホテルが主張するような婚礼客や受験目的の宿泊客への影響など）は公共施設の場合より甚大となる可能性もあったとも考えられることからすると、実務上、教研集会の開催を許容して右翼団体と立ち向かう、との最終的な判断を下すことは当然期待されるべきであるとまでいえたであろうか。

なお、本件控訴審判決においては、前記のとおり、右翼団体による一応の危険性は認められた反面、解約通知等一連の使用拒否がプリンスホテル自体の債務不履行及び不法行為に当たること自体は第一審から変更されることはなかった。他方、本件事実との関係から、当初から契約締結を拒絶すること自体がプリンスホテルの不法行為を構成する、という指摘は特にされていない。そうすると、今後他の施設に同様の申込がなされた場合には、当該施設において、一旦使用を受け入れた後にプリンスホテルと同様の懸念を理由にして解約を主張しても結局会社が債務不履行責任及び不法行為責任を負うことは免れ得ないため、かかるリスクを避けるため、当初から契約を締結することを拒むという選択がされてしまわないかが懸念される（その場合でも、旅館業法違反の可能性・不法行為への該当性は問題になり得ると考えるが）。この点は、プリンスホテルが「日教組の集会の自由を侵害したという非難がなされているが、もしそうであれば、日教組の利用申込を最初から断った他の多くの施設に対しても、同じ非難が妥当するのではないか」との指摘もあるところであって（小林＝高橋・前掲143頁）、今後に更なる課題を残す問題となるのではないか。

(注) ①本件ホテルの周辺住民等の契約当事者以外の第三者に多大な損害が生じるため、本件各施設使用契約が原始的に無効であったとの主張、②本件各施設使用契約の承諾の意思表示には動機の錯誤があったとの主張、③公共の福祉・信義則や、宴

会場利用規約等に基づき各施設使用契約を解約することができたとの主張、④プリンスホテルが負う本件ホテル周辺の第三者に対し社会通念上安全と平穏を妨害してはならないとの条理上の義務を優先して原告らとの間の義務を履行しなかったとしてもプリンスホテルに帰責性はなく、その不履行に違法性はないとの主張、⑤本件仮処分命令等については民事保全制度における暫定性及び復元性が認められないとの主張、⑥本件使用拒否は民法720条1項所定の正当防衛に当たるとの主張、などである。

18 総会屋への利益供与について取締役の善管注意義務・忠実義務違反及び内部統制システム構築義務違反が認められた事例
——神戸製鋼所株主代表訴訟事件（神戸地裁平成14・4・5和解・商事法務1626号52頁、高橋清一『企業対象暴力と企業不祥事』201頁以下）

弁護士　加藤洋美

I　事案の概要

1　訴外I及びこれを引き継いだY₃（取締役として株主総会等の任に関与）は、自ら又は神戸製鋼所の従業員らに指示して、Y₇に対し、与党総会屋である同被告が他の総会屋等株主の発言を封じて株主総会を平穏裡に終了させるために協力することに対する謝礼として、合計金1億9780万円を供与した。また、Y₃は、平成9年6月頃、神戸製鋼所の従業員らに指示して、総会屋訴外Hに対し、金100万円を供与した。

2　神戸製鋼所加古川製鉄所では、平成7年7月から同9年4月までの間、取引相手である訴外S社との合意の下、スクラップの簿外売却の方法により、合計金1億6592万円の裏金が捻出された。裏金捻出は、平成7年3月下旬頃、当時機械エンジニアリング事業本部海外エンジニアリング本部長であったY₄が当時加古川製鉄所所長であったY₅に相談を持ちかけて開始されたものである。Y₅は、平成8年3月に加古川製鉄所所長を辞めたが、その際、後任のY₆に裏金捻出の業務を引き継いだ。裏金1億6592万円の内金3000万円はY₇への利益供与に費消された。

3　上記利益供与及び裏金捻出は、Y₁（平成8年6月まで）及びY₂（平成8年6月以降）が神戸製鋼所の代表取締役社長に在任中になされたものであった。

4　そこで、平成12年1月21日に、神戸製鋼所の株主らが、同社の取締役社長らを相手取り、合計3億5400万円を会社に賠償することを求める株主代表訴訟を提起した。

5　本件では、利益供与及び裏金捻出に直接関与した取締役が責任を負うことは明らかであることから、直接関与していない代表取締役Y₁及びY₂に直接の監視義務違反が認められるか、及び同人らに内部統制システム構築義務違反が認められるかが問題となった。

II　裁判所の所見

本件は和解により解決されているため判決に至っていない。

1　本件事件は、平成14年4月5日に和解が成立し終了した。和解に際し、裁判所からは、次のとおり所見が示された。

(1)　Y₇の責任

「Y₇が、その利益供与を受けた1億9780万円の返還義務を負うことは明らかである。ただし、Y₇は、そのうち3300万円についてはこれを返還済みであり、また、1500万円については、その利益供与に関与した訴外Iの遺族がこれを返還済みである。」

(2)　Y₃、Y₄、Y₅及びY₆の責任

「Y₃は上記利益供与に、Y₄、Y₅及びY₆は上記裏金捻出に関与した者らであり、それらの行為が取締役の善管注意義務・忠実義務に違反するものであることは明らかであるから、その責任を負う範囲、額等については、なお、その関与の時期、態様等の検討により確定する必要があるにしても、損害賠償責任があること自体は否定できないところである。」

(3)　Y₁、Y₂の責任

「上記利益供与及び裏金捻出は、Y₁及びY₂が神戸製鋼所の代表取締役社長に在任中になされたものであるところ、株主総会の議長を務めるのは代表取締役社長にほかならないこと、上記捻出された裏金の一部は上記利益供与のために費消さ

れたことに照らすと、Y₁及びY₂は、上記利益供与やその原資とするための裏金捻出がなされないよう、特別に配慮してこれを監視すべき地位にあったものと認められる。とりわけ、Y₁については、上記利益供与及び裏金捻出の大半が同被告の代表取締役社長在任中に行われたものであること、同被告には株主総会に関する業務の経験もあること、上記裏金捻出に関しては、その一部はY₃を通じて上記利益供与に費消されていること、裏金捻出に関与している者は一般従業員ではなく専務、または常務取締役など経営会議のメンバーであることなどからして、Y₁は、上記利益供与及び裏金捻出を予測し、またはこれを容易に知り得ることができたのではないかと推認され、これを防止できなかった責任は大きいと考えられる。

また、神戸製鋼所のような大企業の場合、職務の分担が進んでいるため、他の取締役や従業員全員の動静を正確に把握することは事実上不可能であるから、取締役は、商法上固く禁じられている利益供与のごとき違法行為はもとより大会社における厳格な企業会計規制をないがしろにする裏金捻出行為等が社内で行われないよう内部統制システムを構築すべき法律上の義務があるというべきである。

とりわけ、平成3年9月、経団連によって企業行動憲章が策定され、社会の秩序や安全に悪影響を与える団体の行動にかかわるなど、社会的常識に反する行為は断固として行わない旨が宣言され、企業の経営トップの責務として、諸法令の遵守と上記企業行動憲章の趣旨の社内徹底、社員教育制度の充実、社内チェック部門の設置及び社会的常識に反する企業行動の処分が定められたこと、また、平成7年11月、企業における総会屋に対する利益供与の事実が発覚して社会問題となり、上記経団連企業行動憲章が改訂され、上記に加えて、企業のトップが意識改革を行い、総会屋等の反社会的勢力、団体との関係を絶つという断固たる決意が必要であり、これについては担当部門任せでない、組織的対応を可能とする体制を確立する必要があり、従業員の行動についても「知らなかった」で済ませることなく、管理者としての責任を果たす覚悟が必要であるとの趣旨の宣言が追加されたこと、さらに、平成9年6月には特殊暴力対策連合会から、神戸製鋼所を含むわが国の主要各社に対し総会屋との絶縁要請書が送付されたこと等からも明らかなとおり、上記の内部統制システムを構築すべき義務は社会の強い要請に基づくものでもある。

一方、企業会計に関する規定は、会社においては、企業の関係者の利害を保護するための重要な規定であり、とりわけ大会社には会計監査人の監査が義務づけられているなど厳格な規制が整備されていることから、これに反する会計処理は許されるものではない。裏金捻出は、かかる企業会計に反することはもちろんのこと、さらに利益供与等の犯罪の原資になりやすいことからしても、これを特に厳しく防止する必要があり、内部統制システムの構築にあたってはこの点も十分に配慮すべきものである。

そうであれば、企業のトップとしての地位にありながら、内部統制システムの構築等を行わないで放置してきた代表取締役が、社内においてなされた違法行為について、これを知らなかったという弁明をするだけでその責任を免れることができるとするのは相当でないというべきである。

この点につき、Y₁、Y₂らは、神戸製鋼所においても一定の内部統制システムが構築されていた旨を主張する。しかし、総会屋に対する利益供与や裏金捻出が長期間にわたって継続され、相当数の取締役及び従業員がこれに関与してきたことからすると、それらシステムは十分に機能していなかったものと言わざるを得ず、今後の証拠調べの結果によっては、利益供与及び裏金捻出に直接には関与しなかった取締役であったとしても、違法行為を防止する実効性ある内部統制システムの構築及びそれを通じての社内監視等を十分尽くしていなかったとして、関与取締役や関与従業員に対する監視義務違反が認められる可能性もあり得るものである。」

2 和解内容

上記所見を受け、Y₁が請求を認諾（http://kabuombu.sakura.ne.jp/archives/koube03.htm（株主オンブズマンホームページ））し、原告らは、本件訴え提起時の代表取締役に対し請求を放棄し、その他の被告らとの間で和解が成立した。

和解内容は、①Y₂は、裏金の捻出及び社外流出がなされ、あるいは長きにわたり利益供与行為が継続されていたにもかかわらず、早期に有効なその防止管理体制を構築できなかったことにつき、経営トップとしての責任を認め、Y₁と連帯して和解金3億1000万円を支払う、②Y₃は平成4年4月以降の利益供与につき法的責任を認め、Y₁と連帯して和解金1億5000万円を同社に支払う、③Y₇は平成2年以降の利益供与につき、既に3300万円を返還したこと、更に和解当日に同人所有の株式を処分して1000万円を同社に返済したことを確認する、④Y₇は、平成2年以降の利益供与につき、前記4300万円以外の金員についても法的返還義務を認め、Y₃及びY₁と連帯して和解金1億5000万円を同社に支払う、⑤Y₇は今後総会屋としての活動を一切行わないことを確約する、⑥Y₄、Y₅、Y₆は、裏金の捻出と社外流出につき法的責任を認め、Y₁と連帯して和解金1億6000万円を同社に支払う、⑦同社は、同種事件の再発防止を目的とする社外の有識者を加えた「(仮称)コンプライアンス特別委員会」を速やかに立ち上げるとともに、コーポレート・ガバナンス推進に向けての決意表明を新聞紙上に掲載する、などである。

Ⅲ　分析・検討

1　はじめに

　本件では裁判所は和解による早期の決着を図るのが相当と判断し、「訴訟の早期終結に向けての裁判所の所見」を示し、和解勧告をした。本件のような「所見」という形で心証開示がなされることは稀であるものの（これまで裁判所から和解所見が示された例としては、薬害エイズ訴訟、クロイツフェルト・ヤコブ病訴訟、B型肝炎訴訟、薬害イレッサ訴訟などがあり、いずれも、被害者の早期救済を図ることを目的として、所見が示されている）、裁判所が和解勧告をするにあたり、心証開示をすること自体はよく行われており、判決内容の事前開示の意味合いもあることから、当事者に和解を促す効果がある。

　本件事件以前にも、多数の会社で利益供与事件が発覚し、株主代表訴訟が提起されていたところ（高島屋株主代表訴訟事件（平成9年4月21日和解）、野村證券株主代表訴訟事件（平成10年10月27日和解）、味の素株主代表訴訟事件（平成10年10月30日和解）、第一勧業銀行株主代表訴訟事件（平成12年2月25日和解）など）、判決に至らず終結する事件が多数であった。

　本件は所見ではあるものの、利益供与に直接関与しなかった代表取締役の責任につき裁判所の考えが示され、その中で、大和銀行株主代表訴訟事件判決（大阪地判平成12・9・20金融・商事判例1101号3頁）に続き、経営者が十分な内部統制システムを構築していない場合、善管注意義務違反に問われる可能性があることを明確にしたことで、多くの企業において内部統制システム構築の必要性が認識され、積極的な取組みが行われるようになった（リスク管理・内部統制に関する研究会『リスク新時代の内部統制』）。本所見が出された以後も、内部統制システム構築・運用における取締役の善管注意義務違反が争点となった株主代表訴訟は複数提起され（ヤクルト本社株主代表訴訟事件判決（東京地判平成16・12・16金融・商事判例1216号19頁、東京高判平成20・5・21金融・商事判例1293号12頁）、三菱商事株主代表訴訟事件判決（東京地判平成16・5・20判例時報1871号125頁）、ダスキン株主代表訴訟事件判決（大阪地判平成16・12・12金融・商事判例1214号26頁、大阪高判平成18・6・9判例タイムズ1214号115頁、最判平成20・2・12）など）、ある程度の規模を有する会社において、取締役の善管注意義務の一内容として、内部統制システム構築義務があるとの考えは一般的となった。

　立法化としては、平成14年商法改正において導入された委員会等設置会社につき「監査委員会の職務の遂行のために必要なものとして法務省令で定める事項」の決定義務が明確化され（旧商法特例法21条の7第1項2号、旧商法施行規則193条）、さらに、平成18年5月1日に施行された会社法において、すべての大会社において取締役の職務の執行が法令や定款に適合するなど、会社の業務の適正を確保するための体制（内部統制システム）の構築の基本方針を決定することが、新たに明文上義務づけられた（会社法348条4項・362条5項・

416条2項)。

2　監視義務

　株主の権利に関する利益供与の禁止の規定は総会屋排除による株主総会正常化を目的として、昭和56年商法改正により新設された（旧商法294条の2、平成15年商法改正により295条、会社法120条）。利益供与に直接関与した取締役が責任を負うことは当然であるが、利益供与に関与しなかった取締役も、善管注意義務の一内容として、他の取締役・執行役・使用人が利益供与をすることがないよう監視する義務を負っており、これに反し、利益供与がなされた場合、取締役は会社に対し損害賠償責任を負うことになる。会社により、取締役の責任追及がなされない場合、株主は会社に代わって、株主代表訴訟を提起し責任を追及することができる（会社法847条1項）。

　本件では取締役であるY_3又は同人が従業員に指示して、与党総会屋であるY_7に対し、他の総会屋等株主の発言を封じて株主総会を平穏裡に終了させるために協力することに対する謝礼として、利益供与を行っている。通常、株主総会の議長は定款で代表取締役社長と定められており、本所見によれば、当時の神戸製鋼所の株主総会の議長も代表取締役であったY_1及びY_2であった。株主総会の議長の職務は、議事を公正・円滑に運営することであることからすれば、本所見のとおり、Y_1及びY_2らは、株主総会を形骸化させるような総会屋への利益供与がなされないよう特に監視することが期待されていたはずであり、また、長年にわたり、Y_7が会社側で議事に協力している状況からすれば、Y_1は容易に利益供与の事実を認識し得たはずであり、Y_2も同様であったと思われる。

　一方、裏金捻出に関しても、本所見は、その裏金の一部が利益供与に費消されていること及び裏金捻出に関与している者が常務取締役などの経営会議のメンバーであったことを挙げ、Y_1については、当該事実についても予測し、容易に知り得ることができたのではないかと推認できるとしている。利益供与に費消された裏金捻出については、利益供与と密接に関連しており、Y_1は容易に認識し得たといえるだろう。もっとも、捻出された裏金1億6592万円のうち、本所見で利益供与に費消されたと認定されているのは3000万円のみであり、その他の裏金がどこに流出したのかは不明である。この点、本所見では認定されていないものの、原告らは、当初、神戸製鋼所のベネズエラでの事業への便宜を得るための資金として、同国大統領選挙の候補者に対して計1億6000万円の無償の資金供与を行うために裏金捻出をしたとして、Y_1らの責任を追及していた。利益供与に費消されたと認定されなかった裏金が、もし原告らの主張するとおりに支出されていたのであれば、当該金員についてまで、本所見が挙げる事実のみで、Y_1の予見可能性を推認し、同人に反証を強いるのは、非常に厳しいものといえる。もっとも、本件においては、上記事実の他にも、Y_1が利益供与に費消されなかった裏金捻出につき、予見し得たことを推認させる事実が存在していたのではないかと思われる。

3　内部統制システム構築義務

　本所見では、神戸製鋼所のような大企業の場合、職務の分担が進んでいるため、他の取締役や従業員の動静を正確に把握することは事実上不可能であるから、取締役は、違法行為等が行われないよう内部統制システムを構築すべき法律上の義務があると明言した。一般論として妥当なものであり、本件裏金捻出については内部統制システム構築義務が問題となると思われる。しかしながら、内部統制システム構築義務が、直接の監視・監督が困難であることによる取締役の監視・監督義務の限界を補完する意義を有するものであることからすれば、本件利益供与については、前記のとおり、Y_1及びY_2によって直接の監視・監督がなされるべきものであったと思われ、内部統制システム構築義務について問題とするまでもなかったのではないかと思われる。もっとも、利益供与について、内部統制システム構築義務が問題となる場合もあり、本所見が出される前にも、利益供与に関し、取締役は、他の取締役又は監査役が株主の権利の行使に関して財産上の利益を供与することがないように監視する義務を負い、更に使用人がそのような利益の供与をすることがないように組織及び懲戒の社内体制を整備しておくべ

きであって、これを怠って会社に損害を与えたものとして、他の取締役、監査役又は使用人が行った利益の供与に関し、会社に対する損害賠償の責任を免れることはできないとの指摘はあった（神崎克郎「利益供与の禁止」民商法雑誌85巻3号24頁）。

　本所見では、Y₁及びY₂が神戸製鋼所においても一定の内部統制システムが構築されていた旨主張したのに対し、「総会屋に対する利益供与や裏金捻出が長期間にわたって継続され、相当数の取締役及び従業員がこれに関与してきたことからすると、それらシステムは十分に機能していなかったものと言わざるを得ず、今後の証拠調べの結果によっては、利益供与及び裏金捻出に直接には関与しなかった取締役であったとしても、違法行為を防止する実効性のある内部統制システムの構築及びそれを通じての社内監視等を十分尽くしていなかったとして、関与取締役や関与従業員に対する監視義務違反が認められる可能性もあり得るものである。」と述べた。本所見では、神戸製鋼所において内部統制システム自体が構築されていなかったのか、構築された内部統制システムが実効性を欠くものであったのか、又は内部統制システムの運用面に問題があったのかは明らかでない。もっとも、総会屋に対する利益供与や裏金捻出が長期間にわたって継続され、相当数の取締役及び従業員が関与してきたという事実からすれば、Y₁及びY₂が主張する内部統制システムは十分に機能していなかったとしている。そして、取締役は内部統制システムをただ構築すれば足りるのではなく、実効性のある内部統制システムを構築し、それを通じて社内監視等をしなければならないことを明らかにしている。

　この点、前記大和銀行事件判決においては、「どのような内容のリスク管理体制を整備すべきかは経営判断の問題であり、会社経営の専門家である取締役に、広い裁量が与えられていることに留意しなければならない。……ニューヨーク支店における財務省証券取引及びカストディ業務に関するリスク管理体制は、当法廷に提出された証拠上は、大綱のみなならずその具体的な仕組みについても、整備されていなかったとまではいえない」とした一方で、大和銀行本部（検査部）、ニューヨーク支店及び会計監査人が行っていた財務省証券の保管残高の確認は、その方法において、著しく適切さを欠いていたものであるから、大和銀行のリスク管理体制は、この点において実質的に機能していなかったとして、検査業務に関連した取締役の責任を認めた。他方で、頭取・副頭取については、「大和銀行のような巨大な組織を有する大規模な企業においては、頭取あるいは副頭取が個々の業務についてつぶさに監督することは、効率的かつ合理的な経営という観点から適当でないのはもとより、可能でもない。財務省証券の保管残高の確認については、これを担当する検査部、ニューヨーク支店が設けられており、この両部門を担当する業務担当取締役がその責任において適切な業務執行を行うことを予定して組織が構成されているのであって、頭取あるいは副頭取は、各業務担当取締役にその担当業務の遂行を委ねることが許され、各業務担当取締役の業務執行の内容につき疑念を差し挟むべき特段の事情がない限り、監督義務懈怠の責を負うことはないものと解するのが相当である。」とした。すなわち、大和銀行事件判決においては、内部統制システムの大綱や具体的な仕組みについては整備されていなかったとはいえ、同システムが有効に機能していなかったのは、運用面に問題があったためとしている。大和銀行事件と本件は、いずれも内部統制システムが有効に機能していなかった事案であるところ、本所見では内部統制システム構築段階において実効性を要求しているのに対し、大和銀行事件判決では構築されていた内部統制システムの運用段階に問題があり、同システムは有効に機能していなかったとしており、両者の実効性の議論は異なる段階で行われている。

　もっとも、本件でY₁及びY₂が主張していた内部統制システムがどのような内容のものであったか、また、内部統制システムの大綱又は具体的な仕組みのいずれに問題があったのかは不明であるが、本件で問題となった利益供与や裏金捻出は、どこの会社においても問題になるものであり、構築されるべき内部統制システムもある程度汎用性があるはずである。仮にY₁及びY₂が主張していた内部統制システムの内容が他社と同等のものであった場合、その内容において実効性を

欠くものであったのかについては疑問が残る。しかしながら、本件において一定程度の内部統制システムの構築がなされていたとしても、長期間にわたり、当該内部統制システムの遵守はなされていなかったのであり、この点において、Y₁及びY₂に監視義務違反が認められることになろう。会社法においても、内部統制システムの基本方針の決定が義務づけられているのみで（会社法348条3項4号・362条4項6号・416条1項1号ホ、同法施行規則98条・100条・112条2項）、これを決定していれば同法違反にはならないものの、決定した内部統制システムが実際には遵守されておらず、取締役がそれを長期間放置しているような場合にも、取締役は、善管注意義務違反に基づく任務懈怠責任を問われる可能性があるとされている（相澤哲＝葉玉匡美＝那谷大輔『論点解説　新・会社法』335頁）。

また、本所見では、取締役に実効性のある内部統制システムの構築を要求しているところ、構築した内部統制システムの実効性については、事後的に確認しなければわからない。内部統制システム構築後にも定期的に同システムの実効性を確認するとともに、決定した当時は適切な内容であった内部統制システムも社会状況の変化等により十分に機能し得なくなることもあり得るから、その後の状況に応じて内部統制システムの有効性を確認し、必要に応じて改訂していくことが求められている（小林秀之編『内部統制と取締役の責任』48頁）。前記のとおり、本件利益供与については、内部統制システム構築義務につき問題とするまでもなく、監視義務違反が認められると思われるが、内部統制システム構築義務の問題として考えた場合、本件において神戸製鋼所で利益供与が行われていた期間に、平成3年9月14日に経団連企業行動憲章の制定、証券・金融業界の一連の総会屋関係の事件の発覚、これを受け同8年12月17日に同憲章の改訂、平成9年商法改正による利益供与罪等の法定刑の引上げ（旧商法497条1項・2項、494条、486条）・利益供与要求罪等の新設（旧商法497条3項・4項）等が行われており、Y₁及びY₂は、少なくとも、これらを契機に、自らの会社の内部統制システムが有効に機能しているかを確認し、有効に機能していない場合、同システムを改訂する必要があったといえる。

Ⅳ　実務対応

本件事件は、企業が反社会的勢力と取引したものである。本件事件当時も、証券・金融業界の一連の総会屋関係の事件を背景に、反社会的勢力との関係遮断は、強く要請されていた。平成9年商法改正による利益供与罪等の法定刑の引上げ・利益供与要求罪等の新設等により、総会屋は減少したものの、その後も企業が反社会的勢力と取引をする事件は続いた（蛇の目ミシン工業株主代表訴訟事件判決（最判平成18・4・10民集60巻4号1273頁）、平成20年3月に発覚したスルガコーポレーション事件など）。

近年は、暴力団の不透明化や資金獲得活動の巧妙化により、暴力団排除意識の高い企業であっても、知らずに取引を行ってしまう可能性が出てきている。そこで、企業においては一層の反社会的勢力との関係遮断のための取組みを推進する必要があるとして、平成19年6月19日に、政府の犯罪対策閣僚会議幹事会申合せにおいて、「企業が反社会的勢力による被害を防止するための指針」（http://www.moj.go.jp/keiji1/keiji_keiji42.html参照）が公表された。同指針では、反社会的勢力による被害を防止するための基本原則として、①組織としての対応、②外部専門機関との連携、③取引を含めた一切の関係遮断、④有事における民事と刑事の法的対応、⑤裏取引や資金提供の禁止が挙げられ、内部統制システムとの関係についても、「会社法上の大会社や委員会設置会社の取締役会は、健全な会社経営のために会社が営む事業の規模、特性等に応じた法令等の遵守体制・リスク管理体制（いわゆる内部統制システム）の整備を決定する義務を負い、また、ある程度以上の規模の株式会社の取締役は、善管注意義務として、事業の規模、特性等に応じた内部統制システムを構築し、運用する義務があると解されている。反社会的勢力による不当要求には、企業幹部、従業員、関係会社を対象とするものが含まれる。また、不祥事を理由とする場合には、企業の中に、事案を隠ぺいしようとする力が働きかねない。このため、反社会的勢力による被害の防止は、業務の適

正を確保するために必要な法令等遵守・リスク管理事項として、内部統制システムに明確に位置づけることが必要である。」とされている。「企業が反社会的勢力による被害を防止するための指針に関する解説」において、同指針は「法的拘束力はないが、本指針策定後、例えば、取締役の善管注意義務の判断に際して、民事訴訟等の場において、本指針が参考にされることなどはあり得る」との考えが示されている。なお、同解説において、内部統制システムの世界的基準であるCOSO体系に照らした、反社会的勢力との関係遮断を内部統制システムに位置付ける際の留意点が示されており、今後、内部統制システムの内容の実効性につき問題となった場合、その判断において参考になるものと思われる。

上記指針公表後、各種業界や団体等においても、次のとおり、様々な対応がなされている。

東京証券取引所においては、平成19年11月27日付で「反社会的勢力排除に向けた上場制度及びその他上場制度の整備について」を公表していたところ、平成20年2月6日に、有価証券上場規程の一部改正を行い、「上場会社は、反社会的勢力による被害を防止するための社内体制の整備及び個々の企業行動に対する反社会的勢力の介入防止に努めるものとする。」(現・有価証券上場規程443条)と規定された。また、上場会社が提出するコーポレート・ガバナンスに関する報告書の開示項目の1つである「内部統制システムについての基本的な考え方及びその整備状況」の一環として、反社会的勢力排除に向けた体制整備についての開示を行うものとされた(現・有価証券上場規程204条12項、同施行規則211条4項4号)。

金融庁においては、平成20年3月26日に、「主要行等向けの総合的な監督指針」等の改正を行い、「取締役会は、政府指針を踏まえた基本方針を決定し、それを実現するための体制を整備するとともに、定期的にその有効性の検証をするなど、法令等遵守・リスク管理事項として、反社会的勢力による被害の防止を内部統制システムに明確に位置付けているか。」などを追加した(現・主要行等向けの総合的な監督指針中Ⅲ－1－2－1(1)⑥・(2)⑫)。

日本証券業協会の自主規制会議においては、平成22年5月18日に、「反社会的勢力との関係遮断に関する規則」等が制定され、反社会的勢力との関係遮断のための社内管理態勢の整備が要求されることとなった。また、同協会では、平成21年3月に、証券保安対策支援センターを設置し、反社会的勢力に関する情報の収集、集約、管理や会員等からの照会対応及び回答等の業務を行い、会員等の反社会的勢力との関係遮断への取組みにつき支援を行っている。

こうした状況にもかかわらず、企業活動からの暴力団排除の取組みは十分でないようである(「企業活動からの暴力団排除の取組について」(平成22年12月9日暴力団取締り等総合対策ＷＴ))。今日、反社会的勢力との関係遮断は一層強く求められている上、反社会的勢力と関わりを持つことで企業は多大なリスクを被る恐れがあることからすれば、取締役の善管注意義務として、非常に高い水準のものが要求されている。取締役は、実効性のある内部統制システムを構築し、反社会的勢力による被害防止についても明確に位置付け、同システムを通じて監視するとともに、定期的に同システムが有効に機能しているか確認し、必要に応じて改訂していかなければならない。

刑事編

【刑事編】

企業不祥事刑事裁判例評釈について

学習院大学法科大学院教授　龍岡資晃

　近時、企業の業務に関し取締役等が刑事責任を問われる事例が少なくない。刑事責任が問われるのは、よほどの場合であるが、金融機関をはじめ企業の社会的責任が問われ、コンプライアンス（法令遵守）、コーポレートガバナンス（企業統治）の達成度が企業の信用を維持し、業績にも反映することが強く意識されるようになってきている。

　そこで、企業不祥事研究会の刑事部会では、この問題に関連する主要な刑事裁判例から6つを選び、平成22年11月の第1回から同23年8月まで6回にわたり、各裁判例について、担当者が研究の結果を報告発表をし、参加者と質疑応答、議論をしてきた。その結果を踏まえて、担当者が裁判例評釈としてまとめたものが本書の刑事編である。

　各論稿は、当該裁判例の事実関係、争点及び判旨を紹介し、関連判例・学説を概観した上で、その判断が企業実務にどのように参考になり、活かされるべきかを検討している。動きの激しい社会経済情勢の変化に伴い金融関係等法制や行政実務の変動も著しいものがある中にあっても、これからの企業運営等に参考となるところが多いと思われる。

　以下に、各論稿の概要を紹介しておく。

　銀行の役員等の不正融資に関連して、刑事上の責任が問われた事例は少なくないが、1の北海道拓殖銀行事件、2の平和相互銀行事件は、特別背任罪に問われ、図利加害目的の存否が問題とされた事案である。

　1の最高裁決定は、評釈者が指摘しているように、取締役の注意義務の検討において、「経営判断の原則」が考慮され得るとし、銀行の取締役が融資業務に際して要求される注意義務の程度について、銀行業務の公共的性格やその影響度の大きさ等から、一般の株式会社の取締役の場合に比べ高い水準のものとしていることに意義がある。その「経営判断の原則」や取締役等の注意義務の具体的内容や適用の基準の明確化は、今後の事例判断の集積や理論的な研究に期待されているものといえよう。

　2の事件では、評釈者は、最高裁決定が、図利加害目的を単なる認識・認容という知的要素ではなく、心情的要素である動機と捉えているとし、「極めて安易かつ無責任な経営姿勢」などから、併存する本人図利目的が「主として」といえても「決定的」とまではいえない場合には、第三者の利益に対する認識・認容があれば、第三者図利目的が認められるとしており、背任罪の成立範囲を従来の判断枠組みよりも広げるものと解している。

　6の北国銀行事件は、保証協会の代位弁済が背任罪に問われ、最高裁が原判決を破棄し差し戻したもので、事務処理者の身分のある者と、取引上対向的関係にあって任務者としての身分のない者との背任罪の共同正犯の成否が問題となった事例である。評釈者は、この点が問題となった6つの事例について、身分者と非身分者の立場等両者の関係、非身分者の認識、非身分者の具体的行為の視点から検討し、身分者と非身分者の関係が薄く、非身分者からの積極的な働きかけ等の行為が認められない住専事件について、両者の間にいわば「あうんの呼吸」ともいうべき関係が形成されていたことから共同正犯が認められたものとし、北国銀行事件については、身分者と非身分者との間に共犯関係が認められるだけの利害の一致が存在しなかった事案であると分析している。そして、このような事案における背任罪の共同正犯の成否に関する判断過程の合理性を担保する必要があり、各種取引における利害関係のチェック、取引過程の透明化を図ることが重要であると指摘し

ている。

　3の長銀粉飾決算事件は、重要な事項について虚偽記載有価証券報告書を提出したという証券取引法違反及び違法配当の商法違反の事例で、新基準に従わなかった会計処理が平成17年改正前商法32条2項にいう「公正なる会計慣行」に反するものではないとされたものである。評釈者は、「公正なる会計慣行」について学説等や関連判例を整理した上で、最高裁判決が、従来の基準に従った会計処理を行うことが違法となるのは、新たな基準が定量性を伴った明確なもので解釈の幅が小さく、従来の基準の排除と新たな基準への移行が明確であることを要するとし、公正な会計慣行を行為規範として捉えた点に意義があるとしている。評釈者の指摘するように、「一般に公正妥当と認められる企業会計の慣行に従う」ものとする改正会社法431条、会計計算規則3条の下においても、本判決の意義は失われないものと思われる。

　4のジャパンメディアネットワーク事件は、風説流布罪（証券取引法158条、金融証券取引法158条）について、風説の流布によって価格が上昇した株式の売却代金について、買付代金相当額を控除した金額が、証券取引法198条の2により「犯罪行為によって得た財産」として、必要的没収・追徴の対象となるとされたものである。裁判例には控除肯定説によるものもあり、見解が分かれているが、評釈者は、一般投資家に対する影響の大きさから麻薬特例法について控除否定説をとった最高裁判例を引き、本犯罪の自然犯的性格をも挙げて、控除否定説が妥当としており、首肯できよう。風説の流布に関与することを避けるためには、社内規程の整備、規定の周知、社員教育の実施等が必要であると指摘している。

　5の大阪証券取引所仮装・馴合取引事件は、投資家に誤解を生じさせる目的で仮装取引・馴合取引を行ったもので、①株券オプションの新規両建て取引又は保有する株券オプションの売建玉と買建玉を同時に解消しようとする自己両建取引が証券取引法159条1項3号の「仮装取引」に該当するか、②被告人に同項柱書の「繁盛等目的」があったかが争点となった事案である。評釈者も指摘しているように、最高裁決定は、①②について積極に解し、自己両建による有価証券オプション取引が「仮装取引」に該当し、繁盛等目的が認められる限り違法と評価されることを明らかにした点で、意義があり、この判旨は、金融商品取引法の下においても妥当するものと解される。

　7の五菱会闇金融事件は、闇金融により得た利益を海外の銀行に預金するなどして隠匿した事案であるが、この預金債権及び現金が、組織的犯罪処罰法にいう「犯罪被害財産」に当たるかどうかが争点となったものである。この預金債権等が「犯罪被害財産」に当たるとして追徴・没収を認めなかった一審に対し、東京高裁は、同法が犯罪被害財産の没収・追徴を禁止しているのは、犯罪被害者保護の観点からそのその損害賠償請求権等私法上の権利行使をする場合に、犯罪収益等がその引当てになる可能性に配慮したものであるとし、そのような請求権が現実に行使される可能性がないような場合には、没収・追徴が禁止された「犯罪被害財産」に当たらないとした。このように解する事情として、被害者は、損害賠償請求の相手方が不明のことが多く、暴力団からの報復の恐れや、訴訟費用の負担などから、損害賠償を請求しないことが多いことが指摘されている。評釈者が指摘しているように、その後組織的犯罪処罰法が平成18年に改正され、被害回復給付金支給法が制定されるに至っており、その点でも本判決の意義は大きいといえよう。

1 融資業務に係わる銀行取締役の責任──北海道拓殖銀行事件
（最決平成21・11・9刑集63巻9号1117頁）

UBS銀行法務部　赤間英一

I　事案の概要

1　本件は、都銀初の経営破綻となった北海道拓殖銀行（以下、「拓銀」という）の頭取であった被告人A及びその後任の被告人Bが、その在職中、被告人Cが実質的な経営者でかつ実質破綻状態にある3社に対し、十分な担保を徴することなく融資を行い、拓銀に総額約85億円の損害を加えたとして、被告人Cとともに商法の特別背任の罪（旧商法486条1項（会社法960条1項））に問われた事件である。

2　Aは、平成元年4月から平成6年6月までの間、拓銀の代表取締役頭取であり、Bは、平成5年6月から平成6年6月まで同代表取締役副頭取、また平成6年6月から平成9年11月まで同代表取締役頭取であった者である。

3　一方Cは、北海道内で理美容業、不動産賃貸業等を営む会社ソフィア株式会社（以下、「ソフィア」という）、ソフィアから土地を借り受けて総合健康レジャー施設「タウナステルメ」を建設・運営する株式会社タウナステルメ札幌、またソフィアからホテル施設を借り受けて都市型高級リゾートホテル「テルメホテル」を経営する株式会社テルメ・インターナショナル・ホテルシステム（以下、「テルメインター」という。なお、ソフィア、タウナステルメ及びテルメインターを総称し「ソフィアグループ」という）、の実質的経営者であった者である。

4　拓銀は、昭和58年頃からソフィアとの本格的な取引を開始、その後、Aが平成元年に頭取に就任して以降打ち出した新興企業育成路線の下、ソフィアに対して積極的な支援、融資拡大を実施して行った。このような中、タウナステルメは昭和63年に開業（拓銀を主力とする107億円の協調融資）、またテルメホテルについては平成3年6月に建設着工し（建設資金等総額266億円はほぼ大半が拓銀融資）、平成5年4月に開業するに至った。

5　一方、ソフィアは、平成2年2月頃から、タウナステルメの東側一帯の茨戸地区の土地約24万坪にショッピングセンターやアミューズメント施設等を建設することを内容とする開発（以下、「茨戸開発」という）に本格的に着手した。拓銀は、茨戸開発に対して子会社のたくぎんファイナンスを通じ、主として開発用地取得資金としての融資を実施し、平成3年には合計で55億円の追加融資も行われた。

6　しかしながら、タウナステルメについては、開業当初からの業績不振により事業計画の修正を余儀なくされ、拓銀に対する平成3年の大蔵省検査においては同社に対する貸付金の一部がⅡ分類（注1）とされた。また、テルメホテルについては、建設段階からその採算性について疑問が呈されていたものであり、実際上も開業当初からの営業赤字が解消されることはなかった。

茨戸開発については、同地区が市街化調整区域内にあり、その大半が農地であって開発自体に厳しい制限が課されていた地区でもあったため、許認可取得が容易ではなく、平成5年時点でも約20％の未回収部分が残り、また農地法違反の疑いの濃い方法での農地買収が行われていたような状況であった。

7　このような状況であったことから、ソフィアグループの資産状態、経営状況は悪化し、遅くとも平成5年5月頃までには、同グループは拓銀が赤字補填のための追加融資を打ち切れば直ちに倒産する状態に陥っていた。平成6年3月期に

は、債務超過額は約128億円となり、借入金残高が696億円、内拓銀グループからの借入金は約629億円を占める一方、拓銀グループの保全不足額は約358億円に達していた。

8　平成5年7月の拓銀の経営会議において、審査第一部からは、ソフィアグループが実質倒産状態にあること等が説明され、ソフィアの本業部門を新会社に移してCに経営させ、同グループのそれ以外の事業についてはCを排除して、タウナステルメ、テルメホテル、ソフィアの本社ビル等を売却処分し、茨戸開発については開発新会社に行わせる、という再編案が提案された。

しかし、同案は承認されることなく継続審議となったものの、また、その後は経営改善や債権回収のための抜本的な方策が講じられることもないまま、Aは平成6年4月から同年6月までの間、前後10回にわたりソフィア及びテルメホテルに対し合計8億4千万円を追加融資し、また、Bもその路線を継承し、平成6年7月から平成9年10月までの間、前後88回にわたり、ソフィア、タウナステルメ及びテルメホテルに対して、合計77億3150万円の追加融資を行ったものである。

9　検察官は、当該追加融資を行った際に融資先は既に実質的に破たんしており、しかも、同追加融資当時担保不足の状態にあったとした上で、A・Bらが融資金回収の方途として期待していた茨戸開発からの利益についても、開発許認可取得の関係でこれを期待することができなかったことから、このような状況の下で融資先企業に赤字補填資金に係わる融資をした場合には、貸付金の回収の安全を図るべき頭取としての任務違背があったと主張した。また、A・Bらがこのような融資を行ったのは、融資先企業が倒産した場合、融資のずさんな実態や、茨戸開発に係わる農地法違反等の違法行為に拓銀が関与していたことが表面化し、自らの経営責任を追及されるおそれがあったため、これを回避するとうい自己図利目的等によるものである、との主張を行った。

10　これに対しA・Bらは、本件当時においては、融資先企業に対する融資を継続し、企業をその経営状況に応じて部門ごとに分離再編させた方が、融資を打ち切って直ちに倒産させるよりは、回収額が多くなると見込まれたのであるから、頭取らには任務違背はなかったと主張するとともに、融資を継続したのは、自らの経営責任を回避するためではなく、融資先企業が倒産することによってもたらされる拓銀自身の社会的な信用低下等を回避するためであったとして、自己図利目的等はなかったと主張した。

II　判決要旨

1　第1審判決（札幌地判平成15・2・27判例タイムズ1143号122頁）

同判決の主たる争点は、①A・Bらが融資先企業に対して行った、いわゆる赤字補填資金に関わる融資（以下、「本件融資」という）について、これが頭取としての任務に違背するか否か、②同融資に際し、頭取らに自己又は第三者図利目的があった否か、にあったところ、同判決は①の点については任務違背を認定したが、②の点については図利目的を否定し、A及びBを無罪とした。

すなわち、①の点につき同判決は、まず、「長年融資取引のあった融資先の経営状態が危ぶまれる事態に陥り、当該取引先から追加融資を求められた際、新たに融資する追加分については、その回収の懸念があるとしても、追加融資することによって、当該取引先の経営が好転して既往の融資の回収が図られたり、追加融資をしない場合と比べて回収額が増えたりすることが、合理的根拠に基づいて算出される場合などには、経営判断として、追加融資することが許される」とした上で、その場合、損失拡大を回避するため、「融資額を可能な限り抑え込むとともに、債権回収に向け最善の方策を検討し、……その経営を管理するなど、可能な限りの債権保全策を講じる」ことが要請されるとした。他方で、本判決は、融資の可否を判断する場合、「銀行の有する公共的な使命、殊に、拓銀が道内におけるリーディングバンクの地位にあったことを考慮すると、当該取引先への融資を打ち切ることによって生じる地域経済等への影響についても、一定程度考慮することも許されるというべきであ」るとしている。

その上で、Aについては、「平成5年7月経営会議当時において、同グループの取組方針を議論

するにあたり、融資打ち切りを念頭に置かなかったり、融資を打ち切った場合と融資を継続した場合の回収額の多寡等を明確に議論しなかったからといって、直ちに同被告人がその任務に違背したものと断じることはできない。」としつつも、債権回収に向けて真摯に取り組むことが強く要請されているにもかかわらず、融資継続の前提であり、審査第一部から、その必要性を強調されたソフィアグループの分離再編について、「これを十分に検討しないで継続審議とした上、その後も同グループに対する基本的な取組方針の検討を、審査第一部や担当役員に指示することもないまま、漫然と融資を継続した」ものであるとして、任務違背を認定した。

また、Bについては、「ソフィアグループに対する融資判断を行うにあたり、最も考慮すべき回収可能性を含めた拓銀の経済的損得について十分な検討をせず、スキャンダルの表面化の回避といった事情を過大に考慮していたと認められるから、このような融資判断が、合理的根拠に基づいたものということはできず、……任務に違背した者と認めるのが相当である」とした。

一方、②の点については、ホテル建設資金及び茨戸開発の農地買収資金としてたくぎんファイナンスを介して行った平成３年のバックファイナンスに係る各融資がずさんなものであったことを認識し、かつ後悔の念を抱き、ソフィアグループに対するずさん融資の実態が表面化することをできれば避けたいとの心情を有していたこと、茨戸開発用地の買収方法に農地法違反等に絡む問題が内在しているとの認識を有していたことは認められるが、ずさん融資や農地法違反等の問題が表面化することを殊更恐れ、それに伴う経営責任の追及を回避する目的で本件融資を行ったと認定するには合理的な疑いが残るとし、Ａ・Ｂについて自己図利目的を認めなかった。

2　控訴審判決（札幌高判平成18・8・31判例タイムズ1229号116頁）

本控訴審判決においては、任務違背については、第１審と同様に肯定した上で、図利目的については、自己保身目的とソフィアグループ各社に対する第三者図利目的を肯定し、第１審判決を破棄して、Ａ及びＢに対して実刑判決を言い渡した。

すなわち、任務違背の点については、「貸付金の回収可能性に懸念のある先への融資の判断は慎重になされるべきであるし、仮に融資を行う場合でも十分な担保を徴求して回収不能による損害が生じないように努めるべきであ」り、また「融資申込先が破たん状態にある場合、回収は不可能若しくは著しく困難といえるから、謝絶も含め極めて慎重に対応することが求められる」とした上で、ソフィアグループについては、平成５年の時点ですでに債務超過に陥り、実質破たん状態にあったことから、そのような財政・経営状態のソフィアグループに対して、漫然と実質無担保の融資を続けることが頭取の任務に違背することは明らかであるとして、Ａ及びＢに対して任務違背を認定した。

また、図利目的の点については、「実質破たん状態で他の金融機関の融資を受けられる可能性の全くないソフィアグループに対し、……赤字補填資金等を実質無担保で融資すること自体、同グループにこの上ない利益を与えるものであることは明らかであ」り、被告人Ａが追加融資を行ったのは、「自己保身目的からであって、拓銀の利益を図るためではない」として、被告人Ａの図利目的を肯定すると共に、Ｂについても、ほぼ同様の理由で図利目的を認定した。

3　最高裁決定の概要

本決定は、本件融資の際の被告人Ａ、Ｂの行為が、極めて高度な政策的、予測的、専門的な経営判断事項に属し、広い裁量を認められるべきで、著しく不当な判断でない限り尊重されるべきである、との被告人の主張に対し、適法な上告理由に該当しないとしつつ、職権により、任務違背について控訴審判決を支持する判断を下したものである。

本決定は、まず、「銀行の取締役が負うべき注意義務については、一般の株式会社取締役と同様に、受任者の善管注意義務及び忠実義務を基本としつつも、いわゆる経営判断の原則が適用される余地がある」として、経営判断の原則の適用の可能性を認めている。

しかしながら、銀行業が広く預金者から資金を集め、これを原資として企業等に融資することを本質とする免許業者であること、万一銀行経営が破たんし、あるいは危機に瀕した場合には預金者及び融資先をはじめとして社会一般に広範かつ深刻な混乱を生じさせること、等の理由により、「融資業務に際して要求される銀行取締役の注意義務の程度は一般の株式会社取締役の場合に比べ高い水準のもの」であり、よって「経営判断の原則が適用される余地はそれだけ限定的なものにとどまるといわざるを得ない。」と述べて、銀行取締役に課されている高い注意義務を根拠として、その場合の経営判断原則の適用を限定的なものとする枠組みを設定している。

かかる枠組みを前提として、本決定は、「銀行の取締役は、融資業務の実施に当たっては、元利金の回収不能という事態が生じないよう、債権保全のため、融資先の経営状況、資産状態等を調査し、その安全性を確認して貸付を決定し、原則として確実な担保を徴求する等、相当の措置をとるべき義務を有する。」との原則的基準を示し、「例外的に、実質倒産状態にある企業に対する支援策として無担保又は不十分な担保で追加融資をして再建又は整理を目指すこと等あり得るとしても、これが適法とされるためには客観性を持った再建・整理計画とこれを確実に実行する銀行本体の強い経営体質を必要とするなど、その融資判断が合理性のあるものでなければならず、手続的には銀行内部での明確な計画の策定とその正式な承認を欠かせない。」として、当該原則の下において許容される例外的な場合における基準も示している。

その上で本事案については、「ソフィアグループは、本件各融資に先立つ平成6年3月期において実質倒産状態にあり、グループ各社の経営状況が改善する見込みはなく、既存の貸付金の回収のほとんど唯一つの方途と考えられていた茨戸地区の開発事業もその実現可能性に乏しく、仮に実現したとしてもその採算性にも多大の疑問があったことから、既存の貸付金の返済は期待できないばかりか、追加融資は新たな損害を発生させる危険性のある状況にあ」ったとの分析を行い、「被告人A及びBは、そのような状況を認識しつつ、抜本的な方策を講じないまま、実質無担保の本件各追加融資を決定、実施したのであって」、「客観性を持った再建・整理計画があったものでもなく、所論の損失極小化目的が明確な形で存在したともいえず、総体としてその融資判断は著しく合理性を欠いたものであり、銀行の取締役として融資に際し求められる債権保全に係る義務に違反したことは明らかである」とし、両被告人には、当該義務違反の認識も認められることから、「特別背任罪にける取締役としての任務違背があった」との判断を下している。

なお、本決定には、田原裁判官の補足意見が付され、その中で同裁判官は、銀行の場合、その業務の性質上、一般企業と同様のリスク取引を行うことは許容されないとし、相手方が正常企業の場合と実質破綻企業の場合とで、経営判断の内容は異なると述べている（注2）。そして、破綻企業または実質破綻企業に対する銀行の新規融資の可否は、(1)清算手続に伴う必要資金を融資する場合、(2)再建手続に必要な資金を融資する場合、(3)再建、再編計画の検討期間中に必要な資金を融資する場合、(4)再建、再生計画実行中に必要な資金を融資する場合、において問われ、最終的に既存の融資の回収の極大化につながるかどうかは、正に経営判断の原則の適用場面である、との見解を述べている。

Ⅲ　分析・検討

1　融資業務と特別背任罪

本決定は、拓銀融資（不良貸付）案件に係る取締役の責任について、平成20年1月28日付の2つの最高裁判決（最判平成20・1・28金融・商事判例1291号38頁（栄木不動産事件）、最判平成20・1・28金融・商事判例1291号32頁（カブトデコム事件））に続き、その責任を認めたものであるが、平成20年最判では、いずれも取締役の民事責任（旧商法上の善管注意義務）が問われたものであるのに対して、本判決は、取締役の刑事責任（特別背任罪）が問題となったものである。

特別背任罪の成立要件は、①主体、②目的（図利加害目的）、③任務違背、④財産上の損害、の

4つであるが、銀行の融資業務においては、不良貸付の場面において同罪の成立が問題となることがあり、従来からいくつかの最高裁判例も出ている（最近では、最決平成10・11・25（平和相互事件）刑集52巻8号570頁、最決平成20・5・19（石川銀行事件）刑集62巻6号1623頁など）。

第1審及び控訴審において争点となったのは、②の図利加害目的という要件であり、第1審はそれを否定したのに対し、控訴審では、被告人が追加融資を行ったのは、「自己保身目的からであって、拓銀の利益を図るためではない」として図利加害目的を認定して有罪としている。本決定においては、図利加害目的の点については明示的には触れられてはいないが、それを認定した上で有罪としたものであり、これは、被告人らに自己図利目的等がなかったとする余地がなく、この点に関する判断を示す必要性が認められなかった為と考えられる（松山昇平「「経営判断の原則」と取締役の責任」金融法務事情1896号19頁）。

図利加害目的の解釈については、目的を加害図利の単なる認識・認容ではなく、意欲又は動機であると解する「積極的動機説」と、本人図利の動機がない場合は図利加害目的を肯定できるとする「消極的動機説」が学説上主として主張されているが、本人の利益を図る目的であれば背任罪は成立せず、本人図利目的と自己（第三者）図利目的が併存する場合には目的の主従によって判断する、というのが従来の確立した判例であった。しかし、最高裁は、昭和63年11月21日決定（東京相互銀行事件）（刑集42巻9号1251頁）において、「特別背任罪における図利加害目的を肯定するためには、図利加害の点につき、必ずしも所論がいう意欲ないし積極的認容までは要しないものと解するのが相当」と判示し、積極的意欲説を否定するに至った。そして、近時の判例において、本人の利益を図るという動機があったとしても、それが融資の決定的な動機ではないときは、図利目的が肯定されるとし、「消極的動機説」に立つことをより明確にしてきている（前掲平和相互銀行事件）。ただし、消極的動機説については、図利加害目的を積極的要件としている現行法とは整合的ではなく、また、本人の利益を図る動機がなければ図利加害目的の存在を常に肯定することとなり行き過ぎである、との批判がなされている（注3）。

一方、③の任務違背の要件については、事務処理における会社との信任関係に違背することであり、民事（会社法）上の忠実義務、善管注意義務違反の解釈と重なり合う面はあるものの、近時の判例においては、私法上の違法な行為であっても、直ちに任務違背が認められるわけではないとの考え方に基づく判断が示されている。すなわち、石川県の信用保証協会が、保証条件の違反があったにもかかわらず、いったん出した保証免責通知を撤回した上で最終的に当該保証契約に基づき北國銀行に代位弁済を行った北國事件において最高裁は、「本件代位弁済をすることが、直ちにAらの任務に背く行為に当たると即断することは、できないはずである」と述べて、保証債務が客観的に消滅している以上、「本件代位弁済」は直ちに任務違背であるという判断を下した原審判決を覆している（最決平成16・9・10刑集58巻6号524頁）。

このような最高裁の判断を受けて、論者の中には、刑事上の任務違背の判断は、仮に法令違反に該当する場合であっても、それが会社の方針に合致していたのならば、「任務違背」には該当せず、したがって刑事上は、法令等による規範的制限よりも、事実上追求されていた方針のほうが決定的だとみるべきである、と論じるものもある（高山佳奈子「金融機関経営者の刑事責任—特別背任罪を中心に—」金融法務事情1911号16頁）。刑事事案の判断においては、実体的な法益侵害性の危険性の有無が重要である点に鑑みれば、形式的な判断ではなく、利益・不利益の総合的な考慮に基づく、実質的な判断を行うべきとの考え方は成り立ち得るものと考えられる。

2 「経営判断の原則」と銀行取締役の注意義務

① 経営判断の原則

本決定は、最高裁としてはじめて、「経営判断の原則」という言葉を用いて、それが銀行を含む一般の株式会社の取締役の注意義務についても適用されることを明確に述べたという点において、画期的意義を有するものである（岩原紳作「特別背任罪における取締役としての任務違背」ジュリスト

1422号136頁参照)。

「経営判断の原則」は、元々は米国の判例法の中で確率した原則（Business Judgement Rule）であり、そこでは、経営判断の過程面（相当な情報収集を行った否か）と内容面（意思決定が合理的か否か）とを峻別し、裁判所はもっぱら前者についてのみ審査を行い、後者については立ち入らない、とするものである（江頭憲治郎『株式会社法』435頁）。このような考え方は、権力分立（注4）などのような「思想」が基盤になっているものであり、つまるところ、「経営の専門家ではない裁判所が、事後的に役員等の責任を問うてしまうと、経営を萎縮させ、かえって会社や株主の利益にならない。」（森田・前掲（注4）4頁参照）というような考え方がその基底をなしていると考えられる。

これに対し、わが国の裁判例に出てきた経営判断原則については、いずれも取締役の意思決定過程だけでなく、経営判断の内容についても踏み込んだ審査を行っており（注5）、その意味で、わが国裁判例の経営判断の原則は、米国のそれとは似て非なるものといわれている（注6）。

例えば、東京地裁平成8年2月8日判決（セメダイン訴訟）において、裁判所は「その前提となった事実の認識に重要かつ不注意な誤りがなく、意思決定の過程・内容が企業経営者としてとくに不合理・不適切なものといえない限り、当該取締役の行為は、取締役としての善管注意義務ないしは忠実義務に違反するものではないと解するのが相当である。」（下線筆者）と述べている。

また、別の裁判例においては、企業の経営判断を不確実かつ流動的な状況下等での総合的判断であり、かつ利益獲得のため一定のリスクが伴うものであることから、取締役が萎縮することなく経営に専念すべく、裁量権が認められるべきであるとしつつ、「取締役の業務についての善管注意義務又は忠実義務違反の有無の判断に当たっては、……当該会社の属する業界における通常の経営者の有すべき知見及び経験を基準として、前提としての事実の認識に不注意な誤りがなかったか否か及びその事実に基づく行為の選択決定に不合理がなかったか否かという観点から、当該行為をすることが著しく不合理と評価されるか否かによるべきである。」（東京地判平成16・9・28判例時報1886号111頁。下線筆者）と述べている。

本事案についても、一審段階より、事実関係とそれに基づく取締役の判断内容についての極めて詳細な分析がなされており、これまでのわが国裁判例の中において認められてきた「経営判断の原則」を踏襲したものとなっている。

このように経営判断の内容について踏み込んだ上で判決を出している判例の動向に対しては、誤って取締役に責任を課す危険は避けられないという批判がある（田中亘「取締役の責任軽減・代表訴訟」ジュリスト1220号31頁）。また、経営判断の過程と内容にわたる全ての事情を総合考慮することによって、責任判断の基準が不明確ないしは不安定になり、総合考慮といいながら結局は個々の裁判官の価値観によって結論が決まることになりかねない、との指摘もなされている（江頭憲治郎＝門口正人編集代表『会社法体系第3巻』235頁）。代表訴訟において、地裁レベルと高裁レベルでの結論が分かれた事例が少なくないという事実は（注7）、あるいは、このような責任判断基準の不明確性・不安定性という状況が反映している結果とも考えられなくもない。

このような中、論者の中には、経営判断の過程の厳格な審査をパスすれば、経営判断の内容については合理性を推定してよく、このような経営判断の過程に比重を置いた審査をすることが、取締役の責任判断の明確化につながるのであって、これまでの内容重視の審査から考え方をシフトさせるべきであろうと主張する者（江頭＝門口・前掲235頁参照）や、会社に損害が生じる危険性のある経営決定がなされ、またその結果として損害が生じた場合でも原則として経営者の判断を尊重すべきであって、裁判官はその判断の過程・内容を積極的に逐一詳細に吟味・介入すべきではない、と主張する論者もあり（落合誠一「アパマンショップ株主代表訴訟最高裁判決の意義」商事法務1913号9頁参照）、わが国における経営判断原則のあるべき中身についての考え方には、まだ収束感が見られていないのが実情のように思われる（注8）。

② 銀行取締役の注意義務

本決定は、一般の株式会社と同様に、銀行の取締役についても経営判断の原則が適用されること

を明確にする一方で、銀行業務の公共的性格やその影響度の大きさ等から、「融資業務に際して要求される銀行取締役の注意義務の程度は一般の株式会社取締役の場合に比べ高い水準のもの」との判断を示している。

　融資業務に関わる銀行取締役の注意義務の程度を重く解釈する、または裁量の幅を狭く解するこのような考え方は、既に、いくつかの下級審判例において示されており（注9）、また近時の最高裁判例においてもそのような考え方を前提とした判決が出ていると考えられるところ（注10）、本決定は、一般論としてこの点を最高裁が明示的に示した点において、深い意義を有するものと評価される（弥永真生「特別背任と経営判断原則」ジュリスト1392号179頁）。学説においても、現在は、銀行取締役の注意義務を、一般の株式会社の取締役のそれよりも重くみる説がほぼ支配的となっている（岩原・前掲138頁参照）。

　一方で、かかる銀行取締役の注意義務に関する判例の立場は、一般事業会社取締役の注意義務に関するものとの対比において、かなり際立った差異が認められように思われる（注11）。このような差異が、特にその行う事業の公共性の有無に起因するものであるのなら、他の公共性を持った企業（電力・ガス・鉄道等）についても、同様に高度な注意義務が課されると考えるべきなのか、現時点では判然としないところがある（注12）。また、そもそも銀行（融資）業務の公共性の側面を強調するのなら、銀行は、取引先や地域経済への影響等も重要な要素として考慮し、自行の利益のみを優先し、過剰な債権回収や保全に関わる行動をとるべきではない、との考え方も最終的には一定程度成り立ってくるようにも思われる（注13）。いずれにせよ、かかる現在の判例の立場が、結果として、銀行経営が結果論的な評価による責任の脅威によって不当に萎縮させられることになってしまうことはないか、注視していく必要があるようにも思われる。

　銀行をはじめとする金融機関は、会社法とは別に、免許事業という性格上銀行法や金融商品取引法等のいわゆる金融規制（監督）法の規制下にある。金融監督法の下では、定期的金融検査が義務づけられ、融資業務をはじめとするほぼ全ての業務について、"結果論的な"観点から厳しい検査を受けているのが実態である。重大な問題が発見された場合には、役員の責任も問われることになる。加えて業務改善命令や免許取消しの処分が出されることもあり、既に相応の規律確保（エンフォースメント）の仕組みが敷かれているともいえる。このような中で、更に銀行取締役に高い注意義務を設定し、裁判においてその裁量を狭く捉えることは、その行動に対し過剰な抑止効果をもたらすことになってしまう懸念を払拭できないように思われる（注14）。

　取締役の善管注意義務は、会社ひいては株主の利益最大化に向けられたものであって、それ以外の要素である預金者保護、金融システムや金融仲介機能等の保護等の観点からも注意義務が課せられ、会社法の責任追及が認められるというのは、会社法の趣旨を超えるものではないか、という疑問のあり得るところである（注15）。この点、裁判所を通じた経営者に対する会社法上の善管注意義務のエンフォースメントは、経営者（取締役）のエージェンシー問題をコントロールするための様々なチャネルの一部を構成するものであって、最終的には、複数の社会制度が相互に補完的に機能しあうという観点に立ち、他のチャネル（例えば、金融行政や支配権市場、また機関投資家によるモニタリング等）の有効性や実効性とのバランスの中で、（裁判所を通じたエンフォースメントには多くのコストがかかるという前提で）その位置づけや役割を決めるべきとの考え方（森田・前掲（注4）11頁参照）は新鮮であり、解決に向けての新しい視座を与えてくれるように思われる。

（注1）Ⅱ分類とは、ⅠからⅣに分類される貸付金の査定の分類の1つであって、景気情勢等により一部が不良化する可能性があり管理に特別な注意を要する債権がこの分類に該当する。ちなみに、Ⅰ分類とは、回収の危険性等につき問題のない債権としての分類であり、逆に、Ⅳ分類とは、回収不可能と判定される債権の分類である。

（注2）正常企業の場合には、「その資金需要の必要性、合理性を厳しく検討するのはもちろんのこと、相手方企業の事業内容、過去の業績、将来の事業見込み、企業の物的・人的施設の状況、経営者の資質、将来の資金需要、そのうち自己資金と外部資金の調達割合等を厳しく点検し、それらが

全て合理的であると判断できて初めて最低限度必要とされる資金の融資が許容される」、とする。

実質破綻企業の場合には、「その融資（実質は費用）の実行にあたっては、それに伴う回収の増加が見込めるか、その投入費用（実質破綻企業に対する赤字補填を含む。）と回収増加額の関係、回収見込額の増減の変動要因の有無、その変動の生じるリスク率、そのリスクを勘案した上で、どの時点まで費用を投じるか、あるいは、どの時点で新たに生じた損失を負担してでも新規の貸付けを打ち切るのか等が詳細に検討されなければならない。」とする。

（注3）佐伯仁志「特別背任罪における第三者図利目的」ジュリスト1232号196頁。消極的動機説は、任務違背行為によって本人に損害を加えれば原則として処罰に値するのであって、本人の利益を積極的に図った場合にのみ例外的に不可罰とされるとの価値判断に基づいている。

（注4）権力分立論とは、日常的な経営判断は経営者や取締役会が行うことで、その経営判断の是非については株式市場（支配権市場）に委ねるべきである、とする思想である（森田果「わが国に経営判断原則は存在していたのか」商事法務1858号6頁参照）。

（注5）「アメリカと異なり、日本では裁判所は判断内容その他すべての事情を審査する。」ともいわれている（神田秀樹『会社法9版』192頁）。

（注6）松山・前掲15頁。また、ただ単に、裁判所における訴訟活動の展開のされ方によってたまたま発生してきたものに過ぎないともいわれている（森田・前掲10頁参照）。

（注7）例えば、拓銀の元取締役に対する責任訴訟の代表例である、「カブトデコム事件」では、一審判決が対象となった3件全ての融資に関わる取締役の責任を認めたのに対し、高裁判決では、1件の融資についてのみ取締役の責任を認定した。ちなみに、他の2件の融資に係る責任を否定した大きな理由として、同高裁判決は、「拓銀が採用していた企業育成路線が不当であったと断じることはできない」とか、「カブトデコムの即時の倒産を回避して関連倒産を防止し、北海道内の金融秩序を維持して経済的混乱を回避することは必ずしも不合理とは言えない」、こと等を挙げている。

また、同じように銀行取締役の融資責任が問われた最近の四国銀行株主代表訴訟判決（最判平成21・11・27金融・商事判例1335号20頁）においても、1審判決と高裁判決の判断が分かれており、更に、事業再編の過程における子会社株式の買取価格の妥当性が問題となったアパマンショップ株主代表訴訟判決（最判平成22・7・15金融・商事判例1353号26頁）においても、1審と高裁は異なった結論を出している。

（注8）なお、落合・前掲14頁は、わが国の経営判断原則の適用の結果、（例えば米国との比較において）経営者の裁量権が狭くなる場合には、国際的な競争環境の中で我が国企業の競争力に不利に働く恐れもあると指摘するが、実際のグローバルな経営の現場からは、重要な問題を提起している指摘と思われる。米国の制度等に代表される所謂"グローバルスタンダード"というような世界的に共通化したルールなるものは存在しないし、また、仮にそれに近いようなものが存在したとしても、日本の制度や法理論等をそのようなものに迎合的に合わせる必要性は全くないと筆者は考えるが、激烈な国際的な事業経営の場面では、拠って立つ国ごとの制度の競争力が非常に重要な役割を果たすことは事実であり、日本における法制度や理論等の構築を考えるにあたっては、そのような視点は欠かすべからざるものと思われる。

（注9）本件事案の民事事件である札幌地判平成16・3・26判例タイムズ1158号196頁（拓銀ソフィア事件）は、「銀行は、営利性に基づき、株式会社としての利潤の追求を図るだけではなく、公共性の観点から、……社会的に有益な事業等に運用していくことも期待されているのであり」とした上で、「他の一般の株式会社における取締役の注意義務よりも厳格な注意義務を負い、そのことによって、経営判断における裁量が限定されるような場合もあり得るというべきである。」と判示する。また、札幌高判平成18・3・2判例時報1946号128頁（拓銀エスコリース事件）は、銀行取締役に求められる確実性（安全性）原則及び収益性の原則の遵守について述べた上で、「これらの原則及び前記の銀行業務の公共性から銀行の取締役の裁量の幅は制限されるものというべきである。」と判示する。

（注10）前掲カブトデコム事件において最高裁は、問題となった銀第一融資につき、当該融資が、拓銀が当時採用していた企業育成路線の一環としてされたものであったとしても、「銀行の取締役に一般的に期待される水準に照らし、著しく不合理なものと言わざるを得ない」との判断を下しているが、これは、融資業務については銀行取締役に高度の注意義務があることを前提にしているものと解釈され、また同日付の最高裁判決（「栄木不動産事件」）も同様の考え方をとるものと解釈される。

なお、最高裁は、本決定より後の四国銀行株主代表訴訟事件（前掲）においても、銀行の担う公的な性格を前提としつつ、銀行が、県からの要請

を受け、県において再建資金の融資を計画していたB社に対し、当該融資が実行されるまでのつなぎ融資をした後に、B社に追加融資をしてもその回収を容易に見込めない一方で、これをしなければB社が破綻、倒産する可能性が高く、当該つなぎ融資まで回収不能となる恐れがある状況の下で、B社に対して追加融資をした場合においては、県からの融資が実行される可能性も十分見込めない中では、いたずらに回収不能額を増大させるだけであって、本件回収見込み判断は著しく不合理であったものといわざるを得ないとの判断を出しているが、当該判断についても、銀行取締役への高い注意義務を前提としたものと解釈される（髙橋謙「融資判断における銀行取締役の善管注意義務」金融法務事情1921号77頁参照）。

(注11) 例えば、そごうトルコ事件（東京地判平成16・9・28）においては、そごうがトルコで開業するにあたり、現地の会社に事業用地の取得費用を追加融資したが回収不能となった事案において、現地調査をするために派遣された弁護士と従業員から、現地法人の遵法精神への疑問や事業見込みの暗さ、また債権保全上の不備などについての報告や意見が数度にわたって送られて来ていたにもかかわらず、追加融資が行われたことに対し、裁判所は、弁護士等の調査結果から直ちに本件計画を断念して、貸金債権回収の法的手段を講ずるべきであるとの結論を導くことはできないとして取締役の義務違反を認めなかった。

また、日本新都市開発事件（東京地判平成12・11・16）においては、ディベロッパー会社の宅地開発事業に2回の融資をするにあたって、取締役会決議も経ず、担保もとっていない等のずさんな手続であったが、経営判断を強調し、開発計画から多大な利益が見込まれたこと、事業化を決定した当時、空前の好景気で多少のリスクの高いものであっても開発を推進することは不合理と評価することはできない経済環境にあったとして、事業開発が頓挫したのは、バブル景気の崩壊等に基づくものであることを理由に、経営上の裁量の逸脱はなかった旨判示している。

(注12) 取締役の注意義務の内容や程度は、会社の規模や業種によって違いが生じるのはむしろ自然のことであって、このことからすると、銀行等の金融機関のみを特殊なものとして捉え、金融機関の取締役と他の事業会社の取締役との間で、注意義務の内容や程度が、会社の業種や規模などの差異を超えて異なる部分があると考えることの意義はあまりないように思われる（和田宗久「銀行取締役による融資判断と対会社責任」金融・商事判例1304号25頁参照）。

(注13) ちなみに、本事案の第一審においては、銀行の公共的性格や拓銀の地域経済におけるリーディングバンクとしての立場から、融資を打ち切ることによる地域経済への影響についても、一定程度考慮することは許されるとし、その公共性ゆえに、会社以外の利益を考慮する裁量を認めている。また、前掲四国銀行株主代表訴訟事件における控訴審判決では、銀行の県における地位と果たすべき社会的公共的役割については（付加的補充的にではあるものの）考慮されるべきものとの判断を示している。このように考えれば、破綻に瀕した会社に対する銀行のとり得る行動・対応は多種多様であり、基本的には銀行取締役にもある程度広い裁量が認められるようになるのではないだろうか（和田・前掲27頁）。

(注14) なお、金融規制法の下にあっても裁判においては銀行取締役の裁量は狭く捉えるべきだとする考え方は、金融規制法の規制だけでは銀行経営に伴う外部性（＝銀行が破綻した場合の影響が金融システム全体に波及する危険性）を内部化する（＝銀行自らが適切な対策を講ずる）ための必要十分な対策が講じられていないという前提のもとで妥当するとの主張も為されている（「『金融取引におけるフィデューシャリー』に関する法律問題研究会報告書」日本銀行金融研究所37頁参照）。

(注15) 岩原紳作「金融機関取締役の注意義務—会社法と金融監督法の交錯—」小塚荘一郎・高橋美加編『商事法への提言 落合誠一先生還暦記念』216・217頁。ただし、このような疑問に対し岩原教授は、結論的には「金融監督法は、金融監督の手法として、金融機関の会社法制の中に監督の目的を実現するような仕組みをビルトインしたのではなかろうか。会社法上の取締役等の責任の追求という私人によるエンフォースメントを活用することによって、金融監督法の目的を実現したのではないか。」と述べておられる。

2 回収不能と知りつつ融資を実行した銀行役員に対して特別背任罪における第三者図利目的が認定された事例—平和相互銀行事件（最決平成10・11・25刑集52巻8号570頁）

弁護士 渡辺 久

I 事案の概要

　本事件は、旧株式会社平和相互銀行（以下、「平和相銀」という）の監査役かつ顧問弁護士であり、経営上強い発言力を持っていたXが、代表取締役らと共謀の上、合計4件の不正融資を行ったとして、特別背任の共謀共同正犯に問われた事件である。起訴の対象とされた4件のうち3件は、平和相銀が株式会社広洋（以下、「広洋」という）、株式会社サン・グリーン（以下、「サン・グリーン」という）の両社に対し3回にわたって実行した融資の事案であり、その内訳は、昭和57年11月17日に行われた各44億円（合計88億円）の第1回融資、昭和58年12月6日に行われた各4億1000万円（合計8億2000万円）の第2回融資と昭和60年6月1日に行われた各10億円（合計20億円）の第3回融資である。残る1件は、昭和58年8月31日に行われた、Xが経営する株式会社コンサルティングフォーラムに対する2億円の融資の事案である。

　第一審及び控訴審とも、Xらの特別背任罪の成立を認め、最高裁もXらの上告を棄却した上で、上記4件の不正融資のうち、時間的に最も先行する広洋、サン・グリーンに対する合計88億円の第1回目融資における特別背任罪の成否、殊に被告人らの図利加害目的の存否について、職権により判断を加えた。

　1　株式会社太平洋クラブ（以下、「太平洋クラブ」という）は、昭和48年3月から、会員制レジャークラブの会員を募集し、各会員から据置期間を10年として会員権預り保証金を預かっていたが、昭和58年3月以降順次その据置期間が経過することになっており、右据置期間経過後に償還請求が殺到するのではないかと危惧される状況にあった。なお、太平洋クラブは、平和相銀の創業者が設立した会社であり、同銀行とは、資本、人、業務等の種々の面で極めて密接な関係を持ち、太平洋クラブの倒産が平和相銀の危機につながることもあり得るような関係にあった。

　2　太平洋クラブでは、右償還問題の対策の一環として、同社の遊休資産を売却して償還資金を捻出することを考え、昭和57年3月頃、同社の幹部がXに対してもその協力を依頼した。なお、Xは平和相銀の監査役、顧問弁護士であった上、同銀行の経営全般について強い発言力を持ち、同銀行幹部らは、困難な問題があるとXの判断を仰ぐなど、同銀行の枢要な人物としてXに依存していた状況にあった。

　3　そこで、Xは、太平洋クラブが所有していた遊休資産である神戸市北区八多町屏風等所在の土地（以下、「屏風物件」という）を60億円程度で売却できる先を探すように知人に依頼し、その結果、広洋を経営するYが購入の意向を示し、広洋及びYの知人の経営するサン・グリーンがこれを購入するとの話が具体化していった。そして、Yが代金の支払につき融資を受けることを希望したことから、Xは、平和相銀の融資業務担当者らにそのことを伝え、同銀行の担当者らが広洋の事務所を訪ねて融資の当否に関する調査をする際に同行するなどした。

　4　しかしながら、右調査の結果等によると、Yは、売買代金の60億円のほか、開発資金20億円及び利払資金の融資も希望しているが、融資の物的担保としては屏風物件があるのみで、その時価は60億円にとどまり、広洋、サン・グリーンの経営者等が連帯保証するとはいえ、希望どおり融資すると、担保が大幅に不足することが明ら

かであった。のみならず、広洋、サン・グリーンとも業況、資産、信用状態等が甚だしく不良であり、Yは屛風物件を宅地等として開発する意図があるというものの開発計画に具体性がなく、右開発資金の使途等もあいまいであって、このような融資を実行することが平和相銀の融資取扱要領等に違反することは明らかであり、右融資を実行すれば融資金の回収が困難に陥る恐れがあることも明らかであった。また、屛風物件の売却が太平洋クラブの償還問題解決のため意味があるとはいえ、償還請求が予想されるまでにはいまだ数か月の余裕があり、他に売却先を捜し、他の遊休資産の売却を試み、あるいは太平洋クラブが別に融資を受けることを検討するなど、他の方途をとることも可能であって、その他、本件融資に至るまでの経過にも鑑みると、結局、上記のように問題の大きい融資を実行してまでもなお屛風物件を売却して当面の償還資金を確保する必要性、緊急性は存在しなかった。

5　同年11月8日、平和相銀の融資業務担当常務取締役乙、同業務担当取締役丙らは、他の融資業務担当者らとともに本件融資の当否について検討したところ、前記のような問題点があるため、全員融資に消極の意見であったが、Xの平和相銀における前記立場に加え、本件がもともとXの持ち込んだ案件であったこと等を考慮して、Xの意向を確かめることにし、丙がXを訪れて、その意向をただした。これに対し、Xは、本件融資の上記問題性を承知しながら、融資を実行するほかないという意向を示し、乙、丙らもXの右意向表明を受けて、本件融資実行の意思を固め、代表取締役甲も、右経緯の報告を受けて、本件融資の実行を了承した。こうして、同月17日、屛風物件の購入資金60億円、開発資金20億円及び貸付後1年分の利息支払資金8億円の合計88億円を平和相銀から広洋及びサン・グリーンに対して貸し付ける本件融資が実行されるに至った。

6　前記のような本件融資の経緯等に照らすと、融資業務を統括しあるいは担当する甲、乙、丙（以下、「甲ら」という）が本件融資を実行するにあたっては、太平洋クラブに会員権預り保証金償還資金を確保させて、前記償還問題の解決を図り、ひいては平和相銀の利益を図るという動機もあったと認められなくはない。しかしながら、甲らが前記4のような本件融資の問題点を知りながらあえて融資に踏み切ったのは、自らの職責を十分に果さずに責任を回避し、主体的な判断をしないで、Xが持ってきた案件であり、Xが融資してもいいといっているからそれを支えとして融資を実行するという、極めて安易かつ無責任な経営姿勢によるということができ、太平洋クラブの償還問題の解決のため、ひいては平和相銀のためという動機は、本件融資の決定的な動機ではなかった。Xについても、前記のような本件融資の問題性にもかかわらず、あえてその実行に積極の意向を表明してこれに関与したのは、本件がXの手掛けてきた案件であり、売却先を捜すにあたり間に入ってもらっていた知人との関係もあって、今更引き下がるわけにいかないという事情があったことによるものであり、太平洋クラブの償還問題の解決のためという動機があったとしても、それは潜在的なものにとどまっていた。

Ⅱ　判決要旨

第1回目融資における図利目的について、「以上の事実関係によれば、X及び甲らは、本件融資が太平洋クラブに対し、遊休資産化していた土地を売却してその代金を直ちに入手できるようにするなどの利益を与えるとともに、広洋等に対し、大幅な担保不足であるのに多額の融資を受けられるという利益を与えることになることを認識しつつ、あえて右融資を行うこととしたことが明らかである。そして、X及び甲らには、本件融資に際し、太平洋クラブが募集していたレジャークラブ会員権の預り保証金の償還資金を同社に確保させることにより、ひいては同社と密接な関係にある平和相銀の利益を図るという動機があったにしても、右資金の確保のために平和相銀にとって極めて問題が大きい本件融資を行わなければならないという必要性、緊急性は認められないこと等に照らすと、それは融資の決定的な動機ではなく、本件融資は、主として太平洋クラブ、広洋等の利益を図る目的をもって行われたということができる。そうすると、X及び甲らには、本件融資につき特別背任罪におけるいわゆる図利目的があった

というに妨げなく、原判断は正当である。」と判示した。

Ⅲ　分析・検討

1　本決定の位置づけ

（1）　背任罪の成立には、他人のためにその事務を処理する者が、自己もしくは第三者の利益を図り、又は本人に損害を加える目的（いわゆる図利加害目的）をもって、その任務に背く行為をし、それにより本人に財産上の損害が発生することが必要である。本判決は、背任罪の以上の構成要件のうち、「自己もしくは第三者の利益を図り、または本人に損害を加える目的」、いわゆる「図利加害目的」、そのなかでも第三者図利目的の存否が問題となった事案である。

（2）　背任罪は故意犯であるから、その成立には、自らの行為が任務に違背し、これにより本人に財産上の損害が発生することについての認識・認容があることが要件となる。図利加害目的を単なる故意と理解すると、本人に損害を加える目的が常に認められることになり、この要件が無意味になりかねない。

また、任務違背行為であること及び本人に財産上の損害が発生することについての認識・認容があっても、それがもっぱら本人の利益のために出たものである場合は、従来より、背任罪は成立しないと理解されてきた。

以上の諸点を踏まえ、背任罪の成立要件として、図利加害目的が要求される意味は何か、また、図利加害目的の内容をいかに解するかについて従来より議論されてきた。

（3）　本決定は、図利加害目的の内容に関し、第三者の利益に関する認識と認容があり、他方、本人の利益を図る動機があったとしてもそれが決定的な動機でない場合、結局第三者の利益を図る目的が主目的であるとして第三者図利目的の存在を認めたものとされている。

なお、本事案で問題となったのは、旧商法486条1項が規定する特別背任罪の成否であり、「図利加害目的」について、同条項は、「自己若ハ第三者ヲ利シ又ハ会社ヲ害センコトヲ図リテ」と規定する一方、背任罪を規定する刑法247条の規定は「自己若ハ第三者ノ利益ヲ図リ又ハ本人ニ損害ヲ加ウル目的ヲ以テ」となっており、両者の規定と文言は若干異なるが、その内容には格別異なるところはないと理解されており、本決定もこれについて特に言及はない。

2　図利加害目的の意義

(1)　学　説

図利加害目的の意義については、上記の問題意識に基づいて、学説において、様々な観点から議論されてきた。

まず、図利加害の目的も、要するに自己又は第三者の利益あるいは本人たる会社の損害に関する認識を意味するにとどまるという見解がある（認識説）（牧野英一『刑法各論下巻』750頁以下）。しかし、この見解に対しては、故意としての財産上の損害を加えることの認識が存在すれば、常に加害目的も存在することになり、図利加害目的を規定した意味が没却されるなどの批判がある。

次に、自己もしくは第三者の利益となり、又は本人に損害を加えることを認識しかつ認容することが必要であるが、その認識は未必的なものでよいとの見解がある（認識認容説）（小野清一郎『刑法講義各論』273頁以下等）。この見解に対しては、前説との違いが単に、故意についての考え方で認識説をとるか意思説をとるかの違いに過ぎないなどの指摘がある。

以上の2つの見解は、図利加害目的の内容を、単なる認識、また認識・認容という知的要素として捉えるものということができる。

これに対し、図利加害目的を、故意と同じく認識と認容と捉えるのではなく、別の要素と理解し、背任罪が成立するためには自己もしくは第三者の利益を図る動機、又は本人に損害を加える動機が必要であるとする見解がある（動機説）。

このような見解のなかには、自己もしくは第三者の利益となり、又は本人に損害を加えることの確定的認識が必要であるとの見解がある（確定的認識説）（江家義男「背任罪の解釈的考察」『江家義男教授刑事法論文集』197・201頁等）。また、背任罪は目的犯である以上、当然、任務に背くことに関しての認識は確定的なものでなければならないと

する見解（木村亀二『刑法各論』148・149頁等）等がある。

　動機説のうちの以上の２つの見解は、認識の程度を問題とするものである。

　これに対し、動機たる目的に心情的要素を求める見解もある。

　自己もしくは第三者の利益を図り、又は本人に損害を加えることを欲求あるいは意欲することを要するとする見解がある（意欲説）（滝川幸辰『刑法各論』171頁等）。この見解に対しては、背任罪の適用範囲を限定し過ぎることになるなどの批判がある。

　また、図利加害目的を本人の利益を図る目的がないことを裏から示す要件であるとする見解がある（消極的動機説）（香城敏麿「背任罪─各要件の意義と関係─」芝原邦爾編『刑法の基本判例』159頁等）。前述のとおり、従来、他人の事務を処理する者が任務に違背して本人に財産上の損害を加えても、本人の利益を図る目的であったときは、背任罪は成立しないとされてきており（大判大正3・10・16、大判大正15・4・20、大阪高判昭和32・12・18高裁刑事裁判特報4巻23号634頁、福岡地判昭和39・6・11下刑集6巻5～6号755頁、名古屋地判昭和52・9・30判例タイムズ353号139頁等）、この説は実際の運用に適合的である。

　消極的動機説は、図利加害目的の要件は、本人の利益を意図した場合には処罰しないという右命題の裏面として、処罰すべき「本人の利益を意図していなかった場合」を表現するために設けられたものと理解する。この見解のなかには、図利加害目的の有無を、本人図利の動機の有無と図利加害目的についての認識の有無を組み合わせて、重層的・複合的に判断する見解がある。すなわち、「図利加害の目的は、図利加害の動機があること又は図利加害の認識しかないが本人図利の動機がないことを意味する」、「図利加害目的をもってする任務違背行為とは、本人の利益を意図しない行為であって、自己若しくは第三者の利益または本人の損害につき、少なくとも未必的認識を伴うものと解しうる」などの見解である。

　この見解に対しては、条文上「自己又は第三者の利益を図り、又は本人に損害を加える目的」の存在が要求されていることに反すると批判し、図利加害目的の意義を、図利加害の認識とは別個の行為として理解し、積極的な動機を要求する見解もある（積極的動機説）（芝原邦爾『経済刑法研究（上）』183頁、佐伯仁志「判批」ジュリスト1232号192頁）。

　消極的動機説と積極的動機説との違いに関し、両説にどのような意味での対立があるのかについては、更なる検討が必要であり、消極的動機説とは、図利加害目的を認定する手法に関する学説であり、ただその認定を容易にしているに過ぎないものと理解する見解もある（島田聡一郎『事例から刑法を考える』307頁）。

　更に近年、図利加害目的を動機の意味には理解しない見解も出てきている。この見解は、任務違背の要件を法規や内規等に違反するという形式的なものと理解した場合には、図利加害目的の内容としては、本人にとって実質的に不利益な行為を行うという認識が要求されることになり、任務違背の要件を本人にとって実質的に不利益な行為を行うという実質的なものと理解した場合には、図利加害目的の意義は、行為者が任務違背を基礎付ける事実を未必的に認識していたとしても、違法性がない（任務違背には当たらない）と判断する場合に背任罪の成立を否定する点にあり、これは任務違背という刑法上の概念に対する違法性の錯誤の場合であるとする（上嶌一高『背任罪理解の再構成』）。

　この見解に対しては、まず、実務上の適用にあたり明確な基準を提供できるのか、また、任務違背を実質的に理解した場合、図利加害目的の意義は任務違背という刑法上の概念に関する違法性の錯誤の問題として捉えられるとする点などについては、むしろ任務違背に関する故意の問題として処理すべきではないか、などの疑問が呈されている。

　以上のように、背任罪の図利加害目的の意義・内容に関しては、現在のおいても種々の学説が対立した状況にあるといえる。

(2) 本決定以前の判例

① 本人図利目的と自己又は第三者図利目的が並存している場合には、従来から、判例は、目的の主従を判断し、自己・第三者図利目的が主たる目的であれば、従として本人図利目的があっても

背任罪が成立するとしてきた。このような考え方によれば、判例は、目的の主従によって図利加害目的の有無を判断しているといえる。図利加害目的を純粋に認識・認容という知的要素と捉えた場合、認識・認容したか否かのみが問題となり、認識・認容の程度や主従関係が問題となることはあり得ないから、判例は、図利加害目的を純粋な知的要素として理解しているのではなく、心情的要素としての動機と理解しているとみることができるとする見解がある。このような理解によれば、判例は、上記学説のうち、動機説によっているとみることができよう。

② また、図利加害目的の意義・内容に関し、最判昭和63・11・21刑集42巻9号1251頁（東京相互銀行事件）は、「特別背任罪における図利加害目的を肯定するためには、図利加害目的の点につき、必ずしも、所論がいう意欲ないし積極的認容までは要しない」と判示し、これは、前記の学説のうち、意欲説を採用しないとの趣旨を示していると理解できる。もっとも、当該判例は、これ以上に図利加害目的について明確な判断を示していない。

(3) 本決定の意義

① 本決定は、Xらに平和相銀の利益を図る目的がなかったとはいえないと判示し、本人図利目的を認める一方、Xらは本件融資につき太平洋クラブ等に利益を与えるものであることを認識・認容していたこと、及び本人である平和相銀の利益を図ることが本件融資の決定的動機でなかったことをもって図利加害目的の存在を肯定した。

本決定の意義はまず、第三者図利目的について、第三者の利益になることを認識・認容すれば、その存在が認められるとした点にある。

次に、第三者図利目的の有無についての判断枠組みである。前述のとおり、本決定以前の判例は、第三者図利目的と本人図利目的とが併存する場合、その主従により図利加害目的の有無を判断するという枠組みを採用してきたが、本決定は、第三者図利目的と本人図利目的が併存する場合において、本人図利目的が決定的な動機ではなかった場合、第三者図利目的が認められるとした。ここで、本決定が「主として」と述べず、わざわざ「決定的」といういい回しを用いた理由は明確でなく、「決定的」は「主として」の単なるいい換えと解する余地もある。しかしながら、本決定が「自らの職責を十分に果たさずに責任を回避し、主体的な判断をしないで、被告人が持ってきた案件であり、被告人が融資してもいいといっているからそれを支えとして融資を実行するという、極めて安易かつ無責任な経営姿勢」、「本件が被告人の手掛けてきた案件であり、売却先を捜すにあたり間に入ってもらっていた知人との関係もあって、今更引き下がるわけにいかないという事情」といった第三者図利目的とは直接関係のない事情を、本人図利目的を否定する根拠として摘示していることを考慮すれば、本決定は、第三者図利目的と本人図利目的が併存する場合において第三者図利目的を認定する際、第三者図利目的と本人図利目的との比較もさることながら、これに加え、本人図利目的の動機自体の強さをも問題にしているとみることもでき、そうであれば、「決定的」とは、「主として」と同義ではなく、「主として」のレベルを上回る文字どおり、本人図利目的自体として「決定的」な位置づけまでの強さにあることを示していると考えるべきではなかろうか。

このような考え方によると、本人図利目的が「主として」とはいえても「決定的」とまではいえない場合においても、背任罪が成立することになり、従来の判例の判断枠組みに比べ、背任罪の成立範囲が拡大することになろう。

② また、本決定は、第三者図利目的の有無についてではあるが、第三者の利益に対する単なる認識・認容があれば認められるとした。本人加害目的についても同様に判断されるとすれば、本人に財産上の損害が発生することに対する認識・認容があれば、本人加害目的が認められることになる。このような考え方によると、単なる職務怠慢行為のように、本人図利目的、自己図利目的及び第三者図利目的のいずれも存在しない場合においても、任務違背行為であること及び本人に財産上の損害が発生することに対する認識・認容があれば、本人加害目的が認められることになろう。

Ⅳ　実務対応

1　本決定は、図利加害目的を、単なる認識・

認容という知的要素ではなく、心情的要素である動機と捉えつつ、第三者図利目的に対しては、第三者の利益に対する単なる認識・認容があれば認められるとし、更に、第三者図利目的と本人図利目的が併存する場合、本人図利目的が決定的な動機でない場合は、背任罪が成立すると判示した。

図利加害目的の存否が問題となる典型的な事案としては、金融機関が、経営の悪化している既存の貸付先に対し、追加融資をする場合などが挙げられる。

当該貸付先に対する融資は当該貸付先の利益になることは明らかであるから、この場合、ほぼ自動的に第三者図利目的が認められることになる（現代刑事法研究会「〔第6回〕座談会」ジュリスト1408号144頁〔渡辺発言〕）。

また、図利目的の対象となる利益は財産上の利益に限らず、社会的な地位、信用なども含むとするのが判例であるから、他人の事務処理者がその地位を維持するという自己保身の目的で事業不振会社に対し融資をした場合、自己図利目的が認められることになる。

いずれにしても、経営悪化先に対し、追加融資する場合、本人図利目的が決定的でなければ、背任罪の成立は免れないことになる。

2 そこで、本人図利目的が決定的といえるのはいかなる場合かが問題となる。背任罪の図利加害目的の認定についての裁判官の論稿（木口信之「背任罪における図利加害目的の意義とその認定について」小林充先生・佐藤文哉先生古稀祝賀刑事裁判論集 上）を参考として実務上の留意点を検討すると、以下のとおりとなろう。

本人に財産上の損害を与えることを認識・認容して任務違背行為が行われれば、既にそれだけで本人に財産上の損害が発生する危険性が高まるが、当該任務違背行為によってもたらされる本人の利益の程度が、損害の程度を上回る場合には、本人に財産上の損害が発生する危険性が高まるとはいえず、その場合には、背任罪の成立は否定されるべきである。

もっとも、本人に財産上の損害が発生することの認識・認容を伴う任務違背行為は、そもそも、その行為の当初において、本人に財産上の損害が発生する蓋然性の高い行為であるから、このような任務違背行為のうち背任罪の成立を否定すべきなのは、より大きな損害が本人に発生する蓋然性が高く当該任務違背行為によってこれを防止する必要性・緊急性が高い場合や、行為時において本人に損害が発生する危険性が高いものの、当該任務違背行為によって同時にあるいはその後、当該損害を打ち消して余りあるような利益をもたらされる蓋然性が高い場合等を、事務処理者が客観的な資料に基づいて認識していた場合に限定されるというべきであろう。

そうすると、本人図利目的が決定的な動機であったか否かについては、単なる主観的な希望、願望などでは到底足りず、事務処理者が、より大きな損害が本人に発生することを任務違背行為によって防止する必要性、緊急性が高かったことや、任務違背行為によって損害が発生しても、それと同時あるいはその後に、本人に対し、当該損害を補って余りある利益を、高い蓋然性をもってもたらし得たことなどを客観的な資料等に基づいて検討していたか否かが重要となろう。

また、本決定が、本件融資が実行された経緯のうち、「極めて安易かつ無責任な経営姿勢」、「被告人の手がけてきた案件であり、今更引き下がるわけにいかないという事情」を本人図利目的が決定的な動機でなかったことの根拠としていることを考慮すれば、当該任務違背行為以外に本人のためにとられるべき選択肢があったか否か、他に選択肢があった場合、当該任務違背行為を選択すべき合理性があったか否かなどについて、客観的な資料等に基づいて検討していたか否かも重要となろう。

更に、以上の諸点に対する検討の程度については、任務違背性の程度や本人に財産上の損害が発生する蓋然性及び損害の程度並びにこれらに対する事務処理者の認識の度合いによっても異なってくると考えられる。すなわち、任務違背性の程度やこれによる本人への損害発生の蓋然性及び程度が大きく、事務処理者がこれを認識していた場合には、当該任務違背行為が本人に対しより高い蓋然性をもってより大きな利益をもたらし得ること、当該任務違背行為に出なければならない必要性・緊急性等が極めて高いことなどを、より客観的な資料に基づいて検討していたことが求められ

よう。

3　また、自己又は第三者の利益についての認識・認容の程度も問題となろう。単なる認識・認容を超えて、積極的な動機や意欲が認められると、それは、任務違背行為が、主として本人の利益を意図して行われたのではないことを示す事情となり得る。

例えば、金融機関の経営悪化先に対する融資の場合、前述のとおり、事務処理者に第三者の利益について認識・認容があれば、第三者図利目的があることになるが、これに加え、事務処理者と融資先との間に、謝礼のやりとり、飲食等の接待、業務上の優遇等の特別な利害関係があれば、より一層融資先や事務処理者の利益を意図して行われたことが推認されて、単なる認識・認容を超えて積極的な動機や意欲が認められ、主として本人図利目的で行われたのではないことを示す事情となり得る。

また、事務処理者が、それまでの自己の事務処理における問題が発覚するのを防止し、自己の地位を保全する意図がある場合なども、当該任務違背行為が本人のために行われたものではないことを示す重要な事情となる。

（参考文献）
・木口信之「背任罪における図利加害目的の意義とその認定について」小林充先生・佐藤文哉先生古稀祝賀刑事裁判論集　上
・『最高裁判所判例解説刑事篇平成10年度』〔木口信之〕
・『最高裁判所判例解説刑事篇昭和63年度』〔永井敏雄〕
・『最高裁判所判例解説刑事篇平成17年度』〔上田哲〕
・島田聡一郎「背任罪に関する近時の判例と、学説に課された役割」ジュリスト1408号
・前掲現代刑事法研究会〔第6回〕座談会ジュリスト1408号
・山口厚「背任罪」問題探究刑法各論
・長井圓「背任罪における図利加害目的」ジュリスト増刊刑法判例百選Ⅱ各論（第6版）
・田中利幸「背任罪における図利加害目的の意義」刑法の争点
・上嶌一高「最新重要判例評釈(17)」現在刑事法2000.1 No.9
・佐々木史朗「特別背任罪における第三者図利目的があるとされた事例（平和相互銀行事件）」判例タイムズ1026号

3 「公正なる会計慣行」の意義——長銀粉飾決算刑事事件（最判平成20・7・18刑集62巻7号2101頁、金融・商事判例1306号37頁）

弁護士　加藤伸樹

Ⅰ　事案の概要

1　公訴事実の概要

旧日本長期信用銀行（以下、「長銀」という）の頭取Ａと2名の副頭取Ｂ及びＣは、長銀の平成10年3月期の決算（以下、「本件決算」という）において、5846億8400万円の当期未処理損失があったのに、取立不能と見込まれる貸出金合計3130億6900万円の償却又は引当をしないことにより、これを過少の2716億1500万円に圧縮して計上した貸借対照表、損益計算書及び利益処分計算書を掲載するなどした重要な事項につき虚偽の記載のある有価証券報告書を提出し、過少な未処理損失を前提として合計71億6660万2360円の違法配当を行ったとして、証券取引法違反（虚偽記載有価証券報告書提出）及び商法違反（違法配当）の罪で起訴された。

2　事件の概要

(1)　税法基準（以下、「旧基準」という）

平成9年3月31日以前は、大蔵省が昭和57年4月に出した「普通銀行の業務運営に関する基本事項等について」（以下、「基本事項通達」という）の中に定められた「経理決算基準」の下、①企業会計でも、法人税法で損金算入が認められる限度で貸出金の償却・引当てをする義務がある、②銀行の関連ノンバンク等関連会社に対する貸出金は、銀行が……追加的な支援を予定している場合には、原則として回収不能見込等と……できないが、銀行が関連ノンバンク等に対する金融支援を継続する限りは、毎期において確定支援損として損金算入が認められる範囲で段階的な処理を行えるとする旧基準が長銀に準用されており、長銀はこれに従った会計処理を行っていた。

(2)　早期是正措置制度の導入に伴う会計基準の変更（平成9年4月1日以降の決算から）

しかし、平成6年頃からの金融機関の破綻や不祥事を契機として、金融機関の健常化につき議論がなされ、平成8年6月21日、いわゆる金融三法（注1）が成立した。これに伴い、平成10年4月1日以降「早期是正措置制度」が導入されることになった。

早期是正措置制度の導入に向け、平成9年3月5日付で大蔵省大臣官房金融検査部長が財務局長、金融証券検査官等にあてて「早期是正措置制度導入後の金融検査における資産査定について」と題する通達（以下、「資産査定通達」という）を発出した。資産査定通達は、金融機関にも公表されていた。

資産査定通達を受けた全銀協の融資業務専門委員会は、平成9年3月12日付で「『資産査定について』に関するＱ＆Ａ」（以下、「資産査定Ｑ＆Ａ」という）をまとめ、全国の金融機関に送付した。

日本公認会計士協会は、平成9年4月15日付で「銀行等金融機関の資産の自己査定に係る内部統制の検証並びに貸倒償却及び貸倒引当金の監査に関する実務指針」（以下、「4号実務指針」という）を作成、公表した。この指針は、平成9年4月1日以降に開始する事業年度から適用されることとされた。

平成9年4月21日、大蔵省大臣官房金融検査部管理課長は金融証券検査官等にあて、「金融機関等の関連ノンバンクに対する貸出金の査定の考え方について」と題する事務連絡（以下、「9年事務連絡」という）を発出した。9年事務連絡は金融機関一般には公表されなかった。

9年事務連絡を受けた全銀協の融資業務専門委員会は、「『資産査定について』に関するＱ＆Ａの追加について」（以下、「追加Ｑ＆Ａ」という）をまとめ、平成9年7月28日付けで全国の金融機関に送付した。

平成9年7月31日付けで基本事項通達の決算経理基準につき、貸出金の償却及び貸倒引当金に関する規定などが改正された。改正後の経理決算基準の概要は、①回収不能と判定される貸出金等については債権額から担保処分可能見込額及び保証による回収可能額を減算した残額を償却・引当する、②最終の回収に重大な懸念があり損失の発生が見込まれる貸出金等については債権額から担保処分可能見込額及び保証による回収可能額を減算した残額のうち必要額について引当てする、③これら以外の貸出金等については、貸倒実績率に基づき算定した貸倒見込額の引当てをするというものであった（以下、資産査定通達等により補充される改正後の決算経理基準を「新基準」という）。

(3) 長銀事業推進部による自己査定

長銀事業推進部は、自己資本比率（BIS比率）の維持などのため、償却・引当の財源を見据え、平成9年6月30日を基準日とする自己査定トライアル及び同年12月31日を基準日とする自己査定本番における各査定を行った。その後、償却・引当の財源の数値目標を達成するため、当初の案より償却・引当が緩和されるように数度の修正を加え、平成10年3月30日、「一般先」とは異なる査定基準を内容とする「特定関連親密先自己査定運用細則」及び「関連ノンバンクにかかる自己査定運用規則」を確定させた。これらは、旧基準の下では直ちに違法とはいえないが、新基準からは逸脱する内容であった。

3 主な争点－検察官及び弁護人の主張の概要

本件における虚偽記載有価証券報告書提出罪の構成要件は、「……有価証券報告書……であって、重要な事項につき虚偽の記載のあるものを提出した者」（証券取引法197条1項1号）である。有価証券報告書には貸借対照表等が含まれるところ、貸借対照表等における会計処理の基準について、証取法及び関連規則に定めがないことから、商法32条2項（「商業帳簿ノ作成ニ関スル規定ノ解釈ニ付テハ公正ナル会計慣行ヲ斟酌スヘシ」）が適用される。その結果、本件決算における新基準から逸脱する内容の長銀の会計処理が「公正なる会計慣行」を斟酌したといえるかが問題となった。

検察官が「新基準は、貸出金等の回収不能見込み等を判断する上で合理的な基準であり、これに代わる合理的な基準は存在しなかったから、唯一の公正なる会計慣行であり、これに従わない会計処理は違法である。」などと主張したのに対し、弁護人は、「資産査定通達や4号実務指針などはあくまでも金融機関相互間に適度の統一性を確保するために出されたガイドラインに過ぎず、法規範としての効力はなかった。早期是正措置制度実現のためのシステム作りは、最終的には平成11年3月期の税効果会計の導入並びに同年4月の金融検査マニュアル最終とりまとめ及び4号実務指針の改正によって一応の完成を見たのであり、平成10年3月期は『試行錯誤的、段階的整備の過程』であって償却・引当に関する旧基準は完全には変更されていなかった。」などと主張した。

4 第一審及び原審

第一審判決（東京地判平成14・9・10）及び原判決（東京高判平成17・6・21）は、新基準が唯一の公正なる会計慣行であるとして、Ａを懲役3年執行猶予4年、Ｂ及びＣを懲役2年執行猶予3年とした。これに対し、Ａらが上告したのが本件である。

Ⅱ 判決要旨

本判決は、本件決算における長銀の会計処理は「公正なる会計慣行」に反する違法なものとはいえないとして、原判決を破棄し、Ａらに無罪を言い渡した。その理由は以下のとおりである。

(1) 「新基準は、大枠の指針を示す定性的なもので、それ自体は具体的かつ定量的な基準とはなっていなかった。とりわけ……関連ノンバンク等に対する貸出金についての資産査定に関しては、具体性や定量性に乏しく、実際の資産査定が容易ではない……上、新基準が関連ノンバンク等に対する貸出金についてまで同基準に従った資産査定を厳格に求めるものであるか否か自体も明確

ではなかった」

(2)「改正後の決算経理基準は……具体的かつ定量的な基準とはなっていなかった。」「資産査定通達……も、定性的かつガイドライン的なものである上……これまで採られていた資産査定方法を前提とするような表現が含まれているなど、関連ノンバンク等に対する貸出金についての資産査定に関して適用されるか否かが不明確であった。」「9年事務連絡の内容も具体的かつ定量的な基準を示したものとはいえない上、追加Q&Aに反映はされていたものの、金融機関一般には公表されていなかった。」「4号実務指針については、具体的な計算の規定と計算例がないなど……償却・引当額の計算が容易ではなく……資産分類（分類Ⅰ～Ⅳ）について触れた規定がなく、債務者区分、資産分類、引当金算定の関係が必ずしも明確でないなど、結局、定性的な内容を示すにとどまり……定量的な償却・引当の基準として機能し得るものとなっていなかった上……それまでの取扱いからして、明確とされていてしかるべきところの、将来発生が見込まれる支援損（支援に要する費用）につき引当を要するのか否かが明確にされていないなど……関連ノンバンク等に対する貸出金についての資産査定に関してまで対象とすることを徹底するのか否かが必ずしも明らかでなかった。」「加えて…税効果会計が導入されていなかった本件当時……資産査定通達等によって補充される改正後の決算経理基準に従って有税による貸出金の償却・引当を実施すると、その償却・引当額につき当期利益が減少し、自己資本比率（BIS比率）の低下に直結して市場の信認を失い、銀行経営が危たいにひんする可能性が多分にあった。」

(3)「……当時、多くの銀行では、少なくとも関連ノンバンク等に対する貸出金についての資産査定に関して、厳格に新基準によるべきものとは認識しておらず、現に長銀以外の同期の各銀行の会計処理の状況をみても、大手行18行のうち14行は、長銀と同様、関連ノンバンク等に対する将来の支援予定額については、引当金を計上しておらず、これを引当金として計上した銀行は4行に過ぎなかった。長銀及び株式会社D銀行（日債銀）の2行は要償却・引当額についての自己査定結果と金融監督庁の金融検査結果とのかい離が特に大きかったものの、他の大手行17行……も、総額1兆円以上にのぼる償却・引当て不足が指摘されていたことなどからすると……新基準は、その解釈、適用に相当の幅が生じるものであったといわざるを得ない。」

(4)「……新基準は、特に関連ノンバンク等に対する貸出金についての資産査定に関しては、新たな基準として直ちに適用するには、明確性に乏しかったと認められる上、本件当時、関連ノンバンク等に対する貸出金についての資産査定に関し、旧基準の考え方による処理を排除して厳格に新基準に従うべきことも必ずしも明確であったとはいえず、過渡的な状況にあったといえ、そのような状況のもとでは、これまで「公正なる会計慣行」として行われていた旧基準の考え方によって関連ノンバンク等に対する貸出金についての資産査定を行うことをもって、これが資産査定通達等の示す方向性から逸脱するものであったとしても、直ちに違法であったということはできない。」

(5) 古田佑紀裁判官は、補足意見において、旧基準の考え方からは関連ノンバンクに対する貸付金を回収不能とするのは困難であったこと、9年事務連絡は公表されておらずこれに金融機関を義務付ける効果を認めることは困難であることからすると、旧基準を「前提とするような表現があるなど」旧基準「の考え方が許容されていると認められる余地がある以上、当時として、その枠組みを直ちに違法とすることには困難がある。」としたが、旧基準の考え方について、「……企業の財務状態をできる限り客観的に表すべき企業会計企業会計の原則や企業の財務状態の透明性を確保することを目的とする証券取引法における企業会計の開示制度から見れば、大きな問題があったものであることは明らかと思われる。」とした。

Ⅲ　分析・検討

1　はじめに

本判決の主たる争点は、平成17年改正前商法32条2項の「公正なる会計慣行」の意義である。以下では、まず、「公正なる会計慣行」の解釈に関する学説等を整理し、次に、関連する裁判例の

検討を行った後で、本判決について分析、検討する。

2 「公正なる会計慣行」の解釈に関する学説等の整理

(1) 商法32条2項制定の経緯
昭和49年の商法特例法制定により、大会社に会計監査人の計算書類の監査が義務づけられたため、証券取引法上の財務諸表監査と商法上の監査の基準を一致する目的で制定された（奥島孝康他編『新基本法コンメンタール会社法2』336頁〔出口正義「431条」〕）。

(2) 「斟酌スベシ」の意義
特別の事情がない限り、これによらなければならないという趣旨であり、「参酌」よりも接着しているが、「基づく」よりは接着せず、その中間を表す。「斟酌」を採用した理由は、慣行が存在しない場合や従来の慣行以上に財産及び損益の状況を明らかにする理論や取扱いが認められる余地を残すためとされている（弥永真生「会計基準の設定と「公正なる会計慣行」」判例時報1911号25頁）。

(3) 公正性
「公正なる」の要件は、会社の財産及び損益の状態を明らかにするという目的に照らして判断される（弥永・前掲26頁）。

(4) 慣行性
「慣行」と認められる要件につき、①民法92条にいう事実たる慣習と同様に反覆継続を要するとする見解（従来の通説）、②実施されていなくても近く実行される見込みが確実であれば十分であるとの見解などが唱えられていた（弥永・前掲同頁）。

(5) 会計基準との関係
1990年代後半には、有価証券報告書提出会社については、企業会計審議会が公表した企業会計の基準の適用が証券取引法上強制される時点から、その企業会計の基準が指示する会計処理方法が、商法上も「公正なる会計慣行」に当たるとする見解が多数説だった（弥永・前掲同頁）。

(6) 会計慣行の複数性
会社の業種や規模に応じて、複数存在し得るという意味で、公正なる会計慣行は複数存在し得るとされていた（江頭憲治郎『株式会社法〔第3版〕』572頁）。

3 関連する裁判例の検討

(1) 本件第一審判決（東京地判平成14・9・10刑集62巻7号2469頁以下）

① 判旨
イ 新基準が「公正なる会計慣行」に当たる
新基準「は……早期是正措置制度を有効に機能させるために……資産内容の査定方法や適正な償却・引当の方法を明らかにし……資産内容の実態を正確かつ客観的に反映した財務諸表を作成することを目指して策定された」ものであること、「……大蔵省銀行局や金融検査部を中心に、法律学者、経済学者、日本公認会計士協会関係者、日本銀行関係者、金融機関の代表者等…関係者が……検討した結果公表した「中間とりまとめ」の考え方を基礎にし、その内容を明確にしたもの」であること、「全国銀行協会連合会等を通じて金融機関にその内容が公表、送付され、周知徹底が図られてきたことなどに照らすと、……資産査定通達等における資産査定の方法、償却・引当の方法等は、金融機関の貸出金等の償却・引当に関する合理的な基準である……だけでなく、改正決算経理基準の内容を補充するものとして……「公正なる会計慣行」に当たる」

ロ 唯一性
早期是正措置の導入目的などを考慮すると、「……早期是正措置制度を有効に機能させるために策定された」新基準「の趣旨に反する会計処理は許されないと解すべきであって、金融機関の貸出金等の償却・引当に関しては」新基準「が唯一の合理的な基準であったと解される。」

② ポイント
新基準の作成経緯、内容の合理性及び早期是正措置制度導入の目的から、新基準を唯一の公正なる会計慣行該当性を認めている。なお、本件決算以前においても、旧基準が「公正なる会計慣行」になっていたとまではいえないとする点に特徴がある。

(2) 本件原判決（東京高判平成17・6・21判例時報1912号135頁）

① 判旨
イ 新基準が「公正なる会計慣行」に当たる
①金融検査官の資産査定通達及び9年事務連絡

に従う検査、会計監査法人の4号実務指針に沿う監査が予定され、金融機関側もＱ＆Ａを作成し周知したこと、②資産査定通達は平成9年3月、9年事務連絡・4号実務指針は同年4月に発表又は公表されており、平成10年3月の決算時までに約1年の周知期間があったこと、③本件当時、金融機関においては、従来に比してより透明性の高い明確な資産査定等による会計処理が求められるに至っていたこと等に照らし、新「基準から大きく逸脱するような自己査定基準の作成や……自己査定はもはや許されない事態に至っていることは、金融機関の共通の認識になっていた……。従って、資産査定通達等の定める基準に基本的に従うことが公正なる会計慣行となっていた…半面、資産査定通達等の趣旨に反し、その定める基準から大きく逸脱する会計処理は、もはや公正なる会計慣行に従ったものとはいえず（補足すると、自己査定制度の趣旨・性格から……同基準に反していたとしても、その程度が大きく逸脱するに至らない会計処理については、直ちに違法となるものではない。それ故、最も厳しい基準で自己査定した金融機関以外の金融機関の会計処理がすべて違法であるということには全くならない）……」

ロ　唯一性

「従前公正なる会計慣行として容認されていた税法基準による会計処理や関連ノンバンク等についての段階的処理等を容認していた従来の会計処理はもはや公正なる会計慣行に従ったものではなく……資産査定通達等の示す基準に基本的に従うことが唯一の公正なる会計慣行であり、この2つの基準の併存はあり得ない。」

税法上の基本通達に変更がなく、税効果会計が導入されていないが、「法人税法上の取扱いと商法上の会計処理の在り方とは、その目的や趣旨が自ずと異なるものであるから、商法…に基づく会計処理について、従来の税法基準によらない基準が用いられたとしても、そのことゆえに、従来の基準が依然として公正なる会計慣行であるということにはならない。」

②　ポイント

第1審と同様、新基準が唯一の公正なる会計慣行であるとした。他方、第1審と異なり、旧基準も公正なる会計慣行であったが新基準により公正なる会計慣行ではなくなったとする点、新基準から著しく逸脱した場合にはじめて違法になるとする点に特徴がある。

(3)　日債銀刑事事件最高裁判決（最判平成21・12・7刑集63巻11号2165頁）

日債銀の会長、頭取及び副頭取が、平成10年3月期決算で償却・引当を行わなかった点につき有価証券報告書虚偽記載罪に問われ、本判決と同じく、新基準が唯一の「公正なる会計慣行」となったか否かが争点となった事案である。

第1審判決（東京地判平成16・5・28）及び控訴審判決（東京高判平成19・3・14）は、会長につき1年4月、頭取及び副頭取につき1年の懲役（3名とも執行猶予3年）とした。

これに対する上告審は、本判決と同じく、第二小法廷が担当した（ただし、メンバー構成及び裁判長が異なる）。

①　判旨

「新基準は、特に支援先等に対する貸出金の査定に関しては、幅のある解釈の余地があり、新たな基準として直ちに適用するには、明確性に乏しかった……そのような状況のもとでは、これまで「公正なる会計慣行」として行われていた税法基準の考え方によって支援先等に対する貸出金についての資産査定を行うことも許容されるものといえる。」として、原判決を破棄した。本判決と異なり、貸出先が関連ノンバンク等ではない一般先であったため、旧基準に照らした場合に処理が適切だったか否かを審理する必要があるとされ、破棄差戻しとされた。

②　ポイント

本判決と比較すると、①明確性を求められる対象が新基準の「貸出金の査定」とされたほか、②当時も含め長年金融機関の償却・引当に携わりこれに関する著作もある証人の「資産査定通達における債務者区分で一番苦労したのは支援先をどこに区分するかという問題であり、消極ないし撤退方針にしていない支援先については、破たん懸念先にしなくてもよいとの解釈がかなり強く、大多数の問題先が結果的に要注意先にとどまった」旨の証言を取り上げているなど、その理由づけに違いがみられる。

また、古田裁判官が補足意見で、平成10年3

月期の決算は改正後の経理決算基準に従うべきであることは明らかだが、貸付金の評価について税法基準によることも許容されていたという意味で、新基準が唯一の基準とはいえないとしている点が注目される。

(4) 長銀民事事件控訴審判決（東京高判平成18・11・29判例タイムズ1275号245頁）

長銀が原告として、Ａらを含む役員ら15名に対し、平成9年9月期の中間配当及び平成10年3月期の配当が違法配当であり善管注意義務に反するとして損害賠償を求めた事案である。

第1審判決（東京地判平成17・5・19判例タイムズ1183号129頁）が原告の請求を棄却したのに対し、原告長銀の訴訟承継人である整理回収機構が控訴したが、控訴審は以下の通り判示して控訴を棄却した。なお、この判決に対する上告及び上告受理申立は、本判決と同日付で却下されている。

① 判旨

慣行性を認めるには反復継続が必要だが、「ある会計基準の指示する特定の会計処理方法が、その基準とされる時点以降、ある業種の商人の実務において広く反復継続して実施されることがほぼ確実であると認められるときには、例外的に、その会計処理方法が同条項にいう「会計慣行」に該当する場合がある。」とした上で、新基準の内容の合理性に加え、改正経緯から銀行業の実務において広く反復継続して実施されることがほぼ確実と認められるものであったとして、新基準が「公正なる会計慣行」であると認めた。

唯一性について、新基準自体が不明確であること、旧基準を排除する趣旨が不明確であること、税効果会計（セーフティネット）の不備、関係者に対する周知徹底が不十分であること等の理由から、平成10年3月期は制度の試行期あるいは移行期と捉えるのが当時の実務の実状と関係者の認識に最も適合しており、新基準が旧基準を一義的明確に排除するものであったとはいえないとした。

② ポイント

第1審判決は、慣行性について一定の場合には反覆継続が不要となる旨を明示した点、単に公正なる会計慣行該当性の問題としてではなく、「既に会計慣行が存在する場合にその内容を変更する新たな基準が唯一の公正なる会計慣行とされるための要件は何か」という問題を設定した点に特徴があった。

控訴審判決は、公正なる会計慣行該当性と唯一性を分けて判断し、新基準の公正なる会計慣行該当性を認めながら、唯一性を否定した点に特徴がある。

4 本判決の分析

(1) 判旨の意義

本判決は、(ア)新基準は、その解釈適用に相当の幅が生じ、直ちに適用するには明確性に乏しかったこと及び(イ)本件当時、旧基準の考え方による処理を排除して新基準に従うべきことが必ずしも明確であったとはいえない過渡的な状況にあったことを理由として、旧基準の考え方によって資産査定を行うことを直ちに違法とはできないとした。

① 理由(ア)について

本判決は、理由(ア)の根拠として、(a)改正後の決算経理基準自体が具体的かつ定量的な基準となっていなかったこと、(b)資産査定通達が定性的かつガイドライン的なものであること、(c)9年事務連絡の内容が具体的かつ定量的な基準を示したものとはいえないこと、(d)4号実務指針は定性的な内容を示すにとどまり資産査定にあたって定量的な償却・引当の基準として機能し得るものではなかったこと、(e)長銀を含む2行の乖離が特に大きかったものの、他の大手行についても総額1兆円以上にのぼる引当不足が指摘されていたことを挙げている。

定性的とは、抽象的に性質を述べるということであり、定量的とは具体的な数値や計算式を伴うということである。したがって、本判決は、新基準を構成する各通達等の内容が抽象的な記述にとどまっており、具体的かつ定量的な記述が足りないことを指摘し、旧基準の考え方によって資産査定を行うことが違法となるためには、新基準を適用した際に幅のある解釈の余地が生じない程度の明確性が必要であることを示したものといえる。

ここから、会計基準を変更する場合に従来の基準による処理が違法となる要件として、新たな基準が具体的かつ定量的な記述や計算式により明確

なものとなることが求められるといえよう。

② 理由(イ)について

本判決は、理由(イ)の根拠として、(a)資産査定通達の破綻経営先の定義に旧基準を前提とするような表現が含まれており新基準を徹底させるものか否かが不明確であったこと、(b) 9号事務連絡が金融機関一般に公表されていないこと、(c) 4号実務指針に新基準への移行に伴い明確にされていてしかるべき引当の要否に関する記述がないなど4号実務指針を徹底するのか明らかでないこと、(d)税効果会計が導入されていなかったこと、(e)結果として大手行18行のうち14行が長銀と同様の処理を行ったことなどの事情を挙げて、新基準への移行が明確とはいえなかったとしている。

すなわち、旧基準を排除して新基準を唯一の基準とすることが明確でなく、新基準の移行に不可欠な措置がとられていないために、実務も対応できなかったことを指摘し、新基準に従うべきことが明確でない過渡的な状況と評価したものと考えられる。

ただし、実務が対応できなかったという事実（前記(e)）は、決定的な要素ではないと見るべきであろう。他の違反者が多ければ咎められないという解釈では、規制の目的を達成できないからである。

以上から、本判決は、旧基準の考え方によって資産査定を行うことが違法となるためには、周知の徹底や移行に不可欠な措置の採用により旧基準の排除及び新基準への移行が明確になることが必要であることを示したものといえる。

ここから、会計基準を変更する場合に従来の基準による処理が違法となる要件として、従来の基準の排除が明確とされていることが求められるといえよう。

(2) 平成10年3月期の捉え方

次に、最高裁が平成10年3月期の公正なる会計慣行について、どのように理解しているのかを検討する。

① あり得る考え方

本判決が、旧基準につき「かつて公正なる会計慣行であった」としていることを前提とすると、被告人らの行為時における平成10年3月期の理解として、論理的にあり得る組み合わせは次のとおりである（注2）。

第1に、旧基準が唯一の公正なる会計慣行であったとする考え方（A説）があり得る。この考え方によると、旧基準に従えば、公正なる会計慣行を斟酌したと評価される。

第2に、旧基準も新基準も共に公正なる会計慣行であったとする考え方（B説。渡部晃「旧長銀「違法配当」事件最高裁判決・最高裁決定をめぐって(中)」金融法務事情1858号32頁の注42）があり得る。この考え方によると、いずれを斟酌しても、公正なる会計慣行を斟酌したと評価されることになり、旧基準に従うことも許容されることになる。長銀民事事件控訴審判決はこの考え方によっている。

第3に、旧基準も新基準もともに公正なる会計慣行ではなかったとする考え方（C説）があり得る。この考え方によると、旧基準が会社の財産及び損益の状況を正しく示しており、公正なものであると評価できれば、これに従うことが許容される（弥永・前掲31頁）。

最後に、新基準が唯一の公正なる会計慣行であったとする考え方（D説）があり得る。新基準に従うべきということになる。本件原判決や日債銀刑事事件控訴審判決はこの考え方をとっている。

本判決は、D説を否定したが、いかなる考えをとったのか明示していない。

② 各説における理由(ア)及び(イ)の位置付け

A説によると、理由(ア)は新基準が公正なる会計慣行に該当しない旨を示したものであり、理由(イ)は旧基準が公正なる会計慣行性を失わない旨を示したものとみることになろう。その背景には、会計基準変更の場合に公正なる会計慣行が1つもなくなることはないという考えがあると思われる。

B説は、新基準が公正なる会計慣行となることを前提とした上で、理由(ア)及び(イ)ともに旧基準が公正なる会計慣行性を失わない旨を示したものと理解することになろう。B説は、新基準と旧基準が両立し得るとする点で、A説及びC説との違いがあると思われる。

C説は、理由(ア)をA説と同様に新基準が公正なる会計慣行に該当しない旨を示したものと理解し、理由(イ)を旧基準は公正なる会計慣行ではなく

なったがなお公正性が失われていない旨を示したものと理解することになろう。

③　結論

本件のように、通達等の改正により会計基準が変更される場合、変更の目的は従来の基準を排除して新たな基準を適用することにある。かかる場合に、相矛盾する複数の基準が、法的拘束力を有する公正なる会計慣行として両立するというのは不自然であり、会計処理実務を担当する者にとって非常に分かりづらい説明であると思われる。この点で、B説は妥当でない。

また、日債銀刑事事件最高裁判決は、「これまで公正なる会計慣行として行われてきた」旧基準に「よって……資産査定を行うことも許容される」として、事件を差し戻しており、旧基準を公正なる会計慣行と明示していない。したがって、A説はとられていないと思われる。

以上から、最高裁は、C説をとっていると解される。この点は、旧基準を「これまで公正なる会計慣行として行われてきた」とする表現にも合致する。本判決の「過渡的な状況」という表現は、C説のような理解を示したものと思われる。

(3)　公正なる会計慣行の捉え方

以下では、本判決における公正なる会計慣行の捉え方について検討する。

本判決と関係裁判例を比較すると、本件の下級審が「新基準は、明らかに回収不能の貸付金について引当・償却を求めている。したがって、このような貸付金について引当・償却を行わない処理は許されないことも明らかである。これと矛盾する旧基準は排除されたと考えるべきである。」という論理であるのに対し、最高裁判決及び民事下級審は「新基準は、新基準が回収不能の（又はそのおそれのある）貸付金について引当・償却を求めるものであるが、具体的・定量的な記述がなく相当広い解釈の幅が生じるため、これに従った会計処理を行うことは困難である。したがって、新基準に従うことを法的に強制することは妥当でない。また、旧基準を排除するか否かも明らかでないから、旧基準に従ったとしても違法とはいえない。」という論理であるといえる。このように論理が異なる背景には、前者が会計処理の結果の公正さに重点を置くのに対し、後者は会計基準の行為規範性に重点を置くという違いがあるように思われる。結果を重視する立場は会社の財産及び損益の状態が明らかにされることを通じて関係者の信頼や公正な証券市場の確保に重きを置き（野村稔「判批」判例時報2045号168頁）、行為規範性を重視する立場は企業会計実務における予測可能性に重きを置くといえるのではないだろうか。

本判決は、慣行性を重視し、公正なる会計慣行を具体的な行為規範の集まりとして捉えていると思われる（古田裁判官の補足意見には、結果を重視する立場が若干表れている（Ⅱ(5)参照））。その背景には、日本の会計基準が細則主義（数値基準など具体的な規定に準拠して処理が行われる。ルールベースともいわれる）であるとされていることが関係していると思われる。

商法32条2項が「公正でなければならない」ではなく、「公正なる会計慣行を斟酌すべし」と定め、会計慣行という概念を介在させていることからすると、文理解釈においても、本判決のような考え方が妥当と思われる。

(4)　その他の問題

最後に、本判決が明示していない解釈上の論点について検討する。

①　新基準の慣行性

新基準が公正なる会計慣行となるための慣行性の要件につき、民法92条の慣習に準じて反復継続を要するのか否かについて判示はない。この点について、本判決は考えを示していないと理解するのが穏当と思われる。

ただし、反復継続について指摘することが可能であったのに指摘していないこと、理由(ア)で「直ちに適用するには明確性に乏しかった」としており明確であれば直ちに適用できると読めること、反覆継続を不要とした民事事件控訴審判決に対する上告等を最高裁が取り上げなかったことからすると、反復継続がなくても会計慣行に該当するとの見解を採用する余地を残していると考えるべきであろう。

②　旧基準の公正性

旧基準の公正性について、本判決は明示していない。古田裁判官は、補足意見において、旧基準による処理が財務状態の表示や透明性の観点から疑問を呈しており、旧基準が公正でないと考えて

いるように読める。

しかし、本判決では旧基準に従った処理が無罪とされ、日債銀刑事事件最高裁判決では旧基準に従うことが許容されるとされていることからすると、本件当時、旧基準の公正性はいまだ失われていなかったと考えるのが素直であろう（弥永真生「「公正なる会計慣行」の意義と虚偽岸有価証券報告書提出罪」ジュリスト1395号82頁）。

③ 新基準の位置づけ

本判決が、新基準は会計慣行ではないと解しているとすると、新基準に従った金融機関4行の処理の適法性を検討する必要がある。C説の立場からは、新基準が会社の財産及び損益の状況を正しく示すもの、すなわち、公正性を有するものであるからこれに従った会計処理も許容されるということになろう。

(5) 本判決の意義

本判決は、会計基準の変更が行われた場合に従来の基準に従った会計処理を行うことが違法ではないとされた事例判断である。従来の基準に従った会計処理が違法となるために、少なくとも新たな基準が定量性を伴った明確なもので解釈の幅が小さく、かつ、従来の基準の排除と新たな基準への移行が明確であることが必要であると示した点、公正なる会計慣行を行為規範として捉えた点及びその他の公正なる会計慣行に関する論点の解釈につき示唆を与える点で、重要な意義を有する。

本判決の考え方は、会計慣行に関する問題の検討に関して、広い射程を有すると思われるが、企業会計基準委員会（ASBJ）などの第三者機関や民間セクターによる会計基準の作成や変更の場合、通達等により形成された会計基準に比べるとその法的根拠及び強制力には違いがあるから、本判決の射程が及ぶか否かについては慎重な考慮が必要となろう（注3）。

Ⅳ 実務対応

1 会社法下での解釈への影響

改正会社法431条は「株式会社の会計は、一般に公正妥当と認められる企業会計の慣行に従うものとする。」と規定し、会社計算規則3条は「この省令の用語の解釈及び規定の適用に関しては、一般に公正妥当と認められる企業会計の基準その他の企業会計の慣行をしん酌しなければならない。」と規定している。

「斟酌すべし」が「従わなければならない」と変更されたことについて、①旧法下と実質的に変わらないとする見解（弥永真生『コンメンタール会社計算規則・商法施行規則（第2版）』商事法務92頁。渡部晃「旧長銀「違法配当」事件最高裁判決・最高裁決定をめぐって（下）」金融法務事情1859号41頁。西田祥平・判例タイムズ別冊25号164頁）と②従わなかった場合に当然に違法となるとする見解（岸田雅雄「旧長銀事件最高裁判決の検討」商事法務1845号31頁）がある。

従来の慣行よりも財産及び損益の状況を明らかにできる理論や取扱いが認められる余地を残すべきという事情は、会社法改正後も変化がないから、①の見解が妥当と思われる。

したがって、本判決の意義は、改正会社法の下でも失われないと考えられる。

2 企業会計実務における対応

本判決は、慣行が存在しない場合でも、会計処理が公正であれば許容されることを示した。

したがって、会計基準が変更されたが新たな基準に幅のある解釈の余地がある場合、会社の財産及び損益の状態を明らかにするという目的から公正といえるか否かを基準として、会計処理を行うべきである。会計基準の変更が周知されたとしても、新たな基準が不明確でこれによる処理が困難であり、かつ、従来の基準が公正であると考えられるなら、会計処理の公正さを説明できるよう準備した上で従来の基準に従うことも考えられるだろう。

3 IFRSについて

日本へのIFRS（国際財務報告基準）の導入が検討されている。本判決は、上述したとおり、行為規範性を重視して公正なる会計慣行を把握しており、その背景には細則主義があると思われる。他方、IFRSは、細則主義ではなく、大きな原則を示しこれに沿った処理と説明を求める原則主義

（プリンシプルベース）を採用しているとされている。

　原則主義の考え方は、大きな原則に適合すれば適法だが、適合しなければ違法とするものであり、結果を重視する考え方に結び付きやすいと思われる。そのため、IFRSが適用される場合、裁判所における公正なる会計慣行の捉え方が結果を重視する考え方にシフトする可能性も十分考えられる。

　この点については、今後の動向に注目する必要があろう。

（注１）「金融機関等の経営の健全化確保のための関係法律の整備に関する法律」、「金融機関等の更生手続の特例等に関する法律」及び「預金保険法の一部を改正する法律」をいう。
（注２）なお、本件第１審判決は、旧基準が公正なる会計慣行とはいえないとしており、本判決とは異なる考え方を採っている。
（注３）ASBJによる会計基準の設定を議論したものとして、西崎哲郎ほか「＜座談会＞長銀・日債銀取締役証券取引法違反事件の考察」商事法務1891号25頁から27頁参照。また、本判決前の論考であるが、ASBJによるリース会計基準の変更について論じたものとして、田路＝圓道「リース会計基準変更に関する法的検討」商事法務1755号37頁も参照。

4 風説の流布によって価格が上昇した株式を売却した者から「犯罪行為によって得た財産」として没収・追徴をする対象となる株式売却代金の範囲―ジャパンメディアネットワーク事件（東京地判平成20・9・17判例タイムズ1286号331頁）

弁護士　澁谷展由

I　事案の概要

本件は、被告人が、自ら「実質的な経営者」を務める「株式会社ジャパンメディアネットワーク」（以下、「JMN」という）の親会社である株式会社O工業（東証二部上場。以下、「O工業」という）の株式の売買等の取引のため、及び、その株価の上昇維持を図る目的で、実現の見込みがないにもかかわらず、「JMNが携帯電話の充電口にアダプターを差し込むだけで、インターネットと接続し、通話料を月額4500円程度に定額・固定化するサービスを開始させる」との風説を流布した、として風説の流布罪により有罪とされた事件である。

1　被告人とJMNとの関わり

平成14年8月下旬、本件被告人は、株式会社X（以下、「X社」という）が「IP携帯電話」の開発を進めているという話を聞き、同社代表取締役Aから、IP携帯電話の仕組みなどについて説明を受け、資金を提供することを申し出た。

平成14年9月頃、被告人は、IP携帯電話事業の主体となる会社として、当時休眠会社であったJMNを知人から買い受け、平成14年10月頃、Iを同社の代表取締役に据えた。

2　被告人とO工業との関わり、合意

東京証券取引所第2部に株式を上場しているO工業は、当時、2期連続の債務超過で上場廃止の危機に瀕する状態にあった。

平成14年10月中旬頃、被告人は、O工業の資金調達に関わり、同社が増資を行う際の目玉となる新規事業を探していたBに対し、①新規事業として「IP携帯電話」事業を提案、②JMNの行うIP携帯電話事業に対してO工業が出資し、JMN

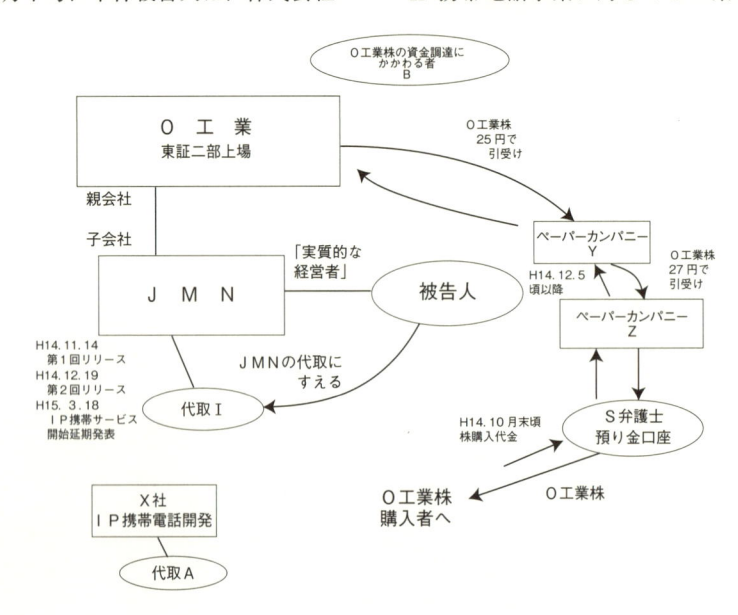

はO工業の子会社となり、③O工業の新株予約権をペーパーカンパニーであるY・ホールディングス・リミテッド（以下、「Y社」という）が引き受け、④Y社が取得するO工業の新株を全て被告人が買い取る、⑤その際、被告人の名義を出さずに取引をしたい、などの旨を申し出た。

その結果、被告人とBとの間で、①Y社が1株25円で引き受けた新株を、被告人のために新たに準備されたペーパーカンパニーであるZ・ホールディングス・リミテッド（以下、「Z社」という）が1株27円で買い取ること、②Y社からZ社に対してO工業株合計約2億株を順次売却すること、などが合意された。

3　被告人のS弁護士への依頼

平成14年10月末頃、被告人は、S弁護士に対し、①Z社の代理人となること、②O工業株の購入者からZ社が受領した代金の保管、Y社の口座への送金などに用いるZ社のための預かり金用口座を、S弁護士名義で開設し、預かり金の保管、送金をすること、③購入者に対してO工業株の株券を引き渡すことなどの業務を依頼した。

4　O工業株購入希望者からの入金

平成14年10月末頃からZ社の上記預かり金口座にO工業株の購入希望者から代金入金が順次なされた。

5　O工業によるJMN子会社化の決定

平成14年11月上旬頃、O工業は、JMNを子会社化して、JMNに対しIP携帯電話事業のために資金提供をすることを決定した。

6　第1回ニュースリリース

平成14年11月14日、被告人は、JMNの社員に、㈳電気通信事業者協会（以下、「同協会」という）事務所内において、情報通信記者会所属の記者多数に対して、「月額固定料金で携帯電話が使い放題。東証2部上場株式会社O工業の子会社となる予定の株式会社ジャパンメディアネットワークでは、日本で初めて、IPv6のシステムを使用したIPネットによる、携帯電話の通話料金を定額固定化するサービスを来春からスタートします……」（このリリース文中で提示されているJMNのサービスを以下、「本件サービス」という）旨を記載した文書を配布させた。

また、被告人は、JMNの社員に、同年12月11日頃、上記リリース文と同趣旨の文書をJMNのホームページに掲載させた。

7　第1回ニュースリリース後のO工業株の株価の上昇

平成14年11月14日の第1回ニュースリリース当日、O工業の株価は、高値36円、終値31円であった。その6取引日後、株価は終値35円に上昇した。更に、7取引日後には高値37円に上昇し、以後、高値・終値とも上昇の一途を辿った。

8　Z社からY社への送金

平成14年12月5日頃以降は、Z社からY社への送金が順次開始された。

9　第2回ニュースリリース

更に、平成14年12月19日、被告人は、JMNの社員に、同協会事務所内において、情報通信記者会所属の記者多数に対し、「……株式会社ジャパンメディアネットワークでは、現在使用している携帯電話の充電口にアダプターを差し込み、IPネット接続して通話することで、通話料金が月額4500円の定額になるサービスを平成15年4月から提供します……株式会社ジャパンメディアネットワークは、平成14年12月1日、東証2部に上場している株式会社O工業の子会社になりました」旨記載した文書を配付させた。

また、被告人は、JMNの社員に、同年12月20日頃、上記リリース文と同趣旨の文書をJMNのホームページに掲載させた。

10　第2回ニュースリリース後のO工業の株価の上昇

平成14年12月19日の第2回ニュースリリース当日、O工業の株価は高値・終値とも49円であった。その11取引日後には58円に上昇し、以後、急激に上昇した（本判決の認定事実ではないが、平成19年10月11日朝日新聞夕刊記事によると、平

成15年1月には高値110円まで高騰した）。

11 本件サービス開始延期の発表

平成15年3月18日、JMNは本件サービスの開始時期を延期するとの発表を行った。

12 JMNの破産、被告人の逮捕、起訴（本項目の記載は本判決の認定ではなく報道記事、リリース文に基づく）

平成15年3月18日、ニュース番組「筑紫哲也NEWS 23」が、JMNの本件サービスについて「技術的な問題に加え、携帯電話各社との合意がなければ不可能」と報じた（株式新聞同月19日記事）。

平成16年1月19日、JMNは破産手続開始申立を行った（日経コミュニケーション同年2月9日記事）。

平成17年9月には、東京地検特捜部が、証券取引等監視委員会（以下、「SESC」という）と共同で捜査を行い（朝日新聞同月29日朝刊記事）、被告人につき、証取法違反・風説の流布罪容疑で逮捕状を取得の上、全国に指名手配した、と報じられた（読売新聞同年10月1日朝刊記事）。

同年10月3日、東京地検特捜部とSESCは、合同で、被告人の関係各所、S弁護士の事務所を捜索した（読売新聞同日夕刊記事）。

同月4日、O工業代表取締役社長が「上場会社としての経営責任を明確にするため」辞任するとのリリースを行った（O工業同日付リリース、朝日新聞同月5日朝刊記事）。

捜査開始から約2年後の平成19年10月11日、東京地検特捜部は、被告人を証券取引法違反の容疑で逮捕した（同日付朝日新聞夕刊記事）。

同月30日、SESCは、被告人を証券取引法違反で東京地検に告発した（読売新聞同月31日朝刊記事）。同月31日、東京地検特捜部は被告人を同罪で起訴した（読売新聞同年11月1日朝刊記事）。

II 判決要旨

1 主 文

被告人を懲役2年6月に処する。未決勾留日数中220日をその刑に算入する。被告人から金15億6110万1835円を追徴する。

2 風説流布罪の成否についての判示

(1) 犯罪事実の認定

被告人はJMNの「実質的な経営者」であり、「東証……に上場されている株式会社O工業発行の株券について、その売買等の取引のため、及びその株価の上昇維持を図る目的をもって、真実は、同社の子会社であるJMNにおいて、携帯電話の充電口にアダプターを差し込むだけで、インターネット回線と接続し、携帯電話の通話料金を月額4500円程度に定額・固定化するサービスを開始させられる見込みがないのに、JMN社員らをして」

① 「第1回ニュースリリース」

「平成14年11月14日、㈳電気通信事業者協会事務所内において、情報通信記者会所属の記者多数に対し、『月額固定料金で携帯電話が使い放題。東証2部上場株式会社O工業の子会社となる予定の株式会社ジャパンメディアネットワークでは、日本で初めて、IPv6のシステムを使用したIPネットによる、携帯電話の通話料金を定額固定化するサービスを来春からスタートします。現在使用している携帯電話の充電口に、IP回線に接続するためのアダプターを差し込み、音声データ等をインターネット網に走らせ、通信料金を一定化します。利用者は機種の変更をすることなく、現在使用中の携帯電話でサービスを利用できます。携帯電話の音声通話サービスの月額料金は4300円程度を予定』旨記載した文書を配付させるとともに、同年12月11日頃、同旨の文書をインターネットで閲覧可能なJMNのホームページに掲載させ」、

② 「第2回ニュースリリース」

「平成14年12月19日、㈳電気通信事業者協会事務所内において、情報通信記者会所属の記者多数に対し、『今使っている携帯電話が月4500円でかけ放題に！！株式会社ジャパンメディアネットワークでは、現在使用している携帯電話の充電口にアダプターを差し込み、IPネット接続して通話することで、通話料金が月額4500円の定額になるサービスを平成15年4月から提供します。

この携帯電話料金の固定化サービスは、日本初のIPv6のシステムを使用したIPネットによって実現しました。当社のサービスでは、現在使用している携帯電話に、IP回線に接続するためのアダプターを差し込み、音声データ等をインターネット網に走らせて通信料金を一定化するため、新たに携帯電話を購入する必要はありません。株式会社ジャパンメディアネットワークは、平成14年12月1日、東証2部に上場している株式会社O工業の子会社になりました』旨記載した文書を配付させるとともに、同年12月20日頃、同旨の文書をインターネットで閲覧可能なJMNのホームページに掲載させ」、

「もって、有価証券の売買のため、及び有価証券の相場の変動を図る目的をもって、風説を流布した。」

(2) 裁判所の認定した事実の経過

前記「I 事案の概要」を参照されたい。

(3) JMNのIP携帯電話事業の客観的実現可能性がなかったことの認定

① 専門家である通信業者は、JMNの本件サービスにつき「少なくともその当時においては技術的に実現可能性がなかった旨、具体的に説明している」、

② 平成14年12月の段階で、「X社によるIP携帯電話の開発は、その試作品もできていない状況にあり、その後も、X社からJMNに対し、技術の開示や試作品などの成果物が提供された事実もなかった」、

③ 「事業化という側面から見ても、IP化された音声データを送受信することを考えた場合、携帯電話の電話回線を保有していないJMNとしては、これを保有しているNTTなどの大手キャリアのそれを利用するしかないが、当時のパケット通信料を基準とすると、月額4300円ないし4500円程度の定額料金では数分ないし十数分の通話しか賄うことができないこととなり、到底採算が合わない」、

④ 「JMNが定額料金制のIP携帯電話サービスを開始するには、キャリアと交渉して、電話回線の使用権を大量かつ安価に借り入れるなどする必要があったところ、JMNと事業が競合することになるキャリアが容易に交渉に応じることは考え難かった」、

などの理由から、JMNの「サービスの実現は非常に困難な状況であった。」

「現に、JMNにおいては、平成15年2月に至るまで、IP携帯電話サービスを開始するために必要なキャリアとの交渉は全くしていなかった。」

(4) 被告人の主張に対する判決の認定

本訴訟において、「弁護人は、①本件ニュースリリース等は、JMN代表取締役Iらが独自の判断でJMNの宣伝のために行ったものであって、被告人がこれらを指示した事実はない、②本件ニュースリリース等は、O工業発行の株券について、その売買等の取引のためやその株価の上昇維持を図る目的で行ったものではない、③被告人は、本件ニュースリリース等の当時、その内容について実現する見込みを信じており、その内容が虚偽であるとの認識はなかった」と主張した。

しかし、本判決は、上述の本項(1)～(3)の認定事実、Iの供述、被告人の供述の信用性を検討した上で、「①本件ニュースリリース等は、被告人がIに指示して行ったものであり、②本件ニュースリリース等は、O工業発行の株券について、その売買等の取引のためやその株価の上昇維持を図る目的で行われたものであり、③被告人は、本件ニュースリリース等の当時、少なくとも、IP携帯電話サービスを予定通り実現することは著しく困難であり、本件ニュースリリース等の内容に合理的根拠がないことを十分に認識していたと認めるのが相当である」と判示した。

3 追徴の範囲についての判示

(1) 証券取引法198条の2の趣旨

証券取引法198条の2の「風説の流布等の犯罪行為により得た財産を犯人から残らず剥奪し、不公正な取引を抑止する趣旨」「に照らせば、本件においては、本件ニュースリリース等と因果関係が認められるO工業株の売却代金全額につき犯罪行為により得た財産として必要的没収、追徴の対象になる」。

(2) 本件ニュースリリース等と因果関係が認められるO工業株の売却の認定

① 「O工業の子会社であるJMNが平成15年春又は4月からIP携帯電話サービスを月額4300

円程度又は4500円の定額で開始する旨の本件ニュースリリース等の内容がO工業の株価を上昇させ得るものであること」、

② 「本件ニュースリリース等が行われた時期とO工業の株価が大幅な上昇傾向となった時期とが時間的に近接していること」、

③ 平成15年3月18日に「JMNがIP携帯電話サービスの開始時期を延期する、すなわち、本件風説の流布の主たる内容であるIP携帯電話サービスを平成15年4月に開始することが不可能になった旨を発表していること」、

などからすれば、本件ニュースリリース等と因果関係が認められるO工業株の売却は、「第1回のニュースリリースをした平成14年11月14日の翌日15日から」、サービス開始延期発表の「平成15年3月18日の前日17日までの期間における売却とするのが相当」とした。

(3) 因果関係についての被告人の主張の排斥

弁護人は、①「第1回、第2回の各ニュースリリースの直後にいずれもO工業の株価が下落していること」、②「平成14年10月9日から同年11月19日にかけて4回にわたりO工業がIR情報を公表しており、それがO工業の株価を上昇させた重要な要因であると考えられることなどを指摘し、本件ニュースリリース等とO工業の株価の上昇との間、ひいては被告人がO工業株の取引により得た利益との間には因果関係がない」と主張した。

しかし、本判決は、以下のように判示してこの被告人の主張を退けた。すなわち、平成14年11月14日の「第1回ニュースリリース当日に高値で36円、終値で31円だったO工業の株価は、その後、高値が33円や32円に、終値が2取引日後に28円に下落したことは弁護人の指摘通りであるが、高値は7取引日後に37円に、終値は6取引日後に35円に上昇し、以後、高値・終値とも上昇の一途をたどっている」。

また、平成14年12月19日の「第2回ニュースリリース」時は、「高値・終値とも当日49円だった株価は、その後、一時47円まで下落したものの概ね同水準を維持し、11取引日後には58円に上昇し、以後、急激な上昇を示している」。

こうした株価の動向に照らせば、①「公表されたニュースリリースの内容が投資家に伝わり、株価に反映されるまでに時間がかかったと評価することもでき」、当初株価が下落したことは「因果関係認定の妨げとはならない」、②「O工業のIR情報と株価との関係については、IR情報の内容はO工業がIP携帯電話事業に進出するというものにとどまり、株価により影響を与えると考えられるIP携帯電話サービスの開始時期・料金体系等の具体的な事業内容は本件ニュースリリース等によって初めて公表されていること、マスコミによる度重なるJMNへの取材やその報道も第1回ニュースリリースを契機としてその後初めて行われるようになったことなどからすれば、O工業のIR情報の公表が株価に影響を与えた可能性は否定できないものの、株価上昇の主要な要因が本件ニュースリリース等であったことは明らか」と判示した。

(4) 証券取引法198条の2第1項ただし書の趣旨、適用

本判決は、証券取引法198条の2第1項ただし書の趣旨につき、「当該財産全部を没収、追徴することが犯人に過酷な結果をもたらす場合などには、その財産の全部又は一部につき没収、追徴しないことを許容しているもの」と判示している。

その上で、「本件において、被告人が現実に得ることのできる利益は、O工業株を売却して得た代金の額」から「その買付に要する代金額」を「差し引いた額」にとどまる、「売却代金相当額の全額を没収、追徴することは被告人にとって過酷に過ぎる」、として、198条の2第1項ただし書を適用し、「買付代金相当額を控除して売買差益相当額に限り没収、追徴するのが相当」と判示した。

(5) 検察官の市場売却分・相対売却分峻別論の排斥

上記の判示に対し、検察官は、本件ではただし書を適用するべきではないとした。また、仮にただし書を適用して買付代金相当額を控除するとしても、「市場における売却分」は控除すべきではなく、「相対取引による売却分」に限って控除すべきとした。その理由として、「市場における売却分は、被告人が、風説の流布で株価が上昇した状態を利用して高値で売り抜けたことによる差益

でもうけた資金や、投資家等から受領した資金で買い付けた株券を投資家に交付しないで流用し市場等で売却してもうけた資金を、更にO工業株に再投資したものであるからこれを控除するのは相当でない」と主張した。

しかし、本判決は、「被告人が現実に得ることのできる利益は売買差益相当額にとどまる」、「相対取引による売却分と市場における売却分とで扱いを区別する合理的理由は乏しい」として、「期間中にO工業株を売却して得た代金の全体につき、買付代金相当額を控除した上で没収、追徴するのが相当」であると判示した。

(6) 被告人の経費控除の主張の排斥

他方、弁護人は、①「株券の引渡し時までに株の購入者が約定により入金した売買代金を株価が大きく下回った場合に行っていた株の購入者に対する返金や損失補てん」、②「株取引の業務委託をした弁護士に対する報酬」、③「取引のため名義を借りた知人に対する手数料」、④「株の購入者を仲介してくれた者に対する仲介料等」「も経費として控除されるべき」と主張した。

これに対し、本判決は、「いずれについても株式の売買により利益を得るにあたって必須の出費であるとはいえず……これらの出費についてまで控除するのは相当ではない」として、被告人の経費控除の主張を排斥した。

(7) 追徴金額の結論

本判決は、被告人のO工業株についての第1回のニュースリリースの翌日平成14年11月15日から本件サービス開始延期発表の前日平成15年3月17日までの期間中の「売却代金」と「買付代金相当額」は、

① 「相対取引」分は売却代金「33億1581万9000円」に対し、買付代金相当額は「27億6543万2000円」、

② 「知人の名義を用いた市場におけるO工業株の売却」分は売却代金「7億8994万1070円」に対し、買付代金相当額は「2億8517万4000円」、

③ 「外国証券会社を経由した市場におけるO工業株の売却」分は売却代金「8億4104万4765円」に対し、買付代金相当額は「3億3509万7000円」、

と認定した。その上で、「被告人から没収すべき価額は、①ないし③の売買差益相当額の合計である15億6110万1835円と算定されるが、既に費消されるなどして没収することができないため、同価額について追徴することとする」とした。

4 控訴審判決

なお、本件の控訴審判決（東京高判平成21・11・18判例集未登載）では、懲役2年6月の実刑については原審を維持しつつ、追徴金額は「一審判決が株売買の一部を重複し追徴額を積算したとして、300万円を差し引」き、「15億5800万円」とした（共同通信同判決日付記事）。

Ⅲ 分析・検討

1 風説流布罪の検討

(1) 制 裁

風説流布罪（証券取引法・金融商品取引法ともに158条）の法定刑は、旧証券取引法では、5年以下の懲役もしくは500万円以下の罰金又はその併科であったが（旧証券取引法197条1項7号）、金融商品取引法制定時に、10年以下の懲役もしくは1000万円以下の罰金又はその併科に引き上げられた（金融商品取引法197条1項5号）。

また、同罪の「犯罪行為により得た財産」（198条の2第1項1号）、「前号に掲げる財産の対価として得た財産」、「権利の行使により得た財産」（同項2号）が没収・追徴の対象となる。

法人処罰両罰規定が適用された場合については「7億円以下」の罰金が規定されている（同法207条1項1号）。

更に、課徴金納付命令の対象でもある（同法173条）。

関連する犯罪の制裁として、財産上の利益を得る目的で風説の流布により変動または安定させた相場により有価証券の売買その他の取引を行った場合は、懲役10年以下及び3000万円以下の罰金とされている（同法197条2項）。

(2) 「風 説」

① 意 義

刑法上の信用毀損罪・業務妨害罪（233条）で

は「虚偽の風説の流布」というように「虚偽」との文言があるが、風説流布罪の構成要件には「虚偽」の文言はない。しかし、「少なくとも合理的根拠なくそれを語っているという認識は必要」とされる（河本一郎監修『（新訂版）逐条解説　証券取引法』940頁。神田秀樹監修『注解証券取引法』1141頁）。

② 裁判例

他の裁判例で、「風説」とされた事実として、テーエスデー事件判決（東京地判平成8・3・22判例時報1566号143頁）では、自社が関与しているエイズワクチンにつき、タイの大学と赤十字で臨床実験中、ワクチン製造の合弁会社設立、ロシアの大学から臨床試験・共同研究の要請を受けた、との事実に反する公表内容が「風説」に当るとされた。

ライブドア事件第1審判決（東京地判平成19・4・18判例時報2002号31頁）では、ライブドアマーケティング（LDM）の架空売上によって水増しした業績状況、及び、LDMとマネーライフとの株式交換の交換比率を1：1としたことにつき「第三者機関が算出した」との事実に反する公表内容が「風説」に当るとされた。

③ 本　件

本判決は、「風説の流布の罪の成立には、行為者が情報を伝播させるにつき、当該情報が虚偽であることまでの認識は必要ではなく、その情報に合理的根拠がないことを認識していれば足りると解される」と判示した上で、「被告人は、本件ニュースリリース等の当時、少なくとも、IP携帯電話サービスを予定通り実現することは著しく困難であり、本件ニュースリリース等の内容に合理的根拠がないことを十分に認識していた」と認定している。

(3) 「流　布」

① 意　義

「流布」とは、不特定多数の者に伝播させることを意味する（平野龍一編『注解特別刑法補巻(2)』115頁）。代表的な場面は、東証の適時開示情報伝達システム（TDnet）を通じて情報を伝達することを指す（岸田雅雄監修『注釈金融商品取引法【第3巻】行為規制』12頁）。ただし、記者会見など直接には特定少数の者に伝達する場合でも、それが不特定多数の者に伝達されることが通常想定される場合や、インターネット上の掲示板への書込みなど誰でもアクセスできる形で情報を提供する場合には「流布」に当る（長島・大野・常松法律事務所編『アドバンス金融商品取引法』954頁）。

② 裁判例

前掲ライブドア事件第1審判決ではTDnetでの公表が、前掲テーエスデー事件では東証内記者クラブ（兜倶楽部）での記者会見の実施が、東天紅事件（東京地判平成14・11・8判決時報1828号142頁）では、東京証券取引所内の記者クラブの幹事会社にFAX連絡したことが、「流布」に当るとされた。

③ 本　件

本件では、電気通信事業者協会事務所内で情報通信記者会所属の記者多数に対し第1回・第2回ニュースリリースを配布すること、その同内容の文章をJMNのホームページに掲載することが「流布」に当るとされた。

(4) 「有価証券の……取引……のため」又は「有価証券等の相場の変動を図る目的」

① 意　義

本罪は要件として「有価証券の……取引……のため」又は「有価証券等の相場の変動を図る目的」が必要となる目的犯である。本罪の成立については、行為者が有価証券取引を実際に行うかどうかは問わないため、裁判所が目的の有無の認定を行う場合、自白がなければ、行為者の動機その他諸般の状況から総合的に認定される。例えば、客観的事情と主観的事情を総合評価して、有価証券取引のため、相場変動目的のため、という以外に当該行為を行う合理的な根拠があるかどうかが問われる（河本・前掲941頁、神田・前掲1142頁、岸田・前掲13頁）。

また、「有価証券の……取引」には、有価証券上の権利の得喪、変更をもたらす一切の取引上の行為が含まれるとされている（大杉謙一「ライブドア事件判決の検討（下）」商事法務1811号17頁）。具体的には、有価証券の売買・交換、公開買付、新株予約権の行使・行使に伴う株式交付、取得請求権付株式の取得請求権の行使・行使に伴う取得対価の交付も含まれる（岸田・前掲12頁）。

「相場の変動を図る目的」とは、相場を高騰さ

せ、もしくは下落させる意図をいう。「相場」は、取引所の相場や店頭有価証券の相場に限らず、当該有価証券に市場性があり、当該銘柄に対する需給の動向が客観的に反映されたものであれば足りる（岸田・前掲13頁）。

② 裁判例

前掲テーエスデー事件判決は、スイスフラン建転換社債の償還のための資金調達に窮し、同転換社債の株式への転換を促すため、株式の価格を騰貴させようと考えたことが「有価証券の……取引……のため」に当たるとした。

前掲ライブドア事件第1審判決は、マザーズ上場のライブドアマーケティング（LDM）の株価を上昇させた上で、LDMがマネーライフ（ML）を完全子会社化する株式交換の結果としてMLの株主であるライブドアファイナンス（LDF）が取得するLDM株を売却し、その売却利益をライブドア本体の連結売上に計上することを企図しての「LDM株式の売買のため及び同株価の維持上昇を図る目的」がこれに当たるとした。

③ 本 件

本判決は、O工業株式の「売買のため」、及び、「その株価の上昇維持を図る目的」の双方を認定した。

2 没収・追徴の範囲

(1) 金融商品取引法（証券取引法）198条の2による必要的没収・追徴

基本法である刑法の19条1項・19条の2は、「没収することができる」「追徴することができる」と「任意的」没収・追徴の原則を定めている。

他方、金融商品取引法（証券取引法）198条の2は、この刑法上の原則と例外を逆転させ、第1項本文で原則として必要的没収とし、同項但書で「損害賠償の履行の状況その他の事情に照らし、当該財産の全部又は一部を没収することが相当でないとき」に任意的没収とするとの例外を定めている。また、同条2項は、没収できない場合の価額の追徴を定めている。

第1項本文の趣旨は、風説の流布等の犯罪行為により得た財産を犯人から残らず剥奪し、不公正な取引を抑止する趣旨とされている（本判決、志村化工事件判決（東京地判平成15・11・11判例時報1850号151頁）など）。

第1項ただし書の趣旨は、当該財産全部を没収、追徴することが犯人に過酷な結果をもたらす場合などには、その財産の全部又は一部につき没収、追徴しないことを許容する趣旨とされている（本判決、前掲志村化工事件判決など）。

風説流布罪と同様、犯罪抑止のための刑事政策的観点から不法収益剥奪の必要性が強い他の犯罪類型でも、必要的没収の原則が定められている（刑法197条の5・収賄罪の「賄賂」、金融商品取引法198条の2第1項本文・相場操縦罪、インサイダー取引罪の「犯罪行為により得た財産」、麻薬特例法11条1項本文の「薬物犯罪収益」、組織犯罪処罰法13条3項の「薬物不法収益等」など）。また、これらの収賄罪、相場操縦罪、麻薬特例法違反等の罪の没収規定も、必要的没収を定めつつ、「全部又は一部を没収することが相当でないときは、これを没収しないことができる」として任意的没収の例外を定めるという立法がなされている（国際的な協力の下に規制薬物に係る不正行為を助長する行為等の防止を図るための麻薬及び向精神薬取締法等の特例等に関する法律（以下、「麻薬特例法」という）11条1項ただし書など）。

(2) 買付代金相当額の控除の可否

風説流布罪、相場操縦罪、インサイダー取引罪など、金融商品取引法（証券取引法）198条の2による有価証券売却代金の没収・追徴が問題となる事案では、同条第1項ただし書を適用して、被告人の有価証券売却代金から有価証券買付代金分を控除した額を没収・追徴すべきかどうかが問題となる。

① 控除肯定説に立つ裁判例

キャッツ事件判決（東京地判平成17・2・8判例ID 28105093、相場操縦事例、被告人3名連帯で3億1082万円追徴）は、被告人が「現実に取得できる利益は……株式の売買差益相当額にすぎない」として、買付代金相当額の控除を行った。

前掲志村化工事件判決（相場操縦事例、1億2080万9000円追徴）は、「買付株式及び売却代金の双方を没収・追徴すると、実質的には同一株式を二重評価することになる」「実際に取得できるのは売買差益相当額に過ぎない」「合算額すべて

を必要的没収・追徴の対象とするのは、被告人らにとってあまりに酷」として、買付代金相当額を控除した。

本判決も、「被告人が現実に得ることのできる利益」は、Ｏ工業株売却代金額から買付代金額を控除した差額にとどまる、「売却代金相当額の全額を没収、追徴することは被告人にとって過酷に過ぎる」、として買付代金相当額を控除している。

② 控除否定説に立つ裁判例

他方、村上ファンド事件第１審判決（東京地判平成19・7・19判例ID28145217、インサイダー取引事例、被告人２名連帯で11億4900万6326円追徴）では、「198条の２は、違法な証券取引により得られた財産そのものを、その取得費用を含めてことごとく剥奪することにより、違法行為へ再投資されるのを防止し、もって違法な証券取引を抑止するという趣旨の規定」……「本件犯罪行為により取得した財産が当該Ｎ放送株そのものであり、これを基礎として追徴額が算定された以上、その全額が追徴されるべきであり……買付け額を控除した実現益相当額にその額を限定するのも相当ではない」……「被告人は本件犯行により多大な経済的利益を得たが、その後その利益を保持し続けている上、多額の個人資産も保有していることから、上記追徴額が同人にとって酷に過ぎるとは認められない。よって、裁量的減免は行わない」として、買付相当額の控除を否定した。

③ 麻薬特例法についての控除否定説の最高裁判決

金融商品取引法198条の２と類似した「薬物犯罪収益」についての必要的全部没収／例外としての裁量的減免を定める麻薬特例法11条１項の解釈においても、必要的没収・追徴の対象となる「薬物犯罪収益」から、薬物の「買付代金」を控除すべきかどうかという争いがあった。

しかし、最高裁平成17年7月22日判決（判例時報1909号128頁）は、「『薬物犯罪の犯罪行為により得た財産』とは、規制薬物の対価として得た財産そのものをいうと解すべきであるから、同法11条１項１号による没収や同法13条１項前段による追徴にあたっては、当該財産を得るために犯人が支出した費用等を控除すべきものではない」として、薬物の「買付代金」を含めた「当該財産を得るために犯人が支出した費用等」につき、控除否定説を採用した。

④ 私見

以下の理由から、私見では、控除否定説が妥当であると考える。

証券取引法時代は、不公正取引、風説の流布、相場操縦といった「反市場」的犯罪の法定刑は懲役５年以下、罰金は個人につき500万円以下、法人につき５億円以下であった。しかし、平成18年の金商法立法時に、これらの犯罪の法定刑は、懲役10年以下、罰金個人につき1000万円以下、法人につき７億円以下へと大幅に引き上げられた。つまり、これらの犯罪については、懲役刑を詐欺罪、業務上横領罪、覚せい剤所持罪・使用罪といった犯罪と同水準まで引き上げる立法がなされた。かかる立法がなされたことは、国民の規範意識として、従来、不公正取引、風説の流布、相場操縦などの犯罪が、倫理的には無色透明な「行政犯」的犯罪として捉えられていたものが、証券市場の発達、個人投資家や海外投資家の増加などの社会情勢の進展を背景として、これらの犯罪が刑法上の各犯罪と同じく、反社会性、実質的不法性が自明である「自然犯」に近い把握がなされたことを意味するともいえる。

「風説の流布・偽計」についてのSESCの告発実施数は、その母数自体は少ないものの、平成４年から平成14年までの11年間で７件であったものが、平成15年から平成21年の７年間では９件、すなわち、１年当たりの摘発件数が７年間で約２倍となっており、摘発の強化が図られている（SESCウェブサイト（http://www.fsa.go.jp/SESC/actions/koku_joukyou.htm））。このSESCの摘発の動向も国民の大方の支持を得ているといえよう。

ひとたび風説の流布が行われれば、不適正な株価の上昇及びその後の下落などにより、行為者以外の風説の流布の事実を知らない投資家が広範に大きな損失を被る危険性があり、その法益侵害性、侵害の危険性は、薬物犯罪によりもたらされる法益侵害よりも小さいということはない。

この点、本判決の評釈である鈴木優典「旧証券取引法158条における『風説の流布』と必要的没収・追徴の範囲」刑事法ジャーナル21号101頁は、「現在の有価証券取引等においては信用取引

等のレバレッジをかけて行う取引が行われ、取引額それ自体は現資産を大きく上回ることがしばしば生ずることを考慮すると、その場合に不正な取引によって得た売却代金といえどもその全額を没収・追徴することは犯人にとって酷である」として「買付代金を控除して没収することが適切であろう」とする。しかし、風説を流布し、その前後にレバレッジをかけて当該株式を取引した場合、不適正な株価の上昇幅や取引量が、レバレッジをかけない場合に比して大幅に増大することとなり、市場を混乱させる危険、他の投資家に損失を与える危険もまた大幅に増大することとなるから、むしろ、当罰性は高まると考えるべきである。

以上のような国民の規範意識の変遷及びその具体化としての風説流布罪の法定刑引上げに含まれる立法者の意思に鑑みれば、薬物犯罪においては薬物買付代金を控除せずとも「酷」ではないが、「反市場」的犯罪では有価証券買付代金を控除しなければ「酷」である、というような立法者意思はないものと考えられ、「反市場」的犯罪に関する没収・追徴についても、麻薬特例法の前述の最高裁判例と同様に考えることができる。したがって、198条の2第1項1号の「犯罪行為により得た財産」とは、風説の流布により当該株式の株価を引き上げた上で売却して得た「対価そのもの」であると考えられ、当該株式の買付代金は控除すべきでない。

IV 実務対応

1 取締強化の趨勢

前述のSESCの告発件数の増加に加え、平成21年1月26日以降、東証が、全国の証券会社、すべての自主規制機関、SESC、財務局等との間を専用線によるネットワークで結び、売買審査のための市場監視情報に係るデータの授受を電子的、一元的に処理するためのシステム「コンプライアンスWAN」の構築・運営を開始したことなどにより、摘発強化を支えるインフラ整備も進んでいる（東証ウェブサイト（http://www.tse.or.jp/news/200901/090127_b.html））。風説の流布やインサイダー取引がなされた場合の摘発の可能性は近時飛躍的に高まっている。

2 未確定情報を公表する企業にとっての指針

上場企業は、株価に重大な影響を与える可能性のある未確定の情報を公表する前段階において、その公表が風説流布罪に該当しないよう、公表内容が「合理的な根拠」があることを確認・検証する必要がある。

また、仮に、風説の流布ではないかとの嫌疑を受けた場合のディフェンスのために、「合理的な根拠」の有無の検証過程・検証結果（報告書やその報告書についての社内稟議についての徴憑など）を保存・管理しておく必要がある。前述の本判決の認定に見られるように、「風説」であるとの認識があったかどうかや、「有価証券の……取引……のため」、「有価証券等の相場の変動を図る目的」という目的要件の認定は、発表内容の真実性を裏付ける状況証拠の有無、株価の推移などから客観的に認定されることが多いからである。

3 役職員、子会社、出資先マネジメント

本件で風説流布罪に問われたのは、JMNの「実質的な経営者」と認定されている被告人であったが、JMNの親会社であるO工業は、平成15年3月以降「JMNのIP携帯電話技術が虚偽であった」旨の報道がされた（株式新聞同月19日記事）ことでリピュテーションに深刻なダメージを受けたと推測される。平成17年10月に被告人が証取法違反容疑で指名手配を受けたとの報道が出ると、「経営責任を明確にするため」O工業代表取締役は辞任している（同月4日同社リリース）。

また、平成22年6月23日には、O工業の株主が、JMNへの出資がO工業に損害を与えたとして、O工業役員を被告として代表訴訟を提起している（同月24日同社リリース。平成23年2月14日には原告は訴えを取り下げている・同月15日同社リリース）。

このように、O工業は、出資先であるJMN幹部が風説の流布罪で立件されることにより、代表取締役の辞任、代表訴訟の提起といった危機を招いたことになる。

以上のように、自社関係者が風説の流布に関与

することは、深刻なリピュテーションリスク、代表訴訟リスクを招く。これを回避するためには、①自社役職員が風説の流布を犯すことのないようにするための社内規程の整備、規程の周知、社員教育の実施や、②自社の株価にも影響を与える可能性がある出資の要請を受けた際の、出資先の提案内容の精査、出資先企業の役職員についての調査を尽くす必要がある。

5 投資家に誤解を生じさせる目的で仮装取引・馴合取引を行った事例—大阪証券取引所仮装・馴合取引事件（最判平成19・7・12 判例タイムズ1250号82頁）

弁護士　松井雅典

Ⅰ　はじめに

1　本件は、大阪証券取引所（以下、「大証」という）の幹部であった被告人が、関係者らと共謀の上、大証が開設する有価証券市場に上場されている株券オプション（予約完結権）を対象として、多数回にわたり株券オプション取引を行ったことにつき、かかる行為がオプションの付与又は取得を対象としない仮装取引等を行ったものとして、証券取引法（平成12年法律第96号による改正前のもの。以下、「証取法」という）違反の罪に問われた事案である。

2　証取法の規定

証取法159条1項柱書は、「何人も、他人をして証券取引所が上場する有価証券、有価証券指数又はオプションについて、<u>有価証券の売買取引等が繁盛に行われていると誤解させる等有価証券の売買取引等の状況に関し他人に誤解を生じさせる目的</u>を持って、次に掲げる行為をしてはならない。」と規定している（下線部は筆者によるもの。以下同じ。また、同条項柱書記載の目的を「繁盛等目的」という）。

そして、同条項3号は、「当該オプションにかかる有価証券オプション取引について、当該オプションの付与又は取得を目的としない仮装の取引をすること。」と、同条項8号は、「有価証券オプション取引又は上場有価証券店頭指数等に係る有価証券店頭オプション取引の申込みと同時期に、当該取引の対価の額と同一の対価の額において、他人が当該取引の相手方となることをあらかじめその者と通謀の上、当該取引の申込みをすること」と規定している。なお、同条項3号の取引を「仮装取引」、同項8号の取引を「馴合取引」という。

また、同法197条1項5号は、同法159条1項の規定に反した者に対し、「5年以下の懲役若しくは500万円以下の罰金に処し、又はこれを併科する。」と規定している。

3　株券オプション取引の仕組みについて

平成9年7月18日に、大証と東京証券取引所（以下、「東証」という）において、株券オプションが上場され、その取引が開始された。

大証に上場された株券オプションとは、原資産である個々の現物株式（原株）を、予め定められた期日に、予め定められた価格で、買い付ける権利（コールオプション）あるいは売り付ける権利（プットオプション）をいう。オプションの買い手は、このような権利を取得する対価として、売り手に対し「プレミアム」と呼ばれるオプション料を支払う義務がある。

株券オプション取引の決済方法には、反対取引（転売や買戻し）、権利行使、権利放棄の3種類がある。新規の売付け及び買付けは、それぞれ建玉として算定され、その決済の方法は、反対取引による方法とオプションの買い手による権利行使又は権利放棄による方法があり、これらのいずれかを行わない限り解消されることはない。

また、自己両建取引とは、同一人が、同じ銘柄の株券に対する購入と売却のオプションを同時に同じ価格で取得する取引をいう。

Ⅱ　事実の概要

1　本件に至る経緯（注1）

(1)　大証は、東証への一極集中の傾向により、

現物株においては、東証に対して圧倒的に劣後する状況が続いたことから、東証に対抗するため、昭和63年以降、いわゆる日経225等の金融派生商品（デリバティブ）に市場としての活路を見出すようになった。しかし、バブル経済の崩壊以降、デリバティブ商品が現物株の株価を押し下げているとの先物悪玉論が叫ばれて、平成4年12月以降、大証の主力商品であった日経225が規制を受けるようになり、大証は、経営的にも苦境に立たされるに至った。大証は、諸外国で認められていた株券オプションを日経225に代わる再生の切り札として、大証に独自上場させようと、大蔵省（当時）に働き掛けたが、東証の巻返しに遭い、結局、同省の裁定により、大証と東証の両市場で株券オプション取引が行われることとなった。

(2) 平成9年7月、大証と東証にそれぞれ株券オプションが上場されて取引が開始された際、両市場に重複して上場されたのは、S社を含む7銘柄の原株についての株券オプションであった。

株券オプション市場の取引開始に先立ち、大証の専務理事であった被告人は、大証の元職員で大証の関連会社の総務部長であったAに、同人を社長とするR社を設立させ、同社に指示して株券オプション取引の発注をさせようと考えた。

(3) 同月18日の取引開始の初日は、出来高の合計こそ大証のそれが東証のそれを上回ったものの、重複して上場された銘柄の中には東証の出来高が多いものがあった。また、この日は、R社は取引に参加しなかった。

被告人は、同月22日、R社に対し株券オプション取引の発注を断続的に指令し、これを受けて、R社は、S社の株式についての株券オプションを取引して、他の投資者との間で合計185単位の買いと64単位の売りの取引を成立させ、自己両建で合計200単位（両建のため、出来高としてはこの2倍の400単位）の取引を成立させた。

同月23日以降、被告人は、大証先物総務課員やシステム総務課員にR社への発注の指令を行わせた。

(4) 同年8月、被告人は、Bを総合企画部部付部長に異動させて、R社への発注の指令を担当させることとし、以後、Bがこれに当たるようになった。

同月18日、R社からの発注を託されていたK証券が、既に保有しているS社の9月を限月とする権利行使価格1万1000円のプットオプションの建玉10単位を成行売りし、同時に同じプットオプション10単位を成行買いする旨のR社の発注について、仮装取引の疑いがあるとしてその受託を拒否し、これを受けて、被告人は、Bとの間で、新規と新規ならよく、同時に同じ値段で取得したオプションの建玉を解消するのでなければ、戻しと戻しの取引もよいと相互に確認した。

(5) 平成10年1月7日、被告人はBに対して、「レッグを立てろ（売建玉は買い向えのために、買建玉は売り向えのために）。」などという表現を用いて、両建取引をするにしても、その後それぞれの建玉を独立して使って売り崩していき、大証市場の株券オプション取引の流動性を高めるよう指示した。

(6) 当時、大証では、立会場における取引の廃止を含む市場内媒介制度の見直しを進めており、その一環として、被告人は、N証券（立会場における取引において市場内媒介を専属的に行っていた証券会社）を解散した際の職員の受け皿の1つとして、新たな証券会社を設立する準備を進めていたが、更に、新証券会社に株券オプション市場の振興に協力する役割を担わせようと考えた。その証券会社の設立の目途が立った平成10年6月、被告人は、先物オプション部長に復帰することが内定していたBに、建玉を整理するよう指示した。

(7) 同年11月16日に、上記の新証券会社であるND証券が設立され、その頃、被告人は、同社の社長に内定していたC（元大証常務理事）に対し、「R社からの注文にND証券が自己勘定で向かえ。」などと指示した。同社が実際の営業を開始した同年12月21日以降、R社は、ND証券やK証券を通じて株券オプション取引を行い、平成11年2月以降は、ND証券を通じてのみ取引を行うようになった。

ND証券は、R社の注文を受託しつつ、これに自己勘定で対当するのみならず、ND証券自身の勘定での両建取引も行うようになったが、同年夏ころ、同社の社長であるCが被告人を訪れ、自己勘定での両建取引を続けることに難色を示した。これに対し、被告人は、「こっちの言ったとおり

やってくれ。」などとCに伝えた。

平成10年12月21日以降のR社やND証券の株券オプション取引の状況は、別紙一覧表（略）記載のとおりである。なお、R社やND証券に発注の指令を行う者は、順次、B、D、E、F、そして再びBへと代わっていった。なお、平成11年6月15日に被告人は大証の副理事長となっている。

(8) 平成12年3月、大証の理事会において、被告人が、理事会の承認を経ずに、R社やND証券等の大証関連会社を設立していることなどを問題視する声が上がり、同月23日をもって、R社がND証券を通じて株券オプション取引を行うことが終了した（注2）。

2　公訴事実の要旨（原原審から引用）

被告人は、大阪市中央区北浜（番地略）所在の大阪証券取引所の副理事長（平成11年6月15日以前は専務理事）として、理事長を補佐して同取引所の業務全般を掌理していたものであるが、同取引所が開設する有価証券市場に上場されている株券オプションにつき、投資家にその取引が繁盛に行われていると誤解させようと企て、ほか数名と共謀の上、いずれも同取引所において、

(1) 平成10年12月21日から平成11年10月28日までの間、252回にわたり、合計3万7931単位の株券オプションにつき、ND証券ないしはK証券株式会社を介したR社の委託注文同士又はND証券の自己勘定による注文同士で、オプションの付与又は取得を目的としない仮装の取引をし、

(2) 平成10年12月21日から平成12年3月23日までの間341回にわたり、合計7万2624単位の株券オプションにつき、予めR社の発注担当者とND証券の発注担当者が通謀の上、ND証券を介したR社の委託注文の発注と同時期に、ND証券の自己勘定による注文がその相手方となるべく、それと同一銘柄の株券オプションにつき、同価格の発注を行い、

もって、有価証券オプション取引の状況に関し他人に誤解を生じさせる目的をもって、オプションの付与又は取得を目的としない仮装の有価証券オプション取引を行うとともに、有価証券オプション取引の申込と同時期に、当該取引の対価の額と同一の対価の額において、他人が当該取引の相手方となることを予めその者と通謀の上、当該取引の申込みをした。

III　法律上の問題点

本件における法律上の問題点は、①株券オプションの新規の両建て取引又は保有する株券オプションの売建玉と買建玉を同時に解消しようとする両建取引（以下、「自己両建取引」という）が証取法159条1項3号の「仮装取引」に該当するか、②被告人に同項柱書規定の「繁盛等目的」があったか否かである（注3）。

なお、上記公訴の事実要旨(2)記載の事実につき「馴合取引」に該当すること自体は検察官、被告人間で争いなかったため、同事実については、②の争点のみが問題となった。

IV　判　旨（判文中「法」とは証取法を指す）

1　第一審（大阪地判平成17・2・17判例タイムズ1185号150頁）

(1) 結論（判決主文）
<u>被告人は無罪。</u>
(2) 争点①について
<u>自己両建取引の「仮装取引」該当性を否定。</u>

① 「法159条1項3号は、「オプションの付与又は取得を目的としない仮装の有価証券オプション取引」等についての規定である。現物株の仮装売買について定める同項1号は、「権利の移転を目的としない仮装の上場有価証券の売買」と定めており、現物株の仮装売買は、株式が全く移動せず、その結果、当該取引の前後で権利関係に何の変化もない取引であるといえる。しかしながら、株券オプション取引の新規の自己両建取引は、売買の各注文者が同一人である点では現物株の仮装売買と同様であるものの、株券オプション取引の特質上、いわゆる売建玉と買建玉とが発生することになる。そして、その売建玉と買建玉とは同時に処分されなければならないものではなく、別個に転売などにより処分され得るものである。ま

た、その売建玉と買建玉とは、当然に運命を共にして最終的に両者が対当して決済され消滅するものでもない。実際に、証券取引特別調査官作成の資料入手報告書（甲14）によれば、例えば、権利行使日における決済方法は、事前に定めた公正・公平な方法により証券会社内で権利行使の割当処理を行うとされており（前記報告書添付の冊子写し31頁）、これは、事前に定めた方法で機械的に割り当てるという意味であると解され、新規の自己両建取引によって発生した売建玉と買建玉とが権利行使時に必ず対当させられるとは限らないのである。つまり、株券オプションの新規の自己両建取引により、それ以前にはなかったオプション（予約完結権）という権利が新たに発生するのであり、既に存在する株式について見掛けだけの売買をする現物株の仮装売買とは様相を異にするというべきである。売建玉と買建玉とを同一人が保有する場合、株券オプションの権利者と義務者が同一人であるものの、その権利者としての地位と義務者としての地位がそれぞれ別個に処分され、別個に消滅し得る以上、両建取引以前の何もなかった状態と同視することはできず、新規の自己両建取引自体が直ちに法159条1項3号に該当する取引であると解することはできない。」

② 「また、自己の保有する株券オプションの売建玉と買建玉とを同時に解消しようとする両建取引（埋めの自己両建取引）も、新規の自己両建取引によって生じた売建玉と買建玉の決済手段の一つと位置づけ得るものである上、それまであった株券オプションの権利を消滅させるという、取引前とは異なった状況に導く取引であるから、やはりそれ自体は、上記条項に該当する取引ではないと解すべきである。」

(3) 争点②について（注4・注5）

被告人の「繁盛等目的」を否定。

① 「証取法159条に関する従前の解釈をみると、同条が全体として相場操縦の禁止を目的とし、1項が個別の擬制的売買による相場操縦を、2項が一連の現実的売買による相場操縦をそれぞれ禁止する規定であると学説上理解されてきたことが明らかである。

また、我が国の証取法の母法といえるアメリカ合衆国の証券取引法においても、我が国の159条に対応する条文（9条a項）が相場操縦禁止規定と一般的に理解されていることが明らかである」。

そして、証取法159条2項1号において、「変動操作に典型的にみられるような相場操縦行為を、投資家に不測の損害を被らせる危険があり、自由で公正な市場の形成を妨げるとして、最も重い法定刑をもって規制しているが、同条1項において、1回的な馴合取引についても上記の相場操縦行為と同等の法定刑をもって臨んでいるのは、それに匹敵する違法性を備えている行為、換言すれば、同条2項1号と同様に、投資者に不測の損害を被らせる危険があり、自由で公正な市場の形成を妨げる行為であるからに他ならないと考えられる。こうした見地からすれば、取引が繁盛であると他人に誤解させる行為であっても、価格に対して中立的であって相場操縦の目的を伴わないものは、必ずしも投資者に不測の損害を被らせる危険があって、自由で公正な市場の形成を妨げるものとはいえない。確かに、同条1項の文言上は、相場操縦の目的とか価格操作といったことを明確に示すものは存在しないが、前記の法の趣旨等にかんがみれば、従前から学説において説かれているように、同条1項は、相場操縦の目的をもってする仮装売買、馴合取引等を規制の対象とするもので、同項にいう繁盛等目的があるというためには、これらの行為が相場操縦の目的で行われることを要すると解するのが相当である。」

② 証取法197条2項は、「単に157条ないし159条1項ないし3項に違反した場合に比して、懲役刑の上限は変わりないものの、罰金刑の多額が引上げられ、しかも懲役刑と罰金刑の必要的併科とされているのである。このうち、法159条3項の安定操作違反の行為を除外して考えると、197条2項は、157条ないし159条1項及び2項違反の行為をした者が、財産上の利益を図る目的で、現実に相場を変動させた上、そのような行為によって人為的に形成された相場によって現実に取引を行った点を捉えて、懲役刑の上限を変更することなく、罰金刑の重科及び必要的併科を定めたものと理解することができる。」これは、上記各違反「行為自体に対する基本的評価は変わらないものの、相場操縦によって得た財産上の利益を剥奪する趣旨で、上記の加重処罰を定めたものと

解される。そして、法197条2項が、上記の場合に、典型的な相場操縦である159条2項違反の行為のみならず、同条1項違反の行為を157条及び158条違反の行為と並んで、上記の加重処罰の対象としているのは、159条1項違反の行為を同条2項違反の行為等と並んで、基本的に同等の評価を受けるべき行為、すなわち相場を変動させるべき行為の一環であると位置づけたことによるものと考えられる。このように、立法者は、法159条1項も同条2項等と並んで相場操縦の禁圧を目的とする規定であるとの理解の下に、197条2項においてその加重処罰を定めたことがうかがえる。

以上の検討によると、法159条1項自体に相場操縦の目的を明示する文言はないものの、197条2項等をも併せて考慮すれば、159条全体が相場操縦の禁圧を目的とする規定と位置付けられることは明らかである。」

③「したがって、<u>法159条1項柱書にいう繁盛等目的とは、相場操縦すなわち価格操作の目的を含むものでなければならないと解すべきことになる。</u>」

2　原審（大阪高判平成18・10・6判例時報1959号167頁）

(1)　結論（判決主文）
<u>1審判決を破棄する。</u>
<u>被告人を懲役1年に処する。</u>
<u>この裁判が確定した日から3年間その刑の執行を猶予する。</u>
1審の訴訟費用は全部被告人の負担とする。

(2)　争点①について
<u>自己両建取引の「仮装取引」該当性を肯定。</u>

①「検察官が仮装取引であると主張する本件の<u>各株券オプション取引は、新規の自己両建取引又は埋めの自己両建取引といわれるもので、同一人が、同じ銘柄の株券に対する買い（コール）と売り（プット）のオプション（あらかじめ定められた期日にあらかじめ定められた価格でその株券を購入又は売却する権利）を、同時に、同じ価格で、取得するという取引であり、その結果として、取引の前後を通じてオプションの取得状況につき何ら変動を生じないことに帰するから、オプションの付与又は取得を目的としない仮装の取引であると</u>いうべきである。オプション取引はオプションそれ自体を取引の対象として完結するものであるから、その後においてオプション上の権利義務関係が存続しこれらが各別に処分されうるという事情はオプション取引自体の仮装性の判断に影響しないというべきである」。

②「<u>このような取引は、現物株の売りと買いを同時に行う場合同様、原則的にはこれを認める必要性に乏しく経済的合理性を欠くといわねばならない上、出来高という市場に関する重要な情報につき偽装を加えるものであるから、これを禁じることに差し支えはなく、むしろ必要性がある</u>といえる。証券取引法159条1項1ないし3号の立法趣旨及び改正の沿革も上記判断にそうものである。両建取引が投資者の利益獲得の手法として有効とされる場合のあることは認めるとしても、それはオプションの付与又は取得を目的としない仮装取引に当たるものの、繁盛等目的を伴わないから不可罰であり、上記解釈の正当性を何ら左右しない」。

(3)　争点②について
<u>被告人の「繁盛等目的」を肯定。</u>

「一審判決の認定した事実を前提とすれば、被告人は株券オプションの価格を操作する目的ではなく、その出来高を操作する目的しか有していなかったというのであるが、そうであっても<u>出来高は重要な市場情報であって、実際の需要に基づかない架空の取引で活発な取引が行われていると他人に誤解させることによる弊害は十分に認められる</u>。ことに株券オプション取引においてはオプションの価値は時間の推移によって大きく左右されるのであり、このことにかんがみれば、実際の需要に基づかない架空の出来高を信頼してオプション取引に参入した者の被る損害は決して小さいとはいえない。明文の規定がないにもかかわらず、価格操作の目的がなければ繁盛等目的の要件を充たさないと解すべき理由は存しない。なるほど価格操作の目的を伴わない仮装取引又は馴合取引が処罰された例はこれまで見当たらないとしても、本件は証券取引所の職員によってなされた出来高を仮装するという他に例を見ない類型の事件であり、そのような例がこれまでなかったからといって、そのことが本件において繁盛等目的を認

めることの妨げにはならない。」

3 本決定（最決平成19・7・12判例タイムズ1250号82頁）

(1) 結論（決定主文）
本件上告を棄却する。

(2) 争点①について
自己両建取引の「仮装取引」該当性を肯定。

「自己両建ての有価証券オプション取引も、上記「オプションの付与又は取得を目的としない仮装の有価証券オプション取引」に当たると解すべきであって、同取引の結果として売建玉と買建玉が発生し、これらが後に別々に処分され得ることは、その解釈に影響を及ぼさないというべきである。」

(3) 争点②について
被告人の「繁盛等目的」を肯定。

「被告人が大阪証券取引所の株券オプション市場全体の出来高を引き上げる意図であったとしても、現実に行われた取引は、特定の銘柄の出来高の操作にほかならない。そして、このように出来高が操作された場合に生じ得る弊害等にかんがみれば、出来高に関し他人に誤解を生じさせる目的も、上記「取引が繁盛に行われていると誤解させる等これらの取引の状況に関し他人に誤解を生じさせる目的」に当たり、特定の銘柄についての価格操作ないし相場操縦の目的を伴わない場合でも、本罪は成立すると解すべきである。」

Ⅴ 分析・検討

1 「仮装取引」について

(1) 学説における説明
① 一般的な定義
「原則的には、同一人が取引所市場において同一売買取引について両当事者となるような売買取引」（馬場義宣『注釈特別刑法五（経済法編）』1277頁）。

② 有価証券オプション取引における自己両建て取引について
・「仮装取引」に該当しないとの学説
「同一銘柄・同一数量のオプションが同時に買い建てられ、売り建てられてもそのこと自体は、なんら仮装ではない。正当なオプション取引である」（河本一郎＝大武泰南『証券取引法読本』318頁）。

・「仮装取引」に該当するとの学説
「両建取引は市場における価格変動リスクを取らない取引であり、実質的にはオプションの付与または取得を目的としない仮装の取引と解すべきである」（神崎克郎＝志谷匡史＝川口恭弘『証券取引法』949頁）。

(2) 本件各判決及び本決定について
① 原原審判決の理由について
上記のとおり、原原審判決は、主に、成立した売建玉・買建玉を後から別個に処分し得ることを理由として、株券オプション取引の自己両建取引が「仮装取引」には直ちに該当しないとしている。

この理由づけについては、原審で取り調べられた黒沼悦郎教授の意見書によると「株券の仮装売買の後に、取得した株券を転売できるからといって、最初の売買の仮装性が否定されないのと同様に、オプション取引の仮装性が否定されることはない。」と指摘し、また、「1審判決の解釈をとると法159条1項3号に該当する行為はおよそ考えられなくなり、同号は空文となる。そのような解釈は不合理であり、法の趣旨を没却するものといわなければならない。」と指摘されている（『最高裁判所判例解説』法曹時報61巻7号321頁〔松田俊哉〕）。そして、自己両建取引により成立した売建玉・買建玉としての各株券オプションの処分可能性と、同取引が仮装取引に該当するか否かは別問題であると思われる。

とすれば、黒沼教授の前段の指摘のとおり、その後の取引態様などにより、「繁盛等目的」が否定されることがあるとしても、取引当時の仮装性を否定することは困難ではないかと思われる。

更に、原原審判決は、本件における馴合取引についてはその該当性を肯定しつつ、「仮装取引」についてはこれを否定しているところ、自己両建取引はいわば「究極の馴合取引」であるのに、通常の馴合取引は規制され得るが、自己両建取引は記載されないというのは、不合理であるとの指摘もあるところである（前掲・最高裁判例解説）。

なお、民事判決において、両建取引を違法でな

いと判断したものがあるが（東京地判平成9・2・25判例時報1625号66頁）、ここでいう「違法」とは原告に対する不法行為の正否における「違法」であり、刑事上の「違法」とは相対的に内容が異なる可能性があり、また、同判決では原告に両建てを勧めたこと自体の違法性（説明義務違反の有無）が争点となっていたことに鑑みれば、同判決の存在をもって直ちに本事例の「仮装取引」該当性が左右されるものではないと解される。

② 原判決及び本決定の理由について

原判決は、本件で行われた自己両建て取引（注6）が、その結果として取引の前後を通じてオプションの取得状況につき何ら変動を生じないことから、「仮装取引」であるとし、その後においてオプション上の権利義務関係が存続しこれらが各別に処分され得るという事情はオプション取引自体の仮装性の判断に影響しないというべきである、自己両建取引は、これを認める必要性に乏しく、出来高という市場に関する重要情報に偽装を加えるものであるから、これを禁じる必要性があることを挙げている。本決定も、自己両建取引の結果として売建玉と買建玉が発生し、これらが後に別々に処分され得ることは、その解釈に影響を及ぼさないと述べ、自己両建取引の「仮装取引」該当性を肯定している。

まず、自己両建取引の合理性、これを規制すべき必要性について検討すると、自己両建取引を行う者にとっては、一旦売りと買いの両建てのポジションを得て、その後の市場の動向により、売建玉を買い戻し、買建玉を転売する等、その取引展開の可能性を広げるという意味において有益であるとの指摘があり（注7）、また、原審判決も、投資者の利益獲得の手法として有効とされる場合のあることは認めるところである。

しかしながら、ここでいう自己両建取引の有用性は実際に同取引を行う者にとっての有用性であって、特段市場全体について何らかの有用性をもたらすものであるとの指摘ではない。

むしろ、新規の自己両建取引が行われ、取引を行ったものがその後何らの行動も起こさないうちは、同取引は、何ら実体を伴わないものであり、それにもかかわらず市場に対しては、実体の伴わない取引高情報がもたらされるのである（この点は取引を行った者が、その後何らかの決済行動を起こしたとしても同様である）。

原審判決が「繁盛等目的」の解釈理由において述べるとおり、自己両建取引の結果、実体を伴わない取引高情報がもたらされた場合、これを誤信した他の投資者が損害を被る可能性があり、その損害も小さいものであるといい切れないことからすれば、自己両建取引に経済的な有用性が認められるとしても同取引を規制すべき必要性は否定されないと思われる。

そして、上記のとおり、自己両建取引の「仮装取引」該当性と、その後の処分可能性は別問題であることからすれば、原判決及び本決定のように同取引の「仮装取引」該当性を肯定した上で、「繁盛等目的」の有無によって可罰的行為とそうでない行為を振り分けていくことが、公正な市場の形成を目的とする証取法の趣旨に資するものと思われる。

(3) 当てはめについて

本決定及び原判決は、自己両建ての有価証券取引（本決定によれば「ある者が、特定の銘柄のオプションを一定数量付与し、これと同時期に、同一銘柄のオプションを同数量取得する取引」をいう）自体がそのまま「仮装取引」に該当することを示したものである（なお、原原審の考え方からすると、「直ちに法159条1項3号に該当する取引であると解することはできない」としていることからすると、自己両建ての有価証券取引の場合原則として、「仮装取引」に該当せず、建玉の処分態様などによって例外的にこれに該当すると解することになろうか）。

よって、自己両建ての有価証券オプション取引を行った場合には、下記の「繁盛等目的」が否定されない限り、同取引に該当することのほか、特段のあてはめを要することなく証取法159条1項に該当することとなる。

2 「繁盛等目的」について

(1) 学説の状況について

本件では「繁盛等目的」に相場操縦目的がある場合に限定されるべきか否かが問題となっているが、従来の学説においては、仮装取引等の事例における行為者の目的はほぼ当然に相場操縦にあることを前提としており、このような問題点につい

ては特に触れられていなかった。

もっとも、従来の学説においても相場操縦目的外行為は「繁盛等目的」から除外するとの解釈もとられていなかったようである。

例えば、注解特別刑法補巻(2)92頁〔土持敏裕、榊原一夫〕では、「繁盛等目的」の意義につき、「取引が頻繁かつ広範に行われているとの外観を呈する等当該取引の出来高、売買の回数、価格等の変動及び参加者等の状況に関し、他の一般投資者に、いわゆる実需によりそのような取引の状況になっているものと誤解させることの認識を意味する」とされており、特段限定解釈などはされていなかった。

(2) 本件各判決及び本決定について
① 原原審判決の理由について

上記のとおり原原審判決は、「繁盛等目的」が従前相場操縦目的を前提に議論されてきたこと、かく解することがアメリカ合衆国における解釈に整合的であること、1回的な行為を定めた証取法159条1項が同条2項の定める典型的な相場操縦行為と同じ法定刑を定めている趣旨、相場操縦の場合に比べて取引高のかさ上げの場合に投資者の被る損害がはるかに小さいことから、「繁盛等目的」は相場操縦目的を含むものでなければならないと限定解釈している。

従来の議論に関しては、確かに、「繁盛等目的」の意義につき、相場操縦を念頭においてなされており、本件のように証券取引所が仮装取引ないし馴合取引をするような極めて特異な場合を念頭において議論されたことはなかったと思われる（注8）。

しかし、明確に本件のような目的しか有しなかった場合は「繁盛等目的」から除外するという学説は存在しなかったことは、単に本件のような事態が想定されていなかったに過ぎないのではないかと思われ（注9）、そうであれば、従前の学説状況から、「繁盛等目的」を限定解釈することは困難ではないかと考える。

また、アメリカ合衆国における解釈についても同様であるし、他国の解釈が必ずわが国において妥当されるべきものでもない以上、この点も限定解釈の理由たり得ないのではないかと思われる（注10）。

次に、原原審判決が理由づけとして用いている法定刑の比較による解釈及び投資者の被る損害については、取引高のかさ上げによる弊害をどのように捉えるかに関わってくると思われる。すなわち、原原審判決は、かかる弊害を小さなものと捉え、1回的な仮装取引、馴合取引はそれほど可罰性が高くないという解釈を前提にしていると思われるからである。

そして、この点についてみると、取引高のかさ上げが行われた場合、投資者は、その市場に注文すれば取引が成立する可能性が高くなると誤信することとなる。特に反対売買によって決済することができる有価証券オプション取引においては、反対売買をなし得るかどうかも重要な考慮点となる。

それにもかかわらず、上記誤信により反対売買または商品の売却により決済をなし得ると考えて注文を行った投資者にとっては、かかる決済をなし得なくなるという不測の損害が発生する可能性がある（注11）。そして、1回的取引であってもその取引額によってはその不測の損害が大きくなることも十分にあり得ることである。

とすると、原原審判決が指摘するほど、取引高のかさ上げのかさ上げは弊害の少ないものといい切ることができるのかについては疑問の残るところであり、この点を前提とした法定刑の比較による解釈、投資家の被る損害の大きさは「繁盛等目的」の限定解釈を行う理由づけとしては弱いのではないかと思われる。

以上の点からすると、原原審判決の摘示する各事実はいずれも「繁盛等目的」を限定解釈するための必要性を裏づける理由として十分ではないのではないかと思われる。

② 原判決及び本決定の理由について

原判決は出来高が重要な市場情報であって、架空の取引により活発な取引が行われていると他人に誤解させることによる弊害が十分に認められること、特に株券オプション取引においては時間の推移によって大きく左右されるのであるから、架空の出来高を信頼して取引に入った者の損害は小さいものではないことなどから、「繁盛等目的」の限定解釈を否定し、本決定も出来高の操作による弊害から限定解釈を否定している。

上記のとおり、取引高も投資者が取引に入るか否かを検討する上での重要な考慮要素であることからすれば、これが不当に操作された場合、投資者の被る損害はやはり大きなものと思われる。

また、文理解釈としても、「繁盛等目的」は特段価格操作・相場操縦目的に限定すべきことを求めていないこと、原原審判決の摘示する理由が限定解釈の必要性を裏づける理由として十分ではないのではないかとの疑念が残ることからすれば、「繁盛等目的」は特に限定解釈を行う必要性はないように思われる。

(3) 当てはめについて

本件においては、被告人には相場操縦目的はなかったものの、出来高のかさ上げ目的があったこと自体が前提となっていた。

そして、原判決及び本決定は上記のとおり、「繁盛等目的」の限定解釈しないことを明示した上、出来高が操作された場合に生じ得る弊害（原判決は投資者の被る損害が小さいものとはいえないと判示している）を考慮し、出来高のかさ上げ目的も「繁盛等目的」に該当すると判示している。

かかる判示は、「繁盛等目的」については、当てはめ段階においてこれに該当しない余地を残したものとも解され、そうであればどの程度の認識、目的であればこれに該当しないかについては検討の余地があると思われる。

そして、原判決、本決定が、市場ないし他の投資者への影響度合いを検討して「繁盛等目的」に該当するとしていることからすれば、当該取引の頻度、取引額、自己利益追求性などが一応同目的の有無を判断する際の基準になると解される。

Ⅵ 実務対応

本件は、被告人が証券取引所の幹部であり、かつ、通常の仮装取引等と異なり、価格操作等の目的ではなく、同取引所の出来高をかさ上げする目的で行為に及んだという特異な事例であり、原原審判決が指摘しているとおり、従来の学説などが、かかる事例を想定した議論がなされていたとはいい難い。

もっとも、本件において原審及び本決定により、自己両建による有価証券オプション取引が仮装取引に該当し、繁盛等目的が認められる限り違法と評価されることが明らかとなった。

そして、「繁盛等目的」についても、最高裁により限定解釈の可能性が否定されたため、株価操縦目的を有していなかったとしても、同目的が認定され得ることも明らかとなった。

本決定を受けた実務対応として考えられる点としては、自己両建て取引を行う投資者又はこれに関わる企業において、同取引が仮装取引に該当することとなることから、「繁盛等目的」を疑われることのないような行動を心がけることが必要となると思われる（証券取引所の幹部が本件のような行為を行わないことは当然である）。

なお、証取法は平成19年9月末日から金融商品取引法に引き継がれ、本決定で問題となった規定も同法に引き継がれていることから、本決定の解釈は金融商品取引法下においても妥当すると解される。

(注1) 概ね原原審の認定による。もっとも、検察官の控訴理由は法律解釈適用の誤りであり、弁護人の上告理由には事実誤認も主張されていたものの、本決定においてこれが採用されていないため、原判決、本決定における認定事実もこれを前提にしていると解される。

(注2) その後、証券取引等監視委員会による犯則事件の調査が行われ、この結果、被告人の上記行為につき、証取法197条1項5号・207条1項1号・159条1項3号及び同項8号に該当するとして、平成15年8月5日付けで大阪証券所等について行政処分等を行うよう勧告している。

また、同委員会は、平成15年7月25日付で被告人を証取法（株価操縦）の疑いで、大阪地検に告発した。これを受けて、大阪地検が被告人を起訴している。

(注3) 事実上の争点としては、被告人が他者に対し公訴事実の行為を指示して行わせたものであるか否かという点も問題となったが、本稿では割愛する。同争点については原原審において、被告人の指示が認定されており、その後も上級審において同判断は維持されている。

(注4) 公訴事実の要旨②に係る取引が証取法159条1項8号の馴合い取引に該当することに争いなく、また、原原審は、被告人の目的が出来高において東証を上回ることにあり、株券オプション各銘柄の価格が被告人の関心事でなかったことは証拠上も明らかであるとしている。そして、後者の

認定についてはその後も上級審において維持されている。
(注5) 原原審において、弁護人は、森田章教授、大武泰南元教授の意見書を証拠提出した上、証取法159条1項に該当するには、相場操縦の目的がなければならないから、この目的に欠ける被告人は不可罰であると主張していた。
(注6) 黒沼悦郎教授は、原審判決が、自己両建取引を、同一人が同じ銘柄の株券に対する買い（コール）と売り（プット）のオプションを同時に同じ価格で取得するという取引であると述べている点は誤解に基づくものであり、コール・オプションについて買いと売りを建てる行為、またはプット・オプションについて買いと売りを建てる行為が、それぞれ自己両建取引であると指摘されている。（「有価証券オプション取引に係る相場操縦行為」金融・商事判例1295号2頁）
(注7) 鈴木優典教授は、このような自己両建取引の有益性から、直ちに客観的に違法性があるということはできないと述べられている（「株券オプション取引での自己両建取引における仮装取引の成否と仮装取引における繁盛等目的における株価操縦目的の要否」刑事法ジャーナル11号150頁）。
(注8) 平成4年1月20日証券取引審議会不公正取引特別部会中間報告「相場操縦的行為禁止規定等のあり方の検討について」において、159条の趣旨につき、「本来正常な需給関係によって形成されるべき相場に作為を加える詐欺的な取引を禁止（するもの）」と説明されていた。
(注9) 従前の学説の状況については、黒沼悦郎教授は、前掲文献において、そもそも、「繁盛等目的」が従前相場操縦目的を前提に議論されていたという点については、馴合取引等の目的要件を価格操作ないし相場操縦の目的と解するものはなかったと複数の文献を挙げて指摘されている。また、159条1項と2項の比較についても、取引行為の性質の差によって要件に差がつけられていると説明されている。
(注10) 加賀讓治教授は、アメリカ合衆国の証券法の考え方からしても、価格操作の目的はなくとも、証券取引が活発に行われているとの誤解を与えようとする行為は、むしろ自由市場をみだりに触る行為であり、許されるものではないというべきであると指摘されている（「判例研究 大阪証券取引所の役員による株券オプション取引におけるいわゆるクロス取引が証券取引法上の仮装取引に該当し、その他の取引も繁盛等目的のある馴合取引であるとされた事例」創価法学37巻1号259頁）。
(注11) 芳賀良教授は、平成18年の旧証取法の改正において、インターネット取引では顧客に時価情報のみならず注文に関する気配情報も一定程度提供されていることに着目し、気配情報を利用した見せ玉も相場操縦規制の対象としており、金融商品取引法においても、出来高や気配情報を操作する行為が、価格変動を伴わないものであっても、相場操縦の一類型として規制する立場を継受していると述べられている（「有価証券オプション取引と相場操縦の要件」ジュリスト1354号124頁）。

6 銀行頭取による信用保証協会に対する背任罪の成否――北國銀行事件（最判平成16・9・10刑集58巻6号524頁）

弁護士　土平英俊

I　事案の概要

1　当事者

被告人は、株式会社北國銀行（以下、「北國銀行」という）の代表取締役頭取である。石川県信用保証協会（以下、「信用保証協会」という）の理事や石川県銀行協会の会長なども務めていた。

Aは、本件当時、信用保証協会の代表権を有する専務理事として、業務全般を統括執行していた者、Bは、本件当時、信用保証協会の常務理事であり、専務理事を補佐して信用保証協会の業務を処理していた者、Cは、本件当時、信用保証協会の常勤理事であり、専務理事、常務理事を補佐して信用保証協会の業務を処理していた者である。なおCは、約40年間にわたり北國銀行で勤務したことがあり、その間に被告人のもとで取締役を務めたこともあったし、信用保証協会の常勤理事に就任するにあたって被告人の推薦も得ていた。

2　概　要

本件は、被告人が、A・B・Cら（以下、「Aら」という）と共謀して信用保証協会に対する背任罪を犯したとして起訴された事案である。

信用保証協会は、北國銀行が平成5年6月30日にD精機株式会社（搬送機械等の加工製造を事業内容とする会社。以下、「D精機」という）に融資した8000万円の債務について保証をしていたが、D精機が平成5年7月9日に会社整理の申立をするに至り、平成6年3月31日に期限の利益を喪失したため、同年6月頃、北國銀行から保証債務の代位弁済請求を受けた。

しかし、信用保証協会としては、D精機が北國銀行から融資を受けたわずか9日後に会社整理の申立がなされたことから、北國銀行がD精機の経営状態の悪化を知りながら融資を実行したのではないかとの疑いを抱いた。そうしたところ、担保となっていた工場財団の機械166点（評価額3億2万4000円）のうち、融資実行時までに追加する約束であった機械4点（評価額6002万4000円）が登記漏れになっていることがわかったので、平成8年2月15日頃、信用保証協会は、北國銀行に対し一旦は保証条件違反（担保徴求漏れ）を理由として免責の通知をした。

ところが、平成8年3月28日頃、北國銀行の本部頭取室を訪れたCに対し被告人が代位弁済拒否を見直すよう求めたところ、Cからその報告を受けたA及びBは代位弁済に応ずることを決め、Aらにおいて、免責通知を撤回した上、平成8年7月19日、北國銀行に対する8000万円の代位弁済を実行した。

こうしたことから、この代位弁済が信用保証協会に8000万円の財産上の損害を加えたものとして、被告人らが信用保証協会に対する背任罪で起訴されたものである。

3　背景事情

(1)　本件融資及び信用保証に至る経緯

① Dグループの経営状態

D精機は、D工機株式会社（以下、「D工機」という）、Dウェルディング株式会社（以下、「Dウェルディング」という）とともに、企業グループ（以下、「Dグループ」という）を形成しており、このうちD精機とDウェルディングのメインバンクが北國銀行であった。

Dグループでは、平成2年ないし3年の設備投資やバブル経済後の受注の大幅減、主要取引先で

215

ある三菱重工業の支払条件の変更などにより経営が悪化し、短期資金にも窮する状況に陥っており、D工機のメインバンクである大和銀行も、同社に対する融資を平成5年1月までで打ち切っていたような状態であった。

② 北國銀行とDの関係、信用保証に至る経緯

北國銀行寺井支店(以下、「寺井支店」という)のD精機とDウェルディングに対する融資金は、平成5年5月頃、20億円を超えており、約2～3億円の保全不足の状態にあったが、D精機へ4500万円を融資することになった。

この融資については、信用保証の保証限度額が増額されたことにより8000万円の余裕が生じることとなったことから、北國銀行本部が、同年5月7日、寺井支店に対しD精機に信用保証協会の保証付きで8000万円の融資をすることにより4500万円の融資金を回収するよう指示し、また、同年6月11日に寺井支店がD精機に8000万円を融資したときにも、北國銀行の本部は、そのうち保証限度額の残額に相当する3500万円を保証付き融資金から回収するように指示した。

そこで寺井支店は、D精機に対する8000万円の運転資金の融資について、信用保証委託申込書、信用調査書、担保物件明細書などを作成し、平成5年5月14日に信用保証協会に提出した。

信用保証協会は、信用調査書にD精機が石川県の誘致した優良企業であると記載され、担保物件明細書等からも、北國銀行の債権が担保等で保全されていると判断できたことから、同年6月28日、8000万円の融資額全額についての信用保証を決定した(本件保証)。

③ Dグループへの8000万円の融資

Dグループは、平成5年6月25日頃会社整理の申立をすることを決定し、D工機については同月28日に会社整理の申立をした。また、同月29日には、D精機の代表者であるKが寺井支店を訪れ、支店長Fに対し、D精機とDウェルディングについては会社整理の申立をする予定であることを報告した。

ところが、支店長Fや北國銀行の本部業務第2部副部長Nが同年7月10日以後も引き続き同グループを支援することなどを約束して翻意を促したため、Kは、会社整理の申立を思いとどまった。

そして、平成5年6月30日、寺井支店は、信用保証協会の保証付8000万円の融資(以下、「本件債権」という)を実行した(本件融資)。その融資金のうち1600万9477円(借入金1268万5162円、利息332万4315円)がD精機とDウェルディングの北國銀行の口座から自動的に引き落とされ、また、うちD工機の大和銀行の口座に振り込まれた3500万円が大和銀行の返済金に充当された。

(2) 信用保証協会による免責通知

① D精機の倒産

平成5年7月1日から3日までの間、副部長Nや支店長Fらが被告人の了解を得てDグループの財務内容等を調査した結果、資金繰りが悪化しており、ピーク時には5億900万円に達する資金不足が予測されたが、北國銀行の本部業務第2部部長LやNらは、三菱重工業の受注が確保できれば再建が可能であると判断し、引き続き同グループを支援すべきとの意見であった。

ところが、被告人が、部長Lや副部長NからDグループの調査結果の報告を受けたところ、Dグループへの支援に否定的な態度をとったため、Lは支援を打ち切らざるを得ないと判断し、支店長Fらを通してDグループにその旨伝えた。

その結果、D精機は平成5年7月9日金沢地裁小松支部に会社整理の申立を行い事実上倒産した。

② 免責通知

北國銀行から代位弁済請求を受けた信用保証協会は、前述のとおり、融資後会社整理申立までの期間が短かったことから、北國銀行がD精機の会社整理申立を事前に知った上で融資したことを疑ったが、その確証は得られなかったため、一旦は代位弁済をせざるを得ないとの結論に達した。しかし、その後前述の担保徴求漏れに気づいたことから、信用保証協会は、これが信用保証約定書11条2号に定める保証条件違反に該当すると判断し、代位弁済ができないと北國銀行に伝えた。

その後、機械4点の登記の追完がされれば代位弁済を行うという妥協案も出たが、登記の追完が実現しなかったことから、北國銀行の審査部は、代位弁済を受けることは困難と判断し、平成8年

1月中旬頃、本件債権につき、債権償却するための免責通知書の発行を求めた。

信用保証協会は、平成8年2月15日頃、北國銀行に対し、約定書11条2号の保証条件違反を理由とする免責通知書を交付した。

被告人は、平成8年3月22日の常勤取締役会と同月27日の取締役会に出席し、その際に償却処理の決議案が出されたが、被告人を含めD精機に対する本件債権の償却に反対意見はなく、償却処理が可決された。

(3) 信用保証協会の方針転換―代位弁済の実行
① 基本財産増強計画

信用保証協会には、信用保証協会の経営基盤の強化等を目的として、平成6年3月の理事会で可決され、同年度から平成10年度までの間、県、市町村及び金融機関の出捐金や負担金により、合計10億5000万円を信用保証協会の基本財産に充てるという基本財産（注1）増強計画があり、北國銀行も平成6年度に5227万円、平成7年度に4421万円の負担金を拠出していた。

Cは、平成8年3月28日朝、平成8年度の負担金の拠出を依頼するため、北國銀行の本部頭取室を訪れ、被告人に対し、負担金の拠出を依頼した。

これに対し、被告人は、「負担金拠出には応じられない。それよりもD精機の代弁否認は無茶ではないか。160件あまりの担保物件の追担の4件ぐらいで否認は無茶ではないか。長い協会との関係からいって、何ら考慮もないのはいかがなものか。A専務と相談しなさい。銀行が8000万円を稼ぐのにどれだけ苦労すると思っとる」などと、免責方針を見直すよう述べた。

② 代位弁済の実行

CがAとBに対し被告人の上記言動を報告したところ、Aらは、北國銀行が負担金を拠出しなければ基本財産増強計画に支障を来す恐れがあり、被告人の要請に応じざるを得ないと判断し、信用保証協会を訪れたMと審査部管理課課長Oらに対し、代位弁済に応じる旨を告げるとともに、信用保証協会の職員に対し代位弁済を指示した。

被告人は、Mから信用保証協会が代位弁済に応じる旨の報告を受け、当時、専務取締役のPに命じ、信用保証協会に礼をいいに行かせた。そして、北國銀行の本店審査部は、D精機に対する無税間接償却の証明申請を取り下げた。他方、信用保証協会の調整部内では代位弁済に強く反対する意見も出たが、Cが説得し、反対意見を抑えた。

そして、信用保証協会は平成8年5月31日に代位弁済委員会で承認した上、同年7月19日北國銀行に対し8000万円の代位弁済をした。

4 争 点

被告人とAらとの間において背任罪の共謀が成立したか（共謀共同正犯の成否）、そもそも本犯であるAらに背任罪が成立するか（信用保証協会において、本件の代位弁済をすることが直ちに協会に対する任務違反行為となるのか）。

Ⅱ 判決要旨

1 第1審（名古屋地判平成11・1・19）

第1審においては、被告人・弁護人は、①北國銀行には保証条件違反がないから、信用保証協会の保証債務は消滅せず、したがって代位弁済は任務違背を構成しないとして本犯たる背任罪の成立を争い、また、②仮に免責事由があって保証債務が消滅していたとしても、被告人には免責事由があることの認識がない、Cに対しては単に免責通知を撤回して代位弁済を再検討するよう申し入れただけであってAらが任務違背をすることについての認識がない、共謀もない等と主張した。

裁判所は、①の点については、本件では免責事由として、旧債振替（約定書11条1号）、保証条件違反（同11条2号。担保徴求漏れ）、会社整理申立隠蔽等、保証協会と北國銀行との間における約定書上の免責事由が存在すると認定し、保証債務は消滅したと判断した。

また、②の点については、Aらの任務違背行為については、免責通知を撤回する正当な理由はなく、代位弁済をすることが信用保証協会の役員としての任務に違背することを認識しながら免責通知を撤回し代位弁済をしたものであるとして、任務違背行為を認めた上で、これに対する被告人の認識についてもこれを肯定した。また、共謀の点についても、Cに対し負担金拠出に応じられない

などといって免責通知の撤回と代位弁済を強く要求し「A専務と相談しなさい」といってAらに伝えさせ、その上でA、B及びCがこれに応ずることを決めて順次共謀を遂げたと認定し、共謀による背任罪を認め、懲役2年6月・執行猶予4年の刑を言い渡した。

2　控訴審（名古屋高判平成13・1・24）

控訴審は、前記①の点について、第1審の事実認定を前提として「本件保証には、免責通知書に記載された約定書11条2号による保証条件違反（担保の追加徴求についての違約）だけでなく、他にも旧債振替禁止違反（同条1号）、会社整理申立等の隠蔽（同条3号）の2点の免責事由が存在するから、保証債務は消滅しているものと認められる」とした。

また被告人についても、その行為は「正常な交渉とはかけ離れたものであって、被告人は北國銀行の頭取等としての社会的地位に基づく影響力に基づいて信用保証協会役員に対し不当な要求をしたものといわざるを得ず、Cらがこれに応ずることは同人らの信用保証協会役員の任務に違背するものであることをも明確に認識していたと認められる」とした。

このように、第1審・控訴審は、主として免責事由があるか（保証債務が消滅していたかどうか）に焦点をあて、保証債務が消滅しているにもかかわらず代位弁済を実行したのであれば任務違背に当たることは明らかである、という判断をしていた。

3　最高裁（本件）──破棄差戻し

一方最高裁は、負担金の経緯を次のように述べた上で、「協会に対する負担金の拠出に応じないことを利用して代位弁済を強く求めた」という原審の認定に疑問を呈した。

「平成6年度から5年計画で協会の基本財産を10億5000万円増加させることとなり、5年間で石川県が5億円、関係市町村が5000万円、県内の金融機関が5億円を協会に拠出することとなった。北國銀行は、平成6年度に4200万円余、平成7年度に4400万円余を拠出し、平成8年度には4300万円余の拠出が求められていた。金融機関の拠出額は、協会の保証を受けた債務の前年末の残高及び過去1年間に受けた代位弁済額によって算定されることになっていた。北國銀行関係は、当時においては、協会の保証債務残高の約5割弱、代位弁済額の約3割強ないし4割弱を占めており、いずれの額においても断然第1位であった。このような状況の下において、独り北國銀行のみが負担金の拠出を拒絶し、協会から利益は受けるけれども、応分の負担をすることは拒否するという態度を採ることが実際上可能であったのか、ひいては、原審の認定のように、被告人が協会に対する負担金の拠出に応じないことを利用して代位弁済を強く求めることができたかどうか、については疑問がある。」

また、Aらにそもそも背任罪が成立するかについても、最高裁は、仮に北國銀行が負担金の拠出を拒否することが可能であり、保証協会側がそのことを告げられていたとしても、以下のように、Aらによる背任が成立しない可能性を示唆している。

「協会としては、(ｱ)本件代位弁済に応ずることにより、北國銀行の負担金の拠出を受け、今後の基本財産増強計画を円滑に進めるべきか、それとも、(ｲ)北國銀行からの負担金を断念しても、本件代位弁済を拒否すべきか、両者の利害得失を慎重に総合検討して、態度を決定すべき立場にある。上記(ｱ)の立場を採ったとしても、負担金の拠出を受けることと切り離し、本件代位弁済をすることが、直ちに協会役員らの任務に背く行為に当たると速断することは、できないはずである。」

そして、結論として、「被告人が協会役員らと共謀の上、協会に対する背任行為を実行したと認定するには、少なからぬ合理的な疑いが残っているといわざるを得ない」として原判決を破棄し原審に差し戻した。

4　差戻後控訴審（名古屋高判平成17・10・28）

原判決は以下のように述べて有罪判決を破棄し被告人を無罪とし、これが確定した。

「協会と『対向関係』にある北國銀行の頭取であって、協会の『事務処理者』の立場にはない被告人が、本件代位弁済に関して、協会役員らに対し、北國銀行に有利な取扱いを要請し、働き掛け

た場合、その要請・働き掛けが著しく相当性を欠き、協会役員らに背任行為を強いる危険が高いなど、経済取引上の交渉事として社会的に容認される限度を超えない限り、協会の「事務処理者」である協会役員らが協会に対する背任罪の刑事責任を問われる場合であっても、被告人に対しては、背任罪の共謀共同正犯の責任を問うことはできない。」

「協会の「基本財産増強計画」に基づく石川県、関係市町村、金融機関等の負担金の拠出は、法的に義務づけられたものではないが、石川県、関係市町村、金融機関等が参画して策定・推進されており、北國銀行は、協会の保証債務のうち45パーセント強に当たる債権を有し、石川県内における融資シェアが40パーセント以上にも達する県下最大の地方銀行として石川県経済界・金融界に大きな影響力を持っていた上、現に平成6年度分と平成7年度分については拠出に応じたにもかかわらず、平成8年度分の負担金の拠出について、独り北國銀行のみがこれを唐突に拒否することが実際上可能であったかは甚だ疑問であり、そうだとすると、被告人が負担金の拠出を拒むことで協会役員らに対し本件代位弁済を強いることができたとみることにも、これまた疑問を差し挟まざるを得ない。」

III 分析・検討——取引上の対向関係における者との背任罪の共同正犯の正否

1 問題の所在

背任罪は「他人のためにその事務を処理する者が、自己若しくは第三者の利益を図り又は本人に損害を加える目的で、その任務に背く行為をし、本人に財産上の損害を加えたとき」に成立するものであり（刑法247条）、主体が「他人のためにその事務を処理する者」（他人の事務処理者）に限られているから、身分犯（刑法65条1項）である。

本件においては、背任罪にいう「本人」は信用保証協会であり、他人の事務処理者はAらであるから被告人には身分はないが、身分のない者であっても身分犯の共犯が成立し得ると解されている（65条1項にいう「共犯」には共同正犯も含むと解されている）。

問題は、本件のように、他人のための事務処理者と共犯者が経済取引において対向的立場に立つ場合に、どのような要件のもとで共同正犯の成立を認めるかということである。なぜなら、このような場合に共同正犯の成立を認めるということは、共犯者が他人の事務処理者と共同して「本人」を加害したといえなければならないところ、通常、取引の相手方というのは相互に利害が対立するものであるから、背任罪における「本人」と当該「共犯者」は利害が対立する立場にあり、「共犯者」自身に利益となる行為は、同時に「本人」にとって不利益となる関係にあることが多い。したがって、共犯者の行為は通常「本人」にとっては"加害"性のある行為であるとみることができる以上、こうした場合に共犯関係を広く認めてしまうと、円滑な経済活動を阻害することにもなりかねず、対向関係にある取引の相手方による背任罪の共同正犯の成立範囲を限定的に解する必要があるからである。

2 取引上の対向関係にある者との共同正犯の成否

身分のない者であっても身分者との間で共犯が成立するのは、両者の間に相互利用補充関係が認められ、共同して法益侵害をするからこそであり、このことは、取引的対向関係にある者同士の間に共同正犯を認める場合でも変わることはないだろう。したがって、通常であれば利害が対立する両者の間の緊張関係が失われるに至り、利害が共通したような場合には、共犯を肯定してもよいだけの相互利用補充関係が生じたと評価できるということになる。

この点、島田聡一郎教授は「事務処理者と取引の相手方とは、一般に、利害関係が対立する。それ故、相手方からの多少の働きかけに対しては、事務処理者によるチェックが働くことが期待される。そのような状況でチェックがなされず任務違背行為がなされても、もっぱら事務処理者のせいであり、取引の相手方の責任ではない」が、「そのようなチェック機能が働きにくい状況になっていたにもかかわらず、相手方がそれを認識しながら利用した場合」には相手方を共犯として処罰してよい、とする。そして、そのような場合とは

具体的には、「(i)両者の利害関係が何らかの形で一体化していた場合と(ii)相手方が事務処理者のチェック機能を乗り越えるような強い働きかけをした場合」だとしている（島田聡一郎「判例セレクト2005〔月刊法学教室306別冊付録〕」37頁）。

また、差戻控訴審は、信用保証協会の「事務処理者」の立場にはない被告人が代位弁済に関して、「協会役員らに対し、北國銀行に有利な取扱いを要請し、働き掛けた場合、その要請・働き掛けが著しく相当性を欠き、協会役員らに背任行為を強いる危険が高いなど、経済取引上の交渉事として社会的に容認される限度を超えない限り」背任罪の共謀共同正犯の責任を問うことはできないと述べており、両者の関係が「経済取引上の交渉事として社会的に容認される限度を超えた」かどうかを共同正犯の成否の判断のメルクマールとしているようである。

3 上記各見解は、表現は異なっていても、対向関係にある取引の相手方による背任罪の共同正犯の成立範囲を限定的に解そうとしている点では共通している。学説においても、非身分者の主観面を厳格に解することによって処罰範囲を限定しようとする考え方（身分者の具体的な任務違背行為についてその任務違背性の意味の認識を含めて同人と意思を通じあるいはこれを慫慂したときに限る見解や、正犯の将来の違法行為が行われるある程度高度の蓋然性の認識が必要であるとする見解など）や、非身分者の加功行為の客観的事情に着目して共同正犯の成立を限定しようとする考え方（非身分者が法益侵害に至るまでの過程で中心的役割を果たしていたことが必要であるという見解、主体的に当該背任行為に関与している場合に共同正犯が認められるとする見解、事務処理者の任務違背行為を自己の犯罪として実現したとみることができる場合に共同正犯が認められるとする見解、非身分者の関与の程度が通常の融資取引から明らかに逸脱してることを要するとする見解）、主観面と客観面双方を考慮する考え方など、様々な考え方があると整理されている（『最高裁判所判例解説刑事篇平成16年度』399頁以下〔上田哲〕）。

4 具体的裁判例の検討

以下、具体的な裁判例を通して、事務処理者と相手方との間にどの程度の関係性が認められれば共犯とされるのか（あるいはされないのか）について、①当事者の立場など両者の関係、②非身分者の認識、③非身分者の具体的行為、の視点から概観する。

(1) 千葉銀行事件（最判昭40・3・16裁判集刑事155号67頁）

千葉銀行頭取が、取引先会社代表者の懇請により、不渡手形の買戻資金等を正規の貸付手続によることなくみなし金扱い（貸付額に見合う約束手形を振り出させて差し入れさせ、現金の入金があったものとして貸付を行う方法）により融資を継続していたところ、大蔵省銀行局の検査で警告を受け、みなし金扱いを辞めるよう通告されたにもかかわらず合計約3億9000万円の融資を行った特別背任事件。第一審有罪、控訴審無罪。

（結論）共同正犯不成立。

① 他人の事務処理者—銀行頭取。被告人—取引先代表者。

② 銀行から貸付を受けるにつき、銀行に損害を生ぜしめるという認識を有していなかった。

(2) 三越事件（東京地判昭和62・6・29判例時報1263号56頁）

三越の代表者が愛人である被告人と共謀の上、三越が商品を輸入するにあたり被告人の経営する会社を経由させて売買差益を取得させて財産上の損害を与えた特別背任事件。

（結論）共同正犯成立・有罪（懲役3年）。

① 他人の事務処理者—三越百貨店の代表者。被告人—三越百貨店の出入業者。

② 三越社長としての社内における絶大な権力に便乗し、同人の自己に対する愛情に甘えるあまり、当該輸入方式が三越にとって無用の出費を伴うもので同人にとって社長としての任務に違反するものであることを知っていた。

③ 三越代表者の愛人として、同人の強い後ろ盾を背景に、買付業務を担当する三越社員らに対し商品の拡大を要求し、その要求に消極的な対応を示した社員等については、三越代表者にその更迭を求めるなどして結果的に社員らも保身のため被告人の要求を次第に受け入れるようになり、多数の商品が被告人の会社を経由する方式での対象商品とされるに至った。

(3) イトマン事件（大阪地判平成 6・1・28 判例タイムズ 841 号 283 頁）

イトマンの代表者及び常務取締役がマスコミ対策等に関して雑誌社のオーナーである被告人に対し霊園開発事業資金名目で行った融資について特別背任罪が問題となった事案。

（結論）共同正犯成立・有罪（懲役 2 年）。

① 他人の事務処理者―イトマン代表者、常務取締役。被告人―雑誌社の代表者。

② 霊園開発が実現する可能性はほぼ皆無であり、担保となった山林にも担保余力がなく、融資金を自ら返済する能力のないことを十分に認識しながら、本件霊園開発の事業資金を名目として山林を担保に本件融資を受け、また、代表者及び常務らが、イトマンには、不動産関連融資はもちろん一般の融資を行う資金的余力もないのに、十分な裏付調査もすることなく、イトマンに多額の財産上の損害を与える本件融資に踏み切ったことを認識していた。

③ 被告人が経営する雑誌社の発行する月刊誌にイトマンの商法を批判する記事が掲載されたところ、イトマンの取締役が被告人との接触を求めてきた際、被告人が事業資金の融資と代表者との面談を強く要求して代表者と面談し、その後も執ように融資及び A との再度の面談を要求したため、代表者は、常務取締役に対し、被告人からの融資要求をうまく解決するように指示した。他方、被告人は、常務取締役に対して、事業資金名目の融資を繰り返し強く求めるとともに、折からマスコミによる過剰な不動産投融資の批判にさらされていた代表者らにマスコミ対策や住友銀行対策に関して協力する姿勢を示したことから、同人らは、被告人による裏情報誌を使った攻撃を防止するとともに、被告人をマスコミ対策等にも利用しようとして、本件融資に踏み切った。

(4) 高峰リゾート開発事件（東京地判平成 12・5・12 判例タイムズ 1064 号 254 頁）

不動産担保貸付等を目的とする会社の役員及びゴルフ場開発会社代表者らが、ゴルフ場開発会社への融資につき特別背任罪で起訴された事案。

（結論）共同正犯不成立・無罪（確定）。

① 他人の事務処理者―住宅金融専門会社（住専）の代表者、常務取締役、ローン開発部長ら。被告人―ゴルフ場開発会社代表者。

② 被告人らは、本件融資等が役員らの任務に違背するものであり同人らが自己保身の目的を有していたことをそれなりに認識しながら、リゾート開発や自分たちの利益を図る目的をもって本件融資等を申し込み、本件融資等を実行させたと認められる。

③ 本来、金融機関から融資等を受ける借り手は、貸し手である金融機関の利益を確保すべき任務を負っているわけではないから、そのような認識ないし目的の下に融資等を申し込んだからといって、それだけで金融機関に対する特別背任罪の共謀が成立するものではない。共謀が成立するためには、身分者である金融機関職員の任務に違背することを明確に認識しながら同人との間に背任行為について意思の連絡を遂げ、あるいはその職員に影響力を行使し得るような関係を利用したり、社会通念上許容されないような方法を用いるなどして積極的に働きかけて背任行為を強いるなど、当該職員の背任行為を殊更に利用して借り手側の犯罪としても実行させたと認められるような加功をしたことを要する。この点、本件融資等の申込みについては、貸付会社の弱みに付け込んだような状況が全くうかがわれないほか、それ自体、融資等を申し込む行動としては社会通念上許容される範囲の比較的穏当なものであった。

(5) 住専事件（最決平成 15・2・18 刑集 57 巻 2 号 161 頁）（『最高裁判所判例解説刑事篇平成 15 年度』63 頁以下〔朝山芳史〕）

住専の代表者らが、取引先の不動産会社に対した迂回融資（実質的に破綻状態にある不動産会社に対して多額の運転資金を継続的に、実質無担保で融資した）に関する特別背任事件。

（結論）共同正犯成立・有罪（懲役 2 年、3 年間執行猶予）。

① 他人の事務処理者―住専の役員（融資担当者）。被告人―融資先不動産会社の代表者（ただし、経営の実権を握っていたのは別の者であり、被告人はいわゆる雇われ店長の立場にあった）。

住専は、被告人の会社に対しメインバンクとして当初は正常な融資を行ってきており、運転資金の貸付は 3 年 8 か月で 200 億円を超えていた。

② 事務処理者の任務違背、住専の財産上の損

害について高度の認識を有し、融資担当者が融資に応じざるを得ない状況にあることを利用した。

すなわち、住専側には、被告人の会社に対する融資が焦げ付く可能性が高いことを十分認識していたが、同社からの融資に応じないと同社がたちまち倒産し、巨額の融資金が回収不能となることが予想されたので、これまで巨額の金員を放漫に貸し続けてきたことに対する責任が問われることを懸念して融資を実行したという事情があったが、被告人は、こうした事情を知っていた。

③ 支配的な影響力を行使することもなく、社会通念上許されないような方法を用いるなどして積極的に働きかけることはなかった。

(6) 最決平成17・10・7（刑集59巻8号1108頁）

被告人のグループ企業がイトマンに対し著しく不当な高額での絵画等の売買取引を持ちかけ絵画を売却したことについて、イトマンの常務取締役らとの共謀による特別背任罪の共同正犯として起訴された事案。

（結論）共同正犯成立・有罪。

① 他人の事務処理者—イトマンの常務取締役（以下、「A」と表記）。被告人—融資先会社を含む企業グループの会長。

被告人は、もともと自身が経営権を支配していた観光会社の経営が難航する中、Aが代表取締役を務める会社が、前記観光会社に、284億円余の債権の支払を求める請求をしたことから、同社の経営をAに引き継ぎ、他の被告人の支配会社の債務もAの会社が肩代わりすることになり、他方、被告人の方でも、その保有するゴルフ場等の不動産開発プロジェクトの収益でAを支援することとし、以後、被告人とAは、随時相互に資金を融通し合う関係にあった（イトマンが被告人から多額の利益を上乗せした価格で絵画を購入することは、被告人の利益を図るとともに、自己の利益を図ることにもなった）。

② イトマンが被告人の支配に係る会社から絵画等を買受けるにあたり、被告人側が申し出た売買代金価格が著しく不当に高額であり、その価格で購入すれば、イトマンに損害が生ずることを認識、容認していた。

③ イトマンの絵画事業を統括していたAに、イトマンが被告人の支配に係る会社から絵画等合計186点を買い取るよう依頼するなどした。

5　検討

上記のとおり、(1)(4)は共同正犯の成立を否定し、(2)(3)(5)(6)はこれを肯定している。このうち(1)は、共犯の成否につき「身分を有しない者に、身分者の任務違背行為について共同正犯としての責任を負わせるためには、身分者が抱いた任務違背の認識とほぼ同程度の認識を有することを要する」との見解が示されているものの、被告人が無罪となったのは、そもそも損害の故意がなかったと認定されたためであって、共犯関係が否定されたことによるものではないから、事務処理者と相手方との間にどの程度の関係性が認められれば共犯とされるのか（されないか）を考える上ではあまり参考にならない。また、(6)も、被告人と事務処理者との間には、「本人」加害に関しては利害が一致する関係があった（イトマンが被告人から多額の利益を上乗せした価格で絵画を購入することは、被告人の利益を図るとともに、自己の利益を図ることにもなった）。したがって「取引的な対向関係にある者との間に背任罪の共同正犯が成立するか」という問題がもともと想定している利害関係と背景を異にする面があるから、この問題を検討する上ではあまり参考にならないと思われる。

そして肯定例のうち(2)(3)はいずれも被告人側からの積極的加功が認められたケースであり、否定例の(4)はそうした積極的働きかけがなかったために無罪とされたケースである。

その意味では、(5)のケースは、他人の事務処理者と被告人との関係性が一番薄く、積極的な働きかけが存在しないにもかかわらず共犯が肯定された事案であり、同様に被告人が「経済取引上の交渉事として社会的に容認される限度を超えたとはいえない」として無罪とされた本件北國銀行事件との関係をどのように理解するかが、事務処理者と相手方との間にどの程度の関係性が認められれば共犯とされるのか（されないか）という問題を考える上では重要である。

この点、(5)のケースでは、積極的な働きかけそのものは認められないものの、長年にわたって当該不動産会社のメインバンクとして毎月のように運転資金の融資を続け、また、住専として銀行が

預金口座の把握によって行うような資金の使途の管理ができなかったこともあって継続的融資が常態化しており、同社が他の金融機関から融資を受けられなくなって以降も、同社が倒産してしまうことで放漫貸付が明るみになることをおそれて貸付を中断できなかった関係が存在していたのであるから、もはや、被告人において、そうした"積極的働きかけ"を要しないまでも自己の利益を図ることができた、いわば「あうんの呼吸」ともいうべき関係が形成されていた事案である。

翻って、本件北國銀行事件においてこうした関係が認められるかについてみるに、一般的に、銀行と保証協会とは、(5)のケースにみられたような「貸し手」「借り手」という関係はなく、また、両者の力関係という点を見ても、通常は一方が他方より強い・弱いという関係性は認められず、両者の利害が一致する場面はさほど多くないのではないか。本件事件では、北國銀行が地方最大の銀行であったこと、保証協会の基本財産形成に北國銀行が少なからぬ影響を有していたこと、被告人が保証協会の役員との関係でもと上司にあったこと（両者の人間関係）などから、"北國銀行が、信用保証協会の弱みに付け込んで代位弁済を実行させた"という図式が構築されたものと思われるが、実際にはそうした力関係はなく（控訴審判決でも「独り北國銀行のみがこれを唐突に拒否することが実際上可能であったかは甚だ疑問であり、そうだとすると、被告人が負担金の拠出を拒むことで協会役員らに対し本件代位弁済を強いることができたとみることにも、これまた疑問を差し挟まざるを得ない」と指摘されている）、共犯関係を認めるに足るだけの利害の一致がおよそ存在しなかった事案であると評価できる（注2）（なお、むしろ銀行側からみれば、保証協会の協力が得られなければ融資が実行できないようなケースに遭遇することはあり、そのような場合には、本件とは逆に、いわば保証協会側が銀行側の足元を見て、保証協会側が"積極的働きかけ"をするという図式、つまり銀行側を舞台にした背任事件に保証協会が関与するという図式が成り立つケースはあるかもしれない）。

V　実務対応等

取引的対向関係にある両者の間に背任罪の共犯が認められるかは、両者の利害が一致しその関与の度合いが社会通念上許容されるものかどうかが重要となる。何が社会通念上許容されるものであるかは一概に決することはできず、判断内容の合理性を担保し続けることは簡単ではないが、判断過程の合理性を担保することは可能である。そこで、当該行為によって本人にどの程度の損害を与える可能性があり、反面どの程度の利益を生ずる可能性があると考えていたか、それぞれの確率についてどの程度の予想をしていたか、その根拠は何か、当該行為に出なければならない必要性・緊急性があったか、本人に対する損害の発生を防止し利益を実現することができるよう適切な措置を講じているか、手続的な逸脱がなかったか等の点に留意する必要がある。

そして、取引の相手方であっても、両者の利害が一致する場面においては取引の相手方に対する背任罪の共同正犯が十分成立し得ることを念頭においた上で、各種取引にあたっての利害関係のチェック、取引過程の透明化を図っておくことが重要である。

(時系列)

H5.5.7　寺井支店、D精機に4500万融資（保証協会の保証付融資で回収することを予定）

H5.5.14　寺井支店、信用保証協会に保証委託申込書提出

H5.6.11　寺井支店、D精機に8000万円を融資（前同）

H5.6.25　Dグループが会社整理の申立をする方針を決定

H5.6.28　信用保証協会が8000万円全額について信用保証を決定（本件保証）
D工機が横浜地裁に会社整理申立

H5.6.29　K（D精機代表者）が寺井支店F支店長に会社整理申立予定であることを報告
F支店長・北國銀行本部N副部長がKに翻意促す→会社整理申立思いとどまる
被告人「支援する方向でいいと思うがちゃんと調査しておけよ」

H5.6.30		北國銀行、D精機へ8000万円を融資を実行（本件債権）
		うち約1600万がD精機・Dウェルディングの北國銀行の口座から自動引落
H5.7.1～3		NやFがDグループの財務内容調査
		5億の資金不足が予測される
		しかし、三菱重工業の受注が確保できれば再建は可能と判断
		被告人へ報告→Dグループへの支援に否定的態度
		L（本部部長）がDグループへ支援打ち切りを連絡
H5.7.9		D精機、会社整理申立
H6.3.31		本件債権について期限の利益喪失
H6.6.14		北國銀行寺井支店、信用保証協会に代位弁済請求
		担保徴求不足発覚→代位弁済できない旨伝えられる
		追加担保されるなら代位弁済に応じるとの妥協案が出る
H6.12.22		K自殺
H7.10		北國銀行審査部、代位弁済受けるのは困難と判断。本件債権につき償却の準備
H8.1		代位弁済が否認されたことにつき、審査部長Mが被告人に説明　特に異論なし
H8.2.15		保証協会→北國　免責通知書を交付
H8.3.22		北國銀行取締役会　償却処理に反対意見なく可決
H8.3.28		Cが基本財産増強計画の負担金を求めに北國銀行頭取室を訪問
		被告人「応じられない」「代弁否認は無茶でないか」「A専務と相談しなさい」と代位弁済を要求
		CがAらと協議、方針変更を決め審査部長Mに伝える
		Mが被告人に報告。被告人は専務Pに命じて保証協会に礼に行かせる
H8.4.1		Cが頭取室訪問。被告人、負担金に応じる態度を示す。
H8.7.19		保証協会が北國銀行に8000万円の代位弁済実行

（注1）「信用保証協会は、……財団法人の性格を持つものであり……この財団を構成する財産を基本財産と称している。……基本財産は株式会社における資本金に該当するもの」である。全国信用保証協会連合会編『信用保証〔第2版〕』

（注2）ちなみにこの事件については、当初から筋が悪いという声があったという指摘もある（法学セミナー2004年12月号125頁）。

7 組織的犯罪処罰法13条2項・16条1項ただし書にいう「犯罪被害財産」の意義—五菱会ヤミ金融事件（東京高判平成17・11・17判例タイムズ1212号310頁）

弁護士・國學院大學法科大学院兼任講師　齋藤　実

I　はじめに

本件は、山口組系旧五菱会（以下、「五菱会」という）に所属していた被告人ＡＢＣ（以下、「被告人ら」という。同会幹部であるＣは、本件で中心的役割を果たした。なお、五菱会は2003年に解散）が、法定利息を超える違法な金利で貸付けを行う、いわゆるヤミ金融を展開し、全国で約3万人に上るとされた被害者から得た利益を、海外の銀行等に隠匿した事案である。本件の主たる争点は「犯罪被害財産」（組織的な犯罪の処罰及び犯罪収益の規制等に関する法律（以下、「組織的犯罪処罰法」という）13条2項・16条1項ただし書）の解釈であり、第一審は被告人らを有罪とはしたものの、預金債権及び現金を「犯罪被害財産」に当たるとして、追徴・没収を認めなかった。これに対して、控訴審判決は、原判決を破棄し、被告人Ａに対する追徴金約13億円、被告人Ｂに対する追徴金約30億円、被告人Ｃに対する追徴金約51億円の追徴を認めた。

2　被告人らの行為と隠匿財産

第一審で認定された事実は以下のとおりである。

被告人Ａは、ヤミ金融によって得た金で金融債券を購入し、償還金13億2600万円を香港の共犯者名義の銀行口座に入金した。

被告人Ｂは、Ａと同様に違法貸付けによって得た金で金融債券を購入し、償還金29億7000万円を香港の自己名義の銀行口座に入金した。また、違法貸付けによって得た現金111万1000円の全部又は一部に由来する財産とそれ以外の財産とが混和した現金1億1622万7000円を東京都のトランクルームに隠した。

被告人Ｃは、違法貸付けによって得た現金2億5820万8500円につき偽名を使用して米ドルに両替し、そのうち9万3600ドルとそれ以外の財産とが混和した200万100ドルを東京都内の銀行の第三者名義の貸金庫に預け入れた。また、違法貸付けによって得た金で金融債券を購入し、償還金46億3384万円を香港の自己名義の銀行口座に入金した。その後、その財産等を香港の銀行口座から、スイスの銀行本店の無記名口座に送金した。送金額は、償還金46億3384万円とこれを運用した利益、あわせて51億670万8021円であった。

以上の行為について、被告人らは、出資法違反（高金利の罪）及び組織犯罪処罰法違反（犯罪収益等隠匿の罪）等で起訴されたものである。

	被告人らの行為	預金債権及び現金
A	13億2600万円を香港の銀行口座に入金	外国の投資会社により運用されて回収不能
B	29億7000万円を香港の銀行口座に入金	外国の投資会社により運用されて回収不能
	1億1622万7000円を東京都のトランクルームに隠匿	うち2000万円が費消され残金押収
C	2億5820万8500円を米ドル紙幣200万0100ドルに両替し東京の銀行口座に入金	全額押収
	46億3384万円を香港の銀行口座に入金した後、スイスの銀行口座に送金（運用利益をあわせて51億670万8021円）	スイスの当局に押収され没収

3　本件の問題の所在

被告人らは、「出資の受入れ、預り金及び金利等の取締りに関する法律」（以下、「出資法」という）の高金利の罪（5条2項）、組織的犯罪処罰法の犯罪収益等隠匿の罪（10条1項前段）、「貸金業の規制等に関する法律」（以下、「貸金業法」という）の無登録営業の罪（47条2号・11条1項　本罪についてはＢのみ）で起訴された。被告人ら全

員が第一・二審ともに有罪とされ、東京地裁は主犯のＣについて、「犯罪企業集団というべきヤミ金融グループの頂点に君臨していた主犯で、海外の銀行に犯罪収益を隠匿したマネーロンダリングは過去に例を見ない大規模で、悪質なものである」と評価している。

もっとも、東京地裁が、犯罪収益につき組織的犯罪処罰法13条2項及び16条1項ただし書の「犯罪被害財産」に該当するとして、没収・追徴を認めなかったのに対し、東京高裁は「犯罪被害財産」に該当しないとして没収・追徴を認める判断を下したことから、本件は「犯罪被害財産」の解釈を中心として注目を集めた。更に東京高裁の判断を契機として、組織犯罪処罰法は平成18年に一部改正（「組織的な犯罪の処罰及び犯罪収益の規制等に関する法律の一部を改正する法律（平成18年法律第86号）、以下、「改正法」という）され、また同年「犯罪被害財産による被害回復給付金の支給に関する法律」（平成18年法律第87号 以下、「被害回復給付金支給法」という）が制定された。このように、東京高裁の判断が、立法に大きな影響を与えたことからも、本件は極めて重要な意義を有するものといえよう。

Ⅱ 判決要旨等

1 第1審判決（注1）

(1) はじめに

第一審判決は、上記の罪について、被告人ＡＢＣをいずれも有罪とした。ただし、検察官が求めた被告人Ａに対する追徴金約13億円、被告人Ｂに対する追徴金約30億円及び没収約9600万円、被告人Ｃに対する追徴金約51億円及び没収170万ドルを「犯罪被害財産」（組織犯罪処罰法13条2項・16条1項ただし書）に当たるとして、追徴・没収を認めなかった。

(2) 追徴・没収を求めた検察官の主張

検察官は「犯罪被害財産とは、没収対象財産から被害回復が図られることが客観的・具体的に見込まれると刑事手続において認められるものをいい、これに当たるためには、刑事手続上、犯罪行為及び被害者が特定されていること、すなわち被害者の財産と没収対象財産との結び付きが明らかであることが必要であるから、本件預金債権及び本件現金（米ドル紙幣も含む）はいずれも犯罪被害財産にはあたらない」と主張した。

(3) 追徴・没収を認めなかった裁判所の論拠

これに対し第一審判決は、検察官の主張を認めず、以下のように判断している。

「組織犯罪処罰法13条2項、16条1項ただし書は犯罪被害財産の没収及びその価額の追徴を禁止するが、その趣旨は、犯罪収益等が被害者から犯人に財産や価値が移転することによって生じた場合、被害者は、その保有する財産を喪失するとともに、被害回復という意味で当該犯罪収益等について密接な利害関係を有するため、被害者保護の観点から没収・追徴を許さないとしたことにあると解される。

すなわち、上記のような場合の<u>犯罪収益等である犯人保有の財産については、被害者が上記意味で密接な利益を有するとはいえ、必ずしも被害者の所有物に限られず、犯人帰属の財産と化しているものを含むから、その財産を直接に返還する方法によって被害者保護を図るのではなく、被害回復は被害者による犯人に対する私法上の損害賠償請求権の行使等の民事手続に委ねる一方で、当該財産がその際の引き当てになる可能性に配慮して、その没収・追徴を禁止し、もって被害者を間接的に保護することとしたものである</u>（下線部筆者。以下同様）。

そして、13条2項は、犯罪被害財産を『犯罪行為によりその被害を受けた者から得た財産又は当該財産の保有若しくは処分に基づき得た財産』と定義し、文理上特段の限定をすることなく13条1項各号所定の財産が犯罪被害財産であるときの没収を禁止しているところ、このような規定文言からは犯罪被害財産につき検察官の主張のごとく限定する趣旨を看取することはできない。

更に、13条2項に掲げる犯罪行為は、いずれも被害者から犯人に対する直接的な財産や価値の移転を伴うもので、これらの犯罪行為によって被害者から得た財産又は当該財産の保有若しくは処分に基づき得た財産であれば、特段の事情がない限り、これを引き当てとして被害者から犯人に対する損害賠償請求権等がなされる可能性があり、

前述の13条2項の被害者保護の趣旨が妥当するというべきで、このことは前提犯罪やその被害者が刑事手続上特定されているか否かによって左右されるものではないことからすると、組織犯罪処罰法は、これら前提犯罪や被害者が刑事手続上特定されていない財産又はその価額についても、被害者保護の観点から没収・追徴を禁止していると考えられる。

なお、検察官は、犯罪被害財産の範囲を限定的に解釈すべき理由として、前提犯罪及び被害者が特定されない場合には、没収を禁止することが被害回復に資する見込みに乏しく、犯人に犯罪収益等を利得させる結果となって、立法趣旨に反することになりかねないと論難する。しかし、前述したとおり、組織犯罪処罰法は、犯罪被害財産である犯罪収益等を犯人のもとに残すことで間接的に被害者の保護を図ろうとしているのであるから、結果として犯人が犯罪収益等を利得したままになりうることも、同法の予定するところというべきである。そして、このような結果は、前提犯罪や被害者の刑事手続上の特定の有無にかかわらず起こり得るものであり、また、その有無は、前述のとおり訴追裁量や捜査の進捗状況等によっても左右され、直ちに被害回復の見込みの大小と結びつくものではないことからすると、検察官の上記論難は、犯罪被害者財産の範囲を限定的に解釈すべき理由とはならないというべきである。

したがって、本件預金債権等及び本件米ドル紙幣はいずれも犯罪被害財産にあたるから、これらを没収することも、その価額を追徴することもできない。」

2　控訴審判決(注2)（東京高判平成17・11・17）

(1)　はじめに

第一審判決に対して、検察官は「犯罪被害財産」の解釈・適用を誤ったことを理由として、被告人らも量刑不当等を理由として、双方控訴し、被告人A、B及びCについて併合審理され出されたのが本判決である。

控訴審判決は、原判決を破棄し、下記のとおり、被告人Aに対する追徴金約13億円、被告人Bに対する追徴金約30億円、被告人Cに対する追徴金約51億円の追徴を認めた。

	主　刑	付加刑（追徴額）
A	懲役4年6月及び罰金2000万円	13億2600万円
B	懲役4年6月及び罰金500万円	29億9000万円
C	懲役6年6月及び罰金3000万円	51億0670万8021円

(2)　追徴を認めた裁判所の論拠

「組織犯罪処罰法は、組織的な犯罪に対する処罰を強化し、犯罪による収益等を規制することなどにより、不正な利得の獲得等を防止するなどの趣旨・目的で立法されたものであり、その目的達成のため、犯罪による収益等を犯人の手から的確に剥奪する趣旨から、没収の対象となる財産の範囲を刑法の定める有体物から金銭債権にも拡大するなどする一方で、13条2項、16条1項ただし書において、『犯罪被害財産』の没収・追徴を禁止しているが、この没収・追徴禁止の趣旨は、犯罪の被害者保護の観点から、被害者が犯人に対して損害賠償請求権等の私法上の権利を行使する場合に、犯罪収益等の財産がその引当てになる可能性に配慮したことによるものと解される。

この『犯罪被害財産』とは、13条2項に掲げる罪の『犯罪行為によりその被害を受けた者から得た財産又は当該財産の保有若しくは処分に基づき得た財産』をいい、文理上は特段の限定を付していないが、これを文字どおりに解すると、犯罪の被害者が存在し、抽象的にしろ損害賠償請求権等を行使する可能性があるというだけで没収・追徴が禁止されることになり、その反面、13条1項、16条1項本文によって没収・追徴が可能となるのは、せいぜい被害者が損害賠償請求等の権利を放棄している場合や、犯人が別の財産をもって既に被害者に対して被害弁償を済ませた場合など、極めて限られることにならざるを得ない。このような解釈は、被害者の保護に役立たない上、かえって犯罪による利得が犯人から剥奪されずにその手元に残されるという不合理な結果を招来することとなり、犯罪収益等は原則的に没収・追徴できるとした同法の立法趣旨にそぐわないのみならず、被害者の財産的な損害の回復を図るために例外的に没収・追徴を禁止した趣旨にも資さないこととなるのであるから、損害賠償請求権等が現実に行使される可能性がないような場合にまで没収・追徴が許されないと解するのは相当でない。したがって、当該財産に対して被害者が私法上の権利を現実に行使する可能性がないような場合に

は、その財産は、13条2項、16条1項ただし書により没収・追徴が禁止された『犯罪被害財産』には当たらないと解するのが相当である。

そして、大規模な組織的犯罪においては、個々の被害者及び犯罪行為が具体的に特定されるのは全体のうちのごく一部であり、ほとんどは判明せず、かつ、損害賠償請求権等の私法上の権利を行使する者も被害者のうちのごく一部であるという現実（本件のその例に漏れない）を踏まえるとともに、没収・追徴の可否や当否を判断するのは当該裁判所をおいて外にないこと、13条2項、16条1項ただし書による没収・追徴の禁止についての認定・判断の誤りはごくわずかでも直ちに違法の問題を招来することからして、『犯罪被害財産』であるか否かは一義的に明確であることが要請されることなどに照らすと、13条2項、16条1項ただし書にいう没収・追徴が禁止される『犯罪被害財産』とは『刑事手続上、訴因として当該財産に係る犯罪行為及び被害者が特定されているもの』をいい（当該裁判所に公訴提起されたか否かを問わない。）それ以外は『犯罪被害財産』には当たらず、原則どおり、13条1項、16条1項本文により裁判所の合理的な裁量によって没収・追徴の当否及びその範囲を定めるのが、犯人からの犯罪による収益等の剥奪と被害者の財産的保護という2つの相反する側面を有する立法趣旨及び目的を達成するための最も合理的かつ妥当な解釈というべきである。」

3　送金に関わった銀行員の責任

本件では、被告人ら以外にも、クレディ・スイス銀行香港支店の元行員Dが、違法収益のマネーロンダリングに協力したとして、起訴された（神山敏雄ほか編『新経済刑法入門』103頁以下）。すなわち、DはCらから預かった割引金融債を換金し、合計約94億円を香港経由でスイスのクレディ・スイス本店に開設した無記名口座に送金したとして、組織的犯罪処罰法の犯罪収益等隠匿罪で起訴されたのである。Dが、送金した約94億円について、犯罪収益としての認識をしていたかが争点となった。ことに、DとCの間には、金融ブローカーが介在しており、DがどこまでCの事業の性質や資金の性質について認識していたかが

問題となった（読売新聞平成18年3月22日（夕刊）26面）。

東京地裁は、平成18年3月22日、Dを無罪とした（判例集未搭載）。これに対して検察官側は、「客観的な取引の態様からみて、金融機関の職員であった被告人がマネーロンダリングであるとの疑いを持たないことはあり得ない」と主張し、他方でDは、「税金対策の資金隠しとは思ったが、犯罪収益」という認識はなく、「マネーロンダリング防止のための本人確認もしていた」と反論した。東京高裁平成19年9月12日判決は原判決を支持し、控訴を棄却した（判例集未搭載）。東京高裁は資金の海外送金の事実は認定したものの、Dには「預かった資産を犯罪収益と認識していたとは言えない」と判断した（読売新聞平成19年9月12日（夕刊）14面）。東京高裁では、顧客の取引が金融庁の定めた「疑わしい取引の参考事例」やガイドラインの類型に形式的に該当しても、債権者の追及を免れる目的などの可能性もあり、犯罪収益等隠匿罪に問うことができないとした。また、検察側は、共犯者の供述を立証の柱としていたが、それに対しても「刑事責任を軽減する意図から共犯者が被告人を引き込んだ疑いが強い」として信用性を否定している。

4　控訴審判決後の被害回復給付金支給法に基づく支援

本件において、事件関係者によりスイス連邦の銀行に送金されて隠匿され、同国チューリッヒ州により没収されていた犯罪被害財産等の半額（29億円1700万円）が、平成20年5月23日、日本に譲与された（注3）。

東京地方検察庁では、同年7月25日、被害回復給付金支給法に基づき、上記の外国譲与財産を被害者に被害回復給付金として支給するための手続である「外国譲与財産支給手続」を開始する決定をし、裁定が確定した5490名の被害者に対して、支給が行われた（法務省ホームページ http://www.moj.go.jp/keiji1/keiji_keiji45.html）。

なお、捜査当局が国内で押収した約1億円については、税金の滞納を理由として国税当局に引き渡され、被害者への給付はされなかった。

Ⅲ　分析・検討

1　1審判決と控訴審判決の相違（注4）

今までみてきた第一審判決と控訴審判決を、整理すると以下のとおりとなる。

	第一審判決	控訴審判決
犯罪被害財産に該当するか	該当する	該当しない
没収・追徴ができるか	不可	可
被害者の私法上の権利権行使の範囲	拡大	縮小
被害者の権利保護と組織犯罪対策	被害者の権利保護が優先され、組織犯罪対策は後退する	組織犯罪対策が優先され、被害者の権利保護は後退する
問題点	犯人の手元に犯罪収益が残される可能性がある	・「犯罪組織財産」という文言の文理解釈に反する ・被害者の財産的損害回復の機会を奪う（没収・追徴された財産は被害者には回復されない）

2　組織的犯罪処罰法の目的と被害者保護

そもそも犯罪収益を犯罪者が保有する正当な理由はなく、また、これを犯罪者の手元においておくと、犯罪収益を用いて経済活動を行うということも考えられる。このような経済活動を許容してしまうと、経済社会に対する害悪が生じる。そこで、このような害悪を防止するために、原則として、国家が犯罪者から犯罪収益を没収することを定めたのが組織犯罪処罰法である。

一方、同法は被害者保護を図るため、「犯罪被害財産」については没収することを禁じている。その趣旨は、犯罪被害財産をあえて犯人の手元に残すことで、被害者が損害賠償請求権等の民事上の権利を行使する際の引当財産を予め確保し、その上で被害者の民事上の権利行使を円滑にして被害者を救済しようとした点にある。確かに、被害者から加害者に対する民事上の損害賠償の実現により、被害者保護を図るという制度を採用すれば、加害者が無資力であっては被害者の救済はなし得ないことから、「犯罪被害財産」をあえて没収・追徴しないことには理由があるように思われる。

しかし、組織的犯罪あるいはマネーロンダリング等の犯罪行為の場合、被害者は加害者に対して損害賠償請求等の民事上の請求権の行使をためらうことが現実的に多くある。その理由として以下のものが考えられる（国会議事録平成18年4月25日第164回参議院法務委員会第13号）。

(1)　被害者は誰に対して損害賠償請求権等を行使すればよいかが不明なことが多い

組織的犯罪、例えば本件のようなヤミ金の場合、違法貸付けを行っているヤミ金融グループというのはピラミッド型組織をつくっており、この頂点にいる暴力団幹部が直接ヤミ金の融資・取立をしているわけではない。実際に融資・取立をしているのは、この末端の組織の店長あるいは従業員である。

とすると、被害者が「犯罪収益」が手元にある暴力団幹部に損害賠償請求等をしようとすると、まず、被害者が利用していた店舗を調べ、その店舗が五菱会系など特定の暴力団の支配下にあることを確認しなければならない。しかし、このような特定は困難で、現に旧五菱会系の店舗は全盛期には数百店舗あったとされるが、五菱会系の店舗と特定されたものは61店舗に過ぎない（朝日新聞平成17年2月9日（夕刊）1面）。

このように、損害賠償請求をするにあたり、そもそも自らが取引をした店舗が五菱会系のものか否かを特定することすら難しいのである。仮にこの障害を越えることができたとしても、暴力団幹部を相手方として責任を追及するためには、末端の店舗を暴力団幹部が指揮命令していたことを立証する必要がある。指揮命令という五菱会の内部事情にまで踏み込んだ立証をしてはじめて、やっと訴訟を提起することになるのである。

(2)　暴力団からの報復のおそれ

ヤミ金融の被害者は、違法な暴力的・脅迫的取立によって苦しみを負っているケースが多く、報復の恐れから自分が被害者であっても、これをおそれて提訴しないことも多いといわれている。また、被害者が提訴したとしても、報復の危険から逃れることはできない。ヤミ金融が組織的犯罪、暴力団犯罪を背景にする特殊性があるように思われる。提訴をするには、被害者は常に暴力団からの報復を覚悟した上で行うことが必要となる。

(3)　訴訟費用の問題

訴訟を提起するとなれば、訴訟費用や弁護士費用が発生するのは当然であるが、この費用も被害者負担ということになる。

以上の理由等から、結果として損害賠償請求を断念する被害者が多く、その結果、不法に得た利益は没収・追徴されることなく、犯人の手元に残るという事態が生じていた。事実上、組織犯罪処罰法の趣旨は、ヤミ金融の上記特殊性から、没却されていたといえる。この点、第一審判決は、これらの特殊性に十分な考慮を加えないまま、「前提犯罪やその被害者が刑事手続上特定されるか否かは、検察官の訴追裁量や立法意欲、捜査の進捗状況等によっても左右されるところ、かかる事情によって被害者の保護が左右されるのは不合理」であるとする。しかし、たとえ捜査の進捗状況が良好であっても、現実には損害賠償請求を行使できない以上、このような第一審の判断は妥当ではない。

本件においても、犯罪収益は90億円を超え、被害者数も3万人以上と推定される。しかし、民事訴訟を提起した被害者は、2005年11月で175人、請求額も7億4000万円であり、被害者の大多数が民事訴訟を提起していないことがわかる（神山＝斉藤＝浅田＝松宮・前掲105頁）。

3　組織的犯罪処罰法平成18年改正と被害回復給付金支給法の制定（注5）

被害者が実際には民事訴訟を提起できない事態は、組織的犯罪処罰法の解釈の当否はともかく、被害者保護を図るという組織的犯罪処罰法の趣旨に反し、正義が実現されていないことは否定できない。更に、五菱会ヤミ金融事件では、チューリッヒ州に約51億円もの財産が没収されていたが、わが国には、相互主義の保証ができず、また、たとえ財産を譲り受けたとしても被害の回復に充てる規定がなかった（椎橋隆幸「犯罪収益のはく奪による被害回復制度の意義」刑事法ジャーナル24～29頁）。そのため、チューリッヒ州に没収されていた財産を譲り受けることができなかった。

そこで、以上の要請に応えるため、組織的犯罪処罰法は平成18年に一部改正され、また、被害回復給付金支給法が制定された。

この改正の注目すべき内容は、一定の犯罪収益を剥奪するということにある。すなわち、組織的犯罪処罰法に13条3項及び16条2項を新設して「犯人に対する損害賠償請求権その他の請求権の行使が困難であると認められるとき」（改正法13条3項1号）などの場合には、没収・追徴の対象になるとした。この没収・追徴は、被害者の請求権行使が可能な場合をも想定し、任意的なものとされている。

このように広く没収を認めた上で、被害者保護の観点より、「没収された犯罪被害財産、追徴されたその価格に相当する財産及び外国譲与財産により被害回復給付金を支給」（被害回復給付金支給法1条）できることとなった。具体的な手続としては、検察官が、支給対象犯罪行為の範囲を定め（5条1項）、支給対象行為の範囲、給付資金の額、支給申請期間等を官報に公告し（7条1項）、資料を添えてなされた被害者からの申請を基にして裁定する（9条1項・10条1項・11条）。検察官は、遅滞なく被害回復給付金を支給しなければならないが（14条1項）、没収・追徴額が犯罪被害額に満たない場合は、その割合に応じて支給を受けることになる（同条2項）。この制度は、検察官に一定の負担を強いるが、捜査資料を活用できる立場にある検察官が介入することで、速やかな賠償が可能になり、また検察官が弁護士の中から1人又は数人の被害回復事務管理人を選任することで（22条1項）負担を軽減し得ることからも、今後一層この制度が活用されるべきであろう。

組織的犯罪処罰法の平成18年改正と被害回復給付金支給法は、組織犯罪対策として有効であると思われると同時に、被害者対策としても評価できる。これらの法改正は、犯罪被害者基本法に基づく施策の一環でもあり、五菱会ヤミ金融事件控訴審判決が契機となり立法されたことを考えると、同判決の実務に与えた意義は極めて大きい。

(注1) 被告人Aにつき東京地判平成17・1・26判例時報1884号152頁・被告人Bにつき東京地判平成17・2・7・被告人Cにつき東京地判平成17・2・9判例タイムズ1185号159頁）。いずれも刑事8部、同一合議体で審理・判決されたものである。

(注2) 被告人ら3名の事件が併合審理された。

(注3) スイスでは、没収財産は被害者が確定した場

合を除き、州と連邦政府で分配するが、政府同士の協定があれば、当該国も分配に加わることができる。

(注4) 宿谷晃弘「犯罪収益等のうち、刑事手続において犯罪行為及び被害者が特定れている部分のみが組織的犯罪処罰法13条2項にいう「犯罪被害財産」にあたるとされた事例」法律時報80巻3号107頁以下。

(注5) 法律の具体的な内容については、飯島泰「『組織的な犯罪の処罰及び犯罪収益の規制等に関する法律の一部を改正する法律』及び『犯罪被害財産等による被害回復給付金の支給に関する法律』の概要等」ジュリスト1319号（平成18年）82～86頁など参照。

企業不祥事判例にみる役員の責任〔別冊 金融・商事判例〕

2012年3月10日 初版第1刷発行	監　　修	龍岡資晃　小出　篤
2013年4月15日 初版第2刷発行	編　　集	神谷隆一　齋藤　実
		鈴木雄介　中根敏勝
		渡辺　久
	発 行 者	金子幸司
	発 行 所	㈱経済法令研究会
		〒162-8421 東京都新宿区市谷本村町3-21
＜検印省略＞		電話代表 03(3267)4811 制作03(3267)4823

営業所／東京03(3267)4812　大阪06(6261)2911　名古屋052(332)3511　福岡092(411)0805

制作／地切　修　印刷／富士リプロ株式会社

©Sukeaki Tatsuoka, Atsushi Koide 2012　　　　　　　　　　ISBN978－4－7668－2272－4

> "経済法令グループメールマガジン"配信ご登録のお勧め
> 当社グループが取り扱う書籍、通信講座、セミナー、検定試験情報等、皆様にお役立ていただける情報をお届け致します。下記ホームページのトップ画面からご登録いただけます。
> ☆　経済法令研究会　http://www.khk.co.jp/　☆

定価は表紙に表示してあります。無断複製・転用等を禁じます。落丁・乱丁本はお取替えします。